ein Ullstein Buch

Ullstein Buch Nr. 3033
im Verlag Ullstein GmbH,
Frankfurt/M – Berlin – Wien

Umschlagentwurf:
Kurt Weidemann
Alle Rechte vorbehalten
© 1974 by Verlag Ullstein GmbH,
Frankfurt/M – Berlin – Wien
Printed in Germany 1974
Gesamtherstellung:
Ebner, Ulm
ISBN 3 548 03033 5

Karl Gutzkow

Liberale Energie

Eine Sammlung seiner
kritischen Schriften

Ausgewählt und eingeleitet
von Peter Demetz

ein Ullstein Buch

5

INHALT

GRAFFITI FÜR EIN GUTZKOW-DENKMAL

Gutzkow hat bisher einen edlen, kräftigen Charakter gezeigt, er hat Proben von großem Talent abgelegt; woher denn plötzlich das Geschrei?

Georg Büchner an seine Familie

Mein Wahlspruch bleibt: Kunst ist der Zweck der Kunst, wie Liebe der Zweck der Liebe, und gar das Leben selbst der Zweck des Lebens ist.

Heine an Gutzkow

Gutzkows literarisches Tun und Trachten trägt den Charakter einer scharf ausgeprägten Individualität. Die wenigsten seiner Schriften hinterlassen einen ganz befriedigenden Eindruck, aber doch läßt sich nicht leugnen, daß sie zu dem Ausgezeichnetsten gehören, was die deutsche Literatur seit 1830 hervorgebracht hat.

Friedrich Engels

Gutzkow ist wieder fieberhaft tätig, der arme Kerl, und macht alle zwei Minuten ein Buch, spricht dabei von allen alten Berliner und andern Geschichten und ärgert sich über Altes und Neues und vergißt keinen, mit dem er sich einmal gezankt hat.

Gottfried Keller an Ludmila Assing

Was hätte aus Gutzkow werden können, wenn er bei seinem ersten Auftreten in der Literatur eine selbstbewußte Klasse hinter sich gehabt hätte?

Franz Mehring

Sein Name wird bleiben, aber von seinen Werken nichts ... Ich kann des Mannes nicht ohne tiefe Teilnahme gedenken, denn ich kenne kein ähnliches Beispiel von einer in gewissem Sinne glänzenden und bedeutenden und zugleich doch ganz nutzlosen und schon bei Lebzeiten beiseitegeworfenen Existenz. Möge es einem besser beschieden sein.

Theodor Fontane

PETER DEMETZ:
DER LITERATURKRITIKER KARL GUTZKOW.
EINE EINFÜHRUNG

Im Gedächtnis der deutschen Literaturfreunde lebt Karl Gutzkow (1811–1878) nur in einem einzigen Moment der Geschichte. Die versprengten Liberalen, die seiner in berechtigter Parteilichkeit gedenken, und die Konservativen, die ihn als Journalisten an den Rand der Literatur verbannen, sind sich darüber einig, daß er allein in seinen öffentlichen Auseinandersetzungen mit dem System Metternich und dem preußischen Staate weithin sichtbar war; man hat von *Wally der Zweiflerin* gehört (welche die einen unsittlich, die anderen emanzipiert nannten), zitiert den Bundestagsbeschluß gegen die Autoren des sogenannten Jungen Deutschland vom 10. Dezember 1835, weiß von Gutzkows Mannheimer Haft, von seinen Konflikten mit den Zensurbehörden, von den *Rittern vom Geiste,* seinem massiven »Roman des Nebeneinander«, ja erinnert sich gelegentlich an eines seiner siebenundzwanzig Stücke, in welchen er, wie vor ihm Diderot, die Erfahrung und das Theater seiner Epoche zu versöhnen suchte – der Rest war lange in Antiquariatskatalogen begraben, in stockfleckigen Greifswalder Dissertationen der Wilhelminischen Epoche, und in den Materialsammlungen von Heinrich Hubert Houben, der uns die biographischen und dokumentarischen Belege rettete. Selbst die jüngsten Anwälte Gutzkows, unter ihnen Arno Schmidt, Wolf Eitel Dobert und Jost Hermand, neigen aus Gründen dazu, den jungen Gutzkow der liberalen Opposition deutlicher zu sehen, als den ruhelosen Mann oder den verbitterten Alten; und indem wir dem jungdeutschen Gutzkow mit ihnen Gerechtigkeit zu schaffen suchen, sind wir im Begriffe, dem kontinuierlichen Ganzen seines langen und arbeitsreichen Lebens, in bester Absicht, entsetzlichen Abbruch zu tun. Er tritt in einem blitzhaften Augenblick von 1835 vor uns, aber wie schrieb, wie lebte er in den mehr als vierzig folgenden Jahren, die sich unserem Gedächtnis entziehen?

Gutzkow war der einzige Plebejer unter jenen Altersgenossen, die sich nach der französischen Julirevolution in der Opposition gegen die alten deutschen Ordnungen zusammenfanden (Büchner und Laube waren Söhne begüterter Ärzte und Baumeister, Marx entstammte einer soliden Staatsbeamtenfamilie, Friedrich Engels war Fabrikantensohn). Gutzkow kam aus den Dienerschaftsquar-

tieren des Berliner Schlosses und sympathisierte deshalb ohne jede
Affektation mit dem *armen* Juden Börne. Sein Vater war ›prinz-
licher Bereiter‹, wie die Biographen freundlich sagen, d. h. ein besserer Pferdeknecht, die Familie besaß nicht einmal eine eigene
Küche und teilte Herd und Misere mit den lärmenden Nachbarn.
Das spannt Gutzkows Verhältnis zu den Gebildeten und Begüter-
ten von Anfáng an; der Bildungsgang des jungen Theologen und
Philosophen, über das Friedrich-Werdersche Gymnasium an die
Universitäten in Berlin, München und Jena (Dr. phil. 1832) war
ihm nicht versperrt, aber des Bewußtseins, knechtisch erzogen zu
sein, wird er nie ledig, und in intimen Briefen enthüllt der avan-
cierte Sohn des Pferdeknechts, halb instinktiv, seinen Stolz, »Gene-
rälen, Kammerherren, Horfmarschällen, Räten«[1] in der Gesellschaft vorgestellt zu werden, oder er notiert in einem späten
Aphorismus: »Das natürliche Gleichgewicht im Leben stellt sich
immer wieder her – Söhne von Bedienten sind in der Regel anspruchsvoll, wenn nicht stolz.«[2] Gutzkow zählte nicht zu jenen be-
amteten Dichtern, die als Nutznießer fürstlicher Privatschatullen
in ländlicher Abgeschiedenheit, aber mit sichcrem Einkommen,
noch einmal dem harmonischen Gesetz des Kosmos nachzusinnen
vermochten; er war, seit seiner Studentenzeit, ein Schriftsteller, der
vom Ertrage seiner literarischen Arbeiten lebte und darbte, und
blieb bis an sein Ende (als selbst sein Widersacher Julian Schmidt
eine königliche Pension bezog) von Zensurbehörden, Verlegern,
Zeitschriftenredakteuren abhängig. Eine irritierte und unruhige
Existenz: mit zwanzig Herausgeber des Berliner *Forums der Jour-
nalliteratur,* auf eigene Rechnung und mit ganzen siebzig Abnehmern; Stuttgarter Hilfsredakteur bei Wolfgang Menzel, der dem
Autor der *Wally* mit gefährlichen Argumenten in den Rücken fiel;
Redakteur des lebhaften Literaturblattes zum Frankfurter *Phönix,*
aber vom vorsichtigen Pedanten Duller kaum acht Monate lang in
der Redaktion geduldet; dann die Verhöre, die Haft, und die
Hoffnungen auf die *Deutsche Revue* (1835), die alle Oppositionel-
len zu gemeinsamer Arbeit vereinigen sollte, rasch zerstört von den
Behörden; Herausgeber des liberalen *Telegraphen für Deutschland*
in Hamburg (während seine Frau mit den drei Jungen in Frankfurt
lebte); Dramaturg am Hoftheater in Dresden, aber sogleich entlassen als infolge der revolutionären Veränderungen das Hoftheater
reorganisiert wurde; jahrelange Arbeit als Herausgeber der bürgerlichen *Unterhaltungen am häuslichen Herd* (mit mehr Abnehmern

als jede andere Zeitschrift ähnlicher Art in Deutschland); dazwischen Novellen, Romane, Dramen und, in wachsender Erbitterung, Konflikte mit Julian Schmidts konkurrierenden *Grenzboten,*
in denen das staatsbejahende Bürgertum zu Worte kam. Gutzkows
Versuch, als Sekretär der Schillerstiftung, im stickigen Weimar,
festen Fuß zu fassen, scheiterte binnen drei Jahren an den Quere-
len mit der Bürokratie (ähnlich wie Fontanes Versuch, als Sekretär
der Berliner Akademie ein Auskommen zu finden); Gutzkow sah
sich von Widersachern in Amt und Literatur verfolgt und suchte
sich seinen Bedrängern am 15. Januar 1865 zu entziehen, indem er
die Schärfe eines Dolches gegen sich selber kehrte. Man brachte ihn
in die Irrenanstalt St. Gilgenberg bei Bayreuth, entließ ihn aber
bald wieder als geheilt; Aufenthalte in Vevey, in Kesselstadt bei
Hanau, in Berlin folgten; unruhige Reisen in Italien, noch einmal
das Bemühen, in der Nähe Heidelbergs oder Frankfurts seßhaft
zu werden. Halbblind und von Wahnvorstellungen gehetzt, tötete
sich Gutzkow zuletzt durch Gift und Feuer; in der Nacht vom 15.
auf den 16. Dezember 1878 nahm der Siebenundsechzigjährige
eine starke Dosis Chloral, stieß die Nachtlampe um und ver-
brannte, bei betäubtem Bewußtsein, im Bett. Ich bin nicht gewillt,
Gutzkows kurze Haft im Jahre 1835 als traumatischen Schock zu
interpretieren (Laube hatte in der Berliner Hausvogtei Schlimmeres zu dulden, während Gutzkow im Gefängnis seine philosophischen Abhandlungen schrieb und mit dem exilierten Büchner kor-
respondierte); das Zermürbende waren die unaufhörlichen Zensur-
konflikte, der Streit um die Zulassung seiner Theaterstücke (die
Chronik der Zensurmaßnahmen gegen ihn ist, in Houbens
Lexikon, achtzig Seiten lang)[3]; die Rachsucht des von seinen öster-
reichischen Reportagen enttäuschten Metternich[4], nach einer
freundlichen Audienz in Wien; die Kleinlichkeit der preußischen
Dynastie. In der ersten Epoche seines Lebens machten die alternden Burschenschaftler, die Zensoren und die Demagogenriecher
Jagd auf ihn; und nur ein wenig später waren sich die radikalen
Linkshegelianer und die mit dem Staate kollaborierenden Nationalliberalen einig, daß er seine Rolle längst ausgespielt hatte. Den
einen war er ein Relikt aus der Epoche unphilosophischer Proteste,
den anderen ein Repräsentant jenes subjektiven Idealismus, der
sich mit der gescheiterten Revolution von 1848 selbst erledigt
hatte. Spätestens seit Jahrhundertmitte galt er den Radikalen und
den Apologeten des preußischen Staates als toter Mann, der ohne

jede historische Legitimation noch dreißig Jahre lang den widerborstigen Anspruch erhob, in Fragen der Gesellschaft und der Literatur ein energisches Wort mitzureden.

Aber nicht nur die Bedrohungen der Geschichte; in Gutzkow selbst lebte ein Element der fatalen Instabilität, das die Konflikte mit den Widersachern (noch lange bevor die klinischen Symptome seines Verfolgungswahnes sichtbar wurden) ins Atemlose und Hektische steigerte. Nicht nur seine Feinde sprachen von seiner ungewöhnlichen Reizbarkeit; auch andere klagten über seine merkwürdige Unrast, die disproportionierten Reaktionen auf wohlmeinende Einwände oder freundlichen Zuspruch, die plötzliche Kälte des Gefühls. Therese von Bacheracht, seine geliebte *femme fatale*, schrieb in einem ihrer inständigen Briefe unmittelbar nach dem Tode seiner ersten Gattin von den »zwei Hälften seines Wesens«, der einen, die schöpferisch war, der anderen, »die zerstörte«[5] (wie um die Wahrheit ihrer Einsicht zu bestätigen, brach Gutzkow kurz darauf mit ihr, um mit der Cousine seiner verstorbenen Gattin eine Ehe einzugehen und in bürgerliche Stabilität zu flüchten; Therese folgte einem Diplomaten nach Java und starb dort an der Dysenterie). Seine Lebensgeschichte zeigt rasch gebildete und rasch zerfallende Bündnisse; die absteigende Linie seiner Verleger, von Cotta, Campe und Brockhaus zu Costenoble und Hofmann und Co., ephemeren Gleichklang der Interessen, abgebrochene Korrespondenzen. Schwierig, die oft berechtigte Enttäuschung über das Versagen seiner Freunde zu trennen von der selbstzerstörerischen Heftigkeit seiner *Ahasvernatur* (Proelss); wie sollte er sich nicht von Laube enttäuscht fühlen, der sich innerhalb von vierundzwanzig Stunden nach dem Bundestagsbeschluß von den jungdeutschen Tendenzen distanzierte (aber wußte Gutzkow nicht, daß gegen Laube ein Kammergerichtsverfahren wegen Verdachts burschenschaftlicher Sympathien lief?). Er publizierte *Dantons Tod* auf eigene Gefahr, aber Büchner, nach freundlicher Korrespondenz, ließ aus Zürich nichts mehr von sich hören; Heine und Friedrich Engels (den er in die Literatur eingeführt hatte) rühmten ihn zunächst als kühnen Anwalt der Gerechtigkeit, um ihn kurz darauf um so heftiger zu attackieren; Arnold Ruge verdammte ihn von den Höhen der linkshegelianischen Abstraktion; die *Grenzboten* waren niemals müde, ihn als trauriges Beispiel vergangener Irrungen in Literatur und Gesellschaft anzuprangern. Merkwürdig: der preußische Minister Freiherr von Kamptz, der berüchtigte Feind aller

Burschenschaftler und Liberalen, deckte die journalistischen Versuche des Studenten; der greise Kirchenrat Paulus rechtfertigte die zweifelnde *Wally;* der Königsberger Schriftsteller Alexander Jung interpretierte *Die Ritter vom Geiste* (worauf ihm der irritierte Friedrich Engels die Leviten las); Rudolf Gottschall verteidigte den alternden Publizisten gegen nationalliberale Angriffe. War Gutzkow so unsicher reizbaren Wesens, daß er nur Freunde fand, wo er sie niemals suchte?

Die geschichtliche Entwicklung und die eigene Natur trieben Gutzkow in die Vereinzelung, von der die übliche Literaturgeschichte nicht mehr viel zu melden weiß; denkbar, daß gerade dieser Prozeß Entscheidendes von den Verhältnissen der kritischen Publizistik in jenen Jahrzehnten anzeigt, in welchen der moderne deutsche Parteienstaat, mit und ohne Bismarck, deutliche Gestalt gewann. Vor 1848 war die Politik Kabinettsbeschluß und oppositionelle Literatur, aber in der Frankfurter Nationalversammlung beginnen sich Interessengruppen und Fraktionen zu bilden, die ein Jahrzehnt später die Programme politischer Parteien bestimmen und das konstitutionelle Leben in Parlament und Publizistik prägen. Gutzkow, wie die anderen Jungdeutschen auch, hatte kein konsequentes Verhältnis zur praktischen Politik der alltäglichen Interessen (das wußte Georg Büchner genau) und wollte seine problematische Freiheit des Schriftstellers noch in einer Epoche, in welcher seine Widersacher in den *Grenzboten* (welche die Interessen des neuen Bürgertums der Wirtschaftskonjunktur und der preußischen Staatsbejahung repräsentierten) rasch gelernt hatten, ihre Publizistik an parteipolitischen Gedanken abzustimmen und sich die Institutionen des Parteienstaates nutzbar zu machen. Gutzkow in den Tagen der Revolution bedarf eines Chronisten, der die ironischen und die tragischen Elemente bewahrt: er, einst Chorführer der intellektuellen Opposition, war, als die Unruhen begannen, nur zufällig in Berlin und suchte am 15. März im Schloßhof, unterstützt vom Berliner Polizeipräsidenten, zu vermitteln; nicht lange darauf lag seine Gattin in den Agonien des Typhusfiebers, und Gutzkow breitete vor dem Hause Strohbündel über das Straßenpflaster, um der Sterbenden den Lärm der rasselnden Wagen zu dämpfen (humaner gehandelt als Heinrich Laube, der im böhmischen Ort Elbogen das Mandat eines tschechischen Abgeordneten übernahm und sich dann in der Frankfurter Nationalversammlung nicht ein einziges Mal zu Worte meldete). Durch seine Ideen und Schriften war Gutzkow als Parteigänger des ›Linken Zentrums‹, das in Frankfurt im »Augsburger Hof« seinen Sammelpunkt hatte, eher als ein Rechtsliberaler qualifiziert, wie sie im »Casino« zusammenkamen; er sympathisierte mit Gedanken, welche später den Kurs der Fortschrittspartei (gegründet 1861) bestimmten, nicht mit den Forderungen, welche die Politik der sogenannten »Gothaer« und der späteren Nationalliberalen (1866) konstituierten. In den der Revolution folgenden Jahren findet sich Gutzkow rasch wehrlos und in der Defensive; er will, wie er sagt, nicht im »Kieselgerölle«[6] der Parteien seines Selbst verlustig gehen und findet sich doch, in den erbitterten Literaturdiskussionen seiner *Unterhaltungen am häuslichen Herd* mit den *Grenzboten* mit einem Gegner konfrontiert, der keinerlei altfränkische Scheu mehr zeigt, eine Union der Publizistik mit der Parteipolitik zu suchen. Julian Schmidt (der eine der *Grenzboten*-Herausgeber) arbeitete zwei Jahre lang für die altliberale Fraktion von Vincke, ehe diese Fraktion in der Nationalliberalen Partei aufging; Gustav Freytag, der andere Herausgeber, bekannte sich, nach jugendlichen Sympathien für Jungdeutschland, zum Deutschen Nationalverein und fand sich, auf dem Höhepunkt seiner politischen Laufbahn, als Abgeordneter der Nationalliberalen. Gutzkow hatte noch die ererbte Scheu des deutschen Intellektuellen vor der praktischen Politik: er war nicht willens, den Konflikt zwischen ›Fortschrittlern‹ und Nationalliberalen als konsitutiv für seine spätere Arbeit zu sehen oder gar die Möglichkeit zu prüfen, ob ihn nicht Entscheidendes mit Männern wie Eugen Richter oder anderen freigesinnten Widersachern Bismarcks in Gedanken und Praxis verband. Er suchte die politische Isolation und ging in ihr zugrunde.

Die gewohnte Art, Gutzkow allein im Augenblick des Bundestagsbeschlusses gegen Jungdeutschland (1835) zu sehen, hat zur ersten Folge, daß die staatlichen Ereignisse die literarischen gänzlich überschatten; wir begnügen uns damit, Gutzkow im Konflikt mit Zensor und Polizei zu sehen, und fragen nicht mehr nach der komplizierten Entwicklung seiner kritischen Normen. Gerichtsverhör und Haft förderten sein Selbstverständnis auf paradoxe Art (denn man riß ihn mit Gewalt aus den Alltagsgeschäften), aber der intellektuelle Emanzipationsprozeß, in welchem er sich mit Menzel, Börne, Goethe, Lessing und Hegel auseinandersetzt, nimmt seinen Fortgang bis ins folgende Jahrzehnt (1834–1842).

Menzel, der nach der Publikation der *Wally* von »Huren und Bu-
ben« sprach, die »schwächlichen« Jungdeutschen auf Turnlehrerart
als »marklos und wadenlos« bezeichnete, und sie anklagte, die
»französische Affenschande«[7] der Unsittlichkeit und des Jakobinismus nach Deutschland zu importieren, zwang Gutzkow geradezu,
seine eigenen Ideen als Kritiker und Autor zu definieren. In der
Verteidigung gegen Menzel (1835), die zu den klassischen Texten
der deutschen polemischen Literatur zählt, artikuliert Gutzkow
jene historische Wende, an der sich der neue Liberalismus von der
alten, deutschtümelnden Burschenschaft löst; nicht minder deutlich aber, daß der Autor Gutzkow entschlossen ist, die literarische
Arbeit gegen jeden »rohen patriotischen Terrorismus«[8] zu verteidigen. »Ich werde mich auf die Gesetze der Schönheit berufen«,
betonte er, ». . . und keinen Richter anerkennen, als kritische Anstalten, welche befugt sind, nach literarischen Prinzipien über die
Irrtümer und Gebrechen eines Buches zu urteilen.«[9]

Menzel, der intellektuelle Vater, war verloren, und der junge
Gutzkow suchte neuen Halt in der Autorität Börnes – nicht ohne
hinhaltende Schmerzen, denn Börne war Jude (Gutzkow hatte
seine eigenen Schwierigkeiten mit der Herkunft Börnes und Heines) und sein Interesse an der Literatur war durchaus politischer
Natur. Noch im Jahre 1835 verteidigte Gutzkow den philosophierenden Heine gegen die politische Monomanie Börnes[10], aber in
seiner Schrift über Börnes Leben (1840), die in ihren soziologischen
Erwägungen über Milieu und Leistung die Prinzipien Taines und
Mehrings vorausnimmt, legt er sich seinen Börne von innen zurecht. Börne war, wie Gutzkow bekräftigte, jene »Einseitigkeit«
fern, die »gleichsam nur für eine Klasse von Menschen fast aristokratisch« beanspruchte, wessen die ganze Menschheit bedurfte; ja
Börne war gerade »durch diese Abstammung von der Sklaverei«
Einiger wie kein anderer berufen, für die Freiheit Aller aus dem
tiefsten Bedürfnis derselben zu wirken[11] (Gutzkow hätte alle Juden
am liebsten in preußische Liberale verwandelt). Schwieriger allerdings, Börnes »Maßstab der Politik«[12] ganz zu verteidigen. Gutzkow war mit jenen einer Meinung, die »politische Maßstäbe zur
Beurteilung dichterischer Eigentümlichkeiten« als historische Notwendigkeit, als Widerspruch gegen die idealische Weltsicht forder-
ten, aber er war nicht gewillt, diese Maßstäbe in eine Vergangenheit zu projizieren, die sich unter anderen Umständen entwickelt
hatte, oder gar »von den Gesinnungen . . . zum Talent selbst«[13]

vorzustürmen. Gutzkow suchte Börnes politische Ausschließlichkeit, halb im Selbstgespräch mit den eigenen politischen Ansprü-
chen, zu begrenzen; Börne meinte er, maß sich niemals an, dasjenige, »was er verderblich nannte, auch stümperhaft zu nennen«: –
seine hitzigen Antipathien gegen Goethe waren psychologisch aus
traumatischen Jugenderfahrungen zu erklären (der arme Jude im
Frankfurter Ghetto und der glückliche Patriziersohn); und selbst
wenn in Börnes Literaturkritik »die Idee der Freiheit mit dem Geschmack kollidierte«[14], so war seinem Freiheitsbegriff die höchste
moralische Norm des Gemütes und der Ehre gegenwärtig. Börne
war, im Gegensatz zu Menzel, »kein kalter Terrorist«[15]; – Wunsch-
bild oder kritische Diagnose?

Seiner Herkunft und Überzeugung nach war Gutzkow zum
resoluten Goethe-Gegner vorbestimmt; wer von Menzel und Börne
herkam, und die Berliner Teezirkel der guten Gesellschaft, in denen der Goethe-Kult seine wunderlichen Blüten trieb, mit dem
Rechte des Plebejers verachtete, hatte keine andere Wahl. Aber
Gutzkow ließ sich nicht von dogmatischen Parteilichkeiten treiben,
erprobte wie spielend seine kritischen Urteile, gab und nahm, und
traf Unterscheidungen jenseits aller liberalen Schablone. Unmöglich, eine deutsche Literatur ohne Goethe zu konstruieren, wie es
Menzel versuchte[16]: Goethe war der »Grenzstein«[17], an dem das
Alte endete und das Neue begann, und nichts war ungerechter als
den »sehr prosaische[n], bedenkliche[n] und untergeordnete[n]
Patrizierssohn«[18] mit dem mächtigen »Zauberer« zu verwechseln,
der »Menschengeschick bezwungen«.[19] Goethe kämpfte wahrhaftig
nicht für die Pressefreiheit; aber war es gerecht, ihm zugleich mit
der »Bürgerkrone« auch den »poetischen Lorbeer« zu entreißen[20]
und, weil er aristokratisch dachte, auch das Talent abzusprechen?
In seinen mannigfachen Goethe-Aufsätzen (3.1–3.1.6) entwickelte
Gutzkow ein wechselndes Repertoire von Trennungen und Balan-
cen: der wesentliche Goethe, nicht »Spielereien und Nebensa-
chen«[21] der Fossilien und der Farbenlehre; Untersuchungen über
die Sprache seiner Dichtung »ganz unabhängig angestellt« von der
Entwicklung seiner Person[22]; das Bemühen, Goethe nicht »für alle
Charaktere seiner Gedichte verantwortlich zu machen«[23]; und nur
gelegentlich, Variationen über den Unterschied zwischen dem jungen Mann und dem Alten (ein kritischer Topos aus Tieck[24], Heine
und Wienbarg, der im modernen Marxismus überlebt); der »Titane, da er den Götz schrieb«, und dann der »Herr Geheimde-Rat

mit dem Stern«[25]. Der Moralist Gutzkow hörte dem indifferenten
Goethe nie ganz zu grollen auf, aber sein ›Nein‹, mit dem er Goethes Werk als »Trümmer« kennzeichnete, weil sein »Geist nie zur
sittlichen Vollendung und Tat kam«[26], entspricht dem überraschenden ›Ja‹, mit welchem er Goethe als Genie, das Wunden schlägt,
hoch über jene »patriotischen Trompeter« hinaushebt, die nur die
»Augenweide der Masse« sind, und ihn als unbeirrbaren Anwalt
der Weltliteratur in einer nationalistischen und sterilen Epoche
rühmt, die von deutschem Eigenlob stinkt[27]. Doch ist das nicht
Gutzkows letztes Wort über Goethe: da das Jahrhundert fort-
schreitet, und das Bürgertum nach der verlorenen Revolution seine
ökonomische Realpolitik mit dem neuen Klassiker-Kult zu drapie-
ren beginnt, erinnert der zornige Redakteur der *Unterhaltungen
am häuslichen Herd* seinen von den Schiller-Feiern ermüdeten Leser daran (3.1.7), daß Goethe und Schiller nicht unangefochtene
Legitimation besitzen. »Es gibt Notwendigkeiten im geschichtlichen
Gang unserer Literatur, für welche sich weder bei Schiller noch bei
Goethe der entsprechende Ausdruck findet«; Jean Paul (dem einst
Börne die Grabrede schrieb) steht »völlig gleichberechtigt neben
Goethe und Schiller«, mehr noch: er ist, in seiner freien Subjektivität, der eigentliche »Vater der ganzen neueren Literatur«[28]. Wir
sind unmittelbare Zeugen des Prozesses, den Gutzkow gegen den
bürgerlichen Kanon der deutschen Literaturgeschichte anstrengt.

Gutzkows Emanzipation als Kritiker, wie sie sich in seiner Auseinandersetzung mit Börne und Goethe zeigt, hat ihre Korrespondenz in geschichtsphilosophischen Einsichten, die sich Schritt für
Schritt aus seinem Konflikt mit Hegel ergeben; indem er das Hegelsche System negiert, verneint er zugleich jeden möglichen
Triumph eines einzigen Gedankensystems über die zähe und auto-
nome Masse der Erfahrung. Seine Kritik am Geschichtsphiloso-
phen Lessing (was er sonst über Lessing geschrieben, ist eher von
dramaturgischem Interesse, 2.3.1–2.3.3) erprobt seine Argumente
gegen Hegel wie tastend; Lessing, sagt er, hat dem Christentum
alle Geschichte entzogen, »um der Geschichte dafür desto mehr
Christentum [zu] geben«; und Lessings planvolle Art, Geschichte
in pädagogischer Absicht zu ordnen, ist deshalb suspekt, weil sie
die Pluralität der Vorgänge im Interesse eines Gärtner-Gottes rein-
lich systematisiert; Geschichte wird »wohlgefällig«, »genügsam«,
und bietet, in allerdings »grundloser Schwärmerei«, wie Gutzkow
hervorhebt, eine »beinahe optimistische Aussicht«[29]. Hegel, dessen

Bindung an den christlichen Mythos er zurecht betont[30], steigert das Bedürfnis nach einer linear geordneten Geschichte so sehr, daß er das Eigengewicht des Historischen und den Tatendurst des Einzelnen zugleich bedroht; seine Konstruktion der Geschichte verbindet »die einzelnen Höhepunkte der Geschichte mit Spinnweben« und »[schnürt] das Disparateste zu witzigen Harmonien«[31] zusammen. Der moralische Aktivist Gutzkow argumentiert im Grunde gegen das durch den Weltgeist bewegte System, welches »die Moral in Gefahr bringt«[32]; wo alles mit Notwendigkeiten geschieht, hat der Entschluß des Einzelnen nicht die geringste Chance mehr. Gutzkow bezichtigt die Hegelsche Geschichtsphilosophie eines »indifferenten Quietismus«[33], ja eines »Geschichtsstupors«, der jeden Drang nach politischem Handeln betäubt; diese Philosophie mag, zum Entsetzen des Philosophen selbst, »göttlich, frei, feurig und evolutionär« sein, aber da »sie alles objektiviert, tötet sie den Entschluß und erzeugt eine Apathie, welche in schwachen Gemütern Feigheit werden kann«[34]. In der Spitze seines Argumentes verrät Gutzkow den enthusiastischen Demokratismus seiner Geschichtsvision, die keine privilegierten Helden, sichtbaren Gipfel oder scharf isolierten Ereignisketten mehr anerkennt; charakteristisch, leider, für die christliche und hegelsche Geschichtsphilosophie, daß sie bestimmte Gestalten und geographische Lokalitäten aus dem Ganzen hervorhebt; »wie aber, wenn es welthistorische Ideen gäbe, welche sich in der Neuen Welt mit Energie geltend machten und aus der Alten herüberkamen, ohne vom Christentum tingiert zu werden«[35]? So ist die christlich-hegelsche Geschichtsschreibung unfähig, Rechenschaft über den Islam abzulegen und erklärt ihn für »wildes Fleisch«, für ein »Überbein«, das sich »der stürmende Geist der Geschichte getreten«; es fragt sich nur, meint Gutzkow mit berechtigter Ironie, wie »in dreihundert Jahren ein türkischer Gelehrter die Historie konstruieren und welche Dinge er für wildes Fleisch ausgeben wird«[36]. Die Form der Geschichte ist nicht ein Auf und Ab, nicht ein Kreis, nicht eine Spirale – die Deutlichkeit der Geschichte, in deren alle Ereignisse ihren eigenen Charakter haben, ist nur in einem »epischen Parallelismus«[37] zu fassen, der die eine Strähne nicht der anderen opfert. Hier ist Gutzkow im Begriff, seine Theorie des modernen ›Romans als Nebeneinander‹ in der Syntax seiner kritischen Geschichtsphilosophie zu antizipieren.

Mit zwanzig Jahren tritt der Student Gutzkow, den der Wider-

hall der französischen Revolutionsereignisse dem Studium der
Theologie immer mehr entfremdet, mit Ungeduld in die Literatur
der Gegenwart und klagt, noch als Schüler Wolfgang Menzels,
über die verderblichen Trennungen von Aktion und Wort, gesellschaftlicher Wirklichkeit und literarischer Fiktion. Der »alte
Wust« bedroht das »frische Leben«, aber der junge Kritiker blickt
nicht ungern ins achtzehnte Jahrhundert, spielt Herder, Lessing
und Goethe in der »Universalität ihres Geistes«[38] (nicht im Einzelnen ihrer Werke) gegen »Schulmeister, lauernde Federhelden,
Sumpf- und Morastreiter«[39] aus, und hofft in ihrem Namen gegen
jene Verknöcherung und Isolierung zu plädieren, die das deutsche
Leben seit 1815 bestimmen. Der Hofrat Tieck (4.1) gilt ihm als
der eigentliche Repräsentant aller leblosen Poesie des Vergangenen; Tieck mag ein subalternes Talent zu Lustspielen und Novellen
haben (auch der Selbstironie ermangelt er nicht), aber er ist nur
allzu bereit, den ästhetisierenden Teezirkeln als Ersatz-Goethe zu
dienen; das »unaufhörliche Klappern der Strickstrumpfnadeln um
ihn her hat ihn ruiniert«[40]. Offenheit und Gegenwärtigkeit des
Poetischen inkarniert in Percy Bysshe Shelley, nicht so sehr um
seiner Gedichte (Gutzkow gesteht, daß seine Englischkenntnisse
nur bescheiden sind) als um seines Lebens und Todes willen. Shelley war in einer feindlichen Welt erbarmungslosen Angriffen ausgesetzt, und nur die Zuneigung weniger Freunde schützte seine
zarte und verletzliche Natur. Gutzkows Shelley-Portrait (5. 1.) ist
halbe Gutzkow-Autobiographie; Shelley, sagt Gutzkow, »ertrug
und verwand seinen Schmerz«, denn »der Mann von Geist hat
gegen die Brutalität keine andere Waffe, als Stillschweigen, Mitleid, Verachtung«. Shelley (wie Gutzkow nach dem Bundestagsbeschluß) hatte »die ganze Welt gegen sich, die ganze Kritik, die
Kirche, den Staat, die Gesellschaft«, und war dennoch klaren
Augens entschlossen, nicht an die undenkende Literatur anzuknüpfen, sondern von einer »hohen Idee«[41] auszugehen, die über Natur,
Form und Widerstände triumphiert.

   Im Grunde ist es Georg Büchner (4.2–4.24), der Gutzkows Blü-
tenträume von der Einheit der Aktion und der Literatur erfüllt;
merkwürdig, daß Gutzkow eben zu jener Zeit, da ihn die traditionelle Literaturgeschichte im engsten Bündnis mit Laube oder
Wienbarg sieht, fast wie eine leidenschaftliche Frau um die Zuneigung Büchners wirbt. Brief nach Brief geht nach Darmstadt und
Straßburg; Hoffnungen, Warnungen, Ratschläge, Geständnisse, und

der junge Mediziner bleibt doch distanziert und kühl, und in entscheidenden Fragen von kritischem Blick. Büchner war der Dichter, wie ihn sich Gutzkow als Selbstprojektion entwarf, nicht Laube oder die anderen – dieser Freund, dem er nie persönlich begegnet, war das »einschlagende Beispiel« der Literatur, wie sie sein sollte; Gutzkow hoffte sein Werk als »Armidaschild der Menge gegenüberzuhalten«, mit der er sich zu »balgen« hatte[42]. Aber Büchner glaubte leider nicht kräftig genug an die Chancen der Literatur; wie Börne, so war Gutzkow der Meinung, daß »man ... so«, mit der Literatur also, »mehr nützt, als wenn man blind in die Gewehre läuft«[43]: deshalb sein Entschluß, »den Schmuggelhandel der Freiheit« zu treiben, »Wein verhüllt in Novellenstroh«, Politik in der literarischen Camouflage, »nichts in seinem natürlichen Gewande«[44]. Enttäuschend für den enthusiastischen Korrenspondenten, daß Büchner in seinem letzten Brief[45] kühl von Gutzkow und seinen Freunden sprach, welche die Gesellschaft »mittels der Idee von der gebildeten Klasse aus« reformieren wollten; um sich Büchner näher zu fühlen, war Gutzkow sogar bereit, in seiner Antwort auf diesen Brief von Jungdeutschland als einem »pappenem Begriff«[46] zu sprechen. Ich glaube nicht, daß Gutzkow Büchner im eigentlichen Sinne entdeckte (denn Büchner selbst übersandte dem berühmten Kritiker sein *Danton*-Manuskript); er erkannte aber als erster Büchners Energie und Unabhängigkeit und setzte seine eigene Zukunft aufs Spiel, indem er die Arbeiten des proskribierten Verschwörers an die Öffentlichkeit brachte. In seinen Büchner-Publikationen kombiniert Gutzkow Enthusiasmus und legitime Kritik; er bezeichnet sich selbst, überraschend genug, als »Kammerdiener«, der dem »Genie« die Türe öffnet, rühmt »die Fülle von Leben« im *Danton* und betont doch, »der Stoff sei so undramatisch wie Maria Stuart«, denn das Stück offenbare »das letzte Zucken und Röcheln, welches dem Tod vorausgeht«[47]. Nicht weniger deutlich, daß der Redakteur den Text (selbst um den Preis, nur »die Ruine einer Verwüstung« zu publizieren) vor den Zugriffen des amtlichen Zensors bewahren will und, halb spontan, halb dem Zwange folgend, seine eigene Art der stilistischen und ideologischen Vor-Zensur übt. Die derben »Feld- und Quecksilberblumen« der Tragödie (im Briefwechsel »Veneralia« genannt) kürzte er aus eigener Überzeugung, denn das Obszöne und das Naturalistische waren ihm niemals genehm; eine andere Frage die Dämpfungen der Charakteristik, in welcher der Dichter als ein

Radikaler erscheint, der allerdings noch vor seinem Tode aufgehört
hatte, »von gewaltsamen Umwälzungen zu träumen«. Mochte
durch den Nachlaß »Sansculottenluft« toben, die Nation war um
einen »reichen Geist«⁴⁸ gekommen, dem weder Grabbe noch
Nestroy (den Gutzkow leider ebenso mißversteht wie alle anderen
norddeutschen Liberalen 4. 3) zu vergleichen war.

Büchner, glaub' ich, enttäuschte Gutzkow, Heine aber erbitterte
ihn. Gutzkow, der im Jahre 1835 zu den freundlichsten Apologeten Heines auf deutschem Boden zählte, fand sich kaum fünf Jahre
später von Heines öffentlichem Mißtrauen so provoziert, daß er
(entgegen allen seinen Grundsätzen) weder den Menschen noch
den Schriftsteller respektierte, der Sympathie für den kranken
Heine deutlich ermangelte, und in seinen späten Memoiren Fami-
lien-Klatsch kolportierte. Gutzkows frühe Bemerkungen (1835/3.3)
bemächtigten sich Heines noch fast im Namen der burschenschaft-
lichen Nationalität; mag sein Versuch, ein französischer Schriftsteller zu werden, auch gescheitert sein (meint Gutzkow), er hat
doch »den schönen Stolz« gezeigt, sich nicht in seinem Wesen zu
verleugnen; die Franzosen werden ja niemals fähig sein, Heines
Lächeln aus Nachtigallengesang, Harziger Waldluft, Satire, Skandal, Sentimentalität und Weltgeschichte zu verstehen. Gutzkow
kennt den ästhetischen Egotismus Heines und sieht ihn doch im
Kontext der politischen Konflikte; Heine, »ein reicher Genius«,
hat das »Verdienst eines Tirailleurs«, der »plänkelnd im Vordertreffen steht und nur sich, keinesfalls eine gewonnene oder ver-
lorne Schlacht einsetzt«. Ein Scharfschütze und Einzelgänger, aber
im Dienste der allgemeinen Sache; Heine »arbeitete scherzend«
der Julirevolution vor; er arbeitet jetzt »im Scherz dem großen
Ernste vor, welcher sich mit der Revision der Offenbarung, und
mit allen sozialen Fragen des Jahrhunderts beschäftigen wird«⁴⁹.
Diesen universal engagierten Heine verteidigt Gutzkow selbst gegen die ersten Angriffe Börnes; Gutzkow behauptet zwar, das
»Gleichgewicht« zwischen den Partnern herstellen zu wollen, ist
sich aber dennoch bewußt, daß er eine öffentliche »Rechtfertigung«
Heines gegen Börne unternimmt. Sie beide wollen die Freiheit,
aber der eine (Heine nämlich) ist der Sache der Freiheit nützlicher
als der andere. Als Heine-Apologet ist Gutzkow nicht willens,
Börnes politische Monomanie ganz zu akzeptieren; die »rein bürgerliche«, d. h. ausschließlich politische Auffassung der Ereignisse
verzerrt die philosophischen Proportionen und »tötet die Keime

künstlerischer Ausbildung«; der Kritiker zögert deshalb nicht, Heine, der eine universale Opposition im religiösen und philosophischen Element treibt, mit seinem Lieblings-Ruhmeswort des »Prometheus«[50] der Epoche zu nennen. Prometheus, aber zugleich (1836–38) ein »poetisches Kind«[51] mit starken Neigungen zum Exhibitionismus, mit einem leider nur allzu nachahmbaren Prosastil, »selbst im Erhabenen noch beobachtete Beobachtung ihrer selbst«[52], und »nie ohne Cautelen« zu loben[53]. Heine mag »schwach« sein, aber niemals »charakterlos«; »ich hab' ihn nirgends bitten oder betteln sehen«[54] (1838). Das ändert sich binnen Jahresfrist (1839) gründlich: provoziert von Heines Verdacht, er hätte Kürzungen in einem Beitrag für das *Jahrbuch der Literatur* unternommen (welche der sächsischen Zensur zur Last fallen), polemisiert Gutzkow gegen Heine mit Argumenten, in welchen das Persönliche rasch das berechtigte Sachliche überspielt. Gutzkow behauptet zwar, er wüßte den unedlen Menschen noch immer von dem von ihm hochgeachteten Schriftsteller zu trennen, aber die Achtung ist in raschem Schwinden; das artistische Spiel, das ihm einst so reizvoll schien, wird zum »Jocus der Kommis«, das Poetisch Kindhafte zur Komödie mit dem Vaterland, der einst so reiche Geist von Zügellosigkeit und Skandalsucht bedroht[55]. Nur ein Jahr später (1840), und die Unterscheidung zwischen Mensch und Autor ist ganz verloren; der Börne-Biograph Gutzkow spricht nur noch von der »Selbstüberhebung« Heines und von den Affektationen eines Schriftstellers, der sich »vollkommen in einer moralischen Auflösung befindet«[56]. Fortan ist Gutzkow für Heines Leben und Arbeit blind; auf seiner Pariser Reise im Frühling 1842 geht er ihm, in ostentativer Absicht, aus dem Wege (obwohl er es nicht versäumt, auch drittrangigen französischen Kritikern seine Aufwartung zu machen), beschuldigt Heine in einer Notiz (3.3.7) in den *Unterhaltungen am häuslichen Herd,* immer nur sterile Boulevardwitze zu wiederholen, und berichtet in seinen *Rückblicken* (1875) mit sichtbarem Wohlgefallen über ein Dîner bei Salomon Heine in Hamburg (3.3.8). Der Bruch von 1839/40 war unheilbar: Gutzkow war in seiner Selbstachtung getroffen, und Heine wollte lieber den lenksameren Laube zu Verbündeten als den schwierigen und reizbaren Gutzkow, der als junger Mensch Einsichtigeres über ihn zu sagen wußte als jeder andere Kritiker seiner Generation.

Der junge Gutzkow war geneigt, Gedicht und Drama als Ausdruck schöpferischer Individualität zu betrachten, das Epische aber

sah er, von Anfang an, als Erzählform, die im Kontext der bewegten Geschichte bestimmte Elemente der gesellschaftlichen Erfahrung ein- und ausschließt; und je mehr der Roman die Szene des
literarischen Lebens beherrscht, desto entschiedener konzentrierte
sich Gutzkow darauf, Wert und Unwert in den steigenden Roman-
fluten zu unterscheiden und seine Normen gegen eine neue Generation von Autoren und Kritikern zu verteidigen, die Epik und
nationales Leben, nach der Revolution, vom Standpunkt eines bürgerlichen Realismus beurteilten (in jener allerdings »beschränkten
Bedeutung des Wortes«[57], welche das Sinnenfällige mit dem Wirkliche identifiziert). Gutzkow war schon seit der Mitte der Dreißiger-
jahre darauf bedacht, Formen und thematische Interessen der Erzähler zu ordnen, unterschied zwischen philosophischen, didaktischen und trivialen Romanen (1835/7.2.) oder bestimmte, mit
schärferer Einsicht, die Formen des historischen Romans, des Cha-
rakterbildes (von der *fashionable novel* bis Dickens) und des spekulativen Romans (7.2.1.), dem er selbst als Schriftsteller bis ins
späte Alter zuneigt (7.1.5.). Entscheidend, daß er den allzu engen
Anschluß des modernen Romans an die soziale Gegenwart für
überraschend gering achtet: die *Idee* muß den Roman beherrschen,
so fordert er, ein Element des Geistes und der Leidenschaft, das
sich nicht mit dem Gegenwärtigen der Gesellschaft zufrieden gibt,
und auf eine erfüllbare Zukunft hindeutet. Das führt ihn, sehr
rasch, zu kritischen Überlegungen, die bestimmte Romanstrukturen
und Erwartungen der Leserschaft in Beziehung setzen: »schale
Geister«, welche allerdings die Masse des lesenden Publikums kon-
stituieren, geben sich, wie der englische Roman überhaupt, mit einer kopierten Wirklichkeit zufrieden; begabtere Leser wollen Wahrscheinlichkeit, d. h. »nur einige Voraussetzungen, die den Boden
der Wirklichkeit berühren«; die wirklich Freien optieren, wie
George Sand in den besten französischen Romanen, für die »Wahrheit«, die »niemals in dem [liegt], was wirklich ist«[58]. Nur diese
Wahrheit ist »schöpferisch und revolutionär«[59], denn sie enthüllt
die Antizipation (um nicht zu sagen den Vorschein) des Zukünftigen; »es baut sich eine Wahrheit der Dichtung auf, der in den uns
umgebenden Konstitutionen nichts entspricht, eine ideelle Opposition, ein dichterisches Gegenteil unserer Zeit, das einen zweifachen Kampf wird zu bestehen haben, einmal einen gegen die
Wirklichkeit selbst als konstituierte Macht mit physischer Autorität«, und einen »gegen die Poesie der Wirklichkeit, welche so viel

Dichter und Kritiker für sich hat«[60]. Deshalb polemisiert Gutzkow (als ob er Ernst Fischers Argumente gegen den Sozialistischen Realismus vorausnähme) gegen das unverwüstliche Cliché von der Literatur als Spiegel der Wirklichkeit. Er nennt Literatur Ersatz für »das, was wir tun könnten«, und glaubt, es sei jämmerlich, allein die nationalen Interessen spiegeln zu wollen und »das Journal zum Kulminationspunkt« der Literatur zu erheben. »Wir würden weit kommen . . .«, so meint er ironisch in der von den Behörden zensierten *Deutschen Revue,* »wenn die Literatur nur dazu diente, einem Handschuhmacher sein Konto zu entwerfen . . . oder die Aufforderung zu stilisieren, welche an die Bürger ergehen, um einen Gemeinderat zu erwählen«[61]. Inmitten der Gegenwart und in genauer gesellschaftlicher Kenntnis der Gegenwart, aber in jedem Falle über die Gegenwart hinaus; von Übel deshalb alle bloßen Kopien, Spiegel, Daguerrotypen, Niederländisches, und der Zigarren-Realismus der englischen und deutschen Literatur.

Unausweichlich gerät Gutzkow um die Jahrhundertmitte in erbitterten Konflikt mit den von Julian Schmidt und Gustav Freytag redigierten *Grenzboten,* die seine Gedanken und Arbeiten als anachronistische Irrungen der jungdeutschen Sensibilität verdammen oder, dem Zuge der Wirtschaftskonjunktur und der Entwicklung zum Nationalliberalismus folgend, den Roman der verklärten bürgerlichen Tüchtigkeit zugleich mit dem preußischen Staate bejahen. Julian Schmidt sieht in Gutzkows Begriff vom Roman als »Gegenteil« die althergebrachte Trennung von gesellschaftlicher Materialität und dem tätigen Geist; Gutzkow zählt ihm, zusammen mit den Romantikern und den Vormärzpoeten, zu den falschen Autoren, die sich »nicht in den Reichtum der gegenständlichen Welt finden«[62]. In der sittlichen Gemeinschaft des tätigen Bürgertums bedarf es nicht so sehr des Gegenteils als der Repräsentation des »tüchtigen, gesunden, wirklichen Lebens«, und dieses Leben ist bei den »Landwirten, Kaufleuten, Fabrikanten« eher zu finden als bei den jungdeutschen Intellektuellen[63]; selbst Walter Scott (den Gutzkow ebenso rühmt wie Schmidt) war ja zuerst arbeitsamer Landwirt und dann Autor historischer Romane.

In seinem ›Roman des Nebeneinander‹ stützt Gutzkow durch seine schriftstellerische Praxis und seine kritische Theorie die Entwicklung des literarischen Realismus mit zukunftsträchtiger Energie. Der ›Roman des Nebeneinander‹ steht (von Gutzkows Schilderungen des Berliner Slum-Elends ganz abgesehen) dem Kern des

europäischen Realismus näher als die Dickens-Nachfolge Gustav
Freytags oder die deutsche Dorfgeschichte, denn Gutzkow artikuliert in seinem epischen Nebeneinander das radikale Verlangen
aller bedeutenden Realisten, Hoch und Niedrig stilistisch und so-
ziologisch zugleich zu sehen, und blickt weithin in die Zukunft der
Epik, indem er sein Nebeneinander in die moderne Großstadt pro-
jiziert; seine Praxis geht, im Entwurf zumindest, den epischen
Intentionen Döblins, Dos Passos', Brochs und Heimito v. Doderers
entschieden voraus. Die Gutzkow-Forschung, von Johannes Proelss
bis Gerhard Friesen, hat zu Recht betont, daß dieses epische Kon-
zept seinen Ursprung in seinem Widerspruch gegen die christlich-
hegelsche Geschichtsphilosophie hat; schon in seinen *Briefen eines
Narren an eine Närrin* (1832) fordert der Autor ein »Nebeneinander« und eine »Synchronistik« des historisch-epischen Blickes,
ja den Geschichtsschreiber mit einem Fuß in Paris und dem anderen in London[64]. Geschichtsphilosophie wird zur Romantheorie;
in seiner Rezension von Balzacs *Père Goriot* (1835), die sich bedeutend abhebt von der jungdeutschen Unkenntnis Balzacs, sieht Gutzkow die Masse der Pariser Schicksale im epischen Nebeneinander
(5.2); und in seinen Bemerkungen (1835/6.2) über die synoptischen
Geschichtstafeln des Historikers Eduard Vehse, die »zweiundzwanzig verschiedene Lebensrichtungen neben den politischen Ereignissen her[laufend]« zeigen, bekräftigt Gutzkow von neuem, daß die
Geschichte »keine Randverweisungen« kennt und »eins ... neben
dem anderen unerläßlich«[65] ist. Die synoptischen Geschichtstafeln
bilden geradezu das Schema des epischen Nebeneinander.

   In Gutzkows Vorwort (6.3) zur ersten Auflage der *Ritter vom
Geiste* (1850) ist die demokratische Geschichtsphilosophie endgül-
tig ins Epische gewandelt; der alte Roman des *Nach*einander war
allzu wählerisch in seinem Griff nach Gestalten und melodrama-
tischen Konflikten; nur der neue Roman des *Neben*einander ist willens, auf die Auswahl zu verzichten, den »ganze[n], volle[n], runde[n] Kreis« des Lebens zumindest in entschiedener Annäherung
zu zeigen, und dem Leser, nach der eben gescheiterten Revolution,
zu bestätigen, daß Hoch und Niedrig dieser Erde »von ein und
demselben Geist regiert wird«[66]. In der Arbeit an den Vorworten
zu späteren Ausgaben des Romans (1854[3], 1869[5], 1878[6]) wird sich
Gutzkow klarer über die Grenzen und die soziologischen Implikationen seiner Postulate; er betont, sein Versuch richte sich »gegen die Welt der Ausschließlichkeit«, indem er die »Menschen in

ihrer zufälligen und harmlosen Bewegung«[67] zeige (Zolas Programm des naturalistischen Romans klingt später ganz ähnlich) und nützt einer klärenden Notiz die technologische Metapher der »Durchschnittszeichnung eines Bergwerks, eines Kriegsschiffes, einer Fabrik«, um der Leserschaft das Egalitäre und Tröstliche des epischen Nebeneinander zu erklären; der Roman entwickelt »das existierende Leben von hundert Kammern und Kämmerchen, die eine von der anderen keine Kenntnis haben«, und doch in einer Einheit sichtbar[68]. Der alte Gutzkow räumt zwar ein, daß seine Ideale »unbestimmt«, ja »unbestimmbar«[69] waren (im Gegensatz, wie er sagt, zu Marx und Lassalle), aber der Überzeugung, einen spekulativen *und* sozialen Roman entworfen zu haben, in dessen »Konzert« der Autor »alle Instrumente und Stimmen zu gleicher Zeit in- und nebeneinander hört«[70], hat er niemals entsagt.

Gutzkows Widersacher Julian Schmidt sieht die Unzulänglichkeiten der *Ritter vom Geiste* mit scharfen Augen (6.3.1), nicht aber die architektonische Kühnheit ihres Entwurfs: die theoretische Vorrede nennt er leichthin »das blöde Stammeln der Impotenz« (ohne die Implikationen überhaupt zur Kenntnis zu nehmen), behauptet, eine »Totalanschauung von dem Ganzen des Menschengeschlechts« wäre »ein Widerspruch gegen den Begriff der Kunst«, und charakterisiert Gutzkows neun Bände als alten Konversationsroman jener jungdeutschen Art, die nur »auf die auf der Oberfläche schwimmenden Erscheinungen« achtet anstatt in »jene Regionen« zu blicken, »wo sich die Individualität an das Werk hingibt und sich selbst verleugnet, um das Ganze zu fördern«[71]. Gutzkow bleibt ihm die Antwort nicht schuldig und verreißt, mit Recht, Gustav Freytags *Soll und Haben* (1855), den antisemitischen *Bestseller* der nachrevolutionären Wirtschaftskonjunktur, als Verklärung einer provinziellen Möchte-Gern-Eleganz und des gedankenlos Kommerziellen; Gewürzkrämerei, und zugleich eine Welt ohne Idee und tiefere Bedeutung, in der die Menschen »nicht etwa Extra-Glaubenbekenntnisse haben sollen«, sondern »nur im Handel und Wandel, im Fässerkarren, Schachern, Wettrennen und Pistolenschießen leben«[72]. Aber vom Argumente gegen Freytags *Soll und Haben,* das für ihn zum emblematischen Bild des üblen Realismus wird (ebenso wie für die *Grenzboten* Gutzkows *Ritter vom Geiste* den perversen Subjektivismus repräsentieren) treibt Gutzkow seine heftige Polemik gegen Julian Schmidts Forderung fort, der zeitgenössische Roman sollte, um Substanz zu gewinnen, das »Volk bei

der Arbeit« suchen. Die Idealisierung des klassischen Romans,
meint Gutzkow, verfehlte zwar manche wesentliche Bestimmung
des Menschen, aber vom berechtigten Widerspruch gegen diese
Idealisierung zur Forderung nach epischer Arbeitstreue ist ein
»gewaltiger Sprung«; die Gefahr besteht darin, »den Menschen in
seiner träumenden und idealen Neigung« ganz zu vergessen und
seine Wahrheit mit der Materialität von »Dampf, Elektrizität und
Börsenschwindel« gleichzusetzen[73]. Gutzkow hat selbst einmal
Mrs. Beecher-Stowe angeklagt, daß sie in *Onkel Toms Hütte* dem
Leser die Arbeitswelt der amerikanischen Negersklaven nicht kon-
kret genug vor Augen führe (8.1), aber im deutschen Roman will
er die Idee, die über das Gegebene hinausreicht, durchaus nicht
missen und polemisiert gegen W. H. Riehls halb poetische, halb
wissenschaftliche Untersuchungen der deutschen Arbeitswelt mit
Aufmerksamkeit und Skepsis zugleich (8.2.3). Im Streit mit den
Grenzboten bekennt sich Gutzkow zu einem »realen Idealismus«[74]
und ist stolz darauf, daß seine Romane weder des Gedanklichen
noch des Sozialen ermangeln.

Die Kritik der zeitgenössischen Dorfgeschichte in den *Unterhaltungen* und in den *Grenzboten* fördert manche Übereinstimmung zwischen Gutzkow und seinen Widersachern zutage, aber die
Divergenzen sind nicht weniger klar. Gutzkow schätzt Gotthelf im
Grunde sehr hoch[76], denn der Berner begnügt sich nicht mit dem
Gegebenen und zielt, in Komik und Ironie, über die bloße Befind-
lichkeit ins Didaktische und Volkspädagogische; das Polemische,
leider lokal begrenzt und deshalb ins Satirische absinkend, führt
ihn über die Schwere der Wirklichkeit hinaus. Gegen den liberalen
Auerbach hat Gutzkow manche Einwände vorzubringen; der
»idealisierte Realismus« ist »der verwerflichste von allen«, denn
es gibt nichts Schlimmeres, als »die Roheit, die Unbildung, die
religiöse Verdumpfung, die Sittenlosigkeit der Bauernwelt« zu verschönern[75], anstatt sie mit ebenso energischer Hand zu fassen wie
alle anderen Mißstände der gegenwärtigen Gesellschaft. Über
Adalbert Stifter spricht Gutzkow freundlicher als es die traditionelle Literaturgeschichte einräumen will; in seinen *Wiener Eindrücken* nennt er Stifter rühmend unter den Signataren einer Petition für die Pressefreiheit[76], erzählt später eine Anekdote[77] aus
Stifters Hauslehrerzeit (die er offenbar von ihm selber gehört hat),
und betont, Stifter sei ein »Landschafts- und Stillebenmaler«, der
die bedenkenswerte Kunst beherrsche, »einen Vorgang, der einem

halben Nichts gleichkommt«, zu einer »Quelle angeregtester Teilnahme zu erheben«[78]. Aber Gutzkow beharrt darauf, die dorfgeschichtliche »Reproduktion der Fliege an der Wand« als nachrevolutionäre Rettung der materiellen Wirklichkeit und, mit Recht, als programmatischen Anti-Intellektualismus zu entlarven, welcher »die Lebensbezüge der Intelligenz« durch ihre Wiesen- und Ackerseligkeit in Verruf bringt; die gängige Dorfgeschichte maskiert die groben Fakten der landwirtschaftlichen Arbeit und vergoldet die »Mist-, Käse-, Milch- und Wirtshauswelt so unendlich zauberhaft . . ., als wenn diese Menschen melken gehen und Kartoffel setzen oder Heu machen, immer im Bunde mit den Johanneswürmchen, dem Maßliebchen und dem blitzenden Tautropfen«[79].

Meine Apologie des Kritikers Gutzkow kommt in seinen Beobachtungen über den englischen Roman rasch an ihre Grenze, denn in seinen Dickens- und George-Eliot-Notizen versteinert das Gran deutscher Innerlichkeit, das seine paradoxe Abneigung gegen das gesellschaftliche Materielle seit jeher nährte, zu orthodoxem Vorurteil; in den kritischen Analysen englischer Romane ist ihm sein Widersacher Julian Schmidt in jedem Fall überlegen. Walter Scott ist dem jüngeren Gutzkow und dem älteren Schmidt[80] noch ein Autor jenseits aller Kritik; Scott mag als Tory (meint Gutzkow) einer »abscheulichen Partei« angehört haben, aber seine »Dichtungen sind meisterhaft« und nur die Scott-Epigonen sind verantwortlich für die geistlose Pedanterie späterer Entwicklungen[81]. Über Dickens hat Gutzkow wenig Gutes zu sagen; seine Abneigung gegen ihn ist so intensiver Art, daß er gegen seine sonstigen Redaktionsgewohnheiten Levin Schücking, dem freundlichen Dickens-Interpreten im *Telegraphen,* mit einer redaktionellen Nachbemerkung in die Parade fährt, gegen den »Branntweingeruch« und die »Unfläterei« in Dickens polemisiert, und den unverhohlenen Wunsch ausspricht, der deutschen Leserschaft möchte diese »ölige, schmierige, steinkohlenqualmige englische Natur«[82] erspart bleiben. George Eliot versteht Gutzkow überhaupt nicht; er besteht darauf, ihre Romane als englische Dorfgeschichten herabzusetzen (nur ihr problematischer »Methodismus« arbeite ihrer »extrem minutiös realistische[n] Darstellungsweise«[83] entgegen) und nimmt sich so selbst die Möglichkeit jeglicher Einsicht – in einigem Gegensatz zu Julian Schmidt, der George Eliots Bedeutung als erster deutscher Kritiker erkennt, die »Tiefe« und »Wahrheit« ihrer psychologischen Analysen rühmt, und ihre Kunst, ganz in ihrem Sinne, als schönes

Mittel charakterisiert, »Sympathien für unsere Mitmenschen in uns zu erwecken«[84].

Gutzkows Blindheit gegenüber dem englischen Roman, den er seit jeher des Mangels an einem idealen Prinzip beschuldigte, bekräftigt die Tugenden einer Kritik, welche aus dem Ungenügen herkommt – aus dem Ungenügen an einer sonntäglichen Poesie, die sich vom gesellschaftlichen Leben absondert, aber auch aus dem Ungenügen an der bloßen Prosa der Erfahrung, sobald sie sich anmaßt, den Menschen im Gegebenen realistisch einzuschließen. Obgleich der junge Gutzkow zuzeiten davon sprach, die Literatur sei nur Ersatz für politisches Handeln, war die Literatur doch sein eigentliches Element; sein Widerstand galt deshalb den amtlichen Zensoren nicht weniger als den »kalten Terroristen« in den Reihen der Opposition, die alle Imagination der politischen Nützlichkeit zu unterwerfen gedachten; und sein praktisches Interesse der schwierigen Möglichkeit, ungeachtet des politischen Engagements, auch jene Schriftsteller zu respektieren, ja widerstrebend zu lieben, die seinem Engagement mit ihren Werken und Prinzipien im Wege standen. Er war kein Theoretiker, aber seine Gedanken über Themen und Formen des Romans, die sich eng mit seinem demokratischen Protest gegen das Ausschließlichkeitsprinzip Hegels verbinden, schärfen unsere kritische Einsicht in Fragen der Gattungstheorie, und seine Begriffe vom ›Roman des Nebeneinander‹ antizipieren moderne Fragen der epischen Gleichzeitigkeit, des Erzählers in der Epoche der Massen und der Städte, der gesellschaftlichen Roman-Totalität. Er sah einzelne Schriftsteller eher als Tendenzen und Manieren, erkannte als erster die radikale Unabhängigkeit Georg Büchners und die Talente Friedrich Engels' (der ihm die redaktionelle Fürsorge übel genug entgalt)[85] und schrieb, gegen die Tradition der philosophierenden Kritik, Charakteristiken, Portraits, Interviews und (wie wir heute sagen würden) Werkstattgespräche, die selbst dort noch Aufschlüsse gewähren, wo sich eine eigenwillige Schriftstellerin wie George Sand[86] entschieden weigert, dem deutschen Interviewer Rede und Antwort zu stehen. In der Epoche zwischen Lessing und Fontane haben wir, auf Seiten der Liberalität, wenige Schriftsteller wie ihn.

Anmerkungen

1 Vgl. seinen Brief an Amalie Gutzkow vom 20. Dezember 1846, in: *Therese von Bacheracht und Karl Gutzkow: Unveröffentlichte Briefe 1842–1849*, hrsg. von Werner Vordtriede (München, 1971), S. 38.

2 9.4

3 H. H. Houben, *Verbotene Literatur von der klassischen Zeit bis zur Gegenwart* (Berlin, 1924), 1, S. 250–329.

4 Vgl. Gutzkows spätere Schilderung der Audienz in *Lebensbilder* (Berlin, 1869–1872), Kap. »Aus Empfangszimmern«. Sein Metternich-Portrait in *Zauber von Rom,* Buch VII, Kap. 10.

5 Thereses Brief vom 8. November 1848, in: *Therese von Bacheracht und Karl Gutzkow: Unveröffentlichte Briefe,* S. 233.

6 zitiert von Ludwig Maenner, *Karl Gutzkow und der demokratische Gedanke* (München, Berlin, 1921), S. 85.

7 im »Literatur-Blatt« vom 11. September 1835, vgl. *Wally, die Zweiflerin, Roman von Karl Gutzkow. Nebst einer Folge von Streitschriften.* Kritische Ausgabe von Eugen Wolff (Jena, 1905), S. 193 bis 206.

8 2.1

9 Vgl. *Appellation an den gesunden Menschenverstand,* in: *Wally, die Zweiflerin ... Nebst einer Folge von Streitschriften,* S. 232.

10 3.31

11 2.2.1

12 *Ibid.*

13 *Ibid.*

14 *Ibid.*

15 *Ibid.*

16 3.1.3.1

17 3.1.3.2

18 3.1.1

19 3.1

20 3.1.3.3

21 3.1

22 3.1.3.3

23 3.1

24 Ich verdanke diesen Hinweis einem Gespräch mit Herrn Professor K. R. Mandelkow (Hamburg)

25 3.1.5

26 3.1.5

27 3.1.3.7

28 3.1.7

29 2.3

30 3.2.2

31 3.2.5
32 *Ibid.*
33 *Ibid.*
34 3.2.4
35 3.2.5
36 *Ibid.*
37 *Ibid.*
38 *Forum der Journal-Literatur; eine antikritische Quartalschrift* (1831), 1. Band, 1. Heft, S. 35.
39 *Ibid.*, S. 37.
40 4.1
41 5.1
42 Brief vom 7. April 1835, in: *Georg Büchner: Sämtliche Werke und Briefe,* hrsg. von Werner R. Lehmann (Darmstadt, 1971), 2, S. 478.
43 Brief vom 17. März 1835, in: *Georg Büchner: Sämtliche Werke und Briefe,* 2, S. 476–477.
44 *Ibid.*, S. 476.
45 Straßburg, o. D., *Ibid.*, S. 455.
46 Straßburg, o. D., *Ibid.*, S. 491.
47 4.2
48 4.2.1
49 3.3
50 3.3.1
51 3.3.4
52 3.3.2
53 3.3.3
54 3.3.4
55 3.3.5
56 3.3.6
57 Schiller an Goethe, am 14. September 1797. (Zürcher) *Gedenkausausgabe,* 20, S. 421.
58 7.1
59 7.1.1
60 7.1
61 7.1.1
62 In: »Die Märzpoeten«, *Die Grenzboten* 9 (1850/1), S. 7–13.
63 Julian Schmidt über Gotthelf und Gutzkow, in *Die Grenzboten* 9 (1850/1), S. 605–607.
64 6.1
65 *Ibid.*
66 6.3
67 6.3.3
68 6.3.2
69 6.3.6

70 6.3.2
71 8.2
72 8.2.1
73 8.2.2
74 7.1.3
75 7.2.5
76 7.3.3
77 7.3.3.2
78 7.3.3.1
79 7.2.4
80 Julian Schmidt über Walter Scott, in: *Die Grenzboten* 10 (1851/2), S. 42–52.
81 7.3
82 7.3.1
83 7.3.4
84 Julian Schmidt über George Eliot in: *Bilder aus dem geistigen Leben unserer Zeit* (Leipzig, 1870), I. 344 ff.
85 Vgl. Peter Demetz, *Marx, Engels und die Dichter* (Berlin, 1969), S. 16–38.
86 5.4

Karl Gutzkow

Liberale Energie

Eine Sammlung seiner
kritischen Schriften

1. EPIGRAMME UND XENIEN (1839)

1.1 *Die Tendenzpoeten*

Redet Ihr stets von der Zeit, der Idee und von dem Jahrhundert,
    Weiß man wahrhaftig nicht, wie man Euch selber kommt bei.
Habt Ihr Talent; wie soll man, was Euer, wohl sondern und scheiden
    Von dem himmlischen Stoff, dem Ihr das Beste verdankt?
Habt Ihr es nicht; wer tadelte gern, wenn ein Pfeilschuß
    Leicht den Apfel wohl trifft, aber auch leicht die Idee?
Das ist der Mut der Kritik, daß man das Jahrhundert zu achten
    Wagen muß, wenn sich das Nichts rühmet, sein Sprößling zu
sein.

1.2 *Ein Student fragt nach der Vorlesung beim Hinausgehen*

Mit Verlaub, Herr Professor, die Reisebilder von Heine,
    Denken Sie Gutes davon?
Der Professor, sich besinnend:
Heyne? von Heyne? bei Gott
Kann mich wahrhaftig nicht gleich – der treffliche Archäologe
    Heyne? schrieb der denn je einen Reisebericht?

1.3 *Der Deutsche Buchhandel*

Nicht mit dem Genius im Bund; nein, nur im Bund mit dem
Stahlstich,
    Beut' ich Länder und Meer, Himmel und – Taschen noch aus.

1.4 *Die Deutsche Literatur*

Indolenz der Kritik, die Preisermäßigung, Mißgunst
    Unter den Schreibenden selbst, alles vermehrt den Ruin:
Während der Britt' und Franzos die heimischen Stümper ver-
deutscht sieht –
    Soulié, Paul de Kock, Bozens Fuselhumor.

1.5 *Ein Professor der Ästhetik im Jahre 1839*
   sein Kollegium schließend

Endlich zuletzt von Tieck der Aufruhr in den Cevennen –
   Weiter gehen wir nicht. Was dahinter noch kömmt,
Ist der Rede nicht wert. Seit achtzehnhundert und dreißig
   Warten wir leider umsonst noch auf den folgenden Band.

1.6 *Das Endresultat des »jungen Europa«*
   von H. Laube

Stolz durchwandelt er da die Parkanlagen von Muskau,
   Träumt, ein Dichter zu sein, träumt, von Adel zu sein:
Hinter ihm her ein Jokey, das Fürstlich Laubische Wappen
   Auf den Knöpfen: Glaçeehandschuh' im goldenen Feld!
Hinter den Bäumen ruft ihm die Fürstin Constanze: Valerius,
   Ist es Ihr Ernst, mon ami; sind Sie, bei Gott, Ökonom?
»Ja, andalusisches Weib, nach lauter verfehlten Tendenzen
   Brenne Kartoffeln ich jetzt, baue mir selber den Kohl.«

1.7 *H. Heine*

Daß er sich *selbst* nur bezweckt, soll man dem Dichter nicht weh-
                                                              ren;
   Wäre dies *Selbst* nur so groß, herrlich und weit wie die Welt!

1.8 *Heines Produktivität*

Heines *Salon* No. 4 wird bringen: Erstens ein Dutzend
   Lieder, das einmal bereits stand im Salon No. 1,
Dann die Gellert'schen Fabeln und Anekdoten von Müchler,
   Ferner ein klein A-B-C für den Schulengebrauch,
Endlich zuletzt ein Exzerpt aus Bröders latein'scher Grammatik,
   Mensa durchdekliniert – alles zusammen, damit
Man die Zensur vermeidet, auf zwanzig Bogen nicht drunter!
   Bin ich nicht immer noch jung, bin ich nicht immer noch reich?

1.9 *An D. F. Strauss*

Als die Mutter Dir starb, da hat sie Dir sicher gelobet:
  »Hast Du geirrt, mein Sohn, ruf' ich's von drüben Dir zu;
Hab' ich den Heiland geseh'n und seine Male berühret,
  Hat er ob dem, was Du schriebst, finster das Auge gerollt,
Komm' ich des Nachts Dir im Traum und warne Dich, weiter zu
                                                        wandeln
  Auf dem Wege, den Dir, David, Dein Genius wies!«
Siehe, Du träumst und träumst, und die Mutter kommt Dir im
                                                        Traume;
  Aber sie lächelt Dir nur, lächelt Dir seligen Mut.

1.10 *Guter Rat*

Hunderte sagen mir oft: »Ach, hängen Sie den Telegraphen
  An den Nagel doch auf! Sie zersplittern sich nur!
Lassen Sie andre das Feld der kleinen Chronik des Tages;
  Kritisieren Sie nicht, polemisieren Sie nicht!
Himmel, wenn man stets nur Sie hört im Harnische rasseln,
  Wagt sich da einer heran, wenn er es treulich auch meint?
Seh'n Sie, ich würde Sie gleich mit Ehrenkränzen beschenken;
  Aber – ich tue es nicht; Teufel, ich wär' ja ein Narr;
Morgen erscheint die Kritik, in der Sie der neusten Novelle,
  Die ich geschrieben, vielleicht machen den kürz'sten Prozeß.
Hol' der Henker Ihr Blatt! Sie kommen nicht auf! Repressalien
  Nimmt ja ein jeder, dem Sie die Meinung gesagt.
Seh'n Sie die Lyriker an, den Grün, den Freiligrath, Lenau,
  Kritisieren die auch? Ach, die hüten sich wohl!
Sperlinge hießen sie nur die Nachtigallen der Lyrik,
  Pfiffen sie kritisch auch mal einem ein Sterbelied vor!«

Und ich höre dies wohl und höre die Adria rauschen,
  Wo ich Muscheln am Strand läse viel lieber als Boz,
Bulwer und Marryat, lieber als Kühne's Klosternovellen,
  Muscheln am Strand, wie ein Kind, das an der Farbe sich
                                                        freu't;
Höre das Wiehern und Jauchzen der Lazaroni Neapels,

Die mir doch Ritter sind gegen Gamins de Berlin;
Höre das Rauschen des Römischen Corso, das wandelnde Glöck-
lein,
Das die heil'ge Monstranz kündet dem Sterbenden an;
Hör' an der Villa Virgils, am Lago di Garda die Pinien
Flüstern, die ich begrüßt einst schon in besserer Zeit:
Höre dort drüben das Wimmeln Venedigs, indessen doch hüben
Man mit dem Gondelier feilscht, selig die Barke betritt
Und mit klopfendem Herzen die ew'gen Lagunen hinabwogt.
Käme doch nächtlich ein Gott, spannte den Pegasus aus,
Der am Fuß des Parnaß, statt im Grünen zu weiden, nur Furchen
Zieht für Gerste und Korn, für Hafer und Flachs!

1.11 *Frage an die Zukunft*

Wann wird kommen der Tag, wo die Wahrheit auf *Dächern* zu
schauen,
Wo die Zunge das Herz, dieses die Zunge befreit?

1.12 *Besinnung*

Zieh den Stachel zurück, Epigramm! Die Fürsten in Deutschland
Schellen am Klingelzug nur – und Dein Sänger verstummt.

2. ORIENTIERUNGEN: MENZEL, BÖRNE, LESSING

2.1 [Aus Gutzkows Antwort auf die Angriffe Wolfgang Menzels]

Ich – Ich – Ich werd' es nicht dulden – *Ich – Ich* werd' es nicht zugeben! Wer ist dieses Ich? Ein Student, der vor fünfzehn Jahren nach der Schweiz floh, weil man ihm die Ehre antat ihn für gefährlich zu halten. Diese polizeiliche Überschätzung seines Wertes war die erste Quelle von Menzels späterem Übermute. Die Klugheit milderte seine Ausschweifung. Er wurde von flüchtigen Patrioten besucht, die von ihm Hülfe und Schutz verlangten, und nichts als Spott dafür bekamen, die von ihm mit seiner gewöhnlichen, aus seiner immensen Geschichtserfahrung abstrahierten Phrase regaliert wurden: Liebe Leute! bedenkt doch! als wenn unter diesen Verhältnissen irgend etwas andres zu bedenken gewesen wäre, als die Hingebung an alte Gelübde und Beteuerungen. Diese Unzuverlässigkeit ging damals mit der Absicht um, sich auf die Literatur zu werfen. Bei einiger Dreistigkeit ließen sich hier glänzende Resultate erringen. Claurens unsterbliches Genie, Gustav Schillings Unübertrefflichkeit, die Kritik eines Müllner, Friedrich Kind mit seiner Riesenharfe, der titanenhafte Humor eines Karl Müchler – was für Lorbeeren ließen sich hier erringen! Welch ein Mut gehörte dazu, die Literatur der Restaurationsperiode mit der Walpurgisnacht zu vergleichen, wo die unsaubern Geister auf den Besenstielen ihrer vernachlässigten Schreibart einen wüsten Lärm erhüben! Menzel hatte diesen Mut. Er wagte es, dieser goldgeränderten Periode der Taschenbücher den Krieg zu erklären. Wie sie zitterten vor seinem Grimme, die Verfasser der Stundenblumen, der romantischen Denksteine, der Federproben, der humoristischen Blicke in die Vergangenheit, der Liebesharfen, der Antipoden! Es flohen vor ihr die Flämmchen, Flocken, Freudengeister, die Katersprünge auf dem Steckenpferde meiner Laune, die Mohnköpfe, Distelblüten, Sommersprossen, Nachtfalter, kurz, die ganze belletristische Misere der Restaurationsperiode. Menzel hat sich in dieser Hinsicht ein unsägliches Verdienst erworben. Niemand würde so tief in den Mist gewatet sein, um aufzuräumen. Er tat es mit Herkulesschultern, er tat es mit frommem Eifer, wie es dem Knechte gebührt.

Die glücklichen Erfolge der Menzelschen Unratskritik ließen ihm den Kamm schwellen: er machte sich an Goethe selbst. Nicht

sogleich an Goethes Person, sondern an seine Verehrer, deren Blöße ein Laie leicht durchschaute. Goethe selbst beherrschte niemals
die Nation, sondern nur sein Ruhm. Diesen Ruhm tastete Menzel
an: er bewies, warum einige Leute spezielles Interesse daran fän-
den, Goethes Ruhm zu behaupten. Menzel wagte sich an die
schwachen neuern Produktionen des Dichterheros, an Kunst und
Altertum; aber weiter noch nicht. Um einen andern Maßstab zu
haben, gleichsam einen ästhetischen, mußte er ihn erst borgen. Er
borgte ihn, wie alles, was ihn später erhob, von der romantischen
Schule.

Ich werde niemals in Abrede stellen, daß Menzel einen unbefangenen Naturalismus auf die Literatur anzuwenden suchte. Soviel Burschenschaftliches und Turnerhaftes war noch in ihm geblieben, daß er vor Teegeschwätz, Prüderie und Affektation einen
beinah angebornen Widerwillen hatte. Was Menzel in dieser
Rücksicht geleistet hat, war dankenswert; denn er brachte es
wahrhaftig dahin, daß man mit Teelöffeln nicht mehr klapperte,
daß man einige Dinge beim rechten Namen nannte, daß man endlich das Häßliche der Schönpflästerchen und Reifröcke, die Menzel charakteristisch genug noch immer zu sehen glaubte, erkennen
lernte. Dazu kommt eine gewisse Vaterlandssucht, die Menzeln
charakterisiert, die aber damals noch so widersprechender Natur
war, daß Menzel ein Land verehren wollte, dessen Bewohner er
auf jede Weise lächerlich zu machen suchte. Sein erstes Wort war
immer eine Renommage, sein drittes der deutsche Michel. Menzels
burschikose Behandlungsweise der Literatur erregte Abscheu. Er
mußte eilen, sich eine solidere Grundlage für seine zunehmende
Bekanntschaft zu verschaffen, und plünderte zu diesem Zwecke
die Resultate der romantischen Schule, mit welcher ihn Görres
vermittelte. Aus Tiecks aristophanischen Lustspielen entnahm er
eine gewisse gesellschaftliche Polemik gegen das Bürgerliche, Philisterhafte, gegen die Kartoffel- und Kuhpockenpredigten der auf-
geklärten Geistlichkeit, gegen Iffland, Kotzebue, gegen die Nütz-
lichkeitstheorie in der Kunst. Schellings Vorlesungen über das
akademische Studium ergänzten diese neuen Kenntnisse, mit denen Menzel so viel ausrichten wollte. Die Heidelberger romantische Periode von 1806–12 lieferte neue Ideen, die mit Gewandtheit
verarbeitet wurden. Oken und Schelling erschlossen die Natur und
die Philosophie. Novalis rüstete Menzeln, seine berüchtigte Polemik gegen Goethe zu beginnen. Aus diesen kaleidoskopischen In-

gredienzien setzte sich endlich ein Urteil zusammen, das das Schicksal der Literatur in seiner Hand haben will. In diesem weitläufigen Kopfe müssen es sich Arndt, Jahn, Görres, Tieck, Schelling, Novalis und aus eigenen Mitteln Menzels Arroganz und Grobheit einigermaßen bequem machen. Dieser zusammengeknetete Teig bekam eine äußere Kruste von Jean-Paulismus, eine Glasur, die auch seit einiger Zeit schon zersprungen ist.

Menzel ist mir immer unter dem Bilde eines Kreuzweges erschienen. Die Kreuzwege sind dem Tode geheiligt und die Hunde der Hekate bewachen sie. Die widersprechendsten Dinge laufen hier übereinander: und alles sind Straßen, die in die Köpfe anderer führen, nur eins gehört Menzeln eigentümlich, sein Fatalismus, sein Dämonismus, seine Furcht vor der Zukunft, seine Nervenreizbarkeit und seine Sammlung mittelalterlicher pietistischer Schriften. Das Hundsartige in Menzel ist pudelhafter Natur. Nur daß oft statt hinter dem Pudel ein Mephistopheles, hinter dem Mephistopheles nichts steckt, als ein bloßer Pudel. Zwischen Himmel und Hölle die Grenzen zu entdecken, Geister zu beschwören, an Gespenster zu glauben, dies sind kleine Nebeneigentümlichkeiten, die aber originell sind an Menzeln. Ich wüßte nicht, worin er freier und selbständiger wäre, als in diesem naiven Aberglauben, in welchen er sich zuweilen hüllt, in den Zitaten aus der Bengel'schen Apokalypse, in dieser Furcht und Leichtgläubigkeit. Wie gering ist Menzels ursprünglicher Beruf, in der Literatur eine Stimme zu haben! Neben Jung-Stilling wollte ihn die Natur stellen: nirgend anders wohin.

Dasjenige, was mich in dem Menzelschen Buche *über die deutsche Literatur* geblendet hatte, und mich bestimmen konnte, ihm die Hand zu drücken, war die Einmischung des Patriotischen in sein Räsonnement. Bei den Worten: Freiheit und Vaterland ist jedes jugendliche Herz verwundbar. Als mich Menzels spätere Bekanntschaft zwang, diese Übertünchung von seinem Buche abzuziehen, blieb mir auch die Nacktheit der überbleibenden Wände nicht verborgen. Menzel immer begierig, seinen undialektischen Kopf, die Unfähigkeit, zehn Minuten lang ein spekulatives Gespräch zu führen, ohne in Perorationen und Alleinreden zu verfallen, immer begierig, seine chaotische Begriffsverwirrung zu verbergen, brachte die abstraktesten Rubrikate und Schematisierungen in die Literaturgeschichte. Statt von Dichtern zu sprechen, sprach er von Stoffen. Statt Individualitäten zu zeichnen, zeichnete er

Tendenzen. Statt die Person aus der Vergangenheit zu entwickeln, entwickelte er sie aus der Gegenwart. Er legte an Goethe konstitutionelle Maßstäbe an. Er ordnete das ganze Gebiet der Literatur in zahllosen Branchen: Novelle, Epos, Roman, Drama usw. und diese wieder in besondere Schemata: das Wunderbare, das Phantastische, das Architektonische u.s.w. Ist das eine Literaturgeschichte! Das ist eine Ungerechtigkeit gegen die Dichter und Autoren, welche in der Literatur immer eher da sind, als ihre Manier. Die sogenannte wunderbare, phantastische, architektonische Manier zwang Menzeln, von Tieck, Goethe u. a. an fünf Orten zu sprechen, statt daß Tieck Tieck und Goethe Goethe ist, statt daß der Literaturhistoriker aus dem Individuum die dichterische Totalität beweisen soll. Was ist der Kern von Goethe und Tieck, wenn sie bald hier, bald dort in Menzels Dispositionen figurieren müssen? Wahrlich, wir haben keine Lessing'sche Kritik mehr. Schlegel machte zum Maßstab seiner Kritik die Schule, Menzel die Partei. Nur Lessing sah das Werk und in ihm den Menschen. Wenn wir eine neue Kritik bekommen, so wird es die der *Charakteristik* sein. Beurteilt den Dichter in seinem Wesen, aber nicht in seiner Stellung! Zergliedert sein Werk und Ihr werdet ihm Gerechtigkeit widerfahren lassen! Die junge Literatur schlägt diesen Weg ein, der zum Ziele führen wird: denn es ist nicht nur der Weg, welcher der Wissenschaft würdig ist, sondern auch der der Versöhnlichkeit. Unsere Kritik schildert und porträtiert. Sie ist plastischer Natur und dient niemandem, als sich selbst.

Man glaube mir, daß ich am geschicktesten bin, die Blößen der Menzelschen Kritik zu durchschauen. Wann hat Menzel ein Werk in seine einzelnen Teile zerlegt; wann ist er auf dessen innres Wesen eingegangen; wann ließ er den Autor zu Worte kommen? Menzel kritisiert seit Jahren die deutsche Literatur in Bausch und Bogen, wirft sie in Fächer zusammen, statt die Fächer aufzulösen in Individualitäten. Oft paßt sein Räsonnement kaum zu den flüchtig gelesenen Büchern. Es ist eine Beleidigung für die Autoren, sich massenhaft, je mit einer Nummer, wie Soldaten aufpostiert zu sehen. Menzel denkt, was ich bei einem Buche nicht sage, sag' ich beim andern. Eine treffliche Maxime! Sie macht die Bücher zur Unterlage eines Geredes, das oft ohne Unterbrechung durch mehrere Nummern und über zwanzig Männer, die doch wahrhaftig immer etwas von einer Person sind, hinweghuscht . . .

Seine Kategorien sind früher da, als die Bücher, die er zu beurteilen hat. Er liest das Buch, und paßt es in sein Schema ein. Das Publikum kennt diese Schemata: Sentimental! Prüd! Schriftstellernde Dame; goethisierend! Wehmut soll der Dichter haben, aber nicht besingen! Die Unschuld weiß nicht daß sie unschuldig ist! Berlinerei! Schon wieder Entsagung! In dem Sorgenstuhle solcher Phrasen ruht sich Menzel von seinen Kämpfen aus, und sieht nicht, daß ihm seit Jahren schon sämtliche literar-historische Prinzipien über den Kopf gewachsen sind. Es gewährt eine tödliche Langeweile, wenn man Menzels Kritiken liest. Wer ihn kennt, braucht nur die Titel der Schriften, die er anzeigt, zu überlaufen, um zu wissen, was er darüber urteilt. Eine ganz neue Gattung von Konsequenz ist dies, nämlich die Konsequenz der Faulheit und Ignoranz. Sieht man in Menzel einen ringenden Genius, der immer auf der steilen Alpenwanderung des Gedankens ist? Nein, diese riesenhaften Anläufe haben es bis zu einer friedlichen Meierei gebracht, in welcher viel Milch, Butter und Käse ökonomisiert wird.

Menzels übrige Werke erwähn' ich nicht, weil sie auf Ehre! von zu geringem Werte sind, als daß sie in einer wichtigen literarischen Angelegenheit für etwas gelten dürften. Nur über Menzels politische Stellung will ich noch einige sachgemäße Worte verlieren. Ich habe Menzels Wert für das, was er selbst die Restaurationsperiode nennt, nie außer Abrede gestellt, ich habe ihn auch mit St. Georg verglichen, der gegen den Drachen kämpfte. Aber innerlich empört hat es mich und alle tiefer fühlenden Zeitgenossen, daß Menzel in seinem blinden Wüten da noch immer fortfuhr, als die Deutschen einen Beweis für ihre Energie, soweit sie konnten, abgelegt hatten, als unter uns eine Aufregung, die historisch ist, niedergeschlagen wurde, und die Göttin des Vaterlandes sich in Trauer kleidete. Die Pietät flüsterte sich vor zwei Jahren zu, leise aufzutreten in dieser Zeit der Trauer und Worte zu wählen, welche die Toten nicht aus ihrer Ruhe störten. Menzel indessen polterte und tobte mit denselben groben Ausdrücken in seinem Wirken wie früher. Da war keine Scham und Scheu, keine Reverenz vor dem deutschen Volke. Es waren noch immer die alten Schafsköpfe und Narren und Esel, die ausgeteilt wurden. Man zischte um Ruhe, die Glocken läuteten unsre Hoffnungen zu Grabe; da ist aber ein roher, betrunkener Mensch, der noch immer tobt und in die stillen Gebete der Leidtragenden hineinschreit! Seitdem ist Menzel ruiniert: er hat die Pietät verletzt; man kennt ihn nur noch als Grobian auf eigne Faust.

Die drei letzten Versuche, die Menzel gemacht hat, um sich zu retten, sind erstens eine Servilität, zweitens eine Übertreibung, drittens eine Lüge. Servil war es, aber klug bedacht, daß er sich hinter so geachteten Namen, wie Uhland, Pfizer u.s.w. sind, schob, und etwas von ihrem Glanze, von ihrer Reinheit der Gesinnung und Aufopferung für das, was sie glauben, auf seine eigne dekrepite, heruntergekommene Gestalt fallen machte. Er sieht ein, daß er mit diesen Männern gehen muß, um für sich noch ein Echo zu haben. Er dringt sich denen auf, die ihn zurückweisen. Er hält heuchlerische Reden an die Handwerker, welche jene lieben, da sie von Haus aus Demokraten sind und sich in die idyllischen Empfindungen des gemeinen Mannes versetzen können. Er lobt jene schwäbischen Notabilitäten, ja sogar die kleinen poetischen Springer, die ihnen nachhüpfen. Es ist ein ganzer Rattenkönig, der eine von Uhlands Haupt genommene Krone trägt, und in Stuttgart jetzt sein Wesen treibt. Menzel läuft atemlos mit, um nicht allein zu stehen.

Das dritte Mittel knüpfen wir am besten an das erste an, weil es eine Lüge ist. Ich verstehe darunter Menzels große Anläufe für die Judenemanzipation. Es ist bekannt, daß Menzel die Juden haßt; er muß es als Deutschtümler. Menzel reißt das Fenster auf, wenn ein Jude bei ihm war. Aber Menzel weiß, wie viel Popularität er durch die Konzession an die Juden gewinnt. Eine heilige Sache muß ihm dazu dienen, sich ein gewisses öffentliches Interesse zu erhalten, und nebenbei an dem Kirchenrat *Paulus,* welchen alten Herrn er mit einem kindischen Hasse verfolgt, sein verrostetes Schwert immer wieder etwas aufzuschärfen. Leicht erkauft sind die Lorbeern, die man durch die Judensache und die Angriffe auf einen isolierten, und von allen Parteien umgangenen Mann, wie Paulus ist, erwerben will.

Menzels neueste Übertreibung aber zielt auf Goethe und die Vaterlandsliebe. In beiden Rücksichten hat er den Bogen zu straff angezogen. Die Anrede an den Straßburger Münster, als wenn er gezittert hätte, da Goethe auf ihm stand, hat selbst die lachen machen, welche Goethes Fürstentum des *Scheins* anerkennen. Eine Debatte über diesen Gegenstand ist nicht möglich; denn der Wahnsinn läßt sich nicht widerlegen. Aber etwas andres ist es mit dem Franzosenhaß. Und hier frag' ich, was des Jünglings Wange freudiger glühen macht, die Liebe zu allem, was den Tempel der

Menschheit und der Völkerideen erbauen hilft, oder jene aus verlornen Traditionen und dem Blute hergeleitete tierische Leidenschaft der Nationalität? Warum blutete das achtzehnte Jahrhundert? Warum haben die Nationen durch Philosophie, Industrie
und historische Sympathien für die Zukunft sich genähert? Warum ein Volk hassen, das unserem Hasse jetzt keine Nahrung gibt?
Die Menzel'sche Affektation einer klugen politischen Voraussicht
kann nirgend Anklang finden. Sie ist nicht geeignet, in ruhigen
und nur den Ideen gewidmeten Zeiten die Herzen anzuschwellen.
Unser Stolz ist, die Völker lieben zu können; unsere Taktik, über
dem Bestreben nach gemeinschaftlicher politischer Emanzipation
einstweilen die Nationalität zu vergessen. Geht die Jugend in ihrem kosmopolitischen Idealismus zu weit, so sollte Menzel ihre
Unvorsichtigkeit tadeln, aber eine Bosheit nicht züchtigen, die sie
nicht hat. Ruiniert hat sich Menzel in den Augen der Hoffnung,
der Jugend und einer wahrhaft säkularen Schwärmerei, ruiniert
durch seinen rohen patriotischen Terrorismus.

2.2 [Gutzkow als Biograph Börnes: Zu seinem Selbstverständnis]

Ich habe Börne nicht gekannt. Manche seiner nähern Freunde,
die mir mit Rat und Tat beistanden, haben dies oft bedauert. Indessen beruhigt es mich, daß ich seine nächsten Freunde, die mit
ihm gelebt, doch oft auch darauf ertappte, daß sie mit ihm nicht
auch empfunden hatten. Ihre Urteile über den Verstorbenen
widersprachen sich. Sie hielten mit verzeihlicher Täuschung allzusehr am Menschen fest und wußten für jede geistige Lebensfunk-
tion des Freundes Gründe, die von den andern wieder bestritten
wurden. So konnt' ich, wenigstens schien es mir so, vielleicht besser in die Wahrheit dringen, als wenn ich durch persönliche Bekanntschaft wäre mit in diesen Strudel von Widersprüchen gezogen gewesen. Das unmittelbare Leben ist selten ohne Verstimmun-
gen. Wir sind nie in dem Grade frei von unserm eignen Interesse,
daß wir bei persönlichen Kollisionen stets den Blick ungetrübt und
das Vorurteil unbefangen erhielten.

Von früh an hab' ich die Neigung gehabt, mich in fremde Individualitäten hineinzuleben. Die besten Menschenkenner sind die,
welche von den Tugenden und Schwächen der andern Vorteile zu
ziehen wünschen; die ihnen zunächst kommen, die, welche einen
Fanatismus daraus machen, gegen jedermann gerecht zu sein. Ich

bin immer erschrocken, wenn ich irgendeinen unbedingt verurteilen hörte; denn meine eigene Lebensentwicklung zeigte mir nur zu
sehr, daß wir in unserm Gemüt von der ganzen Welt abweichen
können, ohne deshalb Ursache zu haben, uns weniger gut und gerecht zu erscheinen. Was ich mir selbst geschenkt wissen wollte,
dies Vertrauen auf die individuelle Selbstgerechtigkeit des Menschen, hab' ich andern nie entzogen, ja mit Leidenschaft mir darin
gefallen, mich in die Denk- und Fühlweise anderer hineinzuleben,
Adern und Geflechte in fremden Seelen tief zu verfolgen und die
Menschen von innen heraus zu beurteilen. Was mich in der Poesie
zum Dramatiker, mußte mich in der Prosa zum Biographen machen.

2.2.1 [Über Börnes Herkunft]

Ludwig Börne wurde als *Löb Baruch* den 22. Mai 1786 zu
Frankfurt am Main von jüdischen Eltern geboren. Diese Abstammung Börnes ist für seine spätere Geistesbildung zu entscheidend
gewesen, als daß wir uns über sie nicht gleich an der Schwelle seines Lebens verständigen sollten. Börne war Jude. Seine Feinde haben dies oft genug geltend gemacht, entweder um seine angebli-
chen Verirrungen zu erklären oder sie mitleidig damit zu entschuldigen. Die einen, die Germanischen, die mit ihren blonden Haaren
und blauen Augen unmittelbar von den Eicheln der altdeutschen
Urwälder abzustammen vorgeben, haben darum Börnen nie recht
an sich herankommen lassen, haben sich seines Geistes, seiner Gesinnungen erwehrt, selbst wenn diese, wie früher z. B. bei Görres
mit der Tendenz des Herausgebers der Waage im allgemeinen
übereinstimmten. Die andern, boshafter, als jene Phantasten, haben grade den verbissenen Groll eines nicht emanzipierten Juden
geltend gemacht, um Börnes uneigennützige Liebe zur Freiheit zu
verdächtigen, haben das Häßlichste, was man nur im Durchschnitt
vom jüdischen Charakter zu behaupten pflegt, in das Gemüt Börnes, ob er gleich Christ geworden, zurückzuleiten gesucht und ihm
jene Lieblosigkeit, jenen zersetzenden Verstand angedichtet, welchen man gern für das Erbteil der Juden ausgibt. Die Wahrheit ist
aber die, daß allerdings die jüdische Abstammung auf Börnes Sin-
nes- und Denkweise von großem Einfluß war, daß ihm aber diese
Abstammung noch um so mehr den Beruf gab, für die Freiheit aller aus dem tiefsten Bedürfnis derselben zu wirken.

Es ist wahr, Börne hat erzählt, daß ihn der Juif de Francfort, welchen die Frankfurter Polizei einst in seinen Paß schrieb, bitter gekränkt und gestachelt hätte, sich einst dafür zu rächen. Aber woran hat er sich gerächt? Wahrlich nicht an etwas, das er, um seinen Zorn zu kühlen, *erfand,* sondern an dem ganzen Zusammenhang jener tatsächlichen politischen Zustände, die es mit sich bringen, daß wir die Leibeigenen unsrer Herrscher und die Juden wieder die Leibeignen *unsrer* Herrschsucht sind. Er fand, als ihm die Dinge und Menschen klar wurden, daß dieser Juif de Francfort nicht allein dastand, sondern daß eine und dieselbe Kette, die den Juden in schimpflicher Abhängigkeit hält, ihre Fortsetzung hat auch in die größten und kleinsten Kreise der christlichen Existenz. Das eine verschmolz ihm mit dem andern; es führten die Leiden alle zurück auf dieselbe Quelle.

So wie die Lage der Juden in Deutschland war und noch ist, muß es ein unseliges Gefühl sein, unter ihnen geboren zu werden. Schon das Spiel des Kindes hat seine Grenze; denn was der christliche Knabe nicht durch sein eignes unschuldiges Herz zu hassen und zu verspotten lernt, lehrt ihn der Haß und der Spott seiner Eltern. Eingepfercht in häusliche Gewohnheiten, religiöse Sitten, für welche dem jüdischen Knaben das tiefe Verständnis abgeht, oder das er doch verliert, wenn die Bildung, die seinen Geist mit christlichen Stoffen schwängert, über ihn kömmt, ausgeschlossen von den Bahnen, welche christliche Gespielen und Schulfreunde für ihre Zukunft einschlagen, gefesselt an eine Gesellschaft, die in ihrer Abgeschiedenheit gar zu sehr in grelle Einseitigkeiten und wunderliche Richtungen verfällt, die der reifere Verstand bald durchschaut, ausgesetzt endlich den zahllosen Gehässigkeiten, welche sich die Christen im bürgerlichen Verkehre, in der Gesellschaft, in lokalen Beziehungen gegen die Juden erlauben – o das muß tief in ein edleres Gemüt einschneiden und Wunden hinterlassen, die, da der Zustand der Juden sich immer noch nicht bessern will, nie vernarben können. Der jüdische Kaufmann zerstreut sich vielleicht durch den glücklichen Erfolg seines Gewerbes, aber der jüdische Gelehrte ist auf die traurigste Vereinsamung mit seinem Schmerze angewiesen. Hat er die Jugend mit den Nadelstichen für seinen Ehrgeiz hinter sich, so ist ihm nun die ganze Zukunft versperrt. Er hat die Früchte der Wissenschaft und Kunst brechen gelernt so wie wir, aber er darf sie nicht genießen. Alle Voraussetzungen der Bildung sind bei ihm dieselben wie beim

Christen, ja, er kann durch wissenschaftliche Einsicht sogar vom
Christentum eine höhere Idee haben, als mancher christliche Gelehrte sie hat, und doch bleibt er ausgeschlossen von einer Wirk-
samkeit für das Allgemeine, und muß, beschränkt auf seine Glau-
bensgenossen, eine Bitterkeit nähren, die seinem versöhnlichen
Herzen sonst vielleicht ganz fremd geblieben wäre . . .

Überhaupt irrt man sehr, wenn man bei Börne in Betreff seiner
jüdischen Herkunft jene übergroße Empfindsamkeit voraussetzt,
die jetzt in der Behandlung der Emanzipationsfrage Sitte geworden ist. Freilich, da er früh Christ wurde, mag in ihm diese Stimmung auch schon allmählich verklungen sein; in der Weise, wie sie
sich z. B. in »den trauernden Juden vor Babylon« und ähnlichen
Versinnlichungen des Judenschmerzes ausspricht, kam sie entweder bei ihm nicht mehr auf oder hielt nicht lange an. Um aufrichtig zu sein, Börne verhielt sich weniger emphatisch zu den neuern
Versuchen für die Judenemanzipation, als manche seiner Frankfurter Freunde gern gesehen hätten. Es störte ihn teils die Einseitigkeit einer solchen Freiheitserklärung, die gleichsam nur für eine
Klasse von Menschen fast aristokratisch erfolgen sollte, während
er die ganze Menschheit in Fesseln und Banden sah; teils kannte
er die innre Organisation der jüdischen Gesellschaft zur Genüge,
um nicht zu fürchten, daß der Geist der Geldsucht, die rein materielle Richtung der meisten Juden sich mit den Drängern der
Menschheit verbinden und sich auf die Masse des Volkes werfen
würde. Deshalb wünschte er, daß sich die Rothschilds taufen ließen. Wenn er auch in seinen Briefen dagegen protestiert, daß er
die Rothschilds hasse, so entsetzte er sich doch vor der politischen
Stellung, die die vorzugsweise jüdische Börse im modernen Europa einnahm, vor diesem Geist der Anleihen und der Papierspeku-
lationen, wo mit den Tränen und dem Blut der Völker die Kurse
der Staatseffekten notiert werden. Soviel Mitleid er mit dem armen Manne hatte, der durch die Straßen seinen Zwerchsack trägt
und nach den Fenstern der Häuser *Handle!* hinaufruft, so abscheulich war ihm der Vorschub, den die reiche Judenschaft der
weltlichen Tyrannei leistet, so widerlich war ihm der Ehrgeiz der
reichen Judenfamilien, wenn sie des Umgangs mit der christlichen
Aristokratie sich rühmten und glücklich waren, ihre Töchter auf
dem Ball eines Gesandten tanzen zu sehen. Börne hatte auch kein
Interesse an der neuerdings üblichen zu übertriebenen Herausstel-
lung der Nationalität und der sittlichen Sonderung, sondern

wünschte eine Verschmelzung, eine völlige Germanisierung des Judentumes; wenigstens lassen sich die Stellen in seinen Briefen, wo er den ihm werdenden Mahnungen, sich der Judensache besser anzunehmen, ausweicht, nicht anders erklären; vor allen Dingen war ihm diese Sache keine Frage für sich, sondern sie hing ihm mit den Hoffnungen des ganzen deutschen Volkes, mit der Freiheit der ganzen Menschheit zusammen . . .

Börne, der den Aufschwung des Vaterlands mit allen Pulsen seines innersten Menschen mitempfand, ahnte nicht, daß er eines der ersten Opfer des Sieges sein sollte. Kaum war die französische Herrschaft in Frankfurt gebrochen, so trat wieder die alte freistädtische Verfassung hervor. Der Senat nahm von seiner Souveränität Besitz, die Anstellung eines Juden hob sich von selbst auf. Börne erhielt, jedoch nicht sogleich, seine Entlassung. Man glaubte ihn zuerst durch Zurücksetzungen zu bewegen, sie selbst zu nehmen. Man überwies ihm geisttötende Registraturarbeiten, doch schlugen diese Berechnungen fehl. Börne tat, was man ihm übertrug und sah den Intrigen mit ruhiger Gelassenheit zu. Endlich, da man einen Juden nicht länger mehr im Amt lassen wollte, entschloß man sich, ihn zu entfernen, konnte ihn jedoch vermöge einer Bestimmung der Kongreßakte hinsichtlich der Großherzoglich Frankfurtischen Staatsdiener die Pension nicht entziehen. Börne nahm auf das ängstliche Betreiben seines Vaters diese mit 400 Gulden an, die er leicht auf das Doppelte erhöht bekommen hätte, wenn ihn nicht sein eingeschüchterter Vater von einem ernstlicheren Widerstande gegen die Unbill der Reaktion zurückgehalten hätte.

Man nimmt gewöhnlich diese bittere Erfahrung, die Börne in den Jahren der Befreiung machte, als den Wendepunkt seiner politischen Bildung an. Man hat aber Unrecht, wenn man glaubt, daß ihm persönlicher Groll oder gekränkte Eitelkeit die neue Richtung seiner Ideen gezeichnet hätte. Einmal war Börne durch seine Bildung und seinen Umgang darüber hinaus, daß ihm grade die Erinnerung an sein Judentum hätte besonders empfindlich sein sollen; sodann war er zu edel und unbefangen, um sich eine Weltansicht aus persönlichem Mißgeschick zu bilden. Das aber war der Sonnenblick, an dem sich seine politischen Begriffe aufhellten: Der Zusammenhang, in dem sein eignes Erlebnis mit dem stand, was sich mit dem Jahre 1815 nun rings um ihn her zu offenbaren anfing. Deutlich genug sah er, daß sich eine ihm widerfahrene

kleine Ungerechtigkeit an große Tendenzen lehnte, die immer offner hervortraten. Mit den entarteten Söhnen der Revolution wollte
man auch die großen Wahrheiten umstürzen, die die Revolution
gezeitigt und den Lauf um die Welt zu machen geheißen hatte.
Die Couriere, welche zwischen Wien und jenen Städten, in welchen die berühmten Reaktionskongresse gehalten wurden, hin-
und herflogen, rissen Furchen in das blutgedüngte Vaterland, in
die man den Samen veralteter Meinungen und Vorrechte wieder
zu streuen wagte. So vieles, was uns die Restauration brachte, ging
aus den edelsten Stimmungen des Zeitgeistes, aus einer schwärmerisch erwachten Liebe zum Vaterlande, zur Muttersprache, zum
Christentume hervor; aber die Intrige benutzte diese Gefühle, um
in ihrer trüben nebelhaften Dämmerung die eignen Vorrechte sicher zu stellen. Viele sonst besonnene Männer hatten das Unglück, erst später das falsche Spiel zu durchschauen und es unbewußt, nicht selten zum eignen Verderben, in gutem Glauben mit-
zumachen; andere überblickten schon früher den Gang, den die
Ereignisse nehmen würden, befreiten sich von jenen an sich schönen Täuschungen und Spiegelbildern eines neu erwachten Volks-
tums und bildeten sich jene Theorie allmählich aus, welche unter
dem Namen des Liberalismus bald eine Parole des Parteiwesens
werden sollte. Börne, keiner der schönen Ideen vom Vaterland,
von deutscher Einheit und Würde, von Volkserziehung und sittlich
religiösem Ernste fremd, ahnte doch früh, wozu diese schönen Namen würden mißbraucht werden und reifte in der Schule sich
drängender, wirrer Ereignisse, die dem Siege von 1815 folgten, zu
einer politischen Intelligenz, wie sie damals nur wenige in
Deutschland besaßen.

2.2.2 [Der Schriftsteller Börne]

Das Leben Börnes ist, abgesehen von dem persönlichen Interesse, welches die Neugier daran nehmen kann, noch in manchen Beziehungen merkwürdig. Angedeutet ist schon, wie es uns die Stellung des Genies und des Charakters zu unsrer Zeit versinnlicht.
Auch in Börnes Stellung zur Literatur, wie diese sich allmählich
ergeben hat, liegen Gedankenreihen, die man an ihn zuerst anknüpfen muß, und die in der bisherigen literarischen Erfahrung zu
bilden gar nicht möglich war. Außer dem denkwürdigen Einflusse,
den Börne auf die politische Bildung des deutschen Volkes hatte,

gewann er, da er diesen Einfluß grade in so geistreicher Form und Sprache geltend machte, noch im besondern zur *Literatur* eine Stellung, die, man kann wohl sagen, epochemachend gewesen ist. Nun war es aber die harmloseste Art, wie Börne zur Literatur kam, die unbewußteste. Bisher sind wir gewohnt gewesen, daß Beamte oder Gelehrte in ihren Mußestunden in die Leier griffen und das Lob der Frauen, des Frühlings und des Weines sangen; junge Studenten dichteten Dramen, versäumten, sich die Antworten einzulernen, welche sie einst auf die in den Staatsprüfungen vorgelegten Fragen zu geben hatten, erwählten den Dichter und Schriftstellerberuf als einen ausschließlichen, indem sie Zeitungen, Almanache und literarische Genossenschaften begründeten, alle hatten sie von Goethe herab bis zum gewöhnlichsten Taschenbuchsnovellisten ein bestimmtes nur in den bisher der Literatur abgesteckten Grenzen liegendes ästhetisches Ziel. Seit den Befreiungskriegen traten freilich schon Männer auf, die, ohne *speziell* für die Literatur als solche zu schreiben, doch tiefe Furchen sogar in den Prinzipien derselben zogen und jedenfalls ihre Grenzen erweiterten; Arndt z. B. Görres, Steffens und andre. Doch zogen sie sich meist auf die Geschichte oder Philosophie oder sonstige wissenschaftliche Einzelgebiete wieder zurück, oder besaßen im Stil und Vortrag nicht jene Saatkeime, die in eine neue Epoche für die Literatur ausschießen konnten. Börne jedoch gelang es, *ohne es zu wollen*, ein deutscher Klassiker zu werden. Dasjenige, woran er am wenigsten gedacht hatte, fiel ihm am ersten zu. Er beurteilte die Dichter, die Schauspieler, die Philosophen, die Publizisten seiner Zeit: er machte aus dem Jean-Paulismus etwas Klares, Durchsichtiges, schrieb Satiren aus äußern Zwecken, trieb die schöne Literatur nur, um die Politik in ein erlaubtes Gewand zu hüllen, sprach von Schiller und Goethe und dachte dabei an Montesquieu und Metternich, schrieb fast immer nur auf äußre Veranlassung, getrieben durch eine herausfordernde Gelegenheit – und doch ist aus diesem Zufälligen etwas Notwendiges geworden, die Zusammenstellung seiner vereinzelten Tätigkeit machte Epoche, er wirkte nicht bloß auf Minister und Landstände, wie er fast allein zu wollen schien, sondern auf den ganzen Verlauf unsrer Literaturentwicklung, auf unsre Dichter, unsre Stilisten.

Wäre Lessing nicht noch Dichter gewesen, so würde die Art, wie er sich zur Literatur seiner Zeit anregend und umwälzend verhielt, mit der, wie Börne auf die unsrige wirkte, durchaus zusam-

mentreffen. Börne wie Lessing, beide waren bei ihren kritischen
Abhandlungen immer nur vom Stoff beherrscht; und grade dieser
verflüchtigte sich vielleicht zuerst und ging mit dem Augenblick
verloren, die *Form* aber blieb und befruchtete die Tätigkeit der
andern. Lessings Dramaturgie war längst vergessenen französischen Dramen gewidmet, deren übergroße steife Regelrichtigkeit
er der Natur gegenüber erröten machte; die Stücke und Verfasser
interessieren uns jetzt nur wenig; aber die Behandlungsweise Lessings hat sich erhalten. So wird man auch von Börne mit innig-
stem Vergnügen seine Theaterkritiken in der Waage lesen, die er
nur zum Teil in seine »Gesammelte Schriften« aufnahm; sie sind
alle würdig, erhalten zu werden; denn wenn auch die Herren Heigel, Otto, Urspruch, die Damén Busch, Pazkowska vergessen sind,
so ist doch die Art, wie Börne die flüchtigen Leistungen derselben
fixierte, so fein, witzig und mustergebend, daß sich die Belege derselben dauernd erhalten werden. Große Genien sind in ihren
Schöpfungen harmlos, und was wir am meisten an ihnen bewundern, schenkte ihnen der Zufall vielleicht im Spiele.

Wir müssen hier gleich an der Schwelle der Betrachtungen über
Börne als Schriftsteller einen Punkt erwägen, der bedenklich schei-
nen könnte. Börne sprach in seiner Waage über Kunst, Literatur,
Gesellschaft und hatte dabei immer nur den Maßstab der Politik.
Es ist nun aber in neurer Zeit zu einem sehr folgenreichen Streite
über die Frage gekommen: Inwiefern politische Maßstäbe zur
Beurteilung dichterischer Eigentümlichkeiten ausreichen? Daß
man sie anlegte, war gewiß eine Notwendigkeit, die einmal in der
Zeit lag. Unsre Literatur hat sich während der schönsten Zeit ihrer
Blüte nur in Zuständen heimisch gefühlt, welche dem unmittelbaren Bewußtsein der Gegenwart fern lagen. In Griechenland, Rom,
im alten Germanien, in den Nebeln des Nordens bewegten sich die
Anschauungen der Dichter, und die Philosophen beschäftigten
sich eher damit, das Rätsel der Weltschöpfung zu lösen, als eine
schwebende Frage der Zeit. Jedenfalls mußte gegen diese idealische Welt eine Reaktion stattfinden, die um so gewaltiger war, als
sie mit den Stürmen der politischen Erlebnisse selbst heraufzog
und sich nach und nach sogar mit Geistesrichtungen und Dichtern
verbinden konnte, welche die Stimmungen des nächsten Moments
der Zeitgeschichte wiedergaben und die Leier nur zu vaterlän-
disch-freisinnigen Gesängen stimmten. Die Fürsten hatten an dem

Aufschwung unsrer klassischen Literaturperiode einen Anteil gehabt, den ihre Söhne an dem ihr folgenden silbernen Zeitalter
nicht mehr nehmen wollten, weil sie vor dem neuen Geist der
Dichter und Schriftsteller erschraken. Diejenigen Heroen der literarischen Vergangenheit, welche in die neue Gegenwart noch hinein lebten, konnten sich in dem Wesen derselben nicht zurechtfin-
den, und Goethe zeigte sogar unverholen, daß ihm das Studium
der Gall'schen Schädellehre mehr Interesse gewähre, als die Neue-
rungen unsres öffentlichen Geistes seit dem Sieg über Napoleon.

Solange sich der patriotisch-freisinnige Zeitgeist gegen jene Tatsache entrüstete, war er ohne Zweifel in dem vollen Recht, das die
Gegenwart an sich selbst hat; das Fehlerhafte fing nur an, als man
über diese Tatsache als solche hinausging. Nicht genug, daß man
die vorzugsweise aristokratischen Überlieferungen der klassischen
Periode mit jener Sprödigkeit ablehnte, die der aufgeregten Stimmung nicht verdacht werden konnte; man dehnte seine Opposition
auch über die Gegenwart aus, und übertrug sie in eine Vergangenheit, die sich unter Umständen entwickelt hatte, welche sie in politischer Hinsicht von vornherein unzurechnungsfähig machten. Von
den Gesinnungen stürmte man zum Talent selbst über und glaubte, nachdem erwiesen, daß Goethe ein Aristokrat war, auch erwei-
sen zu können, daß er kein Genie hatte.

Börne hat sich bei dieser Bilderstürmerei indessen nie von dem
Fanatismus fortreißen lassen, den Wolfgang Menzel zur Schau
trug. Börne empfand die vornehme Excellença Goethes schmerzlich
genug, er geißelte die aristokratische Ruhe dieses Überglücklichen
mit mehr als bloß kaltem Spott, er geißelte sie mit glühendem
Zorn und nicht verhaltener tiefster Erbitterung; über die Gesinnung ging er aber kaum hinaus, sich anmaßend, dasjenige, was er
verderblich nannte, auch stümperhaft zu nennen. Börne trat auch
nicht wie Menzel im Interesse andrer Richtungen, z. B. der Romantik auf, welcher die Goethe abgerissene Pracht und Herrlichkeit angeflickt werden sollte, sondern es war ein ursprüngliches,
rein menschliches Gefühl, welches er durch Goethes Stellung in
Deutschland an sich verletzt sah. Er verlor sich nicht so wie Menzel in die frühesten Anfänge des Dichters, zergliederte nicht Götz
Werther und Egmont schon in dem Geiste von 1819, sondern eben
weil er diese Größe Goethe lassen mußte, war es ihm um so
schmerzlicher, ihn nicht lieben zu können. Erst in der heftigen
Aufregung, in die ihn die gehässige Aufnahme seiner ersten Pari-

ser Briefe versetzte, ließ er sich gegen Goethe zu offenbaren Unge-
rechtigkeiten hinreißen. Die Kritik der Goetheschen Tag- und Jahreshefte im dritten Band der Pariser Briefe ist nicht frei davon. Sie
verwandelt das, was man an Goethe bemitleiden muß, in offenbar
Hassenswürdiges; sie macht aus dem, was Goethe nach dem ganzen Verlauf seiner Bildung nicht leisten konnte, etwas, das er seiner argen Natur nach nicht leisten wollte.

Um die Stimmung, die Börne gegen Goethe empfand, hier gleich
vollends zu würdigen, muß man wissen, daß sie beide Landsleute waren. Börne konnte den ganzen Bildungsgang der Goetheschen Jugend verfolgen; er wurde, so oft er von der Zeil und dem
Türkenschuß nach dem Eschenheimer Tore in Frankfurt einen
kürzern Weg nehmen wollte, durch die schlimme Mauer, den
Schauplatz des von Goethe erzählten Knabenmärchens, an den
vornehmen Geheimrat in Weimar erinnert. Er kannte die patrizi-
schen Einflüsse, die auf Goethes Jugend gewirkt hatten, er wußte
das eigentümlich Hochfahrende und echt Frankfurterische in der
Frau Rat genugsam zu würdigen, um sich Goethe in seiner gemütlichen Erscheinung ganz klar zu machen. Die Abneigung Goethes
gegen das Judentum, eingeimpft schon durch die Geburt, anerzo-
gen durch die Frankfurter Sitte, mochte nicht wenig zu seiner
Verstimmung gegen Goethe beitragen. Und soll ich ganz sagen,
was ich denke, so ist es mir oft, als hätte Börne darauf gerechnet,
daß Goethe irgendwie seine Äußerungen über ihn erfahren würde;
nicht als hätte ihn Eitelkeit dies wünschen lassen, wohl aber gönnte er ihm in seiner vornehmen Abgeschiedenheit, in dem Schoß jener künstlich arrangierten Glückseligkeit, wo weibliche Sorgfalt
jede Unannehmlichkeit von ihm abzuhalten suchte, einmal den
Einblick in Meinungen und Urteile über ihn, die von den aus Berlin jährlich zum 28. August ankommenden Weihrauchopfern sehr
verschieden waren. Er gönnte ihm, daß er noch vor seinem Tode
erführe, wie ihn die neue Zeit fasse, und wie ihn nichts retten könne vor der Verurteilung, die der erzürnte Genius des Vaterlandes,
die beleidigte Göttin der Freiheit über ihn verhängt hätte.

Sonst wüßten wir nicht anzugeben, daß Börne je etwas Geistlo-
ses und Gewöhnliches deshalb angerühmt hätte, weil es patriotisch
und liberal war, wie es Menzels Sitte; im Gegenteil konnte ihn
nichts tiefer schmerzen, als Geist mit schlechten Gesinnungen ver-
einigt und bei guten mangeln zu sehen. Seine Briefe aus Paris

verraten später oft das unheimliche Gefühl, das ihn beschlich, wenn er enthusiastische Äußerungen freier Ideen hörte und doch an dem, der sie aussprach, nichts fand, was ihn fester hätte anziehen können. Er hat seinen Überzeugungen nie den Geschmack geopfert. Er hat sich nie entschließen können, einen gewissen ästhetischen Aristokratismus an sich zu unterdrücken. Man kann jemandes bester Freund sein und sich doch nicht entschließen, mit ihm in *einem* Bette zu schlafen.

Die Liebe zur Freiheit ist wie jede edle Leidenschaft oft ungerecht, öfters aber noch unaussprechlich. Zuweilen ist sie auch nur deshalb ungerecht, *weil* sie sich nicht aussprechen läßt. Börne kam hier zuweilen in verwickelte Kollisionen seines Geschmacks für das Schöne und seiner Sympathie für das Richtige. Aus diesem Gesichtspunkt war mir aus seiner spätern Zeit immer seine Beurteilung des »Trauerspiels in Tyrol« von Immermann interessant. Es störte ihn etwas an dieser Dichtung und doch zog sie ihn an. Er fühlte an diesem Werke etwas, das ihn lähmte, kann es nicht recht ausdrücken und wiedergeben, hundert Gedanken laufen ihm quer über den Weg, keiner ist der rechte und doch will jeder erwogen sein. Er räumt dem Dichter alles ein und sagt zuletzt: Nein, es ist *doch, doch* etwas darin, was mir fremd ist und bleiben wird. In einer solchen Stimmung greift er wohl zur Dialektik, die er denn auch gegen Immermanns Hofer scharfsinnig genug in Anwendung gebracht hat.

Wenn bei Börne Fälle eintraten, wo die Idee der Freiheit mit dem Geschmack kollidierte, so wird man nach dem Vorhergehenden nicht zweifelhaft sein, daß er der ersten das Vorrecht einräumte. Er ging wie man an dem vorigen Beispiel sehen konnte, hart daran; »aber«, sagt er, »in einer wüsten, kahlen, menschenleeren Zeit greift das Herz nach jeder Nahrung, daß es sich nur fülle, daß es nur fortbestehe.« Indessen gab es doch einen Maßstab, der ihm noch höher stand, als der politische; das war der moralische. Man verstehe mich recht! Die moralischen Maßstäbe sind in Verruf gekommen, seitdem sie von der Prüderie und der Scheinheiligkeit angelegt wurden. Börnes moralischer Maßstab war ein weit höherer; es war das Maß des *Gemüts* und der *Ehre*. Das Malhonnette, Unhonorige war ihm tief verhaßt. Wir werden später, bei Entwicklung seines Charakters, auf diesen Adel des Herzens und eine ganz eigentümliche Form, in der er sich bei ihm aussprach,

zurückkommen; hier interessiert uns nur die Anwendung desselben auf seine Kritik. Börne verachtete z. B. den Schillerschen Wilhelm Tell. Dieser gepriesene Held der schweizerischen Freiheit
war ihm schon in seiner *Waage,* nicht nur ein Philister, sondern
sogar ein schlechter, unedler Mensch. Börne konnte entschuldigen,
daß jemand für die Freiheit seines Vaterlandes vielleicht einen
Mord beging, vielleicht einen falschen Eid schwor; aber er konnte
nicht entschuldigen, daß jemand, um allen dienlich zu sein, sein
Kind opfert. Daß Tell den Apfel vom Haupt seines Kindes schoß,
empörte ihn; er ruft aus: »Tell hätte nicht auf seinen Sohn schießen dürfen und wäre aus der ganzen schweizerischen Freiheit
nichts geworden!« Etwas Trübes liegt, genau geprüft, allerdings
auch in dieser Ideenverbindung, doch hängt sie mit andern dunkeln Gemütsstimmungen zusammen, die wir später entwickeln
werden; wenigstens beweist dieser Ausspruch, daß Börne kein
starrer Begriffsmensch war, kein kalter Terrorist, wie man ihn zu
schildern pflegt, sondern ein sanftes Gemüt, dem die Liebe eines
Vaters zu seinem Kinde noch höher ging, als die Liebe zur Freiheit.

Der rein politische Maßstab, angelegt an die Kunst, hätte Börne
zu jenen Einseitigkeiten führen können, denen z. B. W. Menzel in
seiner Kritik ganz anheimgefallen ist. Börne unterschied sehr wohl
den *praktischen* Gesichtspunkt von dem theoretischen. In dem,
was ihm praktisch verwerflich schien, hat er sicher auch immer
das Rechte getroffen. So empörte ihn in unsrer dramatischen
Literatur dieses Element des Alleruntertänigsten, empörten ihn
diese Katzenbuckel, welche der Bauer vor dem Schulmeister, der
Schulmeister vor dem Pastor, der Pastor vor seinem Patronen
macht. Der Einwand, daß in diesen häßlichen Beleidigungen der
Menschenwürde doch unsre Sitten getroffen würden, genügte ihm
nicht. Ist diese Hundedemut da, so ist das Mittel, sie auf der Bühne lächerlich zu machen, noch immer nicht wirksam genug, sie
auszurotten. Börne tadelte, daß unsre gehorsamen Diener von
Dichtern die Fürsten immer edel und gut auftreten lassen oder,
wenn sie doch nicht gut und edel *handeln,* die Schuld auf ihre
schlechte Umgebung werfen. Die Unschuld, in der z. B. Lessing
sogar in der Emilia Galotti den Fürsten erscheinen läßt, mußte
ihm um so bedenklicher vorkommen, als die Harmlosigkeit eines
Fürsten bei einem so notorisch schlechten Untergebenen, wie Ma-

rinelli einer ist, unglaublich wird. Freilich war es die Weise des
18ten Jahrhunderts, die Fürsten zu schonen und nur die Minister
anzugreifen; erst im 19ten Jahrhundert wagte man sich an die
Fürsten selbst heran.

Börne bemerkt sehr richtig, daß die Luft, in der allein ein dramatisches Talent gedeihen kann, politische Freiheit ist. Wo kein
öffentliches Leben herrscht, muß nicht nur der dichterische Ausdruck seiner natürlichen Kraft beraubt werden, sondern die Gestalten werden auch nicht den freien Geist ureigenster Persönlichkeit atmen; Rücksichten entnerven die Sprache, und lassen die
Malerei des Lebens sich nur in dämmernden Andeutungen ergehen. England, so groß durch seine dem einzelnen gestattete politische Freiheit, hat darum auch nie aufgehört, selbst beim unleugbar dort herrschenden Verfall der dramatischen Kunst Stücke zu
zeitigen, die eine feine Charakteristik, eine tiefe Menschenkenntnis
verraten.

2.2.3 [Über Börnes politische Ideen]

Will man Börnes politische Ideen darstellen, so muß man sie
von der praktischen und theoretischen Seite auffassen. Jene sind
die sichtbaren blauen Adern, die sich auf der schönen Haut seiner
Schriften schlängeln, diese die tiefer liegenden Muskeln. Um jene
zu schildern, muß man das Gemälde der politischen Lage
Deutschlands aufrollen und die Geschichte erzählen, wie sie seit
dreißig Jahren, von Napoleons Invasion bis zu der Ohnmacht der
deutschen Ständekammern geworden. Börne ergriff als Publizist
die Feder kurz nach dem Sturze Napoleons; die Abneigung gegen
Napoleon, den Testamentsverfälscher der Revolution, verließ ihn
niemals. War Börne nicht edel? Das Ende der französischen Herrschaft in Deutschland nahm ihm eine achtbare Stellung, die er auf
der Frankfurter Polizei bekleidete, und doch erfüllt ihn der Gedanke an die Schmach des Vaterlandes stets nur mit Grauen.

Er hat nie die Vorstellung jenes Napoleon verlieren können, der
die Revolution nur deshalb bändigte, um sie zu seinem Pudel ab-
zurichten; jenes Napoleon, der alle Traditionen derselben ab-
schwor, nur um seine erzwungene Herrschaft mit der Legitimität,
der kirchlichen und weltlichen, auszusöhnen. Er haßte die Verwal-
tungsgrundsätze Napoleons, seinen Verrat an der einzigen Frucht,
die am Baume der Revolution zur vollendeten Reife gekommen

war, der konstitutionellen Freiheit, er haßte seine Kriege, weil sie
die leichtsinnige Vergeßlichkeit der Franzosen schüren und ihre
Gedanken von dem ablenken sollten, was ihnen Napoleon genommen hatte. Den Hoffnungen, die der Sturz des Korsen nährte, entzog sich Börne nicht. Er war wirklich keiner von den Klugen, die
nur deshalb, weil sie des Enthusiasmus nicht fähig sind, schon damals gesagt haben wollen: ich sah das alles voraus. Aber um so
bittrer mußte Börnes Enttäuschung sein. Die feierliche Ankündigung der heiligen Allianz, der das einzig freie Volk Europas, England, *nicht* beitrat, weckte seine Besorgnis; die Verhandlungen des
Wiener Kongresses bestätigten sie. Die alte Zerstümmelung des
Vaterlands blieb, aber noch konnte man hoffen, der Bundestag
würde mehr als eine bloß diplomatische Repräsentation werden.
Männer, die für Patrioten galten, bildeten damals noch einen Teil
dieses Areopags; aber bald wurde er, wie die großen Mächte sagten, *epuriert*. Jene Reaktion, deren aristokratischen, hierarchisch-
jesuitischen, absolutistischen Zwecke von einer bestens organisierten Polizei schnell ins Werk gesetzt wurden, trat auf den Kongres-
sen in Aachen, Karlsbad, Verona immer unverhohlener hervor,
die freisinnigen Staatsmänner, welche mit dem Volke glaubten, die
letzten Kriege sollten uns nicht bloß von den Franzosen, sondern
auch von jenen politischen Übeln befreit haben, die jene so leicht
zu Siegern über uns gemacht hatten, wurden genötigt, ihren Abschied zu nehmen und traten zum Teil sogar in die Reihen der
Oppositionen ein, die sich bei den in aller Eile gegebenen Verfassungen von selbst bilden mußten. Einzelne befangene, irrende oder
bestochene Köpfe mißbrauchten ihr größres oder geringeres Talent, um gleichsam a priori solche politische Theorien aufzustellen,
die doch nur erfunden waren, um die Ansprüche der Aristokratie
scheinbar rechtlich zu begründen; selbst die Religion, die christliche Religion, die Religion der Freiheit, wurde gebraucht, um die
Untertänigkeit des Volkes zu lehren. Freisinnige Lehrer der Jugend wurden verdächtigt. Viele ihrer Stellen entsetzt, manche ein-
gekerkert. Die Reaktion lockte natürlich etwas von einer Revolution hervor. Da man die Freiheit und die Nationaleinheit in der
Idee, die das *deutsche Volk* damit verband, bedroht sah, bildeten
sich, sie zu schützen, geheime Vereine. Sie wurden entdeckt und
die Gefängnisse füllten sich mit jungen Männern, deren Schicksal
doch nicht hindern konnte, daß andre immer das wieder aufnah-
men, was die Vorhergegangenen verloren gegeben hatten. Um das

Volk zu verwirren, wirkte man auf die schlechten Leidenschaften der Masse, auf den Zunftgeist, den Religionshaß; man ließ die Juden die Heloten der Neuerungsluft werden, wenigstens behaupteten die Juden, daß sie in den freien Städten bei den Behörden einen für ihre bedrängte Lage unverhältnismäßig lauen Schutz fanden. Es kam den Intriganten damals alles darauf an, daß die Begriffe von Freiheit und bürgerlichen Rechten dem Volke selbst verdächtig würden. Börne faßte auch in der Waage diese Verfolgungen der Juden vortrefflich auf. Nicht wie andre wandte er sich mit bittern Vorwürfen an die Christen, nicht wies er satirisch, wie das leider nur zu sehr bei den Emanzipationsschriftstellern Sitte ist, auf die »Religion der Liebe« hin; sondern er bemitleidete die Masse, die nur einem falschen Wahne, auf fremde Verführung, folgte. Er verglich noch später diese Judenverfolgungen mit der indischen Schlangenjagd. Um die Schlange zu erlegen, jage man ihr einen Ochsen in den Rachen; sie fresse sich satt und läge dann unbehülflich da, jedes Kind könne sie töten. Börne kannte den Charakter der Deutschen. Eine Heldentat, die niemanden von den Angreifenden etwas kostete, nicht einmal Blut, viel weniger Geld, hält lange im Bewußtsein der Deutschen vor: sie sprechen hundert Jahre davon und wissen sich mit ihr für tausend Niederlagen zu trösten.

2.2.4 [Über Börne und Jean Paul]

Man kann über die Kunst in Börnes Schriften nicht sprechen, ohne den Anteil zu bestimmen, den daran Jean Paul hat. Börne war nicht bloß der Gesinnung und der gemütlichen Weltauffassung dieses Dichters aufs innigste zugetan, sondern auch den Wendungen und dem Stile desselben. Die erste Sympathie hat er durch seine Denkrede auf Jean Paul gefeiert, die zweite durch alle seine Schriften. Ihm behagte an Jean Paul dessen kindliche Unschuld, dessen edle unverkünstelte Natureinfachheit, sein warmes schwärmerisches Herz, das uns den Adel der Jugend in weit herrlicheren Idealen noch, als Schiller gemalt hat, seine eigentümliche Auffassung der Frauen von einer durchaus gemütlichen Seite, wo uns die Frauen als gute Wirtschafterinnen und Engel zu gleicher Zeit erscheinen; ihn fesselte Jean Pauls Ironie, wenn er Fürsten und die vornehme Welt zu schildern hatte, seine Satire auf Deutschlands politische Zustände, sein Freimut über die Religion und doch da-

bei seine innige Liebe zu allem Tiefen, endlich seine Scheu vor
dem Geheimnisvollen. Mit dem Kindlichen und Erhabenen in
Jean Paul zog auch die Lust an seiner Ausdrucksweise bei ihm
ein. Die Fülle der Bilder beschäftigt unsre Phantasie, ihre Beziehung auf das, was sie erklären sollen, unsern Verstand. So sind
wir bei Jean Paul immer in einer doppelten Geistestätigkeit, indem
wir teils die uns gemachten Mitteilungen in uns aufnehmen, teils
aber auch an der Art, wie sie der Dichter uns recht vergegenwärtigen will, mitschaffen und unser eignes, kleines Schöpfungsvermö-
gen anstrengen müssen. Indessen hat Börne etwas voraus. Er vermied die *Fehler* seines Lehrers. Ob ihm dies der Geschmack ein-
gab, oder ob ihm der übergroße Reichtum an Phantasie, in dem
grade Jean Pauls Fehler liegt, mangelte, oder ob ihn seine ent-
schlossene Gesinnung zwang, immer den Leser en face anzusehen
und sein Visier, nicht einmal mit Blumen, zu verhängen: er vermied dasjenige, was die Art Jean Pauls nur zu sehr zur Manier gemacht hat.

Börne hat zunächst nichts von dem Stile Jean Pauls angenommen, als was dessen großes und befruchtendes Prinzip für die
ganze neuere Literaturrichtung ist, die Unmittelbarkeit und die
Subjektivität. Der Stil, in welchem Goethe schrieb, war nicht Goethe selbst. Man lese die frühsten Briefe Goethes, z. B. die an die
Gräfin Stolberg, welche kürzlich erschienen sind, und man wird
erstaunen über die Unregelmäßigkeit seiner Schreibart. Eine Partie ganz unmittelbar, wie ihm der Stil aus der Seele quillt – und
plötzlich eine angeeignete Periode, eine schriftstellerische Passage,
die ihm zwar auch innerlichst gehörte, aber doch mit Rücksicht
auf den Leser gebildet war. In späteren Jahren steigerte sich bei
Goethe dieser Zwiespalt so sehr, daß seine Wahlverwandtschaften
und spätern prosaischen Leistungen in einem eignen *Kunststile* geschrieben sind, der immer in einer gewissen Distanz von dem unmittelbaren Entströmen des Gedankens aus dem Herzen entfernt
lag. Diese Weise kannte Börne nicht. Seine Briefe an die vertrau-
testen Freunde sind alle in derselben Manier, in der er drucken
ließ, abgefaßt, kurze Sätze, treffende Bilder, naive Wendungen, sicher und fest sich in der kleinen originellen Handschrift ausprä-
gend. Börne war demnach ein ursprünglicher Künstler im Stile.
Sein Gedanke formte sich von selbst, er kam gleich in seiner ange-
messenen Tracht auf die Welt; Börne konnte nicht anders denken,

als wir ihn in seinen Schriften gewöhnt sind, sprechen zu hören. Was er nun dabei von Jean Paul hat, ist außer mancher naiven Redewendung die Vorliebe für Bilder und Allegorien. Da er sich aber nicht scheute, auch ohne Bild zu sprechen, so hat er vor Jean Paul, der nichts ohne Bild ausdrücken konnte, den Vorzug, daß jedes seiner Bilder *zutreffend* ist. Er zwang nie, wie Jean Paul öfters getan zu haben scheint, einem fertigen Bilde einen noch nicht fertigen Gedanken auf, sondern hatte *erst* den Gedanken und brauchte dann das Bild nur, um ihn deutlicher auszudrücken oder ihn zu verschönern. Bei Börne erhob sich der Jean Paulismus zu einer durchsichtigen, klaren und ebenmäßigen Methode. Da drängt sich keine Wendung ungebührlich vor, da dufteten nicht ganze Wälder von Blumen betäubend auf uns ein, wo ein einfaches Veilchen oder gar nur ein grünes Blatt als Folie genug war. Börne besaß in seiner frühern Bildung ein Gegenmittel gegen die zu üppige Manier Jean Pauls. Es war dies von Voltaire und Johannes von Müller her seine Neigung zur Aphorisme, zur Sentenz, zur Antithese. Börne hatte sogar großes Talent zum Französischschreiben; nur jener rhetorische Abandon, der das eigentliche Geheimnis des französischen Stils ist, mochte ihm fehlen; das Talent der Antithese besaß er im höchsten Grade.

2.2.5 [Gutzkows Rückblick auf seine Börne-Charakteristik]

Börnes Leben habe ich später selbst beschrieben. Es war mir eigen mit ihm gegangen. Schon als Primaner abonnierte ich mich auf die erste, höchst elegant gedruckte Ausgabe seiner »Gesammelten Schriften«. Ich schwelgte in seiner Denkrede auf Jean Paul, seinen witzigen kleinen Humoresken, »der Narr im Weißen Schwan«, »die Postschnecke« und den übrigen Kabinettsstücken einer wohl in den Stoffen, nicht in der Form veralteten Satire. Da erfuhr ich, daß Börne ein Jude sei und eigentlich Baruch heiße. Man wagt heutigen Tages viel, wenn ich gestehe, daß ich über diese Entdeckung unglücklich war. Heute macht man leichter die Revolutionen der Bildung durch. Die Juden nahmen vor einem halben Jahrhundert nur noch vereinzelt am Kulturkampf der Deutschen teil. Erscheinungen wie des Theologen Neander, der Juristen Hitzig und Gans, des Musikers Mendelssohn standen so vereinzelt, daß sich jene Selbstverständlichkeit des Gleichmuts, ob jemand einer Frage der Zeit, der Aufklärung, des Staates, der Kirche ge-

genüber Christ oder Jude sei, erst durch die Unausweichlichkeit
der vollendeten Tatsache gebildet hat. »Christlich-germanischen«
Judenhaß brachte schon die Burschenschaft mit sich. Auf der
Schule hatte ich Juden als Verräter und Angeber kennengelernt.
Ein buckliges Ungetüm aus Polen, rachsüchtig wie Shylock,
wurde von allen gefürchtet. Erst dem Studenten traten liebenswer-
tere gemütvolle Juden entgegen, der wunderlichste darunter ein
Königsberger, durch und durch selbst christlich-germanisch, jener
Joel Jacoby, der sich später katholisch taufen ließ, Maria Joseph
Jacoby. Im Geist des Jarcke-Philipps'schen »Politischen Wochen-
blatts« schrieb er dies und das und wurde zuletzt von Manteuffels
Preßmandarinen zum Kanzleirat und Zeitungslektor beim Berliner
Polizeipräsidium ernannt. Immer mehr ergab ich mich dem Be-
dächtigerwerden im Kundgeben ungeprüfter Instinkte und Vorurteile. Die Dressur meiner christlich-germanischen Gefühle ging sogar bis zum aufrichtigen Mitempfinden des als literarische Mode
zehn Jahre später aufgekommenen sogenannten »Judenschmerzes«, der »Ahasverustrauer«, wo ich für diese sentimental gewordene Humanitätsfrage redlich das Meinige getan und für die
Sache der Emanzipation mit Wärme gestritten habe.

2.3 [Lessing als Religionsphilosoph]

Mit dem spanischen Erbfolgekriege verspritzten die Deutschen
das letzte Blut, womit sie bisher die Adern des übrigen Europäischen Staatskörpers beherrscht hatten. Seither immer in die
Ereignisse verwickelt, wurden sie von ihnen immer übervorteilt;
durch Friedensschlüsse wurden selbst ihre Siege Niederlagen. Daher vielleicht die Einmischung so vieler Andacht und Theologie in
die deutsche Geschichtsbetrachtung. Daher diese deutsche Bürger-
schaft zweier Welten, wo man gern vom Himmel Vorschüsse
nimmt, um seine irdischen Rückstände zu bezahlen. Es ist auffallend, daß Lessing es sein mußte, der diese theologische Ansicht
der Geschichte zuerst in ein System brachte. Möchte man nicht
glauben, dieser große Freidenker habe dafür, daß er dem Christentume alle Geschichte nahm, der Geschichte dafür desto mehr
Christentum geben wollen?
Oder war auch schon Lessing in die seither so überflüssig kulti-
vierte Unterscheidung des Theoretischen und Praktischen verfallen? Glaubte er mit der bald so zahmen, bald so kühnen Philo-

sophie des achtzehnten Jahrhunderts, daß Dinge, welche sich in der Theorie nicht beweisen ließen, dennoch für die Praxis verpflichtet sein könnten? Leibniz fing diesen unwissenschaftlichen Dualismus an, Lessing setzte ihn fort und Kant sprach ihn als ein System aus. Leibniz erfand neben seiner göttlichen Monadologie die menschliche Theodizee; Leibniz ist der Stifter jener Unterscheidung zwischen Dingen, die *wider,* und Dingen, die *über* die Vernunft sind, einer Unterscheidung, aus welcher man noch heute in der pietistischen Theologie die trivialsten Sätze herleitet. Man muß Leibnizen einen großen Einfluß auf die deutsche Geschichtsauffassung zuerkennen, von welcher sich außer *Iselin,* der die englische Methode der Psychologie befolgte, nur noch *Kant* selbst befreite. Kant näherte sich dem französischen Prinzipe, dem politischen. Seine Schüler machten leider ein juristisches Prinzip daraus und lösten die Frage über den Zweck der Geschichte in die über den Zweck des Staates auf. Noch sehen die meisten unserer deutschen Rechtslehrer in der Geschichte nichts als entweder die Herrschaft des Gesetzes, oder die Herrschaft der Sicherheit oder die Herrschaft des allgemeinen Wohles. Das juristische Extrem in der Weltgeschichte ist die Auslegung derselben nach der Offenbarung des Justinian, das theologische die Auslegung nach der Offenbarung St. Johannis.

Lessing hatte mehr bindenden als trennenden Verstand; denn man spricht weniger von seinem Scharfsinne als von seinem Witze. Lessing, indem er das Christentum vernünftigte, hütete sich wohl, die Philosophie zu derationalisieren. Lessing war ein Feind der atomistischen Philosophie seiner Zeit und haßte sie wie die Regeln Boileaus. Seine teleologische Weise, die Geschichte zu ordnen, seine Idee der Perfektibilität und der Erziehung des Menschengeschlechtes waren die milden und harten Konsequenzen seiner Seelenstimmung, die sich von der sanften religiösen Glut, z. B. der in Moses Mendelssohns Morgenstunden aufgehenden Wahrheitssonne, gern erwärmte. Lessing machte aus der Geschichte eine pädagogische Ökonomie, er sah den Arm der göttlichen Allmacht in den verworrensten Perioden walten, und stellte alles in die Begebenheiten scharf Einschneidende, jede neue die Welt erschütternde Idee, jede Bereicherung der Kenntnisse oder des Glückes der Nationen als eine Stufe der göttlichen Welterziehung hin. So mußte Sokrates, so Jesus, so Spinoza kommen. Die Geschichte gleicht hier einer Aloe, wo aus dem unten ersterbenden

Blatte oben wieder ein neuer grüner Keim hervorschießt. Gott selbst wäre, nach diesem Bilde bei dem Pantheisten jener Zeugungskeim, der in ewiger Metamorphose niemals stirbt; bei Lessing ist er der fromme und gute Gärtner, der seinen Stock begießt bei jedem Sonnenuntergang, und der sich zuweilen mit gemütlicher Pfeife vor ihn hinstellt, um das Ungeziefer von seiner lieben Pflanze zu vertreiben.

Dennoch muß ich gestehen, daß in Lessings Schriften etwas liegt, was dieser wohlgefälligen, genügsamen und beinahe optimistischen Ansicht der Geschichte zu widersprechen scheint. Leset seinen Laokoon! Wie schwelgt der enthusiastische Antiquar in Ausmalung jener Griechenwelt, wo selbst die Künste in das Staatsgewebe verflochten waren und sich eine Zartheit des Geistes in ihrer politischen Bevormundung aussprach, welche unsere Zeit nun und nimmermehr wieder produzieren wird. Der Olympische Sieger bekam eine Statue; aber nur erst derjenige, welcher es dreimal geworden war, eine solche, die seine eigne Gestalt wiedergab. Man wollte den Adel der menschlichen Figur bewahren, man wollte durch das Porträt nicht die ästhetische Anschauung des Volks an das Ordinäre und Zufällige verweisen. Dies ist eine so goldene und feinhaltige Regel, daß man bei einem Blicke auf unsere Zeit dagegen nur auf Barbarismen und gesellschaftliche Solözismen zu stoßen glaubt. Wie zerfahren und materiell sind unsere Interessen! Wie drängen sich Künste und Wissenschaften durch den Lärm des Tages hindurch! Unser Körper ist verweichlicht, unser Geist ist ohne Harmonie, und selbst das Christentum muß erst durch dialektische Mutmaßungen und Kühnheiten mit den edelsten Blüten der menschlichen Kultur verknüpft werden. Hätte Lessing diese Vergleichung angestellt, ich weiß nicht, ob ihm seine Perfektibilität nicht wie eine grundlose Schwärmerei erschienen wäre.

2.3.1 [Nathan der Weise: Das Problem der Darstellung]

Ich bin Ihnen noch einen Bericht über eine Vorstellung *Nathans des Weisen* schuldig. Da Lessing für dieses Gedicht auf dramatische Darstellung verzichtete, und dem Schauspieler keine Winke gab, so ist es schwer, über eine richtige Auffassung des Nathan zu schreiben. Seitdem dieses herrliche, an Gemüts- und Verstandesleben so reiche Werk auf der deutschen Bühne heimisch ist, gefällt

man sich darin, den idealen Charakter Nathans hervorzuheben
und seine Realität als Jude, seine Nationalität fallen zu lassen.
Einige Darsteller entschlossen sich, ihm wenigstens annäherungs-
weise eine ungefähre orientalische Färbung (in matterem Licht jedoch) zu geben: nur *einen sah ich, der ganz Jude war, Th. Döring*
in Stuttgart.

Seydelmann, der sich rein an die ideale Bedeutung des Nathan,
als eines weisen Mannes, hält, und das Jüdische nur in einer gewissen Gedrücktheit verrät, berief sich, als ich ihn um Aufklärung
bat, auf die Tradition. Ich kann mir diese Tradition nur daraus erklären, daß die Juden den Helden ihres Lieblingsdramas, recht im
Gegensatz gegen den abscheulichen Shylock, auch dadurch geehrt
wissen wollen, daß sie die jüdische Färbung hier getilgt wünschen.
Dem Juden ist der Jude auf der Bühne ebenso unangenehm, wie
dem Pietisten Tartüffe, dem Advokaten der schlechte Advokat,
dem Literaten ein Journalist, der sich auf der Bühne bestechen
läßt. Die Juden mögen den Nathan nicht jüdeln hören und fragen:
Sprechen die Juden denn auch im Orient so das Arabische, wie die
polnischen Juden das Deutsche? Die Juden haben, bei ihrem wirklichen Interesse für Kunst, heutzutage in Kunstfragen eine große
Macht. Es ist für Künstler und Dichter immer mit Unannehmlich-
keiten verknüpft, wenn sie noch wagen, auf den Brettern und in
Büchern Juden zu schildern, wie sie sind.

Nun kommt aber das eigentlich für die Juden Schmeichelhafte
nicht heraus, wenn Nathan nur im allgemeinen ein weiser Mann
ist. Die Tendenz des Lessing'schen Werkes war, den Wert und die
Indifferenz dreier Religionen zu zeichnen, im besondern aber für
eine bessere Anerkennung und Beurteilung des Judentums zu wirken. Diesen Zweck wird die Darstellung nie in dem Vollgrade erreichen, wenn sie in Nathan, diesem Weisen und Gefühlvollen,
diesem echt menschlich denkenden Menschen, nicht eben auch
wirklich den Juden gibt. Alle die sanften Regungen seines Herzens, seine Wohltätigkeit und Ehrlichkeit legen nur dann das ge-
wünschte Zeugnis für seine Nation ab, wenn Nathan auch als Vertreter derselben auftritt.

Müßte nicht ferner schon die bekannte Tatsache, daß Lessing
im Nathan seinen weisen, wohltätigen und toleranten Freund
Mendelssohn (bis auf das Schachspiel treu) schildern wollte, für
die jüdische Färbung sprechen, so sollte doch ohne weiteres dieser
Umstand entscheiden: Der Schauspieler ist ohne den *Juden* Na-

than auch nicht imstande, die *Weisheit* des Nathan so zu treffen,
wie eben Nathan weise ist. Man lese doch genau, was Lessing seinen Helden sprechen läßt. Wird man nicht durchgängig jene den
Juden eigentümliche Dialektik finden? Bilder, Gleichnisse, Schlüs-
se, wie sie nur dem Juden eigen sind? Man merkt es in den ersten
Zeilen, die Nathan zu sprechen hat, daß er in der talmudischen
Denk- und Schlußweise erzogen ist. Nathan ist auch Humorist. Er
hat witzige Einfälle. Er kann (bei der Stelle: Kurz und gut – wo
ist denn hier das Gut?) selbst in Augenblicken der höchsten Besorgnis nicht unterlassen, seine Befürchtungen in einen Witz zu kleiden. Dies alles ist so jüdisch, daß es, vom Schauspieler nicht her-
vorgehoben, für das Ganze wesentlich verloren geht. Die bloß
rhetorische Wiedergabe dieses Charakters läßt ihn nie aus einem
fahlen Grau heraustreten, so daß selbst eine so im übrigen durch-
dachte und würdige Leistung, wie der Nathan Seydelmanns, doch
zuletzt eine Monotonie ist.

2.3.2 *Lessing und Nathan* [und die bürgerliche Gleichstellung der Glaubensbekenntnisse]

Wir sahen kürzlich Lessings »Hoheslied der Humanität« wieder,
den unsterblichen Lobgesang der religiösen Duldung. Lessing
nannte sich keinen Dichter! Wüßten wir nicht, daß die Zeit, in der
Lessing lebte, nicht so krampfhaft versessen war auf das Prädikat
des Dichters, mit dem jetzt Hunderte von Dichterlingen wie die
Leipziger Lerchen sich in Musenalmanachen und Anthologien,
wenn ihnen ein paar Reime gelangen, sprenkel- oder wie man sagt
spießweise aufhängen lassen; wüßten wir ferner nicht, daß man
1780 im Namen eines Dichters beinahe etwas Geringeres erblickte
als im Namen eines Denkers, wir würden nicht fassen können,
warum Lessing einen Kranz ablehnte, der unverwelklich ihm allein
schon für diese kunstvolle, aus tiefstem Herzen geflossene und
vom mildesten Hauche des Orients angewehte Schöpfung seines
Nathan, seines Derwischs, des Klosterbruders, des milden Saladin
und des Tempelherrn gebührt. Es ist wohl an der Zeit, der Gegenwart dies gemütvolle Gedicht zu jeder Stunde vorzuführen. Stehen
wir doch leider wieder am Vorabend von Debatten, die wir über
die bürgerliche Gleichstellung der Glaubensbekenntnisse in unsern
Tagen kaum noch für möglich gehalten hatten.

2.3.3 Lessing und Emilia Galotti

»Emilia Galotti« wird sich seiner scharfen Charakteristik und des so sicher angelegten Aufbaues seiner Szenen wegen für die deutsche Literatur dauernd erhalten, wenn auch die vorgeführte Handlung, namentlich die Katastrophe in unsern Tagen noch mehr als in früheren wenig Überzeugendes behalten sollte. Lessing trug sich lange mit einer Übertragung der römischen Erzählung von Virginia, der Tochter des Appius Claudius, in die Sphäre moderner Anschauungen. Ein Vater ermordet seine Tochter, um sie nicht in die Hand eines tyrannischen Wüstlings fallen zu lassen. Um eine so entsetzliche Tat gerechtfertigt erscheinen zu lassen, bedurfte es überzeugender Motive. Für die Tat des Appius Claudius lag sie in der Tyrannei des Tarquinius, in dessen unwiderstehlichem Machtgebot. Damals gab es noch keine Rechte der Frauen, kein Ja oder Nein des selbständigen Herzenswillens, das Weib wurde dem übergeben, der es begehrte oder bezahlte, die Freiheit ihres Willens wahrte die Jungfrau, wenn sie nicht liebte, Liebe nicht erhören und erwidern wollte, höchstens durch ihren Tod. Der Vater kam in jener Erzählung der Tat zuvor, die vielleicht seine Tochter selbst vollzogen hätte.

Ohne Zweifel hat Lessing berechnet (denn vom Rechnen kann man seine Art zu dichten nicht freisprechen), daß die Hauptkraft der Schauspielkunst seiner Zeit in den Leistungen der Väterrollen, in denen eines Eckhof, Schröder und der ihnen Nachstrebenden lag. Liebliche elegische Mädchenerscheinungen gingen schon manche der zu früh vollendeten Charlotte Ackermann voran. Ein rührendes inniges Geheimleben waltet überhaupt zwischen einem Vater und einer Tochter – eine romantische Erhebung, der Glaube an die Tugend, der Glaube an eine Berechtigung der Tugend, sich aus dieser Welt voll Laster in reinere Regionen flüchten zu dürfen, hat ohne Zweifel die Seele Lessings bei diesem Werk dichterisch bewegt und zu den feinen Künsteleien des Verstandes im Aufbau der Szenen und der Charakteristik den Grundakkord der höheren Harmonie gegeben. Und doch – ein Vater könnte den kalten Stahl in das Herz seines Kindes stoßen? Die Rechtfertigung dieser Tat durch die politische Lage Roms erinnerte den Dichter an alles, was von ihm als Kritiker bekämpft wurde. Da sah er sogleich die Tragödien der Franzosen, wie sie gerade dies Motiv in ihrer phrasenhaften Gewöhnlichkeit, wie eine matte ausgeblaßte Hinter-

wand, die Rom und sein Kapitol auf Theater-Leinwand gemalt
wiedergab, hinstellen würden. Durchaus wollte Lessing hier die
Staatsaktion fernhalten und nur den reinen Quell des Lebens geben, ein sozusagen von melancholischen Hängeweiden beschattetes
stilles Murmeln aus den Urtiefen der menschlichen Seele her. Sein
römischer Hintergrund wurde somit das Leben der deutschen
Duodezstaaten jener Zeit, sein Tarquinius Superbus jener Prinz
von Guastalla, der mit dem einschmeichelnden Gift moderner Bildung, mäzenatenhafter Kunstliebe, poetischen Lebens auf schönen Villen, für welche man nur die Monrepos und Solituden
Deutschlands zu setzen brauchte, um sogleich alles zu sagen, ein
junges Mädchenherz betörte und einem Vater wünschenswerter
erscheinen lassen konnte, daß – »eine Rose lieber von seiner eignen Hand geknickt wurde, ehe der Sturm sie entblätterte«.

In der Seele Lessings gestaltete sich dieser Plan mit deutsch-bür-
gerlicher Einfachheit. Die Tochter eines verdienten Offiziers, Odoardo Galotti, ist im Begriff, einen achtbaren, mit seinem Landesherrn nicht auf dem besten Fuße stehenden Grundbesitzer, den
Grafen Appiani, zu heiraten. Die eigne Neigung Emiliens kommt
dem liebenswürdigen Grafen entgegen. Zu gleicher Zeit hat sie das
zweifelhafte Glück, dem jungen Landesherrn zu gefallen. Dieser
verfolgt sie bis in die Messe und von dort bis ins Elternhaus; er
läßt die Veranstaltungen gewähren, die sein Kavalier und Ratge-
ber, Marinelli, trifft, um ihm Emilia auf sein Lustschloß Dosalo zu
verlocken. Marinelli überschreitet die ihm gegebene Vollmacht
und rächt sich für eine ihm vom Grafen Appiani widerfahrene Beleidigung auch noch dadurch, daß er vorher den Bräutigam ermorden läßt. Emilia flüchtet sich mit ihrer Mutter in ein nächstes
Obdach. Dies ist das gefahrvolle Schloß des Prinzen. Der Prinz
bietet seine Überredungskunst auf, die junge Braut zu beruhigen,
den Grafen als unverwundet darzustellen. Marinelli ordnet die
Verzögerung der Gewißheit über den Ausgang des Überfalls.
Schon kommt der Vater Emiliens mit der vollen Wahrheit; er
kann nicht zur Tochter und zur Gattin dringen; der Zufall führt
die Mätresse des Fürsten zu gleicher Zeit auf das Schloß, sie klärt
ihm mit visionärem Blick den Gang der Intrige auf und Marinellis
Verlegenheit läßt ihn auch nicht länger zweifelhaft über das, was
hier entweder schon geschehen ist oder noch geschehen kann. Nun
fliegt die Tochter in maßlosem Schmerz an seine Vaterbrust, er
sieht die Mutter in Verwirrung; die Reden der Mätresse Orsina,

die auch ihm Gift in die Hand gegeben, atmen Verzweiflung am
ganzen Dasein, ja malen die Vernichtung als das süßeste Lebens-
los aus. Die verwirrende Phantasie versetzt alle seine Geister in
Aufruhr; in dieser Stimmung sieht er die Furcht, den Schmerz, die
Bedrängnis seines Kindes und ersticht Emilien. Emilia bittet ihn
selbst um diesen Tod. Die Wechselreden zwischen Vater und
Tochter vor und nach der Tat sind von unvergleichlicher, tief ah-
nungsvoller Schönheit.

Goethe teilte bereits die Meinung der Zeitgenossen, daß Lessing
angenommen haben müßte, Emilia hätte entweder bereits den
Prinzen zu lieben angefangen oder gefürchtet, ihn künftig lieben
zu müssen. Er tadelt Lessing für das, was ihm in dem Werke zu
fehlen und hinter der Bühne liegen geblieben zu sein scheint.

Rätselhaft und peinlich lange währen allerdings die Szenen, wo
Emilia mit und ohne Mutter beim Prinzen in dessen innern Gemä-
chern verweilt. Wäre Emilia wirklich fähig gewesen, zu lügen, als
sie ihr ganzes Glück aussprach, dem Grafen Appiani zu gehören?
Wäre sie wirklich fähig gewesen, vom blutenden Leichnam dieses
Geliebten hinweg in die Arme eines Verführers zu sinken? Kann
»das Haus der Grimaldi«, in welches sie eingeführt zu werden
fürchtet, in der Tat eine so vergiftende Atmosphäre ausgeströmt
haben, daß sie ganz bestimmt voraussah, dort müßte sie unterliegen?

Der Vater deutet dies an – dieser Vater, der ein Krieger ist, ein
geachteter Mann, kein Bettler, kein Pensionär, nicht gezwungen,
von den Almosen des Fürsten zu leben! Die Mutter scheint
schwach, aber sie scheint es doch nur; man hat keine Berechtigung, ihrem Entsetzensschrei über die Tat, die am Grafen verübt
wurde, ihrem Jubelruf, die Stimme der Tochter im Nebenzimmer
zu vernehmen, zu mißtrauen. Aber in der Tat – hier sind Lücken,
hier sind hinter der Szene liegen gebliebene Motivierungen; hier
hat uns wirklich die sichre Führung des sonst so verständigen
Dichters verlassen. Stahr will diese Lücken nicht anerkennen. In
begeisterter Durchführung sieht er eine psychologisch gerechtfer-
tigte Tat, soweit man nur annähme, daß die handelnden Personen
– Italiener sind. Ihr rasches Blut lasse sie schneller handeln,
schneller hassen, schneller fürchten und wohl auch schneller – lieben? Bedenklich für die Deutung seiner Meinung, derzufolge Emilia dem Prinzen zu unterliegen fürchtet trotz ihres Glaubens an
Tugend, zu bedenklich, sagen wir, zitiert er die bekannte Szene

zwischen Richard III. und Königin Anna an der Leiche ihres er-
mordeten Gemahls. Dennoch scheinen ihm alle nur im rascheren
Rollen des italienischen Blutes zu handeln. Er sagt: »Emilia will
sterben dem zum Trotz, der ihr den Geliebten gemordet, sie will
sich selbst mit dem Opfer ihres Lebens den Hoffnungen dessen
entziehen, der ihr ihr Lebensglück zerstört hat.« Die Bemerkung
ist fein; ob auch wahr? In allem, was sie oder ihr Vater äußert,
liegt die *Furcht* vor dem, was *möglich* wäre. Also – sie hat sich
halb und halb ergeben – warum sagt uns darüber nichts der Dichter?

Und nirgends mit Ausnahme der Zeichnung des Banditen Ange-
lo, ist in dem Drama der italienische Schauplatz als am Gang der
Handlung speziell beteiligt geschildert. Einige landschaftliche Stri-
che ausgenommen und die Handlung könnte ebensogut spielen,
wo »Kabale und Liebe« spielt. Von einem als rascher umkreisend
vorausgesetzten Blut der handelnden Personen ist keine Spur. Im
Gegenteil tritt nach der am Grafen vollführten Tat eine bedenkliche Stockung, ja unitalienische Schläfrigkeit des Szenenganges ein.
Ein Mord, vollzogen in der Nähe eines fürstlichen Schlosses! Und
wenn die Anstalten Marinellis auch noch so gut getroffen waren,
schon die Verstellung mußte den Effekt eines solchen Überfalls
greller hervorheben. Statt dessen bleibt alles wie im tiefsten Frieden. Ruhig und gemächlich geht die Handlung ihren Gang. Wenn
auch fürstliche Nähe dem Ausbruch eines persönlichen Schmerzes
noch soviel Dämpfer aufsetzen mochte, so bis zu einer fast wesenlosen, so zwei Akte hindurch fast stummen andauernden Zurückhaltung des natürlichsten Ausbruchs der Verzweiflung, der Untersuchung des Vorgefallenen, des Ausrufes: »Wo bleibt nur der
Graf?« – so weit können sich in der Tat wenigstens keine italienischen Charaktere beherrschen. Oder ist das Kommen und Gehen,
das Schweigen und Schleichen, diese unbestimmte Ausfüllung der
Szene und mangelnde Verständigung der Hörer vielleicht wirklich
ein Mangel der Dichtung, eine dem Autor weniger gelungene Bewährung seiner sonstigen Meisterschaft?

Einen klaren Einblick in die Absicht des Dichters kann das im
Werke selbst so lose Gebotene nicht gewähren. Wohl aber können
wir die Wirkung verstehen, die bei alledem diese unmotivierte,
rein dem *Ahnenden* im menschlichen Gemüt überlassene Tat Odoardos auf Lessings Zeitgenossen ausübte. Zwar klagte der Dichter
über die Aufnahme seines Werks, zwar erfuhr die in Charakteri-

stik und Dialog so große Schöpfung für den Gang der Handlung
den schärfsten Tadel von Kunstrichtern, die man achten darf,
aber die magische Wirkung der Tat Odoardos blieb nicht aus. Es
muß in jener Zeit, den gegebenen politischen und sozialen Zuständen gegenüber, gegenüber der tyrannischen Willkür, die an den
größeren und kleineren Höfen herrschte, eine Stimmung des
Gemüts gegeben haben, die den Selbstvernichtungsphantasien einer
Orsina entgegenkam und ein Suchen und Beschleunigen seines Endes unter jeder nur irgend hinzutretenden Nebenveranlassung als
ein Ziel lehrte, wie der damals zuerst in Deutschland auftauchende
Hamlet sagte: »auf's Innigste zu wünschen«. Alle Spötteleien
Schlegels und Börnes: Warum nahm Oberst Galotti nicht Extra-
post und fuhr mit seiner Tochter aus dem kleinen Guastalla in
einen andern Duodezstaat? Alle Ungewißheit über die wahre
Sachlage der Relationen zwischen Emilia und dem Fürsten, ähnlich dem Verhältnis zwischen Hamlet und Ophelia, können auch
jetzt noch nicht hindern, daß eine weihevolle und vom rechten
Glauben an die Sache getragene Darstellung beim Anblick dieses
Endes die Seele mit Schauern überrieseln läßt und uns zwingt, aus
der Tiefe der Ahnung heraus das Los dieser uns vorgeführten
schwachen, unentschlossenen und wie die armen Insekten sich in
die Flamme stürzenden, weil willen- und machtlos gewordenen
Menschen mit- und nachzufühlen.

Weniger wohltuend wirkt am Schluß allerdings die nur schwach
betonte Gerechtigkeit. Fast will sich der Prinz noch als ein Gegenstand des Mitleids aus dem Konflikt der von ihm hervorgerufenen
Leidenschaften empfehlen. Fast scheint es, als wenn Seydelmann
Recht gehabt, wenn er Marinelli sich mit einem Blick entfernen
ließ, der gleichsam sagte: in kurzem rufst *Du* mich doch wieder
zurück.

Unsere Meinung ist, um alles zusammenzufassen, die: Lessing
ging in seinem Haß gegen das, was Staatsaktion und französischen
Geschmack berührte, in der Tat zu weit. Seine »Dramaturgie« ist
nicht das letzte Wort, das die Gesetze des Dramas erledigt hat.
Der Tod einer Tochter durch die Hand des Vaters bedarf eines
mächtigeren Motivs, als Lessing in »Emilia Galotti« gefunden.
Daß Emilia selbst sterben will, ist glaubhaft – warum sollte sie
nicht schon allein dem gemordeten Freunde folgen wollen! Daß
aber auch der Vater ihr diesen Tod gibt – aus Furcht vor »dem
Hause der Grimaldi«! – aus Furcht vor der Macht eines solchen

Duodezfürsten! – aus einem rätselhaften Instinkt, der sich nur
gleichsam verirrt und statt des Prinzen dessen Opfer ersticht! – das
ist ein Protest gegen Corneille und Racine, der nicht überzeugt.
Corneille und Racine hätten in ihrer Weise allerdings gesagt: Appius erstach Virginia aus Haß gegen den Tyrannen Tarquinius und
zur Ehre und Größe Roms! Sie wohl hätten dies phrasenhaft dargestellt, Shakespeare aber vielleicht – groß.

Lessing war in den letzten Jahren seines so kurzgemessenen Lebens auch in Italien. Er sah es endlich, das Land seiner Sehnsucht;
er war in Rom und Neapel und kehrte vom klassischen Boden
seltsam verstimmt, ja – wir können keinen andern Ausdruck
finden, kleinlaut zurück. Prinz Leopold von Braunschweig, den er
begleitete, mag ihn gequält haben mit den Repräsentationspflich-
ten eines fürstlichen Reisenden; Zeit und Gelegenheit besaß er
aber vollauf, alles zu sehen, was Winckelmann sah. Fand Lessing,
daß er das Schöne und Antike zu sehr – aus Büchern studiert hatte? Einen vollen, freien, unbefangenen Blick für südliches Leben
und südliche Welt hatte sich der deutsche Philolog von Stendal errungen. Der deutsche Philolog von Camenz war nur groß in den
Gesetzen der Abstraktion geblieben. Vielleicht erschien ihm auf
dem Marsfelde Roms sein alter polternder Oberst Odoardo –
schwächlich gegen jenen Appius Claudius, den er in seinen jüngeren Jahren, nach den Voraussetzungen der römischen Erzählung,
hatte wiedergeben wollen – – »Nathan der Weise«, Lessings letztes
dichterisches Werk, hat einen unverkennbar südlicheren Hauch.
Lessing wäre vielleicht nicht der einzige gewesen, dem die volle
dichterische Weihe erst im spätern Alter kam.

3. IM WENDEPUNKT DER EPOCHE: GOETHE, HEGEL, HEINE

3.1 *Goethe, Uhland und Prometheus*

Der letzte Teil des Goethe-Zelter'schen Briefwechsels ist nicht reich an Personalitäten, nach welchen man in den vertrauten Äußerungen interessanter Männer so begierig ist. Doch überrascht es, die Unsterblichkeit von Weimar an vielen Stellen gegen die ihr systematisch dargebrachten Huldigungen kalt und zurückhaltend zu finden, weil es Goethe schwer ankam, für seine Enthusiasten, oder, wie man zu sagen pflegt, für seine Juden überall gut zu sagen. Vergebens, daß der Flügelmann der Hegel'schen Schule, Leopold von Henning, nach Weimar reist, und dem greisen Pontifex die Generalbeichte Berlins bringt; vergebens, daß Hegel selbst, wenn er den alten Zelter sieht, zwei Mal sein Samtbarett lüftet, um anzudeuten, daß sein Leben eine stete Reverenz vor Goethe sei. Merlin bleibt ein Zauberer, der sich allen entzieht, der auch über Hegel nicht ins reine kommen kann, und sich bei so viel Anbetung still bescheidet, er könne ihn nicht verstehen. Aber noch merkwürdiger als diese Geständnisse, bleibt eine Stelle, welche Goethe am 4. Oktober 1831 schrieb, und wo er gegen die württembergische Andacht gegen den süddeutschen Goethoklasmus einen Gestus macht, den niemand erwartet hat, am wenigsten die Stuttgarter und Tübinger, welche noch darüber weinen, daß der dreiundachtzigjährige Goethe viel zu früh für die Literatur gestorben sei. Gustav nämlich, der Bruder des Paul Achaz Pfizer, bekannt durch eine Übersetzung Bulwers, grün beschattet von der in Schwaben wuchernden Lyrik, hatte an Goethe einen Band seiner früh in Garben gebundenen Gedichte übersandt, vielleicht von ihm ein Handschreiben dafür erhalten, das beim alten Reinbeck in Stuttgart von der ganzen schwäbischen Lyrik geküßt wurde, im Vertrauen aber folgende Äußerung nach Berlin hin veranlaßt: »Von den modernsten deutschen Dichtern kommt mir Wunderliches zu: *Gedichte von Gustav Pfizer,* wurden mir dieser Tage zugeschickt; ich las hie und da in dem halb aufgeschnittenen Bändchen. Der Dichter scheint mir ein wirkliches Talent zu haben, und auch ein guter Mensch zu sein. Aber es war mir im Lesen gleich so armselig zumut, und ich legte das Büchlein eilig weg, da man sich beim Eindringen der Cholera vor allen deprimierenden Unpo-

tenzen strengstens hüten soll. Das Werklein ist an Uhland dedi-
ziert, und aus der Region, worin dieser waltet, möchte wohl nichts
Aufregendes, Tüchtiges, das Menschengeschick Bezwingendes hervorgehen. So will ich auch diese Produktion nicht schelten, aber
nicht wieder hineinsehen. Wundersam ist es, wie sich diese Herrlein einen gewissen sittig-religiös-poetischen Bettlermantel so geschickt umzuschlagen wissen, daß, wenn auch der Ellenbogen herausguckt, man diesen Mangel für eine poetische Intention halten
muß. Ich leg' es bei der nächsten Sendung bei, damit ich es nur
aus dem Hause schaffe.«

Wahrlich, für die schwäbische Lyrik konnte nichts Schmähen-
deres gesagt werden! Diese kleine, bescheidene, vom Tagesgewühl
umrauschte Schule, an welche der Patriotismus und die Begeisterung für Schillers Album seit Jahren so große Forderungen gerichtet haben, diese Gutherzigen, welche in ihrem Gott vergnügt
sind, wenn sie einen Maikäfer, ein Bienchen, die Fliege an der
Wand und sich besungen haben, hatten alle im Stillen einen lautlo-
sen Kultus für Goethe, der im Grunde ihres Herzens ihnen mehr
war als Politik, Schiller und sein Album. Sie sagten's nur nicht
laut, damit es Wolfgang II. nicht hörte: nur in stillen vertrauten
Stunden machten sie ihrem Herzen Luft, wenn Gustav Pfizer Goethes Farbenlehre besang oder sonst. Dieser fromme Enthusiasmus
ist durch jene denkwürdige Äußerung recht schnöde paralysiert,
um so mehr, da sie so unverständlich ist, und man so viel darin
finden kann. Wir wollen versuchen, aus unserm Standpunkte die
literarisch-historischen Folgerungen aus ihr zu ziehen.

Die Veranlassung jener Worte betreffend, so kann niemand die
Wahrheit des Goethe'schen Urteils über die ersten Versuche eines
jungen Anfängers in Zweifel stellen. Goethe nennt den sich empfehlenden Dichter *einen guten Menschen,* und damit hat er für die
ganze schwäbische Lyrik mehr gesagt, als er vielleicht wußte.
Auch Talent besitzt Gustav; doch ist es nicht hoch; es ist etwas
weitläufig, weil es Reflexion ist: er käme nicht aus ohne Schiller
und das, was Schiller eine gebildete Sprache nannte, die für sich
dichtet und denkt. Gustavs Poesie ist nicht schöpferisch, sondern
darstellend; er glättet jeden Gegenstand, den er grade vornimmt,
ab und gibt uns das Spröde und Faserichte lauter, nett, im Goldschnitt zurück. Ich hasse die Poesie überhaupt, wenn sie nicht
erfinderisch ist, und die Reflexion insbesondere, wenn sie nicht
witzig ist.

Hat Goethe über Uhland eine Ungerechtigkeit gesagt? Gewiß, wenn er ihn da tadelt, wo er ihm am verwandtesten ist. Von Uhlands sogenannter zeitgemäßer Poesie abstrahieren wir einen Augenblick; aber für die Gattung, für das Lied und die Ballade hat Uhland Unsterbliches geleistet. Wenn es wahr ist, daß das lyrische Gedicht einen begrenzenden Rahmen haben soll, der den Gedanken so zusammentreibt, daß er auf einen Moment ihn verkörpert, so ist Uhlands Lyrik noch gestaltender, als Goethes. Jedes Gedicht soll in der Tat aus zwei Teilen bestehen, aus einem sichtbaren Gerüste und einem Nachklange, der so mächtig ist, daß er den Hörer zwingt, ein zweites Gedicht, die Erklärung eines gesehenen oder gehörten, in sich nachzuschaffen. Das wahre Gedicht liegt oft gänzlich außerhalb des Wortes: man muß es erst machen, wenn man die anregenden Worte vernommen hat. Deshalb ist die Einfachheit schon das erste Kennzeichen eines jeden wahren Gedichtes; aber wie oft verpuffen Goethes Verse! Selten bei Uhland, namentlich in der Ballade, deren lyrische Auffassung, deren einfache Fragen und Antworten, deren ganze Form die Hörer immer zwingt, das eigentliche Gedicht erst selbst zu machen, so daß man einen Augenblick das Buch zuschlägt und nicht *genießt,* sondern ergänzt und *tätig* ist. So muß man sich ausdrücken, will man an Uhland das Rechte bezeichnen.

Uhlands patriotische Verdienste konnte Goethe nicht würdigen: er bepfuite die politischen Lieder. Das mag ihm hingehen, dem alten Herrn, der nicht im Zusammenhange die Ereignisse sah, und in seiner Jugend wahrlich keine Aufforderung gefunden hatte, sich um die Misere seiner Geschichte zu bekümmern. Ihm dies nachtragen wollen, ist eine Ungerechtigkeit, die in Bezug auf Uhland sich um so mehr vergrößert, da die Tätigkeit desselben in dieser Rücksicht untergeordnet ist, und nur für Württemberg von Wert sein kann. Uhlands Verdienst ist ein generelles, in Beziehung auf das Lied und die Ballade.

Allein der positive Tadel, welchen Goethe über Uhland ausspricht, ist beherzigenswert, namentlich wenn die schwäbische Lyrik Mode werden sollte, oder gar prätentiös. Diese Lyrik ist so beschränkt auf ihre kleinen Berge und Täler, so einheimisch, ruhig und glückselig, daß sie keinen Schmerz in der Welt kennt, als vielleicht den, von einem Spaziergange kein neues Gleichnis mitzubringen. Diese Dichter sind mit der Welt versöhnt, sie interessieren nur in Beziehung auf ihren beliebigen Gegenstand, den man doch auch nur gelten läßt, weil wir keine Vandalen sein wollen, welche unempfindlich bleiben, wenn von Nachtigallen und Maikäfern die Rede ist. Man kann sie nicht so hart anlassen, diese kleinen Kombinationen und artigen Gleichnisse, aber recht hat Goethe, wenn er hier weder etwas Aufregendes, Tüchtiges, noch Menschengeschick Bezwingendes sieht. Er hat recht, es ist ein sittig-religiös-poetischer Bettlermantel, der die Blößen dieser Herren bedeckt, ein gewisses Sichhaben und Tun, wohinter sich Mittelmäßigkeit und viel Phlegma verbirgt, eine ganz gewöhnliche, auf die Partei sich stützende Weltansicht. Wo ist Prometheus? Wo ist der Gott in Euch, der Euch zu Boden wirft, daß Ihr Tränen der Verzweiflung weint? Wo ist der Schmerz, daß wir schier nichts wissen können? Ich sehe genug Gelbveigelein und Sternblümchen; wo aber sind die Palmen, wo der Lotos? Ich sehe Haberrohr und Holderblätter, auf welchen Ihr pfeift; wo hängen Eure Harfen? Goethe hatte die Welt überwunden: er hatte mit Äschylus gesprochen, Menschengeschick bezwungen. Er hatte die Ewigkeit. Goethe konnte vieles geben, und hatte doch noch alles hinter sich. Man rede nicht von Vielseitigkeit, von der glücklichen Lage, sich um Fossilien und Farbenleiter bekümmern zu dürfen; das ist Spielerei und Nebensache gewesen. Dies ist die Frage: Habt Ihr Euch selbst gefunden? Überwandet Ihr die Welt in Euch? Habt Ihr Eurem Volk etwas Großes und Neues gegeben? Goethe leugnet es; er sagte: Ihr habt dem Bettler seine Lumpen gestohlen und Eurem Taufscheine Euren Glauben, und der Gewohnheit Eure Sitte, dem Herkommen Eure Grundsätze, fremder Poesie Eure eigne; Ihr lehnt euch an das Anerkannte, Ihr standet nie hoch, nie auf den Alpen, Ihr habt nichts, als Eure gemütlichen Stimmungen, Eure Abendsonnen-Spaziergänge, Eure Sommerfäden, die Euch die Poesie zuwehen. Wo ist Prometheus? Goethe sagt: Ihr werdet schon stolz auf Eure Reime. Goethe sagt: Ihr liebkost Euch untereinander und treibt jetzt, nachdem Ihr mich tot seht, mit Schiller Affenschande! Goethe sagt: Ihr wollt *Heine* nicht unter Euch dulden, der am Schmerze der Zeit leidet, und in seinen Schriften die ihm entflohene Poesie, welche er einst schon erhascht hatte, wieder einzuholen jagt. Goethe sagt: Euer drittes Wort ist der deutsche Süden, gleichsam, als wenn in Schwaben die Poesie an den Bäumen wüchse und die Tübinger Stiftler prädestinierte Genies wären! Er sagt noch mehr; man lese nur im sechsten Bande Zelter'scher Briefe, Seite 305 und 306.

Ich freue mich, Uhlands unendliche Verdienste um die *Gattung*
anzuerkennen; doch ist es mir ein rechtes Bedürfnis gewesen, mich
gegen Spalier und Reim auszusprechen und die Absicht der Lyrik
sich zusammenzutun, oder wohl gar durch Verse das ausdrücken
zu wollen, was unsrer Zeit und Literatur not tut, früher zu hinter-
treiben, ehe sie sich darüber ausspricht. Goethes Wort hielt ich für
zu wichtig, als daß es überhört werden durfte. Für die voranste-
hende Ausführung desselben kann ich nicht; meine Stellung
zwingt mich, offen und frei die Wahrheit zu bekennen.

3.1.1 *Görres über Goethe*

Das neueste Morgenblatt enthält von Görres einen bis heute unvollendeten Artikel über Goethes Briefwechsel mit einem Kinde.
Wir wissen noch nicht, was er über Bettina von Arnim sagen wird,
über ihre Liebe zu Goethe, und ihre Verheiratung mit der romantischen Schule, vorzüglich aber über die Leiden Achims von Arnim, ihres Gemahles, dieses unglücklichen Elfensohnes, der sich
den Rest seines Lebens über mit rationeller Landwirtschaft plagte.
Wir wissen noch nicht, wie wir Bettinen sehen werden, ob als geflügelte Libelle der Poesie, oder als gelehrte Dame mit dem nach-
lässigen Air einer Schriftstellerin, eine kleine runde Person, gehüllt
in einen Shawl, der, wie immer von geistreichen, die Toilette nicht
achtenden Frauen geschieht, über die Schultern und die beiden
Arme fest angezogen wird, so daß die ganze Breite des Körpers
zum Vorschein kommt; endlich ob euch die grüne Brille nicht
überraschen wird, mit welcher diese poetische Sylphide ihr Auge
zu bewaffnen pflegt. Bis jetzt sprach Görres nur von Goethe: und
wie sich erwarten ließ, mit demselben Arabeskengeschnörkel, das
Görres' Stil charakterisiert, mit seiner ganzen prophetischen Salbung, mit seinem massiven und doch pointierten Witze. Architektonisch bauen sich die Perioden auf, wie Rundbögen ziehen sich
die Phrasen hin- und herüber, kleine gotische Spitzsäulen auf ihnen, und allerhand zieseliertes Blätterwerk drum herum, mystische
Knaufe, geheimnisvolle Steinrosen. Und doch scheint die ganze
Weise mehr Erinnerung zu sein. Görres setzt einen Trumpf darauf, zu zeigen, daß er noch immer in seiner alten Maurischen Manier befangen ist und in der Kutte des Priesters, die er im Grunde
doch auf dem Leibe trägt, doch immer noch nicht vergessen hat,
wie er sprach, als Jakobiner von Koblenz, als Heidelberger Mi-

thrasdiener und als der geflügelte Rheinische Merkurius. Görres
macht es wie Heine. Beide fangen an, jeder sich selbst nachzuahmen.

Es war gerade Pater Cochems Legende der Heiligen, in der
Görres gelesen haben mußte, als er auf den Gedanken kam, über
Goethe zu schreiben. Denn viel Theologie, viel Salbung und bibli-
sche Parabolik ist ihm im Munde haften geblieben, und läuft nun
in die etwas redseligen und unaufhörlichen Expositionen über
Goethe unter. Die Idee ist schön. Görres teilt die Menschen ein in
zwei große Feldlager, hier die Genialen, drüben die Philister. Und
siehe, da geschah es, daß ein Fürst von den Genialen, ein im Himmel apanagierter Prinz, sich herabließ zu einer Tochter der Erde,
ein Gott zu einer Bajadere, zu einem bürgerlichen Aschenbrödel,
und aus dieser Ehe entsproß Wolfgang Goethe. Das wäre gewiß
eine sehr schöne Genealogie und würde uns die Natur des großen
Mannes hübsch erklären, wenn man das Ganze umkehrte. Goethes Poesie ist nicht genial, wie ein illegitimer Sohn, ein Bastard,
der von einem Gottvater mit einer schüchtern-dummen, aber sinnlichen Grisette gezeugt wurde, nicht genial und weltstürmend, wie
Edmund im Lear, der sich rühmt, nicht des warmen Ehebettes
Frucht zu sein. Sondern diese Poesie entstand durch den Fehltritt
einer Fee, durch eine sinnliche Verirrung mit einem jungen servi-
len Pagen. Daß sich Goethe an die höhern Stände akklimatisieren
wollte, das ist an ihm das Prosaische und kann hier gar nicht in
Betracht kommen, wo es einzig seiner poetischen Physiognomie
gilt, diese aber ist sentimental, sie ist das Menschlich-Schwache,
das Weiblich-Schöne. Einen Prinzen als Vater erkennt man nicht,
wohl aber eine mondsüchtige Prinzessin, die die offizielle Vermählung mit einem auswärtigen Hofe ohne Liebe nicht abwarten wollte, und ihr Bestes einem hübschen Philister opferte, einem prosaischen Schafskopfe, der sich dabei geniert und zuletzt noch für die
Ehre bedankt. Und so gleicht Goethes Poesie einem verschämten,
mädchenhaften Gärtnerburschen, voll häuslichen Philisterismus,
aber mit naivem Mutterwitz, einem oft recht ordinären, ängstli-
chen, rücksichtsvollen Diener, der aber poetische Schwingen bekommt, wenn seine Prinzessin Mutter an ihm vorüberrauscht, und
mit einer lächelnden Träne im Aug', ihn um eine Blume bittet.
Und das ist Goethes eigentümliche Unsittlichkeit, daß sich der
Bube wohl gar in seine Mutter, in die Fee, verliebt. Ich glaube,
Goethe richtiger charakterisiert zu haben als Görres. Goethe war

allem Genialen verwandt, aber selbst kein Weltstürmer, *Goethe war ein großes Talent mit dem Takte des Genies,* hingezogen zu allem Großartigen nicht schöpferisch, sondern empfangend, nicht männlich, sondern weiblich, und doch im Rückzuge wieder ein sehr prosaischer, bedenklicher und untergeordneter Patriziersohn.

Noch einmal berichtig' ich Görres, was aber auf einem andern Brett liegt. Görres teilt die Personen, die Goethe geschaffen hat, in zwei Rangordnungen ein, in irdische und himmlische, in philisterhafte und geniale; zu diesen soll Werther, Faust u.s.w. gehören, zu jenen Albert, Lotte, Jarno u.s.w. Und dies ist ganz richtig, wenn Görres damit nicht eine persönliche Unzulänglichkeit des Dichters, ein Erbübel seiner Natur hätte bezeichnen wollen. Warum soll Goethe die Verantwortlichkeit für seine Schöpfungen übernehmen? Warum mit jeder Figur selbst identifiziert werden? War er nicht Künstler und sonderte die Masse seiner Idee in Licht und Schatten, in Satz und Gegensatz, in Charaktere, welche sich wechselweise bedingten? Albert, Lotte, Jarno, Wagner u.s.w. diese gleichsam tellurischen Gestalten sind ja nichts als die Schatten, welche Werther, Meister und Faust werfen: sie sind einer tiefen Anschauung des Lebens, einem besonderen Verständnis menschlicher Zustände entnommen, und können das, was wir in Goethe als das Philisterhafte zu bezeichnen haben, gerad' am wenigsten ausdrücken, weil der Dichter sie nur aus künstlerischen Rücksichten, zur Draperie schuf und weil er selbst über ihnen steht. Goethe für alle Charaktere seiner Gedichte verantwortlich machen, und jede seiner Reflexionen aus dem Spiegel *seines* Wesens herleiten, ist eine Ungerechtigkeit, gegen die er Schutz verdient.

Überhaupt, da Goethe gern als Devise und Parteiparole genommen wird, so erklär' ich für dies Literaturblatt, daß in seinem Pantheon Goethes Büste den Ehrenplatz behauptet, daß sie aber mit einem schwarzen Flor umhüllt ist, wie das Brustbild Mirabeaus im Konvent verhangen wurde, als man den eisernen Schrank und des großen Redners Verrat entdeckte.

3.1.2 Über Goethes *Faust*

In Goethes Faust, in jenem fragmentarischen Faust, der noch so frei ist von den Versifikationen einer philologischen Koketterie, im Faust des ersten Teils leuchtet die Morgenröte des neuen Jahrhunderts. Kants Kritik der reinen Vernunft war für die Revolution der Geister die Berufung des Parlaments. Faust war die Tragödie des Dings an sich. Da stand die alte Welt mit ihren verrosteten Sätzen der Scholastik, mit ihrer konventionellen Tyrannei der Formen und der Sitten, und war ohne Trost und Erquickung für die denkende Seele. Von außen sehen wir alle Dinge, daß sie grau, weiß, daß sie rund, von Holz oder von Eisen sind; was ist ihr Kern? Wie ist die Stellung des Subjektes zu dem Prädikate? Wie gleichen die Eigenschaften der Dinge sich untereinander aus? Woher die Materie? Woher das Licht in die Finsternis? Woher der Zufall? Wie die Freiheit des Willens bei der Notwendigkeit des Schicksals? Ach, es muß schier das Herz verbrennen, daß wir nichts wissen können! So wehklagte das neue Jahrhundert: es war der erste Fund, der der Menschheit glückte, das Ding an sich: und doch war es der alte Schmerz: nur tiefer wußte man, daß man nichts wissen kann.

Wir, die wir fünfzig Jahre jünger sind, – sind wir näher dem Ziele? Weh' uns! Noch quillen in dunkeln Nächten unsre Augen von Tränen der Verzweiflung über: noch wissen wir nicht, wie wir kommen, gehen und stehen, wie die Welten geschaffen wurden, wie Zeit und Raum, das Sichtbar-Unsichtbare, sich ausspannte über die Dinge und Taten. Es ist der alte Schmerz. Wir hatten eine glänzende Philosophie, welche fünfzig Jahre hindurch die Geister beschäftigte, sie hat kein Problem gelöst; sie ist nur da gewesen, den Schmerz zu verhüllen und durch bunte Erfindungen unsern gierigen Augen einige Nahrung zu geben.

Die Philosophen und Dichter, jeder wählte eine eigne Farbe, das Ding an sich, dies erstarrenmachende Gorgonenhaupt, zu einem holderen Blicke zu nötigen. Kant schuf eine ordinäre praktische Philosophie, Goethe erfand nichts, im ersten Teile nichts, er stellte nur die Tatsache dar. Goethe fühlte aber, daß er dafür einige Versöhnungsmittel haben mußte. Es waren bei ihm die Poesie, der Glaube, das Menschliche und das Tragische eines Ereignisses. Goethe wollte uns Kontraste geben; aber er hatte ein System darin: hier Faust, der ausgebrannte Vulkan, dort Mephistopheles, die Lavaasche, die ihn mit glühendem Spotte umströmt, dann das halbböse, halbgute Reich der Naturkräfte und der Zauberei, dann die Tatsachen der Wirklichkeit, Religion, Unschuld, und zuletzt die Mischung aller dieser Elemente, Himmel, Erde und Hölle, ausgedrückt in dem wahnsinnigen Kindsmorde eines Engels. Dies war der poetische Schluß einer Tragödie, die nicht belehren sollte, sondern nur schildern. Die Poesie ist immer ohne Resultate. Goethes Faust ist nichts als ein Bericht. Die Dissonanz ist seine Harmonie.

Die Faustfrage ist vielleicht eine ewige; denn die Wahrheit wird nur erschaut im Jenseits. Sie ist täglich einer neuen Aufnahme fähig: alle Tage geben die Zeit, die Unmöglichkeit ihrer Lösung auszusprechen. Nikolaus Lenau durfte sich ungescheut neben Goethe mit seinem Versuche stellen: es schmerzt uns aber für einen hochbegabten Dichter, daß er ihm gänzlich mißlungen ist.

3.1.3 *Über Goethe im Wendepunkte zweier Jahrhunderte.*

3.1.3.1 [Über Gutzkows Selbstverständnis als Goethe-Kritiker]

Wenn große Männer vom Schauplatze treten, so schwinden die Leidenschaften, die sie aufregten, mit dem allmählich verdämmernden Schatten ihrer Persönlichkeit, mit dem äußersten Saum ihres Kleides, den wir kaum mehr sehen, sondern nur noch rauschen hören, in weiter todesnächtlicher Ferne. Je mehr sich die Erinnerung der Goethischen Individualität und seines gesellschaftlichen Daseins schwächt, desto größer wird die Teilnahme an der Objektivität seines Ruhmes werden. Die Ideenkreise, welche Goethes Schriften wecken, werden mit ihrem Mittelpunkte nicht mehr nach Weimar fallen, sondern sich immer mehr jener unsichtbaren Metropolis nähern, nach welcher sich die Dichter aller Zeiten in der Ausführung ihrer Ideale sehnten. Die Jugend zumal nimmt die persönlichen und individuellen Überlieferungen großer Männer immer nur als Reliquien einer Andacht hin, welche nicht mehr der Leidenschaft, der Liebe und dem Hasse, sondern nur noch dem Wissenstriebe und dem Gedächtnisse Nahrung gibt. Ich kenne wenig von der innern Maschinerie unserer Literaturgeschichte, von ihrer Häuslichkeit, von ihren Familienverhältnissen, ihrer Garderobe.

3.1.3.2 [Literatur und Gesellschaft in der Epoche vor Goethe]

Man kann nicht sagen, daß sich die deutsche klassische Literatur, in ihrem abgeschabten Aufzuge, mit den Löchern unterm Ärmel, und der einfachen Stutzperücke von Hanf der vornehmen Aristokratie der Gönner aufgedrängt habe. Im Gegenteil kam ih-

nen diese entgegen. Die Freude über die beginnende Herrschaft
der Schönheit und des tiefgefühlten Gedankens hatte einen rosigen Abglanz auf das Antlitz Hoher und Niederer geworfen. Aus
der unschönen, verbrauchten und abgestandenen Wirklichkeit flo-
gen die mit innerem Seelenadel beschwingten Gemüter in die
eben erst aufgeschlossenen frisch getünchten Tempel der neuen
Kunst, und später der Philosophie. Eine idealische Welt flocht ihre
Blumengirlanden durch das rings mit Dornen und Disteln besetzte
Dasein; man umging zuerst die Prosa, später jätete man sie sogar
schon aus, und versuchte Reaktionen des neuen Himmels gegen
die alte Erde. Die Schwärmerei für die Poesie stand denen am
schönsten, welche in der Prosa die ergiebigsten Privilegien hatten,
den Monarchen und Aristokraten. Auch sie lüfteten ihre Brust,
und schwenkten ihren Hut bei dem allgemeinen Frohlocken über
die entdeckten Schönheiten und Wahrheiten. Indem nun Standes-
herren sich selbst unter die poetischen Wettkämpfer mischten, mußten sich da die gesellschaftlichen Unterschiede nicht verlieren?
Wenn ein adeliger Offizier den Frühling besang, dann durfte
Gleim wohl in den poetischen Tornister des Grenadiers ein Lob-
lied des Königs nach dem andern packen, und Ramler an jene
russische Kanonenkugel, die ihn beinahe seinem Wirkungskreise
entrissen hätte, eine Hymne auf Friedrich und die tapferen Brennen
anknüpfen. Die Aristokratie suchte den Umgang mit der Literatur.
Die Kronprinze von Dänemark und von Preußen versprachen ihr
für den einstigen Regierungsantritt glänzende Beförderungen, genug die Dichter warfen sich nicht weg, sondern es gab Mäzene genug, welche glücklich waren, ihnen auf eine anständige Weise unter die Arme zu greifen.

Jener schöne Wechselverkehr materiell und geistig Vermögen-
der, hörte erst mit dem Ausbruch der französischen Revolution
auf. Die Aristokratie erschrak über die Tändeleien, welche sie mit
den dichterischen Predigern, Schulmeistern und Kandidaten so
lange in einem arkadischen Rapport gehalten hatten. Diejenigen
Sänger, welche von Adel waren, und ihre Winterquartiere in der
Poesie genommen hatten, mußten sich jetzt zu ihren Regimentern
begeben. Ton, Stil, Versmaß wurden anders. Die poetische Epistel,
die Parabel, die Paramythie, die geistliche Kantate, das Triolet,
das Sinngedicht oder Epigramm, das Lied schlechthin, kurz, alles
nahm einen ganz neuen Charakter an. Der Amtmann von Altengleichen fühlte diese Revolution bald, denn er hungerte. Voß eman-

zipierte die marschländischen Bauern für die Dichtkunst, und vertrieb den arkadischen Plunder, die Phyllen und die Chloen, Damon und Amynt durch Mistgabeln, Dreschflegel und durch den niedersächsischen Dialekt, der vorm Gutsherrn nur noch halb die Mütze abnahm. Mit dem Pfluge des Virgil, welchen der Schulmeister von Eutin wieder entdeckt haben wollte, wurde der ganze poetische Boden Deutschlands aufgelockert. Freilich, der Same, der nun in die Furchen fiel, brachte keine Pensionen mehr, höchstens noch Professorate.

Seit dieser Zeit zog sich die Literatur immer mehr von den gesellschaftlichen Autoritäten zurück, ja sogar als sie romantisch wurde, von der Nation selbst. Mit keinem der Traktate, welche allmählich die Verfassung des deutschen Reiches zerschnitten, hatte die Literatur etwas gemein. Durch die Einwirkungen der Philosophie, und besonders eines, durch die Unbill der Zeiten geweckten Studiums der germanischen Vergangenheit, bekam die Poesie ein ganz neues Gepräge, und hinterließ, wenn auch keine außerordentlichen Produktionen, dennoch eine neue Kritik für Kunstleistungen, welche in der Literaturgeschichte zur Markscheidung höchst interessanter Resultate benutzt wurde. Dem goldenen Zeitalter unserer Literatur, dem Zeitalter der Produktion und des Genies, folgte eine silberne Periode, eine Periode der alexandrinischen Kritik und des Talentes; aber war dies schon an und für sich die aufgeblasene Haut eines Menschen, dem es an Knochen und Muskeln fehlte, so war noch weniger an eine Versöhnung der Dichtkunst mit den großen Tatsachen der Wirklichkeit zu denken. Ein Schimmer leuchtete davon auf, als nach dem Winter in Rußland ein fürchterliches Gewitter am Horizonte heraufzog und sich in Blitzen entlud, die diesmal glücklicherweise unsere Feinde zerschmetterten.

Wenn man unter Literatur eine im Schatten des Friedens sich entwickelnde Vermischung tiefsinnig abstrahierter Formen oder Stoffe mit den dreisten Wagnissen prädestinierter Genies versteht, wenn alle Literatur sichere und ruhige Grenzen haben muß, um ohne den Vorwurf des Egoismus ihren Selbstzweck zu erfüllen, so konnten ihr in Deutschland die unbehaglichen Zeiten von 1815 an keine Handhabung darbieten. Es ist auch in diesen Zeiten auf dem Felde der schönen Literatur wenig erzeugt worden, das, wenigstens bis in die letzten Jahre vor der Juliusrevolution, dem deutschen Namen einen merklichen Zuwachs an Ehre gebracht hätte.

Denn Hoffmann, Tieck, Müllner und Jean Paul waren bloße Reste und Luftspiegelungen vorangegangener Zeiten, wo Tieck wenigstens sein Talent retten wollte, Jean Paul die Zinsen seines tüchtigen Kapitals, Müllner das letzte Ächzen Schillers und wo die Originalität Hoffmanns darin bestand, Absude und Tafelabgänge durch pikante Saucen wieder aufzufrischen.

Und wie nun die Echos der alten klassischen Zeit allmählich verklangen, und der belletristische Ton immer dünner und schwindsüchtiger wurde, da regten sich auch schon zu gleicher Zeit hie und da vereinzelte Präludien einer neuen Entwicklung, einer Entwicklung, die im gegenwärtigen Moment schon mit Lärm und Ringen in unserem Ohre saust. Dieser jetzt hoch gesteigerte Kampf kündigte sich vor 15 Jahren erst mit ganz leisen poetischen Hornklängen an, welche hie und da aus dem Walde kamen, wieder verhallten und wie kleine Federspulen den sorglosen Riesen der Vergangenheit aus seinem Schnarchen weckten. Der Glanz der alten Zeit hatte mit der Kritik geendet, die Hoffnung einer neuen mußte mit der Kritik wieder anfangen. Sie griff einen Namen an, der die klassische Periode durch sein Genie, und die romantische durch seinen Ruhm beherrscht hatte, und den die Götter in die äußerste Zeit hinausstellen wollten als Grenzstein, in welcher das Alte enden, aber auch das Neue beginnen müßte.

Dies war Goethe.

3.1.3.3 [Die Bedeutung Goethes in der historischen Entwicklung der deutschen Literatur]

Die Königssöhne der alten Germanen drängten sich danach, in die Hände ihrer römischen Feinde als Geiseln ausgeliefert zu werden. Die jungen Löwen schnitten ihre gelben Mähnen kurz, und folgten bereitwillig einem Sieger, von dem sie etwas lernen konnten; sie wußten, daß das Schulgeld, welches sie zahlen sollten, doch immer Fersengeld wurde, welches die Römer zahlten. Dietrich, der Ostgote, haßte die Römer gewiß, aber er verließ sein Volk, und um soviel Strategik zu lernen, daß er Italien erobern konnte, diente er gehorsam am Hofe zu Konstantinopel.

So dachten die langen Haare einer späteren Zeit nicht; sie verbrannten die alexandrinische Bibliothek, da sie, wenn nicht für, dann gegen den Koran geschrieben sein mußte. Sie ließen sich von dem schönen Enthusiasmus für Freiheit, Nationalität und Re-

ligion zu einem Despotismus hinreißen, wo Gesetze der Gegenwart eine rückgängige Wirkung auf die Handlungen der Vergangenheit haben sollten. Wie grob und grausam, einem Alten, der
mit der aufgeregten Jugend nicht um die Wette laufen kann, die
Krücke auf den Kopf zu schlagen! So verloren damals unter uns
die großen Namen ihre individuelle Geltung und dienten, noch
ehe sie das Zeitliche segneten, als Parteiparole. Die Jugend, auf
der Flucht vor der aufgereizten bürgerlichen Gewalt, genötigt, sich
in Schlupfwinkel zu verbergen, sprang aus der Politik in die Literatur, verwechselte die Begriffe der einen mit denen der andern,
und tobte letzte Leidenschaften auf einem Tummelplatze aus, wo
die Neuerung mit keiner Gefahr verknüpft war. Hinter großen Namen wählte man seinen Versteck, und eröffnete zwischen Schiller
und Goethe eine fingierte Diskussion, die für die literarischen
Prinzipien hätte von Wert sein können, wenn sie nicht zuletzt in
eine ganz triviale Rangstreitigkeit ausgeartet wäre. –

Goethe blieb bei allen diesen Wirren unerschüttert. Die Wellen
des Tages brachen sich am Fuße dieses Mannes, der vor Alter und
Genüge des Lebens sich schon halb in Stein verwandelt hatte, und
wie die Memnonsäule nur dann erklang, wenn der rosige Schein irgend einer historischen oder literarischen Zukunftshoffnung, wie
Byron, morgensonnig zu ihm herüberstrahlte. Wenn er die verschiedenen Stufen der Pflanzenmetamorphose belauschte, die Wir-
belknochen der Tiere zählte, oder die Farbenskala des Lichtes
maß, so glaubte er sich mit dem Leben der Welt immer im männ-
lichsten Zusammenhange. Warum protestierte er nicht gegen die
Karlsbader Beschlüsse? oder forderte vom Bundestag die Wieder-
herstellung einer Pressefreiheit, wie sie Preußen unter Friedrich
dem Großen so unbeschränkt und vollkommen genoß? Goethe
würde eine solche Zumutung an ihn gerichtet, für Wahnsinn gehalten haben; dafür mag ihm die Gegenwart die Bürgerkrone ver-
weigern. Durfte man Goethe den poetischen Lorbeerkranz entreißen, und ihn für einen untergeordneten Laien des Parnasses ausgeben, weil es seinem Patriotismus an der Aufregung eines jungen
Mannes fehlte, und er die Hast in neuernden Versuchen mißbillig-
te? Diese Motive der Verketzerung zu verraten, hütete man sich
auch wohl, sondern man warf sich einen ästhetischen Mantel um,
auf welchem Lappen verschiedener Farben, gelbe Fetzen Nikolais,
blaue Restchen Novalis' aufgenäht waren, kurz jenen religiös-sittlich-poetischen Bettlermantel, von dem Goethe in einem Briefe an

Zelter spricht. Was müßten England und Frankreich, die recht gut kennen, was uns seit dreißig Jahren Ehre gemacht hat, von unserem Verstande urteilen, wenn ihnen jemand verriete, daß der Fanatismus Menzels so weit ging, eine deutsche Literaturgeschichte *ohne Goethe* schreiben zu wollen!

3.1.3.4 [Goethe als Dichter der Häuslichkeit]

So ist Goethes Auftreten in allen bürgerlichen Beziehungen resignierend, bedächtig und die sozialen Abstände ermessend. Ist es doch, als lehnte er sich gleichsam an seine eigene heroische Gestalt, die Arme auf den Rücken zurückgelegt, freilich imponierend, aber weniger durch das, was er bei anderen an freier Bewegung hinderte, als durch das, was er ihr zu gestatten schien. Seine Erscheinung vernichtete durch die Rolle, die man übernehmen, durchführen und tüchtig spielen mußte, um nicht ganz in seinen Schatten zu fallen...

Das Haus und die Familie, die stille Sittlichkeit und Naivität der bescheidenen Existenz, ja sogar Blödigkeit, wenn ihr die Erziehung nicht einige Haltung gegeben hätte, waren an Goethe das nächste. Doch hier begannen schon seine dichterischen Übergänge in andere Sphären. Aus der Beschränkung kleiner Kreise spann sich Goethes poetischer Faden hervor, aus dem Rocken an der schnurrenden Spindel, aus dem Leib der behäbig sich schmiegenden Katze, kurz aus echtdeutschen Elementen, wie sie im Götz, im Faust, im Egmont zu so meisterhaften und unsere Herzen magnetisierenden Geweben sich zusammenfügen.*

---

* Die Poesie bildete sich hier sogleich mit einer Maxime. Der Übergang von den Erinnerungen an den mütterlichen Ursprung und dem Hause, und der von Goethe ziemlich kalt aufgeworfenen Frage: Was ist das Vaterland? ergab sich bald. Goethe leugnete das Schöne und Herrliche in den Bardentendenzen Klopstocks und Sineds gewiß nicht; im Gegenteil tadelte er seine Zeitgenossen, daß sie lieber auf französische Flittern blickten, als auf jene goldenen Harfen, welche die ermüdeten großen Sänger in Deutschland aufgehängt hätten, aber er las ein Buch von Sonnenfels über die Liebe zum Vaterlande und fand es sehr lächerlich. Er gestand offen, eine Erziehung zum krassen Patriotismus der Römer läge nur im Interesse gefahrvoller Zeiten und könnte, zum absoluten Gesetze erhoben, den Ruin aller Zivilisation herbeiführen. Das Schlechteste, worauf sich in der Tat eine Nation gegen die andere berufen kann, ist der bloße Patriotismus. Ein unbeholfener und deutscher Bär entschuldigt seine Verstöße gegen den Anstand sehr schlecht, wenn er brüsk sich umwendet und an seine Lenden schlägt, die von Thuiskon stam-

Die Familie, das Häusliche, ja sogar das Philisterhaftdeutsche ist der Leib, aus welchem die höhere Psyche der Goethischen Lebensanschauung emporsteigt. Es ist ein Winken nach einem fernen Heimatlande, ein süßes Locken aus den Grotten der Natur und dem Empyreum des Geistes, es ist der rauschend vorüberklingende Moment, als die Götter über die Geburt eines Genies zu Rate gingen. Und der Auserwählteste der Sterblichen schwebt dem geheimnisvollen Winken nach, mit den rauschend entfalteten Schwingen der Poesie, die Pforten des Himmels öffnen sich und werfen die glänzenden Lichtströme der Sonne in ein Auge, das nicht erblindet, da es Verwandtes sieht. Jetzt ist Goethe der freie Göttersohn des Himmels und schreitet stolz und keck durch eine Welt, die ihm Spielzeug ist. Titanenideen ergreifen sein Hirn, während er durch die Wälder und Berge streift, die Sprache wirft den Reim von sich, seine Einfälle sind erhaben, wahnsinnig, humoristisch, bis sich an dem Versuche eines Prometheus zu dichten, endlich die wogende und schäumende Welle bricht, und in dem Moment, wo der fiebernde Trotz eines Genies, Krankheit wird, die rotwangige besonnene und vom Vater geerbte Gesundheit der transzendentalen Krisis zu Hilfe kommt; dann genas er allmählich in einer Mäßigung, innerlich gesund, doch noch im Auge die Spur des Unheimlichen tragend, bis er zuletzt mit frischgesammelter und die Erinnerung des ganzen Himmels in sich tragender Kraft den Faust schuf. Prometheus, in der Anlage, die uns fragmentarisch erhalten ist, konnte ein Titanendrama werden, das auf Deutschland vielleicht gräßlicher gewirkt hätte, als Werthers Leiden; aber wir hätten mit ihm auch den Dichter verloren. Denn die Idee dieses Prometheus ließ sich nur mit einer Einseitigkeit durchführen, die derjenige haben muß, welcher seine Rechnung mit dem Leben und seiner Wirtin abschließt, das letzte Geld und die Uhr auf den Tisch legt, und unangenehm zu enden weiß. Goethe hat sich zeit seines Lebens von der Prometheusfabel nicht erho-

---

men. Sagte nicht Themistokles schon, das Liebenswerte sei niemals die Scholle des Landes, sondern treffliche Institutionen? Goethe fürchtete, daß durch Schriften, wie die von Sonnenfels, die Leerheit der Köpfe mit einem Lärm angefüllt würde, den tüchtigere Dinge, und besonders die Erkenntnis der eigenen Oberflächlichkeit, hätten ersetzen sollen. Er philosophierte mit Recht, daß man in Zeiten der Ruhe die Erziehung, statt an den Nationalhaß und den patriotischen Spektakel, an die Familie und die Bildung im Schloß der Guten und Edeln anknüpfen müsse.

len können. Sie spukte in allerlei Formen wieder in ihm durch,
aber die Zurückhaltung der Leidenschaft erkältete zuletzt die Auffassung.

*Geh vom Häuslichen aus und verbreite dich, so du kannst, über
alle Welt!* Hiemit bezeichnete Goethe selbst den Weg, den seine
Poesie zu ihren Zielen nahm. Es ist die eigentliche Zauberformel,
welche ein ganzes dichterisches Geheimnis erschließt.

Sie war das Symbol des Goethischen Lebens in auf- wie in ab-
steigender Linie. Aus beschränkter Sphäre hinaus sich drängend
wurde seine Sehnsucht schnell ein poetisches Bild, daß seinen
Schritten voranschwebte, und ihn lockte, und Berge und Täler vergessen ließ, die er durchwanderte, und die in immer schöneren
Farben und deutlicheren Umrissen sich malende Anschauung einzufangen. Jeder Anfang in Goethe war harmlos und vom nächsten
ausgehend. Ja, er versprach in erster Jugend so wenig, daß er
selbst von Herder in Straßburg, der schon Standpunkte, Übersich-
ten und Allgemeinheiten gewonnen hatte, für linkisch in der Auffassung und Schönheitsurteilung angesehen wurde. Goethes poetische Entwicklung war ein träumerisches Ausspinnen seiner häuslichen Zustände und primitiven Eindrücke, und so hinaus über die
Vorurteile, Gesetze, Sitten hinweg, bis in die Alpenregionen des
freien Gedankens und der dichterischen Wahrheit. Ein rüstiger
Wanderer, zieht er von seiner Heimat aus, und lernt Schönheit,
zurückblickend in ein sonniges vom gelben Strom durchschlängel-
tes Tal, fern der blaue Rand der Gebirge, die unvollendete Kuppel
des Domes, und doch ergänzt und vollkommen, gleichsam durch
ihre Herrschaft über das was unter ihr liegt, ein rauschendes Treiben, das der Dichterjüngling verlassen kann, ohne aufzuhören es
zu lieben. Dies war für Goethe entscheidend, denn jeder andere
Genius, pflegt die Metamorphosen seines Dichtens und Lebens in
sich wechselseitig zu zerstören, und nicht selten auf das was er
heute war, morgen, wie schon auf das Unwürdigste zurückzublicken. Goethe gab seine primitive Anschauung niemals auf, sein
häusliches Vermächtnis, das Stilleben der bescheidenen Existenz,
auf welches er sich immer wieder zurückziehen konnte, wie ein in-
dustrieller Spekulant nach großen Gewinnen oder Verlusten auf
seine liegenden und für ein würdiges Dasein immer zureichenden
Gründe.

Will man Goethes Steigen aus der Häuslichkeit zur Verbreitung
über alle Welt mit einem Bilde vergleichen, das ihm ganz beson-

ders gegenwärtig war; so nehme man seine Wanderung nach Erwins Grabe, eine Besteigung des Straßburger Münsters, wo er auf jeder einzelnen Station innehielt, und ein Gebet des vom Schöpfergeist durchdrungenen Dichters an den großen Meister des Baues richtete. Auf der letzten Platte blickte er in die sonnige Ebene des gesegneten Landes, weit hinaus in die blauen Ahnungen der Schweiz, und heimatlich gen Speyer und Worms; das Herz frohlockte der unermeßlichen Augenweide, und schmiegte sich dankend an das, was ihn auf diesen so wunderbar erhöhten Gipfel trug, an die Kunst, und wie ein Seher seiner eigenen Zukunft schrieb er den bedeutungsvollen Spruch, daß alle Poesie innere, individuelle Keimkraft ist, und ein dem Genius sich von selber gebendes Anschwellen der Gefühle für Maß und Verhältnis.

Die absteigende Bewegung fehlte bei Goethe nicht, und in neuerer Zeit ist sie sogar mehr besprochen worden wie die aufsteigende. Hatte Goethe einmal in dem Allgemeinen vergeblich getastet, dann zog er zur rechten Stunde behutsam seine Fühlfäden zurück. Er verspätete sich niemals beim Ideale, oder genoß die Umarmung der Phantasie länger, als der Mond am Himmel stand. Hatte er gegen die Prosa einen poetischen Feldzug geführt, so zog er es doch vor, was die Winterquartiere betraf, sie lieber in der Prosa selbst zu nehmen. Wer ihm hieraus einen Vorwurf macht, was betrachtet der? Nur das Ziel, nicht den Gang selbst.

3.1.3.5 [Über Goethes Sprache]

Seine Sprache war früh reif, vollständig, keck. Sprichwörter ersetzten das noch mangelnde eigene Urteil. Noch seine ersten Produktionen sind ganz in diesem Lakonismus geschrieben, den Goethe zum Beispiel im Götz nicht vom Mittelalter oder vom Volke zu entlehnen brauchte, sondern der seine eigene Natur war. Die Wendungen körnig, die Verbindungen abgerissen. Partikeln in Fülle, wenn sie den Ton nuancieren, und gleichsam der Akzent des Stiles sind, und fehlend, wo man sie als Ruhepunkte des logischen Prozesses, und der künstlich ausgesponnenen Dialektik zu brauchen pflegt. Die Weitläufigkeit der persönlichen Fürwörter wird vermieden, als verstände es sich von selbst, ob ich, oder du, oder er gemeint ist. Auch ging dies kurze, die Sprache ihre Privilegien prellende Verfahren auf Goethes erste Versifikationen über. Man glaubt, Goethe habe bei seinem Puppenspiel und den satirischen

Kleinigkeiten an Hans Sachs und dessen Weise gedacht. Gewiß
nicht, er lernte ihn erst später kennen; es war dies etwas Angebore-
nes, das selbst in der Kunstprosa des Veteranen als Reminiszenz
öfters zurückkehrte, und durch die damals so kalten und bedächti-
gen Abstraktionen als ein gar ergötzlicher Transparent zuweilen
hindurchschimmerte.

Wenn Goethe im späteren Verlauf seines Dichterstrebens, diesen naiven Volkston verließ, so adoptierte er doch keineswegs eine
ihm dargebotene fremde Ausdrucksweise. Zum Glück wie zum
Nachteil der deutschen Literatur war die Sprache, ihr Organ, niemals auf dem bestimmten Kammerton einer akademischen Skala
gestimmt. Frankreich hat eine Dichtersprache, die man einmal
adoptieren muß, will man den Kothurn betreten, oder auch nur
auf dem Haberrohre der Idylle blasen. Dies beeinträchtigt die Originalität, hält aber auch, wie Goethe selbst in seinen Entwürfen
über den Dilettantismus bemerkt, die Unzulänglichkeit und die
Liebhaberei zurück. Deutschland hat bei seiner bildsamen und von
keiner Crusca bevormundeten Sprache doch das Unglück, daß mit
ihr alle Welt in die Literatur hineinpfuschen kann. Wäre unsere
Literatur im vorigen Jahrhundert nicht durch ihre klassischen
Kräfte im Aufschwunge gewesen, es würde den zahllos auftauchenden Naturdichtern und Dilettanten gelungen sein, sie mit
einem Schlage in die Anarchie zu stürzen, in welche sie jetzt durch
eine allgemeine Pfuscherei allmählich gekommen ist.

Klassische Muster boten sich Goethe an. Er verschmähte sie
alle, bis auf ein Beispiel, dem er nicht widerstehen konnte. Wer
seinen ersten prosaischen Versuch, zum Andenken Erwins von
Steinbach, gelesen hat, scheidet den Anteil, welchen Hamann an
dem Stile desselben hat, sehr leicht heraus. Der Ton ist prophe-
tisch, die Wendung apostrophisch. Dogma und Polemik wechseln ab. Die Bilder sind gelehrt, die Leidenschaften gegen die
Franzosen und Pfaffen überraschend grell, das Ganze endet wieder mit Prometheus, dem Goethischen Steckenpegasus. Doch
schon ist Klang in diesem Weihegebet, ein Gefühl für jene Run-
dung, die die Sprache des Egmont und Clavigo, für die Rezitation
noch willkommener macht, als die Schillersche. Allmählich wurde
Goethe Meister dieses üppigen fleischigen Ausdrucks seiner zweiten Periode, der elastisch weicht und zurückkommt, wogend und
wallend wie das Meer und, mit etwas rhetorischem Numerus rauschend, doch nie anders als in sanft schmelzender Zerkräuselung

sich am Ufer bricht. Der Wellenschlag des mittelländischen Meeres lockt das Gefühl des Taktes und der rhythmischen Abmes-
sung, und die Herrlichkeit dieser Prosa flutet nun hinüber in Tas-
sos und Iphigeniens melodischen Jambus. Seine Poesie wird Atmen der Natur. Die Natur spricht, spricht in Tönen, Musik ist die
Seele seiner Schöpfungen; mag er nun in Venedig, am Ufer des
Lido, bunte Epigrammenmuscheln fischen, oder auf dem Nacken
einer Römerin die fleischigsten Hexameter trommeln.

Goethe hatte Not, sich von Formen loszureißen, die ihm leicht
wurden, und Vergnügen machten. Er opferte ihnen wohl einen zufälligen Inhalt, fühlte aber bald, wie wenig echt dies war, dauerte
nicht aus, und blieb im Fragmente stecken. Was trieb ihn nicht alles zum Hexameter? Was opferte er ihm nicht! Wolfs Zweifel an
der Einheit der Ilias, Voßens Geheimnis über den rechten Bau des
Hexameters, das erst mit dem Tode Klopstocks veröffentlicht werden sollte, hielten Goethes epische Interessen in fortwährender
Spannung. Er gesteht selbst, daß ihn das metrische Bedürfnis zu
Reineke Fuchs getrieben. Gott sei Dank, Achilleis blieb schon
Fragment. Aber die epische Breite hatte ihn erfaßt, und zwang
seinen Genius zu einer neuen Metamorphose, zur Kultur einer
Prosa, deren glänzende Entfaltung die schon erschienenen Bände
Wilhelm Meisters ahnen ließen.

Goethes prosaische Diktion verdient eine Betrachtung, die sich
vom Dichter ganz unabhängig anstellen läßt; denn hier ist in der
Tat ein Maßstab entdeckt, durch welchen die schwankenden Bestimmungen über den deutschen Ausdruck geregelt werden sollten.
Von der gelehrten Bilderfülle Jean Pauls und dem Naturalismus
der Modernen wird man immer auf jenen bezaubernden Ton zu-
rückkehren müssen, welcher, reich an Gesetzen, in Goethes Prosa
herrscht. Diesen geglätteten Marmor nachzuahmen, möcht ich weniger anraten; als ihn zu studieren.

Goethes Prosa ist kein Ausdruck der Unmittelbarkeit, man sieht
in ihr die Sprachwerkzeuge nirgend selbst, oder die Gehirnfieber
transparent hindurchschimmern, welche den Gedanken oben auf
ihrer Spitze trägt. Nirgends verrät sich die logische Maschinerie
oder ein dialektischer Kampf der Idee mit dem Stoffe; sondern
Goethes Prosa ist eine Perspektive des Theaters, ein überdachtes
erlerntes, vom schaffenden Gedankensouffleur leise zugeraun-
tes Stück. Goethe reproduziert sprechend, was er im selben Momente denkend schuf. Die Dinge sprechen bei ihm nicht selbst,

sondern sie müssen sich an den Dichter wenden, um zu Worte zu
kommen. Darum ist diese Sprache, deutlich und doch bescheiden,
klar ohne dadurch aufzufallen, im Extrem aber diplomatisch.

Dem Jean Paulismus oder der modernen Naivität lauscht man
neugierig zu, und dennoch strengt die Lektüre an, und nimmt alle
unsere Geistestätigkeiten in Anspruch. An Goethes Prosa arbeiten
wir mit, unterstützen die Produktion des Gedankens, und schließen, da Goethes Bericht immer nur das Spiegelbild der Reflexion
ist, von dem Bilde auf sein Gegenüber. Vergleicht man Goethes
Prosa mit der ozeanischen, majestätisch flutenden Ruhe des Welt-
meeres, so ist doch nur der äußere Anblick so stille, gezähmte Leidenschaft. Goethes Anregungen sind belebend und reproduktiv,
und so hat diese trügerische Ruhe eine überwältigende Unterlage,
eine Wirklichkeit, gerade so wild und schroff in uns wieder auftau-
chend, wie der Dichter sie in sanften schlummernden Träumen erzählt. Das Äußerliche dieses Geheimnisses wird unzählig nachge-
ahmt, man scheint dabei vergessen zu haben, daß Goethes Prosa
nur für die *Erzählung* als Organ der *epischen* Dichtung klassisch
ist, und dabei sind noch am glücklichsten die Herren Carus in
Dresden und Varnhagen von Ense in Berlin.

Man muß aber nicht übersehen, daß Goethe selbst dies Mißverständnis veranlaßte. Indem er diese Sprache mit ihrer höchstzer-
brechlichen Kostbarkeit selten mit Auswahl und Sparsamkeit benutzte, so verwischte er ein wenig ihren klassischen Stempel. Die
Reproduktion verwandelte sich in Abstraktion. Alle konkreten Anschauungen verflüchtigten in formlose Verallgemeinerungen, das
Handgreiflichste verhüllte sich in mystifizierende Nebelflöre, und
das, was sich krystallinisch gebildet hatte, zerschmolz in sehr vage
Flüssigkeiten. Ja, diese verschwimmende abstrakte Ausdrucksweise Goethes teilte sich sogar der Poesie seines Verses mit. Wenn
auch der Reim und das metrische Gesetz hier die Verallgemeine-
rung beschränkte, wenn sich gerade im Gedicht diese ausweichen-
de Diplomatie in eine besondere Geheimnissung und Wichtigkeit
verwandeln konnte, so schützt uns doch nichts davor, daß wir zuweilen das Unnützeste in die vielversprechendsten Kleider gehüllt
sahen. Wer erinnert sich hier nicht der Artikelauslassungen, der
Infinitiv- und Partizipalkonstruktionen, des Superlativs für den
hinreichenden einfachen Grad, kurz eines Tones, der hier erwei-
ternd, dort beschränkend, sanft zum einen anderes lenkend, alles
in dem Schönen, Reinen schönstens suchte zu vereinen? Oft aber

drang durch diese häßlichen Töne noch eine jugendliche Naivität, und ohne aufhören wurden sie entschuldigt, durch des Alters redselige Lust der Mitteilung, die uns auch hier so manches hinterließ, was wir zur Charakteristik unseres Dichters schmerzlich vermissen würden.

3.1.3.6 [Über Goethe und Schiller]

Wenn man die Gesetze der Goethischen Dichtkunst auf eine Formel zurückführen will, so beschränken sie sich auf die Relativitäten der beiden Begriffe des Allgemeinen und Besonderen. Das Besondere sollte immer dem Genie, und das Allgemeine der Kunst angehören, aber die Erfahrung zeigt uns, daß man das Allgemeine gern für die Sache des Interesses und das Besondere für die Sache des Geschmacks hält. Es gibt viele Dichter, welche die Nation beglückt haben, wenn sie zur abstrakten Allgemeinheit einer löblichen Idee die positive und konkrete Unterlage eines Faktums suchten. Aber die Größten sind es nicht. Das Genie beginnt mit dem Faktum, und besitzt so viel Kunst und Natur, daß es dasselbe auf die günstigste Weise auch immer unter die Strahlenbrechung der Allgemeinheit bringen kann. Wäre unser Zeitalter nicht in der Notwendigkeit, sehr viel auf den guten Willen, die Ehrlichkeit und die Tendenz geben zu müssen, und wäre die Bildung dieses Zeitalters weniger rhetorisch, so würde es für die Besonderheit denselben Instinkt haben, den es nur für die Allgemeinheit zu haben scheint; es würde allerdings die Dichtungen Schillers heißer lieben dürfen, als die Goethes, weil Schiller kühn, und Goethe nur weise war; aber doch niemals das Genie des letzteren gegen das Genie des ersteren in Abrede gestellt haben; da in der Literatur wenigstens das Besondere höher steht als das Allgemeine.

Goethe, wie er sich denn selbst das Klarste war, empfand bei einer zwischen ihm und Schiller eingetretenen zarten Differenz den Unterschied vollkommen, wenn er sagt: »Es macht viel aus, ob der Dichter zum Allgemeinen das Besondere sucht, oder im Besonderen das Allgemeine schaut. Aus jener Art entsteht Allegorie, wo das Besondere nur als Beispiel, als Exempel des Allgemeinen gilt; die letztere aber ist eigentlich die Natur der Poesie; sie spricht ein Besonderes aus, ohne ans Allgemeine zu denken, oder darauf hinzuweisen. Wer nur dieses Besondere lebendig faßt, erhält zugleich das Allgemeine mit, ohne es gewahr zu werden, oder erst zu spät.«

Wir setzen hinzu: die Initiative der Schillerschen Dichtung war das Interesse. Er suchte dann für seine Begriffe die persönlichen Spiegelbilder, und Dank seiner Bestimmung! daß er oft die trefflichsten fand. Von einem edeln, feurigen, aber inhaltlosen Instinkte ging er aus, seine glühende Einbildungskraft kam dem suchenden Verlangen zu Hilfe, und gaukelte ihm lange Züge von Gestalten vor, aus denen er wählte, was stark genug war, seine Stärke zu tragen. Je reifer die Anschauung, desto glücklicher die Wahl. So sind Karl Moor und Kabale und Liebe noch Schöpfungen, die, trotz ihrer dämonischmarkierten Bestimmtheit, doch unsere Vorstellungen nur an Allgemeines überliefern. Immer mit dem Schluß dieser Dramen stürzt ihre Erfindung zusammen, und der uns packende Rest ist ein unbestimmtes, leeres, schauerliches Mißbehagen an der Gesellschaft, das, weil die Weltkopie in ihnen das Original doch wahrlich nicht treu wiedergibt, auch nicht einmal Entschlüsse in uns bewirken kann. Wie schnitt Schiller am Stoffe des Fiesko herum! Wie schwer wird es ihm, vom Mittelpunkt der Tatsache aus, die Tatsache zu sichten und zu ordnen! Prosa ist vortrefflich, aber für das Hauptinteresse des Carlos nur eine Zutat aus der Allgemeinheit. Ebenso müssen in der Stuart und Jungfrau immer Repräsentationen von allgemeinen Begriffen auftreten, Liebhabereien und Empfindungen, welche das Ereignis verrücken, und die Tatsache nur zum Vehikel beliebiger Vorstellungen zu machen scheinen. Erst Wallenstein und Tell genügen; jener, weil er in der Tat individuell gehalten ist; dieser, weil in ihm das Allgemeine zufällig mit dem Besonderen selbst zusammenfällt.

Über Goethes Dichtungen schwebt niemals der große Schillersche Horizont, sondern sie halten das Interesse streng an der Sache, und offenbaren sich mikrokosmisch. Goethe gibt, was das Allgemeine betrifft, immer nur Perspektiven und Fernsichten in sie, unermeßliche zwar, aber in einem und demselben Kunstwerke oft nach den entgegengesetzten Richtungen hin. Auf der einzelnen Blüte der poetischen Besonderheit zeigen sich hier alle Gesetze der Pflanzenmetamorphose; an diesen dünnen Staubfäden wird man dennoch in das innerste Heiligtum des Naturgeheimnisses gezogen; an diesen bunten schimmernden Farben sprechen sich die himmelanziehenden Gesetze der großen Sonne aus. Ob uns Tasso eine Gefühlswelt, Carlos ein System der Lebensphilosophie, und die Hölle im Faust den ganzen Himmel erschließt; es geht von kleinen zufälligen Punkten aus. Am Schleppkleide der Gelegenheit, wie sie eine Zeitung, ein fliegend Blatt, ein altes Buch angibt, zieht der Dichter den Triumph der ganzen Erde nach sich. Wenn Schiller einen größeren Umfang zu haben scheint als Goethe, so ist dies, wie Sterne von großen Nebelringen umgeben sind. Goethe hat diesen Nebelring nicht; dafür ist aber sein Kern strahlender, und wirkt besser in der Finsternis.

Goethe hatte einen solchen Abscheu vor dem Allgemeinen, daß ihn auch jede Definition des Schönen in Verwirrung brachte. Fragt man, worin liegt der Zauber der Dinge, wenn sie gefallen; läßt er sich den Dingen geben, oder müssen sie darnach gewählt sein? so trieb Goethe seine Furcht, daß man das Leben in eine Formel einfangen könne, so weit, daß er sogar erklärte, der Ausdruck, Idee des Schönen, habe schon an sich etwas Unstatthaftes. Goethe hütete sich, die Schönheit in etwas Einzelnem zu finden, da sie im Gegenteile immer etwas Zusammengesetztes sein müsse.

3.1.3.7 [Goethe und die Weltliteratur]

Goethe hat sich im Anfang dieses Jahrhunderts von allen Liebhabereien desselben entfernt gehalten, sowohl von dem Nifl- und Muspelheimer-Himmel der Nordlandsreckenromantik, wie von der blauen Blume Hardenbergs, der Indomanie der Schlegel, welche sich beide im Ganges von ihren literarischen Sünden reinigen wollten. Allen diesen Bestrebungen lag in der Tat eine gewisse Verwandtschaft mit Ideen der Zeit, ja sogar eine Sympathie mit dem Schicksale der Nation zu Grunde; aber es war von einem vollendeten Charakter nicht zu erwarten, daß er aus Patriotismus seinen Geschmack verderben sollte.

Alle neuere Poesie in Deutschland hat nun einen Ton angenommen, der von fremden Dingen auf sie übertragen ist. Sie lehnt sich an allgemeine Tatsachen und Begriffe, welche, da sie nicht selten erhebender Natur sind, den durch sie angeregten poetischen Empfinden eine heilige Weihe und Wirkung geben. Durch eine sinnige Behandlung ihrer Interessen sind die Menschen bald gewonnen. Jene poetischen Trompeter, die den Zügen der Tendenzen voranreiten, gekleidet in die Livree der Kämpfenden, sind die Augenweide der Masse, die sie mit Ruhm bezahlt. Sie nützen, sie erfreuen, sie schmeicheln, und kosten wenig. Sie kosten keine alten Traditionen, sie kosten keine uns liebe Philosophie oder Religion; sie beeinträchtigen niemanden in seinen alten Besitztümern. Das Genie kostet die Menschheit etwas. Da muß immer eine Nation oder ein Stück Religion, Philosophie oder Wissenschaft zugrunde gehen. Diesen Schaden wird das Genie freilich später aus seinen eigenen Mitteln wieder herstellen.

Zu dieser Wohlfeilheit gesellte sich seit Herder der große Nachdruck, welchen man auf die Unterscheidung der Nationalliteraturen legte. Studium und Interessen vereinigten sich, die Literaturen unter allgemeine Kennzeichen und klimatische Reverberen zu bringen. Der Begriff des Nationalen legte sich wie ein Reifen um die Anschauungen des Poeten, und drückte alle seine Bilder und Gedanken auf einen kleinen Mittelpunkt zusammen, der ungefähr dem Durchschnittswert der Allgemeinheit gleichkam. Die Nation will sich in der Literatur bespiegeln: sie will, daß die Literatur ihre jeweiligen politischen, religiösen und moralischen Zustände ausspreche. Sie wollen sich in den Weisen des Dichters wiederfinden mit ihren kleinen und großen Leidenschaften, mit Frau und Kind, wie sie in ihrem Besuchszimmer im Konterfei hängen. Dem, was alle fühlen und denken, soll der Dichter nur die schöneren Worte geben. Man sagte damals: die Zeit ist wie eine Riesenharfe ausgespannt, aus welcher jeder einzelne Dichter sich einen Ton auffangen müsse für sein eigenes kleines Instrument der Subjektivität.

Wohin diese damals mit entsetzlicher Leidenschaft gelehrte Ästhetik geführt hat, zeigt der gegenwärtige Augenblick. Die poetischen Kräfte der Nation sind erschöpft, keine einzige derjenigen Leistungen, welche sich unter uns noch einiger Teilnahme zu erfreuen haben, lassen sich mit den Voraussetzungen jener Ästhetik in Einklang bringen. Sie widersprechen in ihren Prinzipien all den Merkmalen, welche die sogenannte Nationalliteratur tragen soll. Es ist durch den Erfolg entschieden, wie wenig befruchtend und anregend jene patriotischen Lehren wirken konnten. Wir sehen es. Überall Produktionsohnmacht. Und wo ein Produkt ist, da wird nur die Tendenz gesehen!

Die Weltliteratur will die Nationalität nicht verdrängen. Sie verlangt schwerlich, daß man seinen heimischen Bergen und Tälern entsagend, sich an kosmopolitische Bilder und Landschaften gewöhne. Die Weltliteratur ist sogar die Garantie der Nationalität. Sie wird immer, wenn das Evangelium der letzteren mit zu vielen Golgathagefahren gepredigt wird, oder sonstige Beanstandnahmen desselben eintreten, den mißlichen Anknüpfungspunkten zu Hilfe kommen, und vor einem europäischen Forum dasjenige möglich machen, was in der Heimat unzuverlässig ist. Die Nationalität wird durch den weltliterarischen Zustand nicht aufgehoben, sondern gerechtfertigt. Der heimischen Literatur wird das Urteil und die Geburt durch ihn erleichtert, wie namentlich in Deutschland die Voraussetzungen einer nationalen Literatur so sehr erschwert sind, daß man bei uns über ein Talent den Stab bricht, während demselben das Ausland akklamiert. Was wir auch gegen Heine einzuwenden haben, so ist es doch unerträglich, daß bei uns ein Name ungestraft darf gelästert werden, der durch seine außerordentlichen Fähigkeiten sich bereits eine europäische Bekanntschaft erworben hat.

Wenn man weiß, wie wesentlich für Deutschland diese zänkische und hypochondrische Kritik ist, welche nichts in der Welt ohne Anfechtung lassen kann, die über alles sich erhitzend, an jede Statue des Phidias noch ein Fragezeichen anhängen würde, so kann man sich die erboste Hartnäckigkeit erklären, mit welcher man sich bei uns gegen das Prinzip einer Weltliteratur sträubt. Man muß wohl ein so durchgreifendes und einfaches Regulativ der ästhetischen Beurteilung hassen, weil es das Gewerbe beeinträchtigt, weil es alle die Bosheiten, Unversöhnlichkeiten und Angebereien ausschließt, mit welchen in Deutschland produktive Talente begrüßt, verfolgt und oft getötet werden.

Die Grundsätze der Weltliteratur geben sich sogleich zu erkennen, wenn man nur die äußere Physiognomie derselben näher bezeichnet. Zur Weltliteratur gehört alles, das würdig ist, in die fremden Sprachen übersetzt zu werden, somit alle Entdeckungen, welche die Wissenschaft bereichern, alle Phänomene, welche ein neues Gesetz in der Kunst zu erfinden und die Regeln der alten Ästhetik zu zerstören scheinen. Die geringe Ausbeute derartiger Produktionen würde namentlich Deutschland von jener Überflutung des Literaturmarktes befreien, welche den Umsatz, die Teilnahme, den Überblick und die Kritik erschwert. Mit dem inneren Werte käme die äußere Würde der Literatur. Die Literatur erhöbe sich von der niederen Stufe, auf welche sie als ein Bedürfnis herabgesunken ist. Sie würde sich als eine organische Offenbarung des Menschengeistes betätigen, und mit einem Schlage durch ihre eigene naive Unübertrefflichkeit alle jene Fragen beenden, welche sich auf dem jetzigen Gebiete der Geisteswelt zu keinem andern Zwecke durchkreuzen, als um die Mittelmäßigkeit zu ordnen, zu

plazieren, zu erläutern und mit falschen Lorbeeren zu bekränzen.
Ich gebe zu, daß in der Weltliteratur dieselben Verwechslungen
vorkommen können, wie in der Nationalliteratur. Kotzebue ist vor
dem europäischen Tribunal anerkannt. Raupach sogar dürfte eher
übersetzt werden, als der Faust von Nikolaus Lenau, oder ein Roman von Julius Mosen. Ich kann nicht sagen, daß ich etwas wüßte, was hier dem Genie den Rang immer vor dem bloßen Talente
sicherte, es sei denn, daß sich das Genie die Tugenden des Talentes anzueignen suchte. Dies wäre Aufforderung genug an unsere
heimische Literatur, sich aus ihren flüssigen, wenn auch noch so
edlen Bildungsstoffen herauszugestalten, frei die Welt zu über-
blicken, alle nebelhaften Anschauungen von jenen urschönen Bildern hinwegzuziehen; die nicht fehlen werden, wo Prädestination
ist. Diese zusammengeronnene Schönheit, welche sich in der deutschen Poesie findet, gleicht dem Korinthischen Erze, das von tausend flüssigen Götter- und Heldenstatuen siedet und wallet. Da ist
keine Prägnanz, keine Deutlichkeit, keine Wahrheit der Umrisse.
Licht und Schatten gehen ohne Perspektive ineinander, und machen, daß die ordinärsten Gestalten Sieger sind, weil sie sind. Dies
schöne lebendige Sein mit Händen und Füßen, dies Sein mit einschmeichelnden überredenden Worten, dies Sein in Stiefeln und
Sporen, klirrend auf den Marmorstiegen der poetischen Phantasie-
paläste; wo fände sich dies oft bei den tiefsinnigsten Dialektikern
des Gemüts und der Einbildungskraft, bei Fähigkeiten, die zum
Siege alles zu besitzen scheinen?
    Das ist es. Der Dilettantismus zerstört die Wirkung des Genies.
Jene der Zeit parallellaufende sogenannte Nationalpoesie brachte
die Poesie nicht außer Atem, da das Leben immer dasjenige ist,
was uns am leichtesten wird. Die Poesie als eine Sonntagsfeier, als
ein an hohen Festtagen angetanes Kleid, hat nicht jenen olympi-
schen Schweiß auf der Stirn, den man mit Lorbeeren zu trocknen
unwillkürlich versucht wird. Uhlands Muse ist nie echauffiert. In
seinen Gedichten ist täglich Sonntag. Die Glocken läuten, und die
Menschen gehen geputzt in die große Kirche der Natur, wo zum
festlichen Tanze unter der Linde der Boden hübsch rein und sauber gekehrt ist, wo alle Dinge im Chore singen, und die Meinungen im Unisono einfallen. Gewiß schön; auch weltliterarisch als
deutsches Genrebild, als eine Sammlung von Nationaltrachten, die
sich der Engländer kauft, wenn er über Rotterdam in seine Heimat zurückreist. Allein in jedem andern Bereiche, das nicht die

Lyrik ist, wird diese Sonntagsstimmung in phlegmatisches Wohlbehagen, ein romantisch genießendes, nicht plastisch schaffendes. Wer ein fremdes Leben wirken will, muß zuvor das seinige aufs Spiel setzen.

Die Deutschen bilden sich ein, daß ihnen eine Menge Dinge gestattet seien, die sich die Franzosen und Engländer nicht erlauben dürfen. Die eigentümliche Komplexion unserer physischen und moralischen Natur soll andere Gesetze zu verlangen scheinen, als sie das Ausland befolgt. Man rundet Bemerkungen zuletzt gern mit einer schmeichelhaften Phrase ab, wovor der Genius unseres Vaterlandes erröten müßte, wenn er nicht schon an das seit Jahrhunderten stinkende Eigenlob der Deutschen gewöhnt wäre. Ich mag auch gegen die noblen Eigenschaften meiner Landsleute nichts einwenden. Ich ließe diese patriotische Koketterie gern gewähren, wenn sie nicht in der Literatur etwas gelten und das Schlechte nur durch die Eitelkeit, die man darauf hat, rechtfertigen wollte; und ich glaube wohl, daß ein Franzose daran keinen Geschmack hat, woran sich deutsche Herzen erfreuen. Aber es gibt auch viele deutsche Tugenden, die uns selbst schon zur Last werden. Die sogenannten *echtdeutschen* Produkte unserer Literatur sind die mittelmäßigsten.

3.1.3.8 [Goethes Nachwirkungen]

Überhaupt ist auch für Deutschland Goethes Nachwirkung nicht materiell, sondern formell. Was er uns hinterließ, ist die Tradition des abstrakten Genies, die Form, die Grenze und die Methode. Er hinterließ uns etwas, woran man lernen soll, sein großes Vorbild, eine Meisterschaft, die sich gewiß auch für die Beurteilung fremder Produktionen auf einige ausgesprochene Maßstäbe zurückführen läßt. Durch Goethes Studium soll sich jede ausschweifende luxurierende Phantasie im Zügel ergriffen fühlen, und auf jene Bahn einlenken, wo selbst das Willkürlichste nicht ohne innere Formation ist, jenen Blumen gleich, welche der Frost auf Fensterscheiben zeichnet. Es ist wahr, Goethe war ein Kondottiere des Genies. Will ihn die Vergangenheit dafür strafen, immerhin! Die Zukunft muß ihm danken; denn von seiner Allgemeinheit lernt sie, von seiner Unbefangenheit wird sie befruchtet. Niemand kann ein Vorbild sein, der nicht etwas in sich trägt, das sich auf alle Fälle anwenden läßt.

3.1.4 *Ein Besuch bei Goethe [1838]*

Nicht beim lebenden, sondern bei seinem Grabe, bei den welken
Herbstblättern, die im Park von Weimar liegen, bei seinen Münzen und optischen Täuschungsvorrichtungen, bei dem verrosten-
den Ehrenbecher, den ihm Frankfurt vor Jahren schickte, bei den
aus Tiefurths Wiesen dampfenden Herbstnebeln und dem Ufer
der gutmütigen Ilm, an welches einst Goethe seine unglücklichen
Gelegenheitsdichtungen anknüpfte. Aus Busch und Baum, von jeder Höhe, aus jeder architektonischen Verzierung der öffentlichen
Gärten um Weimar brannte mir Goethes Geist entgegen. Wo ist
hier etwas, das er als Künstler nicht mitschaffen half, oder als Geschäftsmann nicht wenigstens begutachtet hätte? Schon bei der ersten Einfahrt in Thüringens Berge mit rotem Fuß und grünem
Tannenwipfel, in Eisenach und überall, wo man weimarische Hu-
saren trifft, konnt' ich mich nicht enthalten, in allem Goethes gra-
bende, messende, nivellierende Hand, seine Gärtnerhand zu entdecken, oder wenigstens die Eindrücke zu vergleichen, die Frankfurts stolzvornehme Lage am Maine einst auf den Patriziersohn
machen mußte, als er den üppigen italienischen Horizont seiner
Vaterstadt mit den Höhen und Tälern Thüringens vertauschte und
gen Weimar hin Gesichtspunkte bekam, die immer enger und be-
grenzter wurden, einen so kleinen, beängstigenden Horizont. O
wie lange schwimmt über die Umarmung des Rheines mit dem
Maine hin die Sonne, ehe sie dem Andächtigen auf der Brücke in
Frankfurt untergeht; und wie schnell ist sie in Weimar verschwunden! Sie duckt sich hinter eine Fichte, und ist fort. Und in diesen
Schranken war Goethe so wohl. Hier hatte er überall eine kleine
Felswand, um seine Phantasmagorien daran zu gaukeln, eine kleine Quelle, die er zum Niagarasturze dichten konnte, überall einen
Bach, der ihm das Weltmeer scheinen durfte, Duodeztempel, die
er sich auf klassischen Boden träumte, kleine Laubgänge im Belvedere, die ihm Belriguardo dünkten und ein Naturtheater aus ge-
stutzten Baumhecken, aus dem er sich einen dramatischen Diony-
sostempel Griechenlands entnehmen durfte. Goethe war so an diesen kleinen Horizont mit den Jahren gebannt, daß er eines Tages,
im höchsten Unwillen über eine vermeintliche Zurücksetzung des
Hofes, ein Glas nach dem andern herunterstürzend, mit seiner Gi-
gantenfaust auf den Tisch schlug, alles darauf zittern und klirren
machte und ausrief: Kommt das noch einmal vor, so bin ich des

hiesigen Treibens satt, setze mich in meinen Wagen und reise –
wohin denkt ihr wohl? Nach Rom, Neapel, nach irgend einem
Tomi in der Schweiz? Nein, Goethes Riesengeist war so von diesen kleinen Verhältnissen umsponnen, daß er nur sagte: – und reise nach *Jena*.

Indessen gibt es wohl zur Stunde noch keine Stadt in Deutschland, wo die Literatur so frei und behaglich Atem schöpfen dürfte,
als Weimar. Die Luft ist hier mit den klassischen Namen der Nation geschwängert. Die Lohnbedienten und die Gasthöfe leben
von dem Tafelabhub, der vom frühern Göttergastmahl der Literatur hier übrig geblieben ist. Könnten wir nur wieder einen berühmten Mann hierherziehen! sagte mein Lohndiener, und ich
schlug ihm vor, Subskribenten zu sammeln und etwa Männer wie
Raupach oder Rellstab einzuladen. Er schrieb sich die Namen auf
und betreibt vielleicht schon im Geheimen meinen guten Rat. Die
Literatur ist in der Tat in Weimar etwas, das zum Ganzen, zum
Staate, mitgehört. Der Hof selbst ist noch unschlüssig: soll er's
machen, wie alle andern Höfe und seine Begriffe in zwei nackte
Gegensätze auflösen: Legitimität und Demagogie; oder soll er der
Goethe'schen Schule Ehre machen und die Literatur mit ihren
kleinen poetischen Blumenkränzen und großen Etikettenverstößen
wieder zum Handkuß lassen? Noch ist Goethes Name mit einigen
Würdeträgern des Hofes verwandtschaftlich verbunden. Noch lebt
Stephan Schütze in Weimar! Noch arbeiten Staatsminister am Ta-
schenbuch der Liebe und Freundschaft mit. Ohne Scherz, die Fürstin ladet alle vierzehn Tage bei sich ein, was sich in Weimar und
Jena von Literatur nur auftreiben läßt. Novellen werden vorgele-
sen und Theorien über das Schöne. Von Weimar kommt die Produktion, von Jena die Kritik und das System. Stoff zu einem geistigen höheren Wirken, das sogar die Freude hätte, sich an Gegebenes lehnen zu dürfen, ist genug in Weimar da; wer ihn nur zu
bemeistern wüßte!

Viele Schriftsteller haben eingestanden, daß sie zitterten, als sie
Goethe besuchten. Ich gestehe aber, nur Willibald Alexis in dieser
Lage begriffen zu haben; denn dieser kehrte bekanntlich auf dem
Wege zu Goethe vor Angst wieder um, und sah ihn nicht. Wer
aber einmal das schlichte Haus, das Goethe bewohnte, und die
auffallend kleinen Dimensionen, in welchen die Treppe und die
obere Hausflur gehalten sind, sah; wie kann der nicht Mut gefaßt
und sich gestanden haben, daß diese Umgebungen ganz nach der

petite ville eingerichtet sind? Beängstigend für Besuchende sind
große Treppen, weite Vorsäle, glattes Parkett; aber die Verhältnisse, die sich bei Goethe darboten, sind durchaus klein, die Decke
des obern Stockes ist auffallend niedrig, die Zimmer haben eine
beschränkte Ausdehnung, der Hof ist dunkel und mit fünf Schritten durchmessen, altes verfallenes Bauwerk lehnt sich daran; wie
kann dies alles nicht Mut machen, wenn es denn doch der Gehei-
merat sein soll, und nicht der große Geist, vor dem man so besorgt ist! Ich wußte zwar, daß Goethe schon tot ist, war aber doch
darauf gefaßt, ihn plötzlich aus einem Nebenzimmer treten zu se-
hat. Recht trotzig wär' ich gleich in sein Inneres eingestiegen und
hätte ihn da gefaßt, woran auch die Muse sich bei ihm halten
mußte. Alles übrige, die Dekoration, Hinter- und Vordergrund, ist
kleinlich.

Herr *Kreuter* zeigt jetzt die Goethe'schen Sammlungen und das
Arbeitszimmer. Er war der letzte Sekretär des Seligen gewesen,
und hatte am Zelter'schen Briefwechsel tüchtig mitgearbeitet. Er
scheint Autodidakt, und erinnert ganz an jene Naturen, die Goethe
in seiner Art *tüchtige* zu nennen pflegte. Zunächst zeigt dieser Mann,
was Goethe an Knochen und Schädeln, Ehrengeschenken, Münzen,
Gipsabgüssen, Zeichnungen, bunten Porzellanschüsseln, Mineralien
und Autographen besaß. Eine Siegel- und Schmetterlingssammlung
vermißt' ich. Van Dycks Schädel steht neben dem eines Verbrechers,
um den Adel der menschlichen Seele selbst noch in den Knochen
nachzuweisen. Der Farnesische Stier ist öfters vorhanden, ein Bild
der strotzenden Manneskraft. Ich weiß nicht, dieser prächtige
Stier kam mir immer wie der verzauberte Goethe selbst vor. Nun
Medaillen aller Art, um die Weltgeschichte darnach zu erklären;
Zeichnungen von Goethes Hand, wo es mir auffiel, Dinge wieder-
gegeben zu finden, die vielen gleichgültig erscheinen werden. Unter
andern stellt eine Zeichnung nur ein schlichtes Gartentor vor; und
dennoch muß man gestehen, daß gerade nichts heimlicher auf den
poetischen Sinn wirkt, als eine solche Einfahrt zu Rätseln und romantischen Abenteuern, die wir nicht lösen können, weil wir den
Torschlüssel nicht haben. Eine Zeichnung stellt Schillers Garten in
Jena vor, und wenn es wahr ist, was Herr *Kreuter* behauptet, daß
Goethe von einem dazu gehörigen Gartenhause, zu dem Schiller
selbst den Riß entworfen, gesagt hätte: Es wäre Schillers bestes
Werk; so ist dies eine jener aphoristischen Nüsse, welche die alten
klassischen Herren so leicht hinwarfen, um das Publikum sich

daran die Zähne zerbeißen zu lassen. Hätten wir, die wir nichts
sind, das gesagt, man würde es trivial genannt haben.

Unter allen diesen mineralischen und ästhetischen Schätzen
muß man gewesen sein, um das zu verstehen, was Goethe die Welt
und ihre Geschichte war. Würdet ihr es nicht möglich finden, daß
ein Mann, der anerkannt den ersten und größten Diamanten in der
Welt besäße, sich um alles andere nichts kümmerte und seinen
Stolz darein setzte, daß man, um etwas vollständig zu haben oder
nur zu kennen, und wär's auch nur die Edelsteinkunde, zu ihm
kommen müsse? Habt ihr nicht Personen gekannt, deren ganze
Wichtigkeit, die sie für andere und sogar für sich selbst hatten, in
irgendeiner zufälligen Berührung mit Napoleon, in einer Verwandtschaft mit Werthers Lotte bestand? So gibt es Menschen genug, die ein ganzes Leben hindurch von der Notiz erhellen, daß
sie etwa Nachkommen jenes Müllers sind, der Friedrich dem Großen den Effekt seines Sanssouci verdarb, oder daß sie diejenige
Person sind, die Schiller unter seiner Laura verstand. So hatte
Goethe um sich die kostbarsten Reliquien, Münzen, die bei Eckhel
fehlten, Gemmen, die Lippert nicht kannte, Uralsteine, wo Alexander v. Humboldt erklärte, Loder, der sie geschickt, hätte sich
damit »die Seele aus dem Leibe« genommen. Konnte da Goethe
nicht immer in der Illusion bleiben, daß trotz aller Zurückgezo-
genheit doch die Welt durch seine Sammlungen ergänzt werden
müßte? Was Krieg und Friede, was Napoleon und der Zeitgeist,
was Philhellenen und spanische Prätendenten; was selbst Rationa-
lismus und Supernaturalismus – Goethe hatte seine Welt um sich,
ein Gewühl von Beziehungen und Auslegungen, ein Chaos von
Erinnerungen, Altertum, mittlere, neuere Zeit. Was war ihm Wel-
lington, was der Kreis der berühmtesten Heerführer der neueren
Zeit! Er hatte ja von allen die Handschriften. Was Papst Gregor!
Er hatte ja eine Münze von ihm. Ja, was war ihm der Regenbogen
draußen in der nassen Luft? Er hatte ja in seinem Zimmer einen
kleinen künstlichen sich machen gelernt, von Pappe, einer Glasku-
gel und einigen von seinem Garten hereinfallenden Sonnenstrah-
len!

Auch dies Arbeitszimmer hab' ich gesehen. Es ist allgemein bekannt, daß es ausnehmend einfach ist, ohne Sofa, nur mit eichnen
unpolierten Stühlen und Tischen besetzt; aber weniger bekannt ist
es, daß auch in dieser Einfachheit ein großer Luxus liegt. Wenigstens muß es für einen vornehmen Geist Genuß sein, in einer sol-

chen Umgebung nur sein Innerstes als das Kostbarste aufzustellen.
Sind wir in unsern Wohnzimmern abgespannt, der Erregung be-
dürfend; ja dann mögen die glänzenden Möbel und die Goldlei-
sten an den Wänden für uns geistreich sein. Dann mag die schim-
mernde Astrallampe das sagen, was uns nicht einfällt, und die sei-
dene Tapete reden, während wir stillschweigen. Wer kann schaffen, wenn man rings mit Schöpfungen umgeben ist! Die geistige
Leere und Öde der französischen Schriftstellerwelt hat mir nie etwas so versinnlichen können, als die Eleganz, mit welcher sich diese berühmten Herren umgeben. Vielleicht sind die kostbaren
Schilderungen der Umgebung, in welcher die französische Romantik dichtet und lebt, nur Erfindungen der Phantasie, oder um den
Gläubigern dieser Dichter zu imponieren. Zu Balzacs Ehre glaub'
ich, daß ihm seine Schreibfeder nur deshalb auf einem goldnen
Teller präsentiert wird, damit die, welche ihm borgen, wissen, daß
es in seiner Wirtschaft noch etwas einzuschmelzen gibt. Nein, der
echte Dichter wohnt wie Goethe, und findet es sogar pikant und
jedenfalls am anregendsten, in einem Zimmer zu schaffen, wo
nichts als nackte Wände, ein eichener Stuhl, ein gleicher Tisch ihm
zu Gebote stehen. Das übrige wird schon die Phantasie hinzutun.

Goethe schrieb auch im Stehen, und merkwürdigerweise *gegen* das Licht. An einem solchen Orte grübelt man über alles, und
so führ' ich dies an, weil ja jedem unwillkürlich einfallen wird: In
der Tat, der schrieb *gegen* das Licht. Er ließ sich die Sonne auf
den Rücken, nicht aufs Herz scheinen. Sonst ist alles, was man in
dem Zimmer anrührt, tot und kalt. Es scheint zu verwesen, seitdem der Herrscher darüber nicht mehr ist. Ich dankte Gott, als
ich draußen auf der Straße wieder frische Luft schöpfte. Ich war
wieder ein freier und eigner Mann, und hütete mich wohl, ob ich
gleich auf heiligem Boden stand, der mir unter den Füßen brannte, mathematisch und wörtlich mit Eckermann und Riemer zu untersuchen, wo wohl noch Spuren von Goethes Fußstapfen auf der
Treppe oder an dem Kratzeisen vor dem Hause zu finden wären.

3.1.5 [Auszüge aus] *Schiller und Goethe: Ein psychologisches Fragment.*

Zu keinem Grabe drängen sich ja mehr Unberufene und mehr
Lügner, als an die ernste Stätte, wo Schiller und Goethe ruhen.
Unsre Zeit, der Gottes Wort zu einfache Speise ist, sucht in Wei-

mar ihr Jerusalem. Wer wird die Schächer aus dem Tempel jagen, und die Tische der falschen Wechsler umstoßen? – Über diese zwei Namen haben sie Bibliotheken voll geschrieben, haben gestritten, verleumdet, waren ehrlich und gemein; und doch hat, trotz aller Aufregung, die Frage über Würdigung und Bedeutung dieser beiden – *kein Resultat* errungen. Es ist eine Stille eingetreten, die aber weiter nichts heißen kann, als ein Zugeständnis unsrer Armseligkeit. Eine Versöhnung und Lösung liegt nicht in dieser matten Ruhe. Die Ratlosigkeit scheint mir aus zwei Gründen zu entspringen.

1) Seit der ersten französischen Revolution hat sich nach Deutschland ein Element gedrängt, das wir vergessen zu haben schienen – das Bewußtsein, daß *ohne freie Tat kein Denken und kein Dichten wahr sei.* Deutschlands Boden war durch Lessing und Merck empfänglich geworden für diesen praktischen Sinn, der keine Poesie mehr *schreiben,* sondern *treiben* wollte, und seine Vollendung immer bestimmter und ausgesprochener in harmonischer Einheit des Lebens und Staates suchte. Es wurde dadurch für die aufkeimende Zeit, die bis in unsre Tage reicht, ein ganz neuer Boden gegründet, der erst (wie bei der Jugend natürlich) in der unklaren Schwärmerei des Deutschtums, dann in der undeutschen Frechheit des neuen Liberalismus sich Luft machte. Geleitet vom Gedanken, daß der Grund ihres Strebens Zeitbedürfnis sei, aber nicht so mächtigen Geistes, um den Umfang dieses Gedankens unabweisbar klar zu predigen vor aller Welt, mußten alle diese als Opfer ihrer Bestrebungen fallen. Sie fühlten sich als Märtyrer – darüber aber waren sie nicht klar, daß sie um eigner Schuld willen zugrunde gingen. Sie suchten den Grund nicht in ihrem unberechtigten Vorgreifen, in ihrer Unklarheit und ihrem Irrtum, daß sie als Propheten auftraten ohne Sendung vom Geist der Geister; sie waren sich nicht bewußt, daß die alte Zeit immer noch mächtiger blieb, weil sie *vollendet* ihrem *halb* erkannten, unvollendeten Streben entgegentrat. Den Haß, der sie selbst hätte treffen sollen, wendeten sie wider die alte Zeit, für die das *Dichten selbst* schon Tat gewesen war. Eine Versöhnung dieser schroffen Gegensätze des Alten und des Neuen, der ästhetischen patriarchalisch despotischen Legitimisten, und der nach Individualität ringenden Revolutionäre ist erst dann möglich, wenn sich unsere Zeit durch die ungeheure Tat selbst begriffen, und die geistigen Spitzen geboren hat, die klar aussprechen, was jetzt ist, und was damals war.

Bis dahin hat dies keiner gekonnt; selbst der edle, große Börne war nicht groß genug, um die alte Zeit zu besiegen und anzuerkennen. Mir deucht, als müßte zuvor das Schicksal noch manches Opfer fordern, über dessen Leiche der Weg zur Wahrheit geht. Denn es ist eine Zeit der Rache, wenn jeder bedeutende Mensch jeden Abend mit der süßen Hoffnung eines Morgenrotes zu Bette geht, und ihm dann jeden Morgen der alte Tag erscheint. Es ist mir ein grausenhafter Gedanke, wie viele Geister noch im Kerker der Verhältnisse schmachten und vergehen, wenn unsrer Zeit nicht Hilfe von Oben wird . . .

Ich sehe in meinem vorigen Brief ein »Erstens«, ohne ein Zweites angegeben zu haben. Der zweite Grund, warum die Frage über beide große Männer keine Lösung erhält, liegt darin, daß man die Lehre vom Schönen aus allgemeinen abstrakten Sätzen begreifen will, nicht aus der psychologischen Würdigung des einzelnen Geistes, der das Kunstwerk geboren hat. Wir leben in einer Zeit, wo jede konkrete Anschauung verallgemeinert wird, weil sie sich vor dem Gedanken fürchten, daß keiner seiner Seele eine Elle zusetzen kann, und jeder wie ein Stern am Himmel in vorgezeichneter Bahn wandeln muß, um die Harmonie zu bilden.

Während sich die Armen über das hohle Wort von Freiheit und Notwendigkeit, Fatalismus usw. die Köpfe zerbrechen, während sie nichts davon wissen wollen, daß die höchste Freiheit die Notwendigkeit in Gott ist, sondern ihr Hochmut sich gern irgendwo außerhalb der Harmonie (Notwendigkeit) Gottes ein kleines Freiheitchen herausfinden möchte; während alledem haben sie an ihrer Wahrheit und daran zweifeln gelernt, daß sich ewig wahre psychologische Gesetze werden finden lassen; daß daraus allein der Geschichte – der vergangenen wie zukünftigen – Heil erwachsen könne. Aber davon – es sind ja Träume – wollen die philosophierenden Träumer nichts wissen. Statt Schiller und Goethe aus deren individueller Natur zu begreifen, und darnach ihren Platz in der Welt und Geschichte zu bestimmen, scheint es ihnen viel besser, kurzweg Schiller und Goethe für die höchsten Spitzen des deutschen Geistes zu erklären, oder auf der andern Seite aus dem Leben dieser beiden diese oder jene Licht- und Schattenseite herauszureißen, und, unbekümmert um den Organismus, daraus einen Engel oder Teufel an die Wand zu malen. Das Ärgernis, welches die letztern geben, verrauscht, weil es zu nichtig ist; mehr Schaden haben die Genie-Anbeter angerichtet. Der eine Satz – Goethe und

Schiller seien die höchste Spitze deutschen Geistes, also Maßstab für alles, was war, ist, und sein wird; dieser eine Satz macht, daß wir keine Literaturgeschichte, keinen frischen originellen Geist, und so viele prätentiöse Dichterlinge und charakterlose, tatlose Armseligkeiten in Deutschland beherbergen.

Keine Literaturgeschichte haben wir, sage ich; und zwar deshalb, weil in unseren Tagen keiner schreiben soll aus freier, der eigenen Seele entquillender Anschauung; da muß alles in Schillerscher oder Goethischer Art, mit sentimentalen Erinnerungen und olympischer Ruhe betrachtet werden. Pfui, mir ekelt. Unsere deutsche Poesie selbst – nicht nur unsre Kritik – wurde durch dieses hohle Wort zum Pegasus im Joche. Heute soll sich keiner selbsttätig entwickeln; – wenn er das Bild eigener Kraft und Freiheit nicht aus seiner Seele bannt, wenn er nicht in jeden Winkel seines Herzens eine Bildsäule von Schiller und Goethe stellen will, so hat er zum Lohn – den Tod; zum Trost, daß er nicht anerkannt wird, daß er weg soll von dieser Welt, dunkel und spurlos wie Raimund. Tadle mich nicht um diesen Gedanken; er nagt zu oft an meiner Seele; wenn es wahr wäre, daß der deutsche Geist nichts höheres zeugte, als *diese* Poesie – ich würde vergehen. Soll die Saat der Reformation, das Denken, sich nimmer vollenden; soll es keinen Staat geben, der das vollbrachte Denken ist, kein Leben, das gesund nach ewigem Gesetze keimt und groß wird? Soll uns kein Sänger erscheinen, der gleich Homer, dem greisen Kinde, als kindlich reiner Greis ins Leben schaut, und die Lösung der Zwiespalte gibt, der uns Gottes Wege offenbart, mit der wahren Ruhe, die erst den Kampf durchgerungen hat? Sollen wir uns *tatenlos* hinschleppen zwischen den löschpapiernen Abbdrücken von Schiller und Goethe? Kann uns zweimal abgegossener Tee, eine Karikatur Mignons oder Werthers erquicken? Sollen jene gebildeten Talentseelen, die über der Bildung ihr bißchen Frische verloren haben, unsre Freunde sein, und uns wispernd in die Ohren singen – ein leidig Lied, pfui, ein politisch Lied!

Dahin kann es, darf es nicht kommen. Ich sehe oft in eine helle himmlischklare Zukunft; dann komm' ich mir vor wie ein Sterbender, dessen Seele schon die Herrlichkeit Gottes anschaut, während sie noch mit leichten Fasern an den Körper gefesselt ist.

Ich möchte oft die Hände in den Schoß legen, und mich an die Landstraße setzen, ob nicht ein Messias vorüberginge, der da spräche: komm und folge mir . . .

Goethe war geistig viel bedeutender als Schiller; das leugne, wer Faust und Wallenstein gelesen; *er war mehr als Dichter* konstruiert. Deshalb wurde ihm auch mehr als Schiller zum Bedürfnis, die eigenen Leiden und Freuden poetisch zu erfassen, und sich so von ihnen loszuringen, wie dies ein Labsal und Trost des Dichters ist. Zugleich besaß er alle seinem Geiste entsprechenden Organe des *Talents.* Er zeigt unsrem Blicke alles klar, hell, ohne daß ein Zweifel ist über das, was er will.

Nach dieser Gewalt hätte er groß werden können, wie kaum einer; aber ihm fehlte die *Reinheit;* er war ohne Reaktion, weder gegen das Gute noch gegen das Böse; heute war er gut, morgen *schlecht.* Das Wort mag fürchterlich klingen! – dieser Gegensatz allein leitet uns durch das Labyrinth des gewaltigen Geistes.

Schillers Geist hielt eine silberne Schale dem Ewigen hin, der sie mit süßem Labsal füllte, um der Tugend seines Gemütes willen. Goethe hätte Nektar trinken können aus goldener; sie ward ihm oft mit Wermut gefüllt, um seiner Sünde willen. Er hätte fliegen können als Adler; aber der Drang nach unten fesselte den kaum Entflohenen wieder und wieder an die unsaubre Erde. Der Egoismus, das Schlechte in ihm war nicht bloß sündliche Neigung des Fleisches, wie in jedem Menschen, es hatte *seinen Geist selber infiziert.*

Auf dieser gähnenden nie zu überbrückenden Kluft beruht sein Glück und Unglück, seine Verehrung, sein Tadel; der gewaltige Flug seines Geistes, der uns mit sich reißt durch alle Schönheit der Erde, aber an öder Gegend stehen läßt; der uns an eine Wüste führt, in die er sich selber jammernd stürzt.

Seines Lebens Glück war das Glück des großen Geistes, der über klare Wasser segelt, und an all den wundersamen Gebilden der Menschheit vorüberzieht, die durch die Tiefe quellen. In ganzer Fülle reicht dies das Schicksal nur dem Guten. Goethe vermochte niemals rein zu genießen, weil stets von Zeit zu Zeit der Böse Oberhand in seiner Seele gewann, und die trüben Stürme der Tiefe aufrüttelte, daß sein Wollen irr wurde. Aus diesem Dunkel konnte er die Wahrheit nur durch die höchste Äußerung seiner Titanenkraft loswinden. Diese Augenblicke des Kampfes sind ein großes erschütterndes Drama, und haben das herrlichste geboren, was uns nur erquicken kann: Faust, Götz, die kleinen Lieder etc. Da er aber alt wurde, und die Kraft seiner Seele abgenützt durch das ewige Erheben und Fallen, – konnte er des Bösen nicht weiter

Herr werden, und half sich dadurch, daß er die Gegensätze nicht mehr zu überwinden suchte, sondern daß er sie von sich wies, sich einen Olymp baute, wie es gemütsmäßig die Schlechten unter den Pietisten tun. Hätte Goethe das stolze Bewußtsein des freien Geistes und Verstandes nicht gehabt, er wäre selbst ein solcher Pietist geworden. So aber wurde er in religiösen Dingen halb indolent, halb frivol. Er läßt das Christentum schon gelten für die Schwachen; er – der Olympiker – braucht es nicht . . .

Er ist *geworden, was er irgend werden konnte.* – Aber die Schuld! – Ich will nur ein Beispiel anführen, wie sie sich an ihm rächte, und als Nemesis ihn zu Grabe begleitete. Ich meine sein Verhältnis mit Frideriken. Vergeblich suchte er den Schmerz von sich loszuringen, indem er seine Treulosigkeit in Clavigo und Weißlingen treu objektivierte. Das Schicksal hat ihm doch nie das Glück reiner Liebe und keuscher Ehe geschenkt, daß er es täglich schmerzlich empfinden sollte. Ich erinnere hier nur an den Briefwechsel mit Schiller. In jedem Briefe fragte er nach Schillers häuslichem Glück; von dem seinigen kann er nie sprechen, und ruft einmal schmerzvoll aus: »So lebt denn fort dieß Leben der Liebe und Treue; alles andre ist trauriges Wesen.« (Ich muß Dir hier aus dem Gedächtniß zitieren.)

Doch stehet mir nicht zu, das Sündenregister eines großen Mannes einzeln aufzuzählen; ich überlasse das denen, die gemein genug sind, an solchen Dingen Freude zu haben. – Ich freue mich, daß dieser Abschnitt zu Ende ist. Ich habe nun von der *Verehrung* und dem *Tadel,* – der Goethe geworden, zu sprechen. Dabei ist vor allem ein Punkt scharf in die Augen zu fassen, die Frage: Auf wen kann Goethe wirken?

Beim *Volke,* das sich von Schiller erheben und begeistern läßt, wird Goethe nie volksmäßig wirken. Es ist nur Phrase, wenn man von einem Eindringen Goethischen Geistes in die Volksbildung spricht. Das gemeine Volk wird seinen Geist und seine Wahrheit nicht fassen, und nur seine Unreinheit und Gottlosigkeit ahnen. Die Aristokratie Goethes, sein *gerechter* Stolz, seine fremdartige *undeutsche* Bildung sind ein undurchdringlicher Panzer für jeden Ungebildeten; und er hat sich Mühe gegeben, durch Hochmut und Eitelkeit den Panzer zu festigen. Wenn deshalb das Volk ein Urteil fällt, wird es immer Goethe »als unsittlich« verdammen. Fragt man aber nach den Gründen – ein Beweis fürs Eindringen!? –, so kommt albernes Zeug zu Tage. Der arme Dichter wird »schlecht«

geheißen, weil hin und wieder eine Unziemlichkeit mit unterläuft!
Goethe ist nur der Mann der geistigeren und gebildeten Menschen; diese werden ihn stets anerkennen – wenn vielleicht in
kommenden Jahrhunderten, Jahren, auch weniger, sobald die Persönlichkeit Goethes sich verwischt und nur das Erbe seiner
Schriften bleibt – wenn alle unwahre und absichtliche Begeisterung und aller Götzendienst aufhört. Doch ist auch unter diesen
Verehrern ein Unterschied zu machen. Sind sie schlecht, so beten
sie Goethe an, als ersten Lügenvater; sie holen Trost bei ihm,
wenn sie das eigne Gewissen peinigt, und nennen die Sünde
Goethes – »ein liebenswürdige Charakterschwäche«, die man gern
auf die leichte Achsel nimmt, wenn der Mann nur geistreich ist.
Diese fürchten sich am meisten vor einer Enttäuschung über Goethe. Sie ist ja zugleich ihr eigen *Gericht*. Ist aber einer nicht
gewohnt, scharf zu denken, – und das sind die Zweiten –, oder
hat er nicht Macht, den wundersam gefalteten Mantel der Goethischen Bildung zu lüften, und das Bild selbst zu schauen; – so
hält er die Klarheit für Wahrheit; was unrein ist für verzeihliche
Konsequenz, für eine kleine Sünde, aber große Liebenswürdigkeit; er spricht von Weichheit des dichterischen Gemütes, das
sich nicht in das Drängen des Lebens wagen kann, weil es zu oft
verletzt würde. Ach Gott, verletzt!? zu was hat Euch Armen Gott
mitten in dies Drängen gesetzt? Auf solche Leute wirkt Goethe
als Verderber. Jeder Mensch hat eine Periode der Sentimentalität
und ästhetischer Weichlichkeit durchzumachen; in dieser Zeit aber
weiß er keinen Unterschied zu finden zwischen vorübergehender
und zwischen schlechter Sentimentalität und ist geneigt, zierliches
Denken für wahres Denken zu halten.

Endlich sind wohl einige aufgetreten, die Goethe anzuerkennen
behaupteten, aber sich berufen glaubten, ihm seine Sünden und
Fehler nachweisen, und namentlich allenthalben von seiner Unsittlichkeit schreien zu müssen. Sie haben der Welt groß Ärgernis gegeben, weil sie – Börne ausgenommen, sonst fast alle es sehr leicht
genommen haben, Goethe zu verdammen. Mögen sie im Grunde
das Wahre geahnt haben; berechtigt und würdig waren sie nicht.
Denn leider befähigt Liberalismus und deutscher Knotenstock so
wenig zu einer Kritik von Goethes Bildung, als die 3 Grundsätze
der Burschenschaft und das Evangelium des jungen Deutschlands
zu einer Beurteilung seines Charakters. Man hat vieles hören müssen, was man gern nicht gehört hätte; gemeines und possierliches.

Besonders traurig ist es, wenn man hören muß, wie diese Menschen eigentlich gar nicht wissen, was unsittlich ist. Sie verdammen Goethe, z. B. weil er in den Wahlverwandschaften das heilige Band der Ehe löse, ja höhne. – Hohn ist keiner da; wie sollte aber Goethe einen Vernünftigen für das Verbrechen Eduards Rechenschaft schuldig sein, da ja das Ende des Romans die furchtbare Rache der Schuld los läßt. Wir würden mit Gott und Goethe versöhnt sein, hätte der Dichter das Herz, die *ganze volle* Rache sich vollenden zu lassen. Nur darum ist der Roman unsittlich, weil Ottilie zur Heiligen gemacht wird, und Eduard, der liebenswürdige geistreiche Eduard – *kein Mann* ist, sondern eine Memme. O ihr keuschen Herzen, euch ist Wilhelm Meister nicht deshalb verderblich, weil Philine die amüsanteste Hure ist, sondern deshalb, weil Wilhelm den Kampf seiner Jugend, seine entwicklungsmäßige Schlechtigkeit nicht am Ende überwindet, weil er bei seinem Eintritt ins Leben, da er handeln sollte, ein markloser Tropf ist. Seine Sünden würden wir verzeihen, weil jeder Mensch in solchen Perioden mehr oder weniger schlecht ist; aber nur dann verzeihen wir, wenn einer als *Mann* aus dem wüsten Dunkel der Tatlosigkeit hervortritt. Diesen Triumph des Guten können wir lange vergebens in den Goethischen Schriften suchen. Darum werden ihn auch die kommenden Zeiten nicht verehren, so sehr sie an der Fülle des lebendigen Geistes sich erquicken. Denn fast aus jedem bedeutsamen Menschen in allen Schriften tritt uns der Zwiespalt der eigenen Seele Goethes entgegen. Dies ist etwas einzelner nachzuweisen. Zuvor aber muß ich ein paar hohle Phrasen über Goethes Wesen bei ihrem rechten Namen nennen. Das erste, worauf die, welche also sprechen, sich vieles einbilden, ist das gewöhnliche Wort: daß Goethe objektiv sei. Dies deucht mir ein gewaltiger Irrtum; mir erscheint Goethe – und seine geistige Natur, wie die Richtung der Zeit machten ihn dazu – als ein ganz subjektiver Ausdruck, sobald er über den Kreis des deutschen Familienlebens hinaustritt, und im vollen Leben des Staates und der Geschichte sich bewegen soll ...

Auch fühle ich micht nicht berufen, von der Herrlichkeit Goethes zu sprechen. Er herrscht über die Geister. Was läßt sich weiteres sagen? Ist dies nicht genug? Aber er soll nicht herrschen mit mehr Gewalt als ihm gebührt. Die Menschen sollen seine Flecken sehen.

Der erste *Vorwurf*, der größte der ihn trifft, ist: daß er fast immer nur *Trümmer* gibt, und gerade in seinen bedeutendsten Werken, in denen er sein eigenes Leben objektivierte. Diese *Trümmer* lassen nur ahnen, was sein Geist war; sie machten die Seele traurig, weil dieser Geist nie zur sittlichen Vollendung und Tat kam.

Dies fällt gleich bei *Werther* in die Augen. Schon dieser Erstling gibt einen tiefen Blick in Goethes Seele. Werther stirbt, weil er sich fürchtet, als *Mann zu handeln.*

In *Wilhelm Meister* breitet sich der Kampf eines bedeutenden Jünglings aus mit aller Pracht und Herrlichkeit. Wie aber der Jünger ein *Meister* werden soll über das Leben, wie er uns durch die Tat mit seiner Jugend versöhnen soll; da zerrinnt der helle Strom, der sich aus frischen Quellen nährte, in eine sandige Wüste, wo den Wandrer ängstliches Bangen faßt, und ihm nur selten eine Oase Ruhe gibt, um ihn mit Früchten einer jüngeren, schöneren Zeit zu erquicken. Wie matt sind nicht alle Versuche, die Wirklichkeit zu bezwingen, und die ichsüchtig erworbenen Schätze den Menschen zum Segen wieder zu verschwenden. Wie armselig die Versuche der Tat, z. B. das Erziehungsinstitut?!

Die *Wahlverwandtschaften,* so künstlich vollendet sie scheinen, schließen sich nicht sittlich ab, weil die Personen nicht Kraft haben ein selbstbeschwornes Schicksal zu ertragen, und durch unerbittlichen Tod, oder neues Leben der Tat zu versöhnen.

Endlich tritt in *Faust* der geistige und sittliche Kampf eines genialen Menschen vor unser Auge. Er ist mit der größten Fülle der Sprache und Phantasie durchgeführt. Aber Fausts Untergang kann uns zwar mit der Gottheit versöhnen; denn diese verlangt ihn als Sühne für die Schuld. Faust selbst aber und sein Original – Goethe – konnten nur durch einen zweiten Teil gerechtfertigt werden, in welchem Faust *handelt* wie ein *Mann;* denn wahrlich, sein Untergang ist nicht der eines Mannes. Was gibt aber Goethe im zweiten Teil? Er selbst fühlt, daß nur die Tat versöhnen kann. Darum läßt er Faust für die Welt sorgen, und ihre realen Verhältnisse ordnen. Wie armselig geschieht dies aber, wie leblos löst sich der lebendig geschlungene Knoten! Es ist hier der Ort nicht, weiter von Faust zu sprechen, welcher das einzige *Genie* ist, das Goethe zeichnet. Denn der Weimarsche Hofseufzer Tasso, und der wohlhabende Egmont sind doch wahrlich keine Genies. Nur einen Punkt möchte ich noch berühren, der sich leicht hier anknüpft; denn gerade wegen Faust heißen gewisse Leute Goethe einen philosophierenden Dichter. Auch wieder eine kleine Phrase. Sie wundern sich sehr, daß Goethe schon längst ausgesprochen habe, was nachher ihre eigene weise Spekulation fand. Deshalb ist also Goethe philosophierend? Diesen Leuten ist zu raten, sich erst das Verhältnis von vorstellungsmäßigem und spekulativem Denken klar zu machen. Dann werden sie sehen, daß nirgend im Faust philosophiert ist. Ein Mensch, der scharf denkt, und tief denkt, ist noch lange kein spekulativer Philosoph. Vielleicht sehen sie dann am Ende auch, wie es lächerlich ist, daß sie in den Versen in der Hexenküche spekulative Weisheit finden. Ach über die weisen Herren, die nicht sehen, daß hier Goethes Phantasie eine unsinnige sein *will*, und sein *muß*.

Doch wenden wir uns weg von dieser Betrachtung, welche das Herz nicht erfreuen kann. Denn noch einmal, und am härtesten tritt uns ja die Zerrissenheit und der sittliche Zwiespalt Goethes an der Enthüllung seines eigenen Lebens hervor, das er zum Teil in *Wahrheit* und *Dichtung* gibt. Wie herrlich hat es begonnen, sich ausgebreitet, und wie hat es geschlossen! Was ist der Titane, da er den Götz schrieb – und was der Herr Geheimbde-Rat mit dem Stern?

3.1.6 [Über die Franzosen und Goethe]

Die Franzosen wollen an den Deutschen nur das anerkennen, was sie selber nicht besitzen. Die deutsche Literatur muß ihnen eine gespenstische Ruine im Mondschein mit Geisterspuk und Elfengeflüster sein. Sie, die Voltaire, Rousseau, Racine haben, die Dichter des Herzens und der gesunden Vernunft, werden alles zurückweisen, was sich jenseits des Rheines als Roman, Drama, als sozialer Gedanke auch herzlich und vernünftig ankündigt. Von den Deutschen wollen sie nur Gespenster, nur Hexen, nur Burgruinen, nur Ritterlegenden und blaue Teufelsmärchen. Alles übrige erscheint ihnen an den Deutschen höchst überflüssig oder nur als französische Nachahmung.

Haben wir doch auch in Deutschland genug, die nur das für poetisch erklären, was *romantisch* ist, d. h. unwahr, unbestimmt und flimmernd. Glücklicherweise aber hat ein Goethe gelebt und drückt unbestrittenermaßen die ganze majestätische Fülle des den Deutschen möglichen Dichtens und Denkens aus. Wer in Frankreich eine tiefere und gerechtere Analyse der deutschen Literatur vertreten wollte, müßte zunächst an Goethe anknüpfen und aus dieses, auch in Frankreich bewunderten Heros' Wirken und Schaffen heraus die verschiedenen Geistströmungen und Lichtstrahlungen angeben, nach welchen hin die deutsche Literatur sich entwickelt hat. Denn in Goethe zeigte sich nichts nach einseitiger Abschlüssigkeit. Er war Phantast, wo der Nebel hingehörte und war vernünftiger Denker bei allem Dichten, wo er sich in seiner vollsten Wesenheit zeigte. Er ist in der Hexenküche des Faust nicht stehengeblieben, wie sich die Franzosen einbilden, die unter einem deutschen Dichter nur einen halben Visionär verstehen und nicht begreifen, wie Callot-Hoffmann so schnell bei uns vergessen werden konnte. Durch Goethe müßten sie das Grundschema, den ursprünglichen Grenzbezirk kennenlernen, innerhalb dessen bei uns die schaffenden Geister sich entwickeln. Nach der Seite des Liedes hin, nach der Seite des Romans, des Dramas, der Kunstkritik und der Weltbetrachtung bezeichnet Goethe so ziemlich vollständig die Bedingungen des deutschen Schriftentums. Der Franzose hat seit Voltaire und Rousseau nur dichterische *Spezialitäten* gehabt, d. h. Dichter, die nur in einer Form z. B. als Dramatiker oder Odensänger sich auszeichneten. Es fehlt dem Franzosen der Sinn für umfassende dichterische Individualität, die sich nach allen Richtungen hin aus ihrer Schale lösen, wie Goethe und Schiller taten und wie wir in jüngsten Tagen nur Immermann, Platen, Heine und sonst nicht viele hatten. Der Geist eines vorzugsweise in einer abgezogenen Welt lebenden Volkes ist eben universell und das sollte den Franzosen gesagt werden.

Man sollte die Franzosen belehren, daß es in Deutschland auch eine Sonne gibt und nicht immer der Mond scheint. Man sollte ihnen einige Legionen unsrer Dorfteufel und Grubengeister gebunden ausliefern und ihnen klarmachen, daß der Schwarzwald, diese mystische forêt noire, die sie sich ganz voll mittelalterlicher Teufelstraditionen denken, mit nichts Teufelsmäßigerem anfängt, als den Spieltischen des Pariser Croupiers Benazet in Baden-Baden. Aber es ist ein Unglück mit uns – jetzt reist ein Herr Martin und will auch über Deutschland wieder neues bringen, ich wette, auch Herr Martin sieht nur Hexen und Teufel und läßt die gesunde Vernunft, weil man die in Frankreich viel gesünder *hätte,* am Wege liegen.

3.1.7 Nur Schiller und Goethe?

Bei jenen vorjährigen Festmahlen zu Ehren Schillers, wo die
Toaste auf das Ideal mit dem Realismus der Rindsfilets, der Gesang des Liedes an der Freude »schönen Götterfunken« mit den
inzwischen kalt gewordenen Puddings abwechselte, konnte man
unter den Reihen der Gäste manchen beobachten, der es zwar am
Bescheidtun mit seinem Glase nicht fehlen ließ, jedoch nach jeder
Rede, der ein schmetternder Tusch gefolgt war, sich zu seinem
Nachbar wandte und allerlei kleine Verschwörungsgedanken zu
brüten schien.

Jedenfalls war es eine der bedeutsameren Physiognomien.

Entweder ein Gelehrter mit einem feinen und geistreichen Lächeln, hinter dem sich allerlei kritische Bedenken zu verstecken
schienen, oder ein Beamter mit einem Ordensbande, der mit gelas-
sener Miene hinnahm, was sich heute alles von gefährlichen demagogischen Anschauungen unter dem Deckmantel – der Literaturgeschichte einschmuggelte, oder einer jener höchst verehrungswür-
digen Handelsherren, die, unbeschadet ihres Kommerzienrattitels,
für höhere Interessen als die der Crédit mobiliers nicht unempf-
fänglich geblieben sind und z. B beim Kunstverein die maßgeben-
de Stimme haben.

Alle diese Flüsternden und eigentlich etwas ironisch in den Ju-
bel Dreinschauenden hatten offenbar einen geheimen Privatkultus.
Auf die rauschendsten Toaste brachten sie kleine Was-wir-lie-
ben-Gesundheiten aus, nickten sich mit pfiffigen Mienen, blinzel-
ten mit klugbedeutsamen Äuglein.

»Nicht wahr«, lispelte der Geheime Oberregierungsrat seinem
Nachbar, dem Gymnasialdirektor, »Ihr Herz gehört denn doch
wesentlich nur Goethen an?«

Der Gymnasialdirektor sieht schmunzelnd auf seinen eben ge-
wechselten Teller und spricht: »Man macht das nun in diesen Tagen eben so mit! . . .«

Ja der Mann erhebt sich sogar nach einigen Minuten und bringt
einen Toast aus auf Schiller als den Sänger der Frauen, einen offiziellen, auf dem Programm vorgezeichneten, der mit »Ehret die
Frauen, sie flechten und weben –« beginnt. Er erntet ein stürmi-
sches Bravo; jeder Ehemann nickt schwärmerisch seiner Ehehälf-
te; die Damen in der Nähe der Festredner beeilen sich, mit dem Direktor, einem alten Junggesellen, ermunternd anzustoßen.

Zehn Sekunden darauf sagt der Justizrat ihm zur linken: »Wie fein Sie aber andeuteten, daß im Grunde doch Goethe die Frauen viel besser verstanden hat und – Schiller sie eigentlich alle nach einer einzigen Schablone zeichnete!«

»St! St! Vorsicht!« heißt es beim Direktor und ringsum; denn schon hat sich die Zahl der stillen Goethe-Separatisten vermehrt und wieder hält ein anderer einen Vortrag über – Schillers enges Verhältnis – sogar zur Religion und zum Christentum! – –

Gewiß eine merkwürdige Erscheinung, daß eine Nation zwei Dichter hat, die so ganz entgegengesetzten Naturen, der beschaulichen sowohl wie der tatkräftigen, als voller Ausdruck ihres Seins und Empfindens dienen können.

Wenn man in Weimar das Doppelstandbild sieht, das Rietschels Kunst geschaffen, glaubt man anfangs an eine organische *Einheit* beider Gegensätze. Das (beiläufig: unruhige, weder Schiller noch Goethe ganz zu dem ihnen gerade auf *weimarischem* Boden gebührenden Recht der eigenen und getrennten Individualität kommenlassende Bildwerk) will gleichsam sagen: Hier ist Anfang und Ende der deutschen Literatur! Hier ist ein Ganzes, bestehend aus zwei gleichen, ebenbürtigen Teilen! Hier ist eine in sich abgeschlossene große und einheitliche Epoche!

Wie nahe sich Goethe und Schiller berührten, wie sie in den Zeiten ihrer Reife sogar ihr Schaffen zum Gegenstand einer gemeinschaftlichen Beratung machten, sie sind an sich in ihrem Wesen doch mehr getrennt, als man einzuräumen pflegt. Aus dem kleinsten Gedicht Goethes oder Schillers weht ein verschiedener Geist. Man kann sie nicht in demselben Tonfall lesen, man kann sie nicht mit derselben Wirkung für das Ohr hören. Selbst die ruhige Betrachtung, wo sie in Schiller überwiegt, hat eine Wirkung auf das sanguinisch-melancholische Temperament, während die ruhige Betrachtung Goethes, obgleich sie lebensvoller scheint, obgleich sie sich von der wirklichen Erscheinung der Dinge nicht in bloßes Denken und Beobachten nach allgemeinen Begriffsmerkmalen zurückzieht, beruhigend wirkt und das cholerisch-phlegmatische Temperament ergreift. Der Moment der Tat, die sittliche Wirkung fehlt keinem, aber bei Schiller geht die Wirkung mehr nach außen und reißt den Menschen zum Anschluß an das Schöne und Gute hin, das ihm in allgemeinen Idealgestalten vorschwebt (daher ein bei seinen Schöpfungen durchgehendes Preisen der Freundschaft und Verbrüderung); bei Goethe geht der sittliche

Entschluß mehr innenwärts und festigt die Widerstandskraft im Menschen bei den Stürmen des Geschicks und vorzugsweise durch Isolierung. Bei Schiller suchen sich die Wipfel der Bäume zu berührten, bei Goethe die Wurzeln. Man kann nicht sagen, was besser. Die angeborene Natur entscheidet, jene Mischungen des Bluts, die das Temperament und die Empfänglichkeit bilden. Und nach dieser Voraussetzung sagen in dem Denkmal Goethe und Schiller gleichsam: Mann und Weib bilden den Menschen, Tag und Nacht die Zeit – auch wir sind in dieser Art eine Einheit.

Es liegt hierin viel Wahres und doch kann man in solchen Parallelen zu weit gehen. Wenn man z. B. nur allein sagen wollte, Goethe wäre der Dichter der männlichen Kraft und Weisheit, Schiller der Dichter der strahlenden Jugend, so irrt man sich. Goethe zeigt wohl einen frühen Abschluß des ersten Lenzstrebens, er macht den Eindruck, daß die erste Frühlingsluft des Daseins bald in ihm verwehte und alles in und an ihm dem schönen Herbst und kräftigenden Winter zueilte; andern dagegen, denen seine Weise wegen ihrer gleichgearteten Natur entspricht, wirkt sie gerade unausgesetzt lenzhaft, immer jugendlich und neubelebend, immer zu frischem Beginnen anspornend. Unser Leben ist eben kein Leben der ständigen Tat. Was wir tun, verrechnet die große Staatsbuchhalterei des 19. Jahrhunderts zu den allgemeinen Tatsachen des Friedens und der Ordnung. Wir würden erschrecken über einen jugendlichen Sinn, der gleich in der ersten Bewährung seiner Kraft nach Goethes Lebensregeln handeln wollte – der Pedant, der künftige engherzige Aristokrat würde uns fertig erscheinen –, um aber ausharren zu können auf dem Posten, den unsere schwache Kraft in Zeiten wie die unsrigen erreichen kann, um sich eine stets lebendige Empfänglichkeit und einen freudigen Sinn der Anteilnahme an allem, was die Zeit und das Leben bietet, sichern zu können, erhält die Bildung mehr Ermunterung durch Goethe als durch Schiller. Wen erhebt das Gefühl, sich sagen zu müssen: Du bist im Alter der entschwundenen »Ideale«! Wen erhebt es, anfangs die Welt und das Leben nach Schillers Auffassungen zu ergreifen und dann doch aus Schillers eigenen Epigrammen und Xenien hören zu müssen, daß es eigentlich »so nicht gemeint gewesen«!

Scheine es aber darum nicht etwa, als ob wir allzu lebhaft jenen stillen Separatisten das Wort redeten, die unter den grünen Kränzen und Fahnen zu Ehren Schillers für Goethe tagten. Wir wollen

das Gleichgewicht herstellen und nur bestreiten, daß Schiller und
Goethe ein Ganzes ausdrücken.

Aus Tausenden von Abbildungen sind dem, der in Weimar
nicht die Rietschelsche Schöpfung selbst sah, die beiden hehren
Gestalten bekannt. Beide halten einen Lorbeerkranz. In Goethes
Hand ruht er schon länger, schon sicherer. Schiller berührt ihn
halb, halb erst faßt er danach. Goethes linker Arm ruht auf
Schillers rechter Schulter. Goethe steht fest, Schiller scheint im Vor-
schreiten begriffen. Im ganzen genommen macht die Gruppe den
Eindruck, als führte Goethe dem deutschen Volk eine Erscheinung
vor, die die Zeit gewagt hat, neben ihn zu stellen und die er als
ihm ebenbürtig anerkennt. Diese Auffassung entspricht dem Ge-
samtbilde, das wir von dem Doppelwert und der Doppelbedeutung
beider großen Namen haben dürfen. Richtiger historisch müßte
allerdings das handelnde Spiel der Gruppe umgekehrt sein. Schiller müßte Goethe vorführen. Schiller müßte gerade dem zagen-
den, der Dichtkunst abgewandten, ja in tiefe Verstimmung und
Lebensverdüsterung gefallenen Goethe die Kränze zeigen, die ihm
immer noch in der Ferne winkten, während seine bisherigen alten
zu des reifern Mannes Füßen von ihm zu unbeachtet und ver-
streut liegen. Doch wollen wir von der Gruppe nicht alle unsere Bedenken wiederholen. Sie ist unruhiger, als sie sein sollte; sie macht
den Eindruck eines *Aktes,* der der monumentalen Würde widerspricht; sie hebt eben *durch* den Akt die irdische *Zutat* zum Ideellen, z. B. die Bekleidung, zu sehr hervor und beschäftigt durch die
Gegensätze, z. B. dieser Tracht, das Auge bis zum Eindruck des
Genrebildes. Auf alle Fälle lieber wäre uns, Weimar hätte ein
Standbild, das Goethe allein, und ein anderes, das Schiller allein
feiert, oder beide stünden zusammen – dann freilich als ideale Allegorie, als *Gedanke* in antikem Gewande.

Zusammen also standen sie im Leben allerdings – –

Als der lebensvolle, ruhmgefeierte Dichter des »Werther«,
»Götz«, »Clavigo« mit seinem fürstlichen Protektor und *jüngern*
Freunde eine gemeinschaftliche Reise nach der Schweiz machte,
kehrten sie auf der Rückfahrt in Stuttgart ein und wohnten einem
jener Akte der herzoglich württembergischen »Karlsschule« bei,
die wir in neuerer Zeit auf der Bühne und durch bildliche Darstellung uns so gegenwärtig veranschaulicht gesehen haben. Schiller,
gerade 20 Jahre alt (1779), erhielt drei Preise – nicht für deutsche
Sprache und Philosophie – für Arbeiten in der Medizin. Wie be-

friedigt, zukunftssicher und stolz mag der junge Rat des Herzogs
von Weimar auf den schüchternen Eleven geblickt haben, der mit
den andern jungen Akademikern in seiner hellblauen Uniform,
mit Zopf und in Gamaschen, vor den hohen Herrschaften seine
Belobigungen erhielt! Und diesem Bilde bedeutungsvoll analog –
sehen wir zehn Jahre später in engster Verknüpfung mit Schiller
den aus Italien heimkehrenden Goethe, von dessen wiedergewon-
nener Kraft und Sammlung man Großes erwartet hatte, der unter
den Anschauungen der alten klassischen Trümmerwelt nach aller
Hoffnung die erhabensten Befruchtungen der Phantasie mitbrin-
gen sollte und von alledem nichts wahr machte; selbst »Iphigenie«
und »Tasso« hatte er aus Deutschland bereits mitgenommen und
brachte sie nur umgeschmolzen in Verse zurück, ebenso wie die
Überbearbeitung von »Egmont«. Ein tiefer Verdruß nagte an
Goethes Leben; die lange Einsamkeit der Reise hatte ihn auch für
Weimar zum Einsiedler gemacht; neues Leben, neue Bewegung
rauschte um ihn her; er begann eins und das andere und ließ es
liegen, nahe daran, seine dichterischen Stimmungen bereits für ab-
geschlossen zu erklären. Eingebungen einer ihn immer mehr be-
schleichenden Philosophie der Abstreifung aller Blütenhoffnungen
vom Leben, eines fast gewaltsamen Verharrenwollens im kleinen
und unbedeutenden, im kleinsten Teile, der jedem das Ganze erscheinen dürfe, griffen immer mehr in ihm Platz. Wohl mag die
immer ernster werdende Zeit diesen Druck auf Goethes Innere unterstützt haben. Seine Natur wurde die, sich in dem Maße, als der
Mensch in das Allgemeine herausgefordert wird, in das Allerbe-
sonderste zurückzuziehen. Gegen die Zumutungen des immer lebendiger, in Deutschland namentlich von der Philosophie mächtig
bewegten Jahrhunderts war Goethe imstande, sich mit mathemati-
schem Planzeichnen und Anlegung von Herbarien zu verwahren.
In diesen Stimmungen näherte sich ihm Schiller. Schiller war inzwischen durch die »Räuber«, »Fiesco«, »Kabale und Liebe«,
»Don Carlos«, seinen »Abfall der Niederlande«, seine schwungvol-
len philosophischen größern Gedichte ein Liebling des Tags geworden, ein schon gefeierter Schriftsteller, ein Mittelpunkt, um
den sich begeisterte Freunde scharten, ein Mittelpunkt der tonangebenden Produktion, der er in einem neu von ihm begründeten
Journal einen Sammelplatz eröffnete. Goethes Lesen dieser Aufforderung zur Mitarbeiterschaft an einer Zeitschrift, die der empor-
gekommene Karlsschüler herausgab, ist der Anfang der Vereini-

gung. Goethe antwortet, sagt zu, erbietet sich zu jeder Beihilfe, selbst zu Lückenbüßern, selbst zur Füllung leeren Raums. Wie ein Neuling, wie ein Anfänger feiert der in Mißmut und Vertrocknung Geratene eine Wiedergeburt und einen neuen Ansatz zum Leben *durch* Schiller.

Alles das ist unleugbar. Und doch sind Goethe und Schiller zu sehr zwei Begriffe geworden, die sich gegenseitig ergänzen und die volle, von allen Seiten mögliche Betrachtung der Literatur ausdrücken sollen. Diese Allheit bestreiten wir. »Schiller und Goethe« drücken nicht das ganze Gebiet des dichterischen Schaffens aus, bezeichnen nicht die Bahnen, in denen allein die deutsche Literatur zu wandeln hat. Es gibt Notwendigkeiten im geschichtlichen Gang unserer Literatur, für welche sich *weder* bei Schiller *noch* bei Goethe der entsprechende Ausdruck findet.

Darüber in einem zweiten Artikel –

Zwei Richtungen werden in der deutschen Literatur immer gleichzeitig nebeneinander gehen: die ideale und die reale.

Bei andern Nationen ist dies nicht der Fall.

Bei uns bekämpfen sie sich – oft mit dem bittersten Haß. Man kann nicht liebloser urteilen, als die Romantiker über Schiller urteilten. Ebenso ist von der in Schiller lebenden Kritik Goethe verketzert worden. Der Gegensatz dauert bis auf den heutigen Tag und richtet Verwirrung und Entmutigung genug an.

Andere Literaturen sind zur Vermeidung solchen Streites besser dran. Ihre Sprache hat größere Armut, aber festere Grundsätze. Gerade der Reichtum der deutschen Sprache läßt bei uns so vieles zu, was der Franzose sogleich ausschließt. Der Franzose hat eine einzige bestimmte poetische Sprechweise, die auf jedem Gebiet der Poesie gleich ist, während sogar der Deutsche nicht einmal die Sprache der Bilder und des pathetischen Glanzes vorzugsweise für alle Gebiete der Poesie fordert und in der Tat im Erhabenen noch naiv sein kann. Die Franzosen haben bis zur Stunde nicht gewagt, die Tragödien Shakespeares auf ihre Bühne zu verpflanzen. Das schallende Gelächter, das sich erhob, als man »Othello« in Ducis Übersetzung gab und der Mohr seine auf den höchsten Ernst berechnete Leidenschaft an ein Schnupftuch anknüpfte, hat jeden Versuch, es in Paris mit Macbeths, Lears, Richards III. Natürlichkeiten zu wagen, abgeschreckt. Der Franzose steht ganz auf dem Standpunkte Schillers und kann von Goethes Art nur die eine Hälfte begreifen.

Schiller und Goethe passen allerdings im wesentlichen für ein vollständiges Decken der Begriffe Ideal und Real, aber dennoch muß man das Zuspitzen und Aufgipfeln unserer ganzen Literatur in die Pyramide »Schiller und Goethe« nicht nur eine Ungerechtigkeit gegen so viel anderweitig Würdiges und Bedeutendes, sondern auch ein gefahrvolles Prinzip für die Beurteilung der Gegenwart nennen.

Man hat in diesen beiden Heroen alles finden wollen; man hat schon angefangen, Lessing, Herder, Wieland ihnen nur in der Art beizuordnen, daß sie allenfalls in ihrem Schatten Platz haben. Die Erläuterungen über Schiller und Goethe nehmen kein Ende. Vom Standpunkt des wirklich Geleisteten mag diese Huldigung begründet sein; bedenklich wird sie für das lebenschaffende, befruchtende, fortzeugende Prinzip der Literatur.

Um aus dem Bann des Begriffs »Schiller und Goethe« herauszukommen, hat man angefangen, andere Namen höher zu heben, als sie bisher standen, z. B. Heinrich von Kleist; eine Neuerung jedoch, die wir bei aller Achtung vor diesem Dichter nicht unterschreiben können.

Glücklicher war es, als man (vorzugsweise nach Gottschalls Literaturgeschichte) mit gleicher Berechtigung des tonangebenden Wertes neben Schiller und Goethe Jean Paul stellte.

Dieser Auswag läßt sich nicht rechtfertigen durch die Leistungen Jean Pauls, denn sie sind vergessen bis auf einige Bruchstücke, die in den »Mustersammlungen« mitgeteilt werden; aber in Jean Pauls dichterischem Wesen liegt etwas, das sich als vollkommen gleichberechtigt neben Goethe und Schiller stellen darf. Es ist dies eine Eigentümlichkeit, die sogar nachhaltiger und bedeutsamer wirkend geworden ist als die Nachzeugung des Goethe-Schillerschen Geistes. Wir meinen damit nicht allein den Humor an sich, sondern die ganze freie Subjektivität, das *dichterische Ich*, im Gegensatz zur Gebundenheit dieses Ichs durch die Dichtgattungen . . .

Jean Paul ist nun aber in der Tat in gewissem Sinne mehr als Schiller und Goethe der Vater der ganzen neuern Literatur von Bedeutung geworden. Er ist es nicht deshalb, weil sein Humor sofort ansteckte und eine neue Form der Dichtweise aufbrachte, die im wesentlichen die Romantiker angenommen haben, sie nur von ihrer Überladung befreiend, sie sozusagen goethisierend; noch weniger durch seine gestaltungslosen Romane – er ist es geworden

z. B. durch seinen durchgängigen Gebrauch der Prosa, einer Dicht-
form, deren unwiderleglich *dennoch* poetische Wirkung die Notwendigkeit des Verses für den Begriff des Dichters bei uns ein für
allemal ausgeschlossen hat; er ist es geworden durch das in seinem
Dichten und Schaffen festgehaltene, nicht in die überlieferten
Dichtungsformen untergetauchte, nicht von ihnen absolut ver-
brauchte Ich. Nenne man dies Jean Paul'sche Prinzip Humor oder
Ironie, nenne man es Geist oder Esprit, nenne man es Witz oder
Phantasie – Goethe und Schiller stehen vereinsamt, wenn man sich
vergegenwärtigt, was um sie her sich seit ihrer Blütezeit in
Deutschland an Schönheit und Eigentümlichkeit entwickelte.
Tieck ist z. B. der geläuterte und geschmackvoller wiedergegebene
Jean Paul, sowohl der Jean Paul der Erfindung wie der Jean Paul
der Selbstironie und der Ansicht des bürgerlichen Lebens. Bei
E. T. A. Hoffmann kann man sich nicht lange aufhalten wollen;
aber die ganze Periode unserer spätern *Lyrik,* von Platen an bis
Lenau, ist das subjektive, träumerische, gestaltungslose *Ich* und
mit Schiller gar nicht, mit Goethe *nur* im »Faust« und im Liede
verwandt. Immermann ist der potenzierte und kräftigere Tieck.
Heine und Börne bekennen sich ausdrücklich zu Jean Paul. Und
der Reiz dieser Individualitätspoesie entfaltete sich immer mehr;
er wurde zur Poesie der Arabeske, des Beiwerks, jener sinnigen
Beobachtung, die dem träumerischen, die Dinge am Sonnenstrahl
widerglänzenlassenden Ich entspricht; er wurde so zur Poesie des
Details, des *notwendigen* Details, und führte zum Idyll. Unsere
Dorfgeschichten, einige unserer neuern Theaterstücke sind Eingebungen jenes sich im Detail vertiefenden All-Blicks, der am einzelnen verweilt und im subjektiven Behagen die schöpferische Kraft
mit ihrem Stoffe heiter und frei spielen läßt. Diese Macht des Ich
kann sich in der Behandlung ihrer Stoffe zum abgeschlossenen
Kunstwerk erheben. Der richtige Weg, die Literatur der Deutschen fortzuführen, bleibt es gewiß. Alle unsere neuern Arbeiten
von Bedeutung auf dem Gebiet der Novelle und des Dramas haben mit »Schiller und Goethe« wenig gemein.

Als Goethe und Schiller zu schaffen anfingen, gab es einen Begriff, den man wohl hier und da als das Kennzeichen des Nicht-
poeten hinstellt und der doch damals, als »Fiesco« und »Clavigo«
geschaffen wurden, mit dem dichterischen Genie völlig gleichbe-
deutend war, den »witzigen Kopf«. Das sind die Dichter noch bei
Gottsched, Gellert, Bodmer, Haller, Lessing. »Originalgenies«, »in-

geniöse Köpfe« kamen nach ihnen auf und erst später kamen mit
den Romantikern die »Titanen«, die »Propheten«, die »träumerischen Menschenkinder«, die »Offenbarungen Gottes« usw. Wir
möchten wohl, daß die Dichter wieder »witzige Köpfe« »ingeniöse
Köpfe« und »Originalgenies« würden. Diese Bezeichnung schließt
die Möglichkeit, ein Dichterleben später im großen und ganzen
wieder einen »Tempel« und dergl. zu nennen, wie bei den rhetorischen Dekorationen des Schillerfestes geschehen, gar nicht aus –
Schillers »Geisterseher« könnte sich mit seinem vexierend spielen-
den Inhalt aus Voltaires und Diderots Schule alle Tage in einem
französischen Feuilleton sehen lassen.

Doch nicht bloß das freie Ich und der »ingeniöse«, »witzige
Kopf« möge der Literaturgeschichte erhalten bleiben als Drittes
neben der »klassischen Harmonie« Schillers und Goethes, sondern
die resolute Freiheit des Dichtens, Denkens und Empfindens überhaupt in ihrem ganzen Umfange. Es hat gewiß sein Herrliches,
wenn man das Doppelstandbild in Weimar von allen Seiten betrachtet und andachtsvoll von diesen beiden großen Genien, von
ihren Wirkungen und von der Welt spricht, die sie in sich bargen,
und von ihrer weihevollen Weise, diese Welt zu beherrschen und
zu verkündigen; heilige Worte sind: Adel der Anschauungen, sittliche Vertiefung, Kultus des Schönen, klassische Vollendung. Wollte man aber sofort jeden jetzt noch Schaffenden nach diesen Maß-
stäben beurteilen, wollten wir seinem ersten Worte, das uns von
der Leier entgegenrauscht, gleich aufhorchen und dann erwarten,
daß sofort auch bei ihm und über ihn diese majestätischen Tuba-
klänge ertönen, so würde sich die Literatur bald in Sonntagsnach-
mittagsgottesdienst verwandeln; selbst die stolzeste, auf den Schil-
ler- und Goethe-Kultus gegründete *Akademie* mit dem glänzend-
sten Marmorgetäfel der »Formen« würde etwas Ödes, Kaltes und
Langweiliges haben.

Eine kritisch-pragmatische deutsche Literaturgeschichte mit
scharfer Hervorhebung Leipzigs, Berlins, Hamburgs, Braun-
schweigs, Frankfurts am Main, Straßburgs, Zürichs, Pempelforts,
Münchens, Jenas und – mit bedeutender Einschränkung – Weimars
wäre eine Arbeit von großem Verdienst.

3.2 [Über Hegels Ankunft in Berlin]

Als die Berliner die sogenannte Franzosenzeit vergessen hatten, als sich eine Universität unter ihnen entwickelt hatte, und nun mancherlei Dinge nach überstandenen Gefahren wieder zur Sprache kamen, da sah es in unsern Köpfen wohl seltsam aus . . .

Da gab es denn keinen andern Trost mehr, als die Tiefen der Wissenschaft und Kunst, und die Schöngeisterei begann nun recht hochfahrend zu werden, da sich der ungestüme Geist doch irgendwohin ablenken mußte. Wir kennen die hitzige Periode unserer Literatur, Fouqué, Hoffmann, Lutter und Wegener haben es mit ihr zu tun. Allein auch mit diesem künstlichen Rausche war die Folge der Nüchternheit und Überladung nicht ausgeschlossen, und so war's denn Hegels Ankunft, die der ganzen Periode ihren Beruhigungspunkt, ihre Beschwichtigung gab. Nun offenbarten sich bald tiefsinnige Mysterien von dem Philosophenlande, dem Preußischen, von Preußen, als dem wiedergeborenen Deutschland, von den französischen Staatsformen als konsequenter Ausbildung der Atomistik und des Materialismus. Freilich waren solche Lehren dem größten Publikum noch zu hoch, darum erhielt es denn, da Kunst und Wissenschaft doch einmal die Losung, ein neues Theater und mit ihr – die Sontag. Und wir segneten diesen siebenten Tag und heiligten ihn, darum, daß wir an demselben ruheten von all unsern Werken, die wir geschaffen und gemacht hatten.

3.2.1 [Über F. G. Kühne und Hegel, anläßlich Kühnes *Eine Quarantaine im Irrenhause*]

Da er überhaupt nicht drei Schritte gehen kann, ohne daß ihm ein Buch zwischen die Beine kommt, so finden sich der kritischen Schönheiten sehr viele. Trefflich sind die Urteile des Verfassers über Goethe, Shelley, Hegel, namentlich über den letzteren, dem Kühne mit einem Enthusiasmus ergeben ist, daß er alles, was ihn betrifft, apotheosiert. Sein Buch ist das letzte Zucken eines Hegelianers, der wahrscheinlich die *Hegel*'sche Lehre aufgegeben hat, zugleich aber so unglücklich ist, aus Gewöhnung noch immer mit *Hegel*'schen Kategorien denken zu müssen. Die wahrhaft anziehende, rührende Empfindung, welche in diesem Romane herrscht, scheint uns keinen andern Grund zu haben. Es ist die Resignation auf eine Geliebte, welche man zwar nicht ehelichen kann, der man aber ewig treu zu sein gelobt.

In Betreff *Hegels* weiß ich noch nicht, ob es *Kühne* für erlösend hält, sich von der Schule frei zu machen, und dafür dem Leben und der Geschichte hinzugeben. Das Leben und die Geschichte haben eben so viele Klippen, wie das System, es sind dieselben Rätsel, welche hier wie dort wiederkehren. Aber der Lunge bekommt die freie Luft besser, freudiger blicken die Augen, und Massen sind es, die man durch den Gebrauch seines Talentes erquicken kann. Es ist mir, als sähe ich *Kühne* auf diesem Abschiede des Lebens von der Schule. Aber er macht sich den Abschied zu schwer; *Hegel* aufgebend, glaubt er den ganzen Himmel aufgeben zu müssen, alle seine Träume und Ahnungen faßt er in jenem Namen zusammen; Gott, Freiheit, Unsterblichkeit, Tugend. Alles sieht er nun rückwärts gewandt, und auf ewig verloren. Aber dies sollte nur eine augenblickliche Stimmung sein, der Himmel ist überall, wie die Ahnung der Unsterblichkeit. Unter jene säuselnde Linde setze dich und blicke hinüber in das grünende Tal, schwellenden Saatfeldern wende dein Auge zu, oder des Nachts zu dem bestirnten Teppich des Himmels, und deine Seele wird mit Adlerflügeln rauschen, dein Geist wird Worte der Erhabenheit und Schönheit sprechen! Nur von einem solchen Standpunkte aus kann man seine Nation erleuchten und das Leben wecken, welches die Systeme der Schule eingesargt haben.

Die Manier, mit welcher *Kühne* an *Hegel geglaubt hat,* und wie er sie in seinem Buche beschreibt, ist jedenfalls nur durch die Jugend zu entschuldigen. Die Jugend verwechselte hier ein System mit der Philosophie selbst, *Hegel* mit *Pallas Athene.* Auch ist es unwahr, daß *Kühne* behauptet, im *Hegel*'schen Kursus hätten die Dinge der Welt hin und her geschwankt, alles wäre beanstandet worden, Staat, Kirche, Wissenschaft hätten die alten Sitze verwechselt und ein wirrer Taumel hätte sich der jugendlichen Auffassung bemächtigt. *Kühne* urgiert das *Aufheben* in *Hegels* Philosophie und würde besser getan haben, wenn er von dem *Zugrundegehen* gesprochen hätte. Das Zugrundegehen mit allem etymologischen Witze, den die Herren daran verschwendeten, war der rechte *Hegel*'sche Terminus; aber im Zugrundegehen lag eben nichts, als das Fixieren, das Anketten der Dinge an ihr Fundament, ja leider! Das Anketten der Dinge an ihr Vorurteil, an die positive Wirklichkeit. Indem *Hegel* zeigen wollte, daß die Wahrheit weder *vor* noch *hinter* den Dingen läge, sondern in ihnen, indem

er in seiner Art nachwies, daß nichts wahr daran sei, als der Begriff,
fixierte er die Dinge und veranlaßte eine Philosophie, die an dem
Bestehenden ein sehr verdächtiges Genüge hat.

3.2.2 [Über Hegel und die Traditionen des Christentums]

Hegel hat sich vielfach und mit Entschiedenheit als einen Prote-
stanten bezeichnet. Seine Schüler, die mit ihrer Konstruktionssucht überall zur Hand sind, rechnen selbst den Besitz eines norddeutschen Katheders hieher. Der dialektische Scharfsinn seiner
Untersuchungen ist den positiven Satzungen der Kirche, den Lehren des *Athanasius* und *Augustinus* zugute gekommen. Was dem
katholischen Lehrbegriff noch am nächsten steht, ist die bestimmte
Ausbildung der Lehre vom heiligen Geist, der auch die späteren
Christen in alle Wahrheit leiten würde, daher die Annäherung an
die Lehre von der Tradition. Der Sinn, den die Identitätslehre in
die Dogmen von der Erbsünde, Dreieinigkeit, Gnadenwahl, Genugtuung legte, soll kein hineingetragener, kein Erklärungsversuch
sein, sondern er beruht auf dem tiefsten logischen Gesetz und ist
dies Gesetz selbst. Der Übergang vom Nichts zu allem Sein, das
ewige Moment der Negation, des Abfalls von Gott, das innere
Erbeben der Kreatur, ihr ängstliches Sehnen und Harren, des
göttlichen Seins wieder teilhaftig, aus dem unseligen Zustande des
ewigen Werdens erlöst zu werden, die Überwindung des verein-
denden Prinzips durch den werdenden Gott, der nicht nur ein ein-
zelnes Moment der primitiven Gottesidee, sondern diese vollständig, in bestimmtester Konkretion selbst ist, das endliche Reich des
Geistes, der mit sich selbst versöhnt und aus sich selbst wieder geboren ist; alle diese Begriffe sind die Grundlagen des *Hegel*'schen
Systems, und ihre Beziehung auf die christlichen Dogmen kann
nicht schwer fallen.

3.2.3 [Über Hegel, Schelling und die jungen Hegelianer]

Zwischen *Schelling* und *Hegel* schürt sich die polemische Debatte immer glühender an. Die *Hegel*'schen sind zaghaft, die *Schelling*'schen vornehm. Professor *Hinrichs* hat in der Berliner Jahrbüchern eine sentimentale Klage erhoben, daß der Freund vor'm
Freunde, der Bruder vor'm Bruder nicht mehr sicher sei, und vergaß dabei im Schmerze die neuesten Behauptungen *Schellings* zu

widerlegen. Wäre das letztere denn so unmöglich gewesen? *Schelling* übersah, daß *Hegels* Philosophie kein System, sondern ein Akt ist, daß man ihre einzelnen Fundamentalsätze für Stationen auf dem Wege eines logisch-subjektiven Prozesses halten muß. Wenn *Schelling* das *Hegel*'sche Vor- und Rückschlagen der Ideen nicht begreifen kann, so findet ja *Hegel* in seiner Negation nur eine Elastizität, die gar nicht in den Dingen, sondern in der größern oder geringern, in der unendlichen Energie des beliebigen Denksubjektes liegt. Man nenne diese ewige Persönlichkeit des real-idealistischen Prozesses Abstraktion, oder Absorption, oder Annihilierung, oder Reduktion des unbestimmten, prädikatlosen, wie die Alten sagten, Seienden, oder, wie *Hegel* sagte, reinen Seins, so ist die Formel, daß alles Sein gleich Nichts sei, entweder eine große Torheit, oder nichts als der belauschte Zustand des Denkenden, die einfache Beschreibung einer reflektierenden Tätigkeit im Menschen, die psychologische Erklärung einer nur historischen Tatsache. Allein das Unglück der jungen *Hegel*'schen Schüler ist, daß sie nicht gewohnt sind, selbst zu denken. Von der Phrase über die Objektivität des Gedankens verführt, nehmen sie die Gedanken gleichsam als etwas, das am Wege fix und fertig liegt, und vergessen es, die Wahrheit, wie ihr Meister es tat, aus sich herauszuspinnen, und an ihre innere Befähigung zur Gedankenentwicklung zu appellieren.

3.2.4 [Über Hegels Geschichtsstupor]

Die glänzendste Seite des *Hegel*'schen Systems, welche die etymologische Dialektik und das Stehaufmännchen der Negation vergessen macht, ist die Philosophie der Geschichte. Man kann sagen, wenn auch *Hegel* noch im Grabe darüber erschrickt, seine Geschichtsansicht war göttlich, frei, freudig, und evolutionär. – Und doch ist, wenn das Leben spricht, der Augenblick, die Tat, wenn unsere Zeit wimmert, wie sie daliegt in den Wehen ihrer Geburt, ist sie die Klippe ihrer selbst; denn da sie alles objektiviert, tötet sie den Entschluß und erzeugt eine Apathie, welche in schwachen Gemütern Feigheit werden kann. Die *Hegel*'sche Konstruktionssucht erzeugt ein moralisches, oder meinetwegen, ein politisches Laster, nämlich den *Geschichtsstupor*. Bewundert den Schematismus der Begebenheiten, die Symmetrie in dem, was war und ist; aber in dem, was sein wird, reckt eure eigene Hand und werdet, statt

Kritiker, Schöpfer! Noch keine Philosophie hat gewagt, solche
Entnervung zu lehren, daß wir *objektiv* auch *leben* sollen. Kurz,
es wäre besser, weniger von der Zeit zu wissen, und mehr für sie
zu tun.

3.2.5 [Über Hegels Geschichtsphilosophie]

In der Geschichte hat eigentlich nichts ein absolutes Recht; denn
die Geschichte ist ein Komplex von ungezählten Individualitäten,
die kommen und gehen, und das Recht haben, in die Waagschale
der Ereignisse zu werfen, was sie wollen, Gold oder ein Schwert,
wenn es nur wiegt! Man spricht von dem Finger der göttlichen
Vorsehung; sollte aber damit sagen, daß Gott nur *zeige* und an-
deute. Alles, was geschieht, kletterte an jener steilen Höhe hinauf,
wo jedes Wagnis durch das Rollen eines Steinchens vereitelt werden konnte. Jede Tat hat ihr eignes Recht, jede Zeit hat es. Man
sollte eine Philosophie verlassen, welche behauptet, daß alles in
der Geschichte dem Christentume zuliebe geschehen sei.

Das Buch der Geschichte hat breite Ränder, und weite Zwischenräume laufen durch seine einzelnen Linien. Man betrachte
diese Ränder und Zwischenräume! sie sind nicht leer. Mit sympa-
thetischer Tinte, die dem Auge des unbefangenen Forschers sichtbar wird, sind zahllose Arabesken und Karikaturen von der Göttin Tyche gekritzelt, die sich lächelnd dem greisen Vater der Welt
über die Schultern lehnt, und ihn scherzhaft in seinen lapidari-
schen Schriftzügen zu verhindern sucht. Da ist ein Dolchstoß; um
ein Haar glitt er vorbei. Da sind tausend Möglichkeiten und embryonische Anfänge und Begebenheiten, die sich würden entwickelt haben, wenn die Geschichte nicht eilte, und der höchste
Dichter, Gott, in seiner Diktion nicht ein Feind der Anakoluthe
wäre. Man nenne diese Geschichtsansicht nicht atomistisch oder
glaube, daß ich ein Apologet des Zufalls wäre! Ohne Zweifel liegen Gesetze in der Geschichte, aber es sind Gesetze, die sie sich
selbst gegeben hat. Ich möchte die Menschen von den Begebenheiten, und von den Ereignissen das Individuelle trennen. Ich möchte
die Geschichte in ihre subjektiven Faktoren auflösen, und vieles
dem Mute, der Tapferkeit und der Tugend vindizieren, was unsere
Philosophie immer gewohnt ist, auf die Rechnung des Himmels zu
setzen ...

Wenn ich mich hierauf endlich gegen die sogenannte Geschichtskonstruktion erkläre, so möchte ich doch nicht, daß man mich für einen Verkleinerer der Hegel'schen Philosophie ansähe. Dieses System war notwendige Schlußfolge einer vierzigjährigen spekulativen Aufregung Deutschlands und mußte alle Radien vorangegangener Bestrebungen in seinen Mittelpunkt zusammenfassen. Ich habe selbst zu den Füßen Hegels gesessen, und aus dem unkünstlerischen Vortrage seiner Lehrsätze die entschiedene Wirkung wahrgenommen, welche seine weiten Umrisse, diese ungeheuren Konturen seiner Kategorien auf die Gymnastik der Seele haben. Hegels konkrete Methode, das materielle Füllsel seiner leeren Begriffsschemen machte seine Philosophie zu einem Surrogat der Erziehung, das weder von der psychologischen noch mathematisch-scholastischen Methode anderer Lehrer erreicht wird. Die Masse von eigenen Kenntnissen, die man in Hegels System vergraben kann, ohne in seinem Besitze verkürzt zu werden, die eigne Durchbildung des Kopfes, die sich mit dem Hegel'schen Systeme immer in einen vertraulichen Zusammenhang bringen läßt, kurz das im Grunde Unverbindliche, Laxe und Leichtwendbare der Hegel'schen Prinzipien schuf eine sehr freie, bunte und der Individualität alles einräumende Schule, zu der sich die unabhängigsten Geister bekennen. Wir haben hier z. B. nicht die über einen Leisten geschlagene Propaganda des Kritizismus, diese Heydenreich, Feder, Schmid, Kiesewetter, wo einer immer in Gefahr kam, mit dem andern verwechselt zu werden, sondern ich erinnere nur an das tiefe und in der Kunst beinahe mystische Gemüt eines *Hotho* und an den in hundert Farben blitzenden Esprit eines *Gans.* Es würde mich schmerzen, wenn sich die nachstehende Polemik nicht mit der größten Hochachtung vor dem Gegner vertragen sollte.

Was ist Konstruktion der Geschichte? Ein kleiner Demiurgos sitzt mitten im Weltgebäude und sucht mit einem Zirkel die Zahl der historischen Breiten- und Längengrade zu bestimmen. Er hockt dem Schöpfer der Welt auf der Schulter und beginnt am siebenten Tage, wo jener zur Ruhe gegangen, den Himmel und die Erde, die Tiere in und über dem Wasser, die Bäume und den Menschen so nachzuformen, wie er an dem Allvater sich die Handgriffe gemerkt hat. Geschichskonstruktion heißt, die einzelnen Höhepunkte der Geschichte mit Spinnweben verbinden und das Disparateste zu witzigen Harmonien zusammenschnüren. Sie

ist zuletzt prophetischer Natur, sowohl in dem Sinne, daß sie, wie
Äneas es bei Virgil tun konnte, einen August und Marcellus pro-
phezeit, als auch in rein kassandrischem Sinne, daß sie noch wirklich das Ungesehene in der Zukunft zu erblicken glaubt.

Jedem wird hier Mephistopheles im Faust einfallen, wo er die
philosophische Methode persifliert, welche uns beweist, daß die
Dinge nicht nur so sind, sondern auch so sein müßten, wie sie sind
und daß gleichsam jedermann kein anderer wäre, als er selbst.
Doch müssen wir hinzufügen, daß das Reagens dieser Geschichtskonstruktion die logische Idee ist.

Von der logischen Idee muß man sich eine sehr ausgedehnte
Vorstellung machen. Sie ist allerdings zunächst nur ein Begriff,
oder, wenn wir dem Meister trauen dürfen, zu gleicher Zeit auch
der Inhalt dessen, was dieser Begriff ausdrücken soll. Sie ist mit
einem Worte der metaphysische Urstoff, aus welchem sich die
Dinge als die Ideen darüber entwickeln, vielleicht Gott selbst,
wenn man Beweglichkeit des Geistes genug hat, sich unter diesem
Stoffe nichts Ruhendes und Abstraktes, sondern ewig Gebärendes
und Schaffendes vorzustellen. Dieses hohle Prädikat des Seins
ohne Subjekt, diese noch unbestimmte und unwirkliche Kategorie
wird uns immer in die Vorstellung des Nichts verfließen und wir
werden jenen Moment ahnen können, wo es noch keine Welt und
keine Geschichte gab. Hegel nimmt jene Periode des reinen Seins
oder des Fürsichbegriffes als die Periode der Urwelt, wo die Geschichte wie der Dotter im Eie schwimmt, wo die Götter auf der
Erde wohnten und das Paradies die Ordnung des Tages war. Geschichte war noch nicht. Geschichte ist das Produkt zweier Faktoren und dieser zweite Faktor, die Negation, brauste in das Chaos
hinein, die Idee stürzt aus ihrem Gehäuse, die Natur öffnet ihren
Drachenmund, Geschichte ist das Werk der Rebellion. Hegel
kennt nur Alte und Neue Welt: was in der Mitte zwischen beiden
liegt ist Kampf. Das Mittelalter ist Streit zwischen der Natur und
dem Geiste, zwischen dem zweiten und dritten Teile des Systems.
Christus war die Idee des Anundfürsich, die in ihren Anfang aber
mit Geistesbewußtsein zurückgekehrte Idee. Sein Reich ist das
Reich der Freiheit, Wahrheit und Wissenschaft, des vollständigen
dritten Teiles, welcher mit dem Triumphe der Philosophie und
beinahe mit jenem Horazischen Satze schließt: der Philosoph ist
König, Gott Alles, wenn er nicht zufällig den Schnupfen hat.

So gesund und frisch die Ansicht Hegels ist, nach welcher man

die Wahrheit doch nicht immer an entlegnen Orten suchen möchte, daß man stündlich über sie wie über die Tatsache der Straße
stolpere, daß ferner das Äußere der Dinge fast immer ihr Inneres
sei und wir uns doch nicht einbilden mögen, was Wunder für große Begebenheiten auf dem Uranus und der Milchstraße geschä-
hen; so möchte es doch schwerlich ein großer Triumph der philosophischen Wahrheit sein, wenn die historischen Facta unsres Erd-
balls ihre ausschließlichen Belege wären. Inzwischen will ich der
konstruktiven Methode drei Punkte entgegenhalten, welche ein
praktischer Grundsatz und zwei Verlegenheiten sind.

Herder verfiel in den Fehler, die Geschichte kritisieren zu wollen. Hegel übt gegen sie eine Toleranz, welche die Moral in Gefahr bringt. Ich klammere mich nicht an die fünffüßige Phrase:
die Weltgeschichte ist das Weltgericht; denn Millionen Tränen
sind in der Geschichte ungetrocknet, tausend Verbrechen ungestraft geblieben, das Recht war immer dessen, der der Stärkere
war; aber in allem Notwendigkeit sehen, wo bleibt die Freiheit?
Starb in Cato ein Begriff oder eine große Seele? War Philipp II.,
war Robespierre ohne moralische Zurechnung? Ist der Weltgeist
der Souffleur aller großen Worte gewesen, die von Menschen gesprochen wurden; des non dolet der Arria, des sancta simplicitas
Hussens und selbst jenes wehmütig herben Spruches, womit ein
Gladiator den Kaiser grüßte: *Caesar, moriturus te salutat*? Dieser
philosophische Schematismus betrügt die Menschheit um ihre
Zierden und die Seele um ihre hohen Entschlüsse. Er erzeugt einen
indifferenten Quietismus für die gegenwärtige Zeitlage, und selbst
wenn er richtig wäre, müßte man ihn bestreiten, weil er der Tatkraft die Sehnen zerschneidet.

Das zweite Unglück der konstruktiven Methode ist die Sackgas-
se. Wo hinaus? Welche Regeln gibt uns der Tag? Natürlich ist es
eine weite Zeit, von der schon Plato träumte, wo alle Menschen
Philosophen würden. Aber wie es mit der Wiederkunft Christi
war, der eine spricht von tausend Jahren, der andere: über ein
Kleines! Hegel selbst hat sich verleiten lassen, seine eignen politi-
schen und wissenschaftlichen Verhältnisse für den unmittelbaren
Durchgangspunkt der Geschichte anzuerkennen, er hat an den
Staat, welcher seine Verdienste belohnte, eine so entschiedene
Mission ausgeteilt, daß man verführt wird, ein ziemlich nahes
Ende der gedachten und geschehenen Dinge anzunehmen. Hegel
fing alle historischen Strahlen zu jener Sonne zusammen, welcher

der Preußische Adler kühn entgegenfliegt, und brachte dadurch seine Schüler selbst in Verlegenheit.

Meine Einwürfe gegen die Konstruktion müssen desto schlagender werden, wenn ich imstande bin, einige Inkonsequenzen derselben nachzuweisen. Der Hegel'schen Philosophie der Geschichte schwebt das Bild einer auf- und herabsteigenden Linie, oder vielmehr eines Nieder- und Aufganges vor. Das Christentum ist ihr der mittlere Durchschnittspunkt, der Kreuzweg, wo sich die Bahnen brechen und alle Begebenheiten in eine neue Strömung geraten. Wie aber, wenn es welthistorische Ideen gäbe, welche sich in der Neuen Welt mit Energie geltend machten und aus der Alten herüber kamen, ohne vom Christentume tingiert zu werden? Noch bis zu dieser Stunde ist die humanistische Bildung die erweislich beste Mitgift, welche man dem Jünglinge für seine Vermählung mit dem Leben geben kann. Sie hat sich ganz frei erhalten vom Christentume, ja sie flieht das Christentum, weil sie fürchtet, von dem linguistischen Apparate desselben barbarisiert zu werden. Oder um etwas zu nehmen, was keine Überlieferung, sondern in der Tat eine Institution ist. Wer kann nachweisen, daß das Römisch-Deutsche Kaisertum eine Idee des Christentums ist? Die Hierarchie und das Kaisertum ist ein Widerspruch, der auf heidnische Verhältnisse zurückgeht. Daß am Weihnachtsfeste der Bischof Zacharias Karl den Großen salbte, hab' ich immer nur für eine Überraschung halten können, die der Kaiser, er, der Harun al Raschid ebenbürtig grüßen ließ, von dem Priester als einen Dienst der Höflichkeit annahm. Das Kaisertum sollte die unmittelbare Fortsetzung der Auguste, Trajane und Diocletiane sein. Dieser unveränderliche Gedanke, der das ganze Mittelalter erschütterte, schwebte allen deutschen Kaisern vor und beweist, daß die Form der Geschichte nicht Auf- und Absteigen, nicht der konzentrische Kreis oder die Spirale ist, sondern der epische Parallelismus, bald kongruierend, bald divergierend. Nichts macht namentlich diese Form so einleuchtend, wie der Islam, den die konstruktive Methode nicht erklären kann. Schon in meiner Skizze über das Leben des jetzigen *Sultans* führt' ich an, daß diese Methode den Islam für wildes Fleisch, für ein Überbein, den sich der stürmende Geist der Geschichte getreten habe, halte und noch jetzt wüßt' ich nicht, daß irgendein Theolog oder Philosoph aus der Hegel'schen Schule den Islam anders behandelt hätte, denn als ein zufälliges Korollarium der neuern Geschichte. Wir wollen sehen, wie in dreihundert Jah-

ren ein türkischer Gelehrter die Historie konstruieren und welche
Dinge er für wildes Fleisch ausgeben wird.

3.2.6 [Hegels Vortragsweise]

Lehrer:

Nichts, wie gesagt, Nichts, meine Herren, also Nichts ist Alles.
Jeder, meine Herren, ist also Keiner. Denn gesetzt also, zum Exempel, es klopfte, gesetzt also, es klopfte Jemand, Jemand also an
meine Tür, an meine Tür also: wie? nun wie? was würd' ich sagen? also sagen? Wie gesagt, ich würde fragen: wer da? Also wer
da? Nun aber, wie gesagt, würde draußen geantwortet, also geantwortet: Ich! Ja, Ich! Was bin Ich? dumm! Ich ist Jeder! also Jeder: Jeder also, also Jeder ist so viel wie Keiner. Nun aber, also,
nun ist doch ohne Zweifel, also ohne Zweifel ist doch Jemand da.
Sie sehen also, meine Herren; wie gesagt, das Sein ist so gut als
Nichts. Denn ich, ich, der ich frage, bin denkend freilich, aber die
Person draußen, also draußen ist Nichts; denn wie gesagt, sie sagt:
Ich! Ich kann aber also Jeder sein. Nun sehen Sie, wer also pocht,
ja pocht auf seine bloße Existenz, seine natürliche Existenz also,
ist nichts; denn wie gesagt, das abstrakte Sein ist Nichts.

Erster Schüler:

Auch das Meinen ist nichts, also wie gesagt, das Meinen –

Lehrer:

Ja, wer denkt, meine Herren, der *ist* also: aber Meinen, also
Meinen kommt, wird hergeleitet, hergeleitet, deriviert also von
Mein; aber das Partikuläre, wie gesagt, das Personelle entscheidet
nicht, also Mein, Mein also ist Nichts.

Zweiter Schüler:

Das Organ des Denkens nun, wie gesagt, ist der Geist, das heißt
also, nichts, was ich besitze, so daß es also, also etwas Partikuläres
sei, sondern der Geist, also der Geist kommt, wird hergeleitet, hergeleitet, deriviert also von Sein, Geist ist das Geist. Also –

Lehrer:

Also das wahre Sein; so daß also zuletzt das Sein doch wieder
Etwas ist. Ist? Etwas? Wieder? Doch? O, meine Herren, die Spra-

che also, ist also das größte Hindernis der Philosophie; denn man
stößt an, wie gesagt, bei jedem Worte an. Die Wissenschaft
braucht aber jedes Wort also, also jedes Wort in einem andern
Sinne, also als dem gewöhnlichen also, drum, meine Herren, drum
ist die wahre Philosophie also eine stumme, obschon, wie gesagt,
dies Schweigen, dies Schweigen also leicht in Mystizismus übergeht;
die wahre philosophische Sprache also ist die Sprache, wie gesagt,
die Sprache Gottes.

3.2.7 [Über Hegel und Fourier]

Es zieht sich eine tiefe Verstimmung durch unser Leben, es nagt
ein tiefer Schmerz an unsrer Gesellschaft. Die wachsende Bildung
erhebt unsere Gedanken und der Gedanke steigert unsere Gefühle.
Der Kenntnis des Schönen folgt die Begierde nach dem Schönen.
Was die Phantasie sich ausmalt, will die Leidenschaft besitzen.
Die arbeitende Hand träumt von der genießenden und die Träume
verdüstern die Wirklichkeit. Die kleinen Freuden des Lebens reichen nicht mehr aus, um die großen Entbehrungen zu heilen. Die
Last dieses Daseins erdrückt die Freude an ihm. Hat man endlich
ein Leben geschaffen, so stirbt man. Und der Tod? Und das Jenseits? Trübe Nebel, die auf dem Jahrhundert ruhen!

Philosophen sind aufgestanden, um diesen Schmerz zu lindern.
Nicht in Deutschland; nicht der egoistische Hegel, nicht der
prahlerische Schelling. Diese suchen den Urgrund der Dinge, diese
denken – an Gedanken, diese fühlten nichts für die Menschheit als
einen fühlenden Organismus. Owen dagegen lehrte eine gesellschaftliche Philosophie in England; Fourier in Frankreich. Fourier
war ein armer Kaufmann, der einem Stand leben mußte, den er
haßte, er schrieb Werke, die man verlachte, oder, was in Frankreich noch gefährlicher ist, ignorierte, umfangreiche, stillose, ver-
worrene Bände; er starb in gedrückter Lage, verzweifelnd, hoffnungslos, umstanden von wenigen Schülern, den 10. Oktober 1837.

Ich glaube nicht an Fouriers Tat, aber ich glaube an seinen edlen
Willen. Ich glaube nicht an seine Mittel, aber an seinen Zweck.
Ich glaube nicht einmal an die Voraussetzung seines Systems, an
die Bestimmung des Menschen glücklich zu sein. Mich erschreckt
sein Hedonismus, sein Entgegenkommen an das Bedürfnis der Bequemlichkeit. Unsre irdische Bestimmung ist, gut, nicht glücklich
zu sein. Ich würde das Gefühl, das mich in ein Jenseits ruft, nicht

verstehen, wenn ich schon hienieden glücklich wäre. Ich bin unglücklich und freue mich, daß ich, dem Geschick zum Trotz, gut
sein, gut bleiben kann. Wir sind Geschöpfe der Natur und haben
die Bestimmung, vom Geist – der Natur gleichsam abgewonnen zu
werden. Wir sind von Natur schlecht, die Erfahrung, die Erziehung, das innerste böse Gelüst beweisen es. Daß wir gut werden,
ist das Werk einer zweiten Schöpfung, einer Schöpfung aus dem
Geiste, aus der Offenbarung Gottes in die Welt, aus der Geschichte. Fühlen wir diese Bestimmung in unserm ganzen Menschen
nach, so werden wir vor dem Unglück, dem Wirrsal dieser Welt,
werden wir vor der ungleichen Verteilung der Güter nicht zurück-
schrecken. Alles, und nichts mehr als das Unglück, wird uns zum
Besten dienen. Diese trübe Aussicht des Lebens ist die der Stoiker
und die des Christentums. Wenn es sich um eine moralische Erziehung des Menschengeschlechts handelt, so weiß ich keine bessere.

3.2.8 [Erinnerungen an Hegel]

Jede der Hegel'schen Beweisführungen hatte eine praktische Perspektive. Am Ende einer langen, allerdings höchst monotonen und
langweiligen Allee von Begriffsspaltungen sah man immer einen
Erfahrungssatz, der bestätigt, oder einen Traditionssatz, der umge-
stoßen werden sollte. Der logische Prozeß, das Sein und Werden,
das Ansich und Fürsich, war allerdings ein Becherspiel unter der
Hand eines Jongleurs, der sein Spielzeug so lange betreibt, bis er
uns das Auge verwirrt und durch Aufdeckung eines der blanken
Gefäße erst wieder zur Besinnung bringt. Hob Hegel den Becher
auf, so lag gewöhnlich ein Unerwartetes da, ein Wort von Goethe
oder Spinoza, eine mystische Stelle Taulers oder Jakob Böhmes,
eine Etymologie von Grimm, ein politisches Wort Montesquieus,
ein Vorkommnis der Geschichte. Man mußte staunen und bewundern. Die schärfste Polemik nach links und rechts, die absolute
Verachtung der »abstrakten«, »endlichen«, »flachrationalistischen«
»Wahrnehmungen« begleitete durchweg den Vortrag und erkräf-
tigte den Geist. Allerdings erfüllte er ihn auch mit Hochmut. Man
sah nur Denk-Parias um sich, während man sich selbst, mit seiner
Mappe unterm Arm, ein Bramine erschien beim Heraustreten aus
dem Hörsaal – war es nicht Nr. 6? Die Hegel'sche Philosophie der
Geschichte, deren Gefahren ich erst später erkennen lernte, war in
der Tat jenes Webermeisterstück, wovon Mephisto im Faust

spricht. Die Fäden gingen auf und nieder, jeder Tritt war sicher und berechnet, die Welt wurde dem Schöpfer nachkonstruiert, das Geheimnis der Parzen, ihr System, wonach sie die Verhängnisse bestimmten, schien enträtselt. Die Art, wie aus jedem Volk gleichsam die Wurzel seines Seins gezogen wurde, von jedem Zeitabschnitt die Blüte gepflückt seiner gesamten Tendenzen und Strebungen, erfüllte den jugendlichen Hörer mit andächtigen Schauern.

Und dennoch konnte ich über die eine Klippe nicht hinweg, daß das Denken gleich sein sollte dem realen Sein! Ich bewunderte einige leidenschaftliche Adepten der neuen Lehre, denen diese Fähigkeit vollkommen innezuwohnen schien. Sie konnten das Nichts ordentlich festhalten, das Sein und Werden wie mit Fingern greifen. Sie konnten sich die Welt, das Stein- und Mineralreich, die preußische Wachtparade mit den himmelhohen Haarbüscheln an den damaligen »Czakos« der Garde, die lange Friedrichsstraße ebenso wie die Milchstraße am Himmel alles auch aus puren Ideen gebildet denken. Ich gehörte nicht zu ihnen. War ich doch sonst keiner von den Massiv- und Grobkörnigen, die nur das begriffen, was sie, wie Marheinecke gesagt hatte, »in ihren Leib hineinfraßen« – ich bekämpfte im Gegenteil eifrigst mein Behagen an der Erscheinungswelt – aber diesen Augenblick begriff ich nicht, wo plötzlich der Logos das Wort war und das Wort die sichtbare Welt. Um mich dann zum abstrakten Denken, zu einer mehr süd- als norddeutschen Ekstase und Idealität reifer zu machen, besuchte ich ab und zu einige der wenigen damals auftauchenden Lokale für – »fremdes Bier«. Aus mächtigen Pokalgläsern sprach ich lediglich dem Erlanger und Nürnberger zu, das amalgamiert mit den gepfeffertsten und gezwiebeltsten Beefsteaks (die damals ebenfalls noch eine Neuerung für Berlin) dem Menschen eine himmelstürmende Elastizität zu geben vermag und aus dem Vaterland Hegels, dem poesievollen Süden kam – aber alles umsonst! Die verbesserte Nahrung wirkte lediglich auf die Vermehrung der Tatkraft und brachte wiederum die Wälle von Spandau in Gefahr. Entbehrung hätte für die Ideen Platos gewiß besser gewirkt. Aber die Ideen Platos kannte ich schon als Schattenbilder, als bloße Abdrücke der Wesenheiten in einem sonnenverklärten Jenseits. Ich suchte das Denken gleich Sein. Um mich von meinem Unvermögen, dies zu finden, zu heilen, besuchte ich noch die Vorträge zweier Schüler Hegels, *Michelets,* der sich aus Hegels Logik eine liberale Weltanschauung zu konstruieren im Begriff war, und des äußerlich coulanten und gefälligen Herrn *Leopold von Henning,* dem dieselbe Logik das Material zur Unterstützung Jarkes und Phillips' bot jener Ultrakonservativen, die bald ihre Konfession wechseln, katholisch werden und nach Österreich auswandern sollten. Aber ich kam über den Moment, wo auch diesen braven Männern das Denken gleich Sein war, nicht hinweg. Ich sah nur Betrachtende und Betrachtetes in der Welt. Meine Röcke und Stiefel kosteten ein »reelles« Geld – eine schwarze Pikesche mit kunstvollen Schnüren und zierlich übersponnenen Knöpfen machte mich auf ein halbes Jahr zum Schuldner meines Schneiders – wie ich aber eine so kostspielige materielle Welt rein aus meinen Gedanken heraus ableiten und Gläubiger mit Ideen zufriedenstellen sollte, ich habe es nicht begriffen, so lebhaften Teil ich auch an einem Disputatorium nahm, das Leopold von Henning, ein ehemaliger Offizier und auch noch damals Lehrer an der Kriegsschule, förmlich als eine Art Hegel'schen Exerzierplatzes errichtet hatte. Der große, hagere Baron konnte für unsern Flügelmann gelten. Wir waren einige Zwanzig und machten Rechts schwenkt! Augen links! In Zügen! In Colonnen! Alles mit ihm durch, legten Hinterhalt mit Trugschlüssen, schossen Beweisführungen, avancierten und retirierten, alles nach den Regeln der Dialektik. Mein Denken aber und – das alte zerschnittene Pult vor mir mit den eingekerbten Namen und schwarzen Tintenflecken erhob sich nicht zur absoluten Identität, so sehr ich geneigt war, anzunehmen, daß allerdings alles anfangs Gott und Gottes war, daß sich Gott in seinem Bestreben, einmal aus dem Ansich herausspazieren zu gehen, einer, so zu sagen, elektrischen Strömung im All bedient haben konnte, woraus die Materie entstand. Hatte man doch Beispiele, so stärkte ich meinen Glauben, daß aus einem Gewitter, also aus reinen Luftphänomenen, helle, schwere Steine gefallen waren. Mit Meteorsteinen und aus gewissen rätselhaften Vorgängen, namentlich der *Generatio aequivoqua,* suchte ich mir die Möglichkeit des Nichts – Etwas zu erklären. Ich Unglücklicher, wenn ich schon damals hätte erfahren müssen, daß auch die *Generatio aequivoqua* nur auf Täuschung beruhte und daß alles, was entsteht, die Virchow'schen Eier voraussetzt!

3.3 *Der Salon von H. Heine. Zweiter Teil.*

> Hätt' er was gelernt, braucht' er nicht zu
> schreiben Bücher.
>
> *Salomon Heine.*

Schon seit langer Zeit vernahm man, daß sich Heinrich Heine, unsre nach Paris verflogene Nachtigall, damit beschäftige, deutsche Mehlwürmer aus dem Gebiete der Theologie und Weltweisheit zu verspeisen. *Wie* er es tut, sieht man an diesem Buche, welches für Deutschland viel Erinnerung, für Frankreich viel Belehrung enthält. Die hier mitgeteilten Urteile über deutsche wissenschaftliche Zustände standen zum großen Teile schon in französischen Blättern abgedruckt. Aus der widerspenstigen Sprache des Auslandes, aus den Umgebungen der brillanten Revueliteratur Frankreichs, aus schönstem satinierten Palmen-Velin sind sie nun übersetzt worden in gutes deutsches Druckpapier, in ehrliches Altenburgisches Bourgeois. Heine fühlt, daß freilich in Paris alles glänzender und parfümierter erschien; doch weht ihm süß die Heimat zu, der deutsche Vogel singt doch anders, als der französische, für ihn wenigstens, er mag sich in französische Anschauungen filtrieren so viel als er weniger will als muß; es ist sein gutes liebes packleinenes Deutschland mit allen seinen Blättern für literarische Unterhaltung, mit seinem halben Liberalismus, mit seiner Ängstlichkeit in Religionssachen, mit seinen Lindenbäumen, Schlafmützen und Tabakspfeifen, mit allem, wie es Heine braucht. Denn Heine ist eine ganz deutsche, mittelalterliche Figur, ein Herz voll Schweizersehnsucht, das sich oft abseiten stellen muß, um eine Träne aus dem Auge zu drücken. Er spielt in Paris eine schiffbrüchige Rolle, um so mehr, als ihm sein Versuch, französischer Schriftsteller zu werden, mißglückt ist.

H. Heine hat in der Tat daran gedacht, sich neben Voltaire, Racine und Rabelais stellen zu wollen. Er spekulierte auf französische Lorbeern, auf einen Ruhm, der, wenn man ihn einmal hat, nicht täglich wieder angetastet wird, wie in Deutschland; Heine spekulierte auf die Akademie und das Pantheon. Aber diese ganze durch Dragomane vermittelte Unterhandlung mißlang; denn Heine besaß den schönen Stolz, sich Frankreich gegenüber nicht zu verleugnen, sondern er trat in seiner ganzen Deutschheit, mit seinem Mondschein, seiner Blässe, seiner Melancholie und dem Hasse, der alle deutschen Schriftsteller dieser Zeit charakterisiert, in

die Salons der jungen französischen Literatur; aber es mögen
kommen St. Beuve, Chasles, A. Pichot, die ganze französische Kritik mit ihren Feuilletons: sie werden nie begreifen können, was es
heißt, wenn Heine lächelt. Dieses deutsche Heinische Lächeln, diese Mischung von Nachtigallengesang, Harziger Waldluft, von ver-
steckter Satire auf ganz versteckte Menschen, diese Mischung von
Skandal, von Sentimentalität und Weltgeschichte: wer verstünde
das in Frankreich? Wer kennt dort das Hotel de Brühbach in Göttingen, die Hamburgische Gasbeleuchtung, den Berliner Jungfernkranz, den Professor Krug, die Münchner Riegelhäubchen, die
deutsche Kritik, die Judengassen, alles, was man wissen muß, um
Heine zu verstehen; denn er ist ganz deutsch, ein Mann von heute,
wenigstens mehr Mann der Vergangenheit, als der Zukunft. Auch
haben ihn die Franzosen gänzlich mißverstanden, und niemand
mehr, als der ihm von allen am verwandtesten ist, Jules Janin.
Dieses journalistische Genie beurteilte seine Reisebilder, und es
kam drauf an, was er über sie sagen würde. Es handelte sich um
Heines französisches Bürgerrecht, um eine Meisterschaft, die der
deutschen Muttersprache hätte entrissen werden können; aber der
heimatliche Genius verwirrte den schwatzhaften J. Janin, Frankreichs klassischsten Pastetenbäcker. Heine wurde von ihm total
mißverstanden. Denn nachdem er alles gelobt hatte, die Phantasien von Neuberghausen, Franscheska mit ihren zweifarbigen Pan-
toffeln, Gumpelino und die schönen Naturbeschreibungen und die
kleinen vorübergehenden Romane, und von nichts gesprochen hatte, als von Swift, und wieder von Swift, bleibt ihm plötzlich sein
Lob im Munde stecken, wo er auf Heines Satire kommt. »Wozu« –
fragt der fremde Feuilletonist –, »wozu aber unter allen diesen
Rosen der satirische Stachel, oder gar die Pechfackel der Revolution? Wozu bei so vieler Grazie so viel Gift? Wozu der Ärger
über deutsche Perücken? Wozu diese ganze Misère der Politik unter all den sylphenhaften Scherzen, der Moniteur unter Veilchen
und Liebe?« Dies ist der Tadel des Franzosen! Dies alles wundert
ihn! O Jules Janin, du momentaner Mensch, du hast Deutschland
nicht begriffen, du warst nie auf der Göttinger Bibliothek, du
kennst uns nicht, und Heinen nicht, und die Reisebilder nicht. Du
hast mehr getan, als ein Russe; du hast sogar einen Exilierten
mißhandelt!

Wenn nun Heine noch zuweilen für die Franzosen schreibt, so
tut er es, wie es Prediger gibt, welche vor Puppenköpfen ihre Re-

den einstudieren. Er fingiert sich ein fremdes Publikum, das ihn
nicht versteht. Alles, was er in den französischen Wind spricht, ist
immer auf uns berechnet, denen er den Rücken zukehrt. Er weiß
doch, daß hier in Deutschland die Ohren sich spitzen, und spricht
deshalb laut und vernehmlich, damit alles jenseits des Rheines
hübsch sein Echo finde. Und so kann man diese Urteile Heines
über unsre Bekanntschaft mit Gott, Natur, Welt, wie sie früher
und jetzt wieder ausgeboten wurden, eine Sammlung von Anzüglichkeiten nennen. Es ist alles für diesseits berechnet. Die Franzosen haben genug mit den Doktrinären, dem hochverräterisch-archi-
tektonischen Prozesse, genug mit einem Menschen, der sterben
will, mit Talleyrand, und genug mit einem Menschen, der nicht leben kann, mit Sebastiani, zu tun. Sie haben für Heine keine Zeit
übrig.

Nun so komme er denn zu uns zurück! Heine ist uns, wie ein
Bruder, der auf die Wanderschaft gezogen ist, und nun er heim-
kehrt, umringen ihn die jüngern Geschwister, die erfreuten Alten
und die Nachbarn, und alle vergleichen scharfsinnig, wie er war
und inzwischen geworden ist. Jedes freut sich, eine alte Ähnlichkeit
zu entdecken, und ruft entzückt aus: »Seht, *die* Gewohnheit hat er
doch noch immer!« Uns so finden alle etwas, woran sie sich halten, und was ihnen Mut gibt, ihn zu küssen, obschon er so vieles
angenommen hat, was bloß ihr Erstaunen rege macht. Der junge
Gewanderte schreitet stolz im Dorfe einher und spricht mit vor-
nehmem Ausdruck, und läßt eine lange tombakne Uhrkette am
Leibe baumeln, und grüßt sehr herablassend und lächelt nur etwas
fein, wenn er den Baum erblickt, von dem er einst Äpfel stahl.
Und wann ihm Mädchen begegnen, seine Gespielinnen, die er früher küßte, so lacht er höchst unterrichtet, höchst eingeweiht,
höchst genossen. Und diese ganze Komödie dauert acht Tage,
oder doch nicht länger, als man braucht, um 284 Seiten des splen-
didesten Druckes über deutsche Philosophie und Theologie zu
schreiben. Späterhin übermannen ihn die Erinnerungen; er wirft
das steife Fischbein vom Halse und umwindet sich mit einem roten geblümten Tuche der Freude, läßt bunte Bänder an seinem
Hute flattern, und ist froh, im Walde die alten Plätze wiederzufin-
den, wo er einst saß, lyrische Querl schnitt aus Lerchenholz, und
den Gesang des Buchfinken nachahmte auf einem Holunder-
blatt.

Heine spricht in diesem Buche viel über Christentum, Nixenglauben, über den Papst, Luther, Leibniz, Spinoza, Rothschild, Kant, Fichte, Hegel, über Sein und Nichtsein, kurz über Illusionen und Irrtümer, von welchen man eine gute Meinung behält, je weniger man davon weiß. Heine weiß in der Tat recht viel darüber; hält aber auch desto weniger davon. Seine Unbefangenheit und sein Spott nagt an den Kanzeln und Kathedern. An sogenannte heilige Gegenstände macht er mainächtliche Hexenkreuze. Alten bepuderten Autoritäten bohrt er Esel, kurz der ganzen Historie deutscher Theologie und Philosophie wird von ihm so aufgespielt, daß die langen Schleppkleider sich zu drehen anfangen, und die schweren Männer der Wissenschaft im Menuette tanzen, und sich das hintere Ende der Perücke nach vorne setzen, die dreieckten Hüte aber auf ein Ohr – kurz, es ist eine drollige, faschingsartige Fantasmagorie, welche hier aufgeführt wird. Heine hatte mit der Historie dieser Dinge zu viel zu tun, und ließ deshalb noch manche Gelegenheit zum Scherz vorübergehen, eine humoristische Entwicklung der Leibnitzschen Monaden, eine Charakteristik des Kantischen Dings an sich, Fichtesche Konsequenzen, und die Hegelschen Purzelbäume der Negation. Seien diese Stoffe verwandten Geistern empfohlen; aber ach! wir haben deren nicht viel.

Im allgemeinen kann ich mich nicht mit dem Ernste über Salon II. aussprechen, welchen Heine wenigstens von der jungen Literatur dabei zu erwarten scheint. Heine hatte immer das Verdienst eines Tirailleurs, der plänkelnd im Vordertreffen steht und nur sich, keinesweges eine gewonnene oder verlorene Schlacht einsetzt. Heine arbeitete scherzend der Julirevolution vor: er arbeitet jetzt im Scherz dem großen Ernste vor, welcher sich mit der Revision der Offenbarung, und mit allen sozialen Fragen des Jahrhunderts beschäftigen wird. Für den Kampf selbst im großen ist Heine nicht geeignet. Er ist dazu nicht massiv und systematisch genug. Sollte man es glauben! Heine hat Vorurteile. Es gibt gewisse Dinge, für welche Heine, wenn auch nicht sterben, doch den Schnupfen haben könnte. Heine will die Hüter unsrer morschen Institutionen nur ärgern. Es macht ihm Spaß, die Geheimnisse fremder Überzeugungen zu profanieren; doch tut ihm wieder leid, was er tut. Er spricht in diesem Buche viel von der Kirche; aber er will nur Angst einjagen, er will nur den Triumph genießen, in einer christlichen Gemeinde die Lorgnette gebrauchen zu dürfen. Einen Hund in den Gottesdienst mit hineinzunehmen, würde er schon nicht wagen; noch weniger aber, einen neuen Glauben zu predi-

gen. Denn müßte dieser nicht positiv sein? Das ist es, Heine hat
Furcht vor dem, was noch nicht ist. Wie ihm das Beil der Republik Schrecken einflößt, so seine Religion, welche am Ende neue
symbolische Bücher erfindet, die möglicherweise in einem nicht so
guten Stil geschrieben sein könnten, als die Bibel. Heine befindet
sich bei unsern Zuständen, wie sie sind, ganz wohl. Er will nur
hinter dem Spiegel stecken, als Schreck, als Drohung, mit der Ge-
bärde dessen, wie er sein könnte, wenn er wollte. Stil und Witz gedeihen bei dieser Indifferenz vortrefflich. Heine kann ohne
Deutschland nicht fertig werden; er sehnt sich zurück nach unsern
Dienstags- und Donnerstagsgerichten, nach unsrer dummen, aber
feurigen Liebe, nach den Alsterpavillons und dem Bergedorfer Boten, und dieser Schmerz steht ihm schön. Dies ist ein Motiv, das
sich bei einem so reichen Genius, wie Heine, zu Dantescher Erhabenheit steigern kann. Es wäre ein ganz neues Kolorit seiner Poesie, die Sehnsucht nach Deutschland quand même! und müßte
eine Konsequenz werden dieses wunderbaren Menschen, die ihn
den deutschen Herzen immer noch näher brächte.

3.3.1 *Börne gegen Heine.*

Börne hat Heine im Feuilleton des Reformateur bei mehr, als
der bloßen Partei angeklagt. Er appellierte an alle diejenigen, welche sich ein Urteil zutrauen, und hat deshalb in der Verdammung
Heines einen auffallenden Anklang gefunden, selbst bei denen,
welche Börne sonst gar keines Grußes würdigt. Das Resultat ist
jedenfalls ein solches, was Börne nur zufällig zugunsten kommt;
wir müssen das Gleichgewicht wieder herstellen und den Ankläger
innerhalb seiner Partei zurückdrängen. Ich kann nicht dafür, wenn
dies Verfahren wie eine Rechtfertigung Heines aussehen wird.
Mich dauert des armen Kindes, wie man ihm seine Blumenkränze
zerreißt und an seine liebenswürdige Torheit mit so massiven
Zurechnungen geht.

O glaubt mir, beide leidet ihr an derselben Krankheit! Beide
macht euch die Geliebte eures Herzens wahnwitzig! Beide
schmachten nach der Freiheit; aber Börne wird aus Sehnsucht ein
Verzweifelter, Heine aus Sehnsucht ein Übermütiger. Börne rettet
das übrige, während er eines aufgeben muß: Heine wirft alles hin,
er krankt an demselben Schmerze. Börne hält sich an Gott und
gibt die Menschen auf. Heine klammert sich an die Menschen und

scheidet sich von Gott. Börne will die moralische und religiöse
Weltordnung kultivieren, bis wir in bessern sozialen Verhältnissen
sind. Heine will alles preisgeben, ehe wir nicht am politischen Ziele sind. Wer hat recht? Törichte Frage! Fragen soll man nur: wer
ist mäßiger? Auch das nicht: Wer ist mutiger? Noch weniger dies:
Wer ist unglücklicher? Sie sind es beide in gleichem Grade; nur
darin unterscheiden sie sich, daß der eine seiner Sache nützlicher
ist, als der andre.

Börne, dem der deutsche Adler an der Leber frißt, ist kein Prometheus: Heine ist es; denn Heine flucht den Göttern, wie Prometheus. Börne glaubt früher zu seinem Ziele kommen zu können,
wie Heine; denn Börne läßt der Welt, was sie hat, nur will er ihren politischen Zustand verändern. Heine will ihr noch den Glauben nehmen. Das ist der Unterschied: Börne hat nur einen, Heine
hat sie alle gegen sich.

Börne leidet an einer Einseitigkeit; Heine an einer Ungerechtig-
keit. Börne glaubt, die einzige Frage der Zeit wäre die der Könige.
Heine rächt sich an den Gärten, Besitzungen, an dem ehrlichen
Namen des Mannes, der ihm seine Tochter nicht geben will. Wenn
Börne an seinem Ziele wäre, so würde er die Sitten und sozialen
Meinungen angreifen. Wenn Heine es wäre, so würde er gegen
Börnes Frivolität schreiben und eingestehen, daß er früher die
Erde und den Himmel nur verwüstet habe, um gleichsam zu sa-
gen: Wenn ihr uns das eine vorenthaltet, nun, so werde euch auch
das andere benommen!

Börne klagt Heine der Frivolität an; aber ist es nicht der größte
Leichtsinn, das Jahrhundert auf nichts zu reduzieren, als die konstitutionelle Frage? Indem Börne die theologischen Debatten in
die Vergangenheit verweist und von den Angriffen auf das Christentum wie von einer antiquierten und verbrauchten Maxime
spricht, schneidet er für unsre Zeit die Spekulation ab. Indem er
geringschätzig redet von den Bestrebungen, über die Schönheit,
neue Bestimmungen festzusetzen, tötet er die Keime künstlerischer
Ausbildung, mit deren Blüte die nächste Zukunft unsres Vaterlandes bedacht zu sein scheint. Wir können nicht glauben, daß Börne
eines solchen Despotismus fähig wäre, und die Zeit so wenig über-
sähe. Eine solche Vollendung, wie die seinige, eine Vergangenheit,
die so abgerundet vor uns steht, wie die Autorschaft Börnes,
braucht freilich die Gegenwart nicht. Aber die deutsche Jugend,
welche die Feder führt, wird sich hüten, eine Einseitigkeit der

Grundsätze zu verfolgen, welche die Tendenz des Jahrhunderts ebensosehr wie die Literatur zu vernichten droht. Sie auf nichts anweisen, als jene isolierte politische Tätigkeit, d. h. auf die Bretter, welche zu einem Sarg hinreichend sind, ist eine Grausamkeit, die die Jugend hochherzig genug wäre, wahr zu machen, die aber niemanden nützen würde, am wenigsten dem Vaterland. Je notwendiger es scheint, sich mit den bestehenden Verhältnissen abzufinden, desto eher solltet ihr darauf bedacht sein, uns in den Studien zu unterstützen, welche der Zukunft gewidmet sind!

Wir haben es immer ausgesprochen, daß Heines ganz unentwickelte Charakterbildung, vor allen Dingen aber die große Leere, welche selbst in genialen Köpfen entsteht, wenn sie in einer so vollen, konkreten und überhäuften Zeit nichts tun, als von ihrem ursprünglichen subjektiven Kapitale leben, diesen Autor zum Kampfe der Zeit im großen, tragischen Stile ganz ungeschickt macht. Möge jedes Wort, was Börne in dieser Rücksicht gesagt hat, auf ein gutes Feld fallen und in Heine nicht Groll, sondern Entschlüsse hervorrufen! Im übrigen aber müssen wir uns entschieden gegen Börnes Prinzipien, so weit sie in jenen Aufsätzen zum Vorschein kommen, erklären, wie gegen alle Insinuationen, die von der rein bürgerlichen Auffassung der Ereignisse herkommen oder mit einer Meinungsschattierung des Tiersparti, sei es, welche es wolle, irgend im Zusammenhange stehen.

3. 3. 2 [Über Heines Diktion]

Die Diktion *Heines* ist der Kulminationspunkt der modernen Schreibart, sie hat alle Vorzüge und alle Fehler derselben. Ihr größter Fehler ist wohl einer für den sie selbst nicht kann, nämlich der, daß sie sich nachahmen läßt. Diese feine musivische Komposition, diese drei-, viermal überbürstete Einkleidung lächelnder Gedanken, diese, sogar im Erhabenen noch immer beobachtete Beobachtung ihrer selbst, könnte Methode werden, da sie ordentlich ihre Regeln hat. Alles heinisiert, alles mischt den Scherz in den Ernst, setzt die konkreten Bilder für abstrakte Begriffe, gibt den Teil für das Ganze, und hat für das Erhabene eine eigentümliche Verbindung der Sätze, die in einem gewissen Fortspinnen der Perioden durch träumerisch-gedankenlose Verbindungspartikel besteht. Jeder, der heute schön schreiben will, muß einen Teil von *Heine* borgen, doch gibt es mancherlei Erlösungen von dem Extreme dieser Diktion; sie sollte bei *Laube* in der Naivität liegen. Ich fürchte, daß seine Versuche im *Goethe*schen Stile kein rechtes Gegenmittel sind.

3.3.3 [Über Heines poetische Natur]

Man kann von *Heine* nie etwas Entschiedenes behaupten; denn seine poetische Natur wird sich und andere immer Lügen strafen. *Heine* mag schreiben, was er will, so muß es schön sein. Soll er nun die Kritik am Gängelbande leiten und achtbare Männer und Männer, die, wie *Wienbarg*, für sich selbst stehen, verführen, Inkonsequenzen zu begehen? Man soll *Heine* nie ohne Kautelen loben und seinen Eifer immer im Schach zu halten suchen. Anders ist es mit dem Autor, welchem *Wienbarg* in dem letzten Artikel so liebe und freundliche Worte sagt. Der wird nie üppig werden und aufhören, an sich zu feilen und zu raspeln. Der wird nie sein hohes Ziel aus den Augen verlieren: nämlich der Menschheit ein Schauspiel zu geben, das sie tröstet, erhebt und ihrem Auge eine grüne, lachende Weide ist. Ihm kann man schon etwas Ermunterndes sagen; denn er wird immer glauben, es geschähe nur, um ihn auf seine Fehler aufmerksam zu machen. Ich bin dies selbst. –

3.3.4 [Der schwache, nicht charakterlose Heine]

Heine ist (seinem *Denunzianten* zufolge) auf den Punkt gekommen, wo ihn sich sein Oheim dachte, als er, wenn es wahr ist, sagte: Hättest Du was gelernt, brauchtest Du keine Bücher zu schreiben! Hätte sich Heine mit dem »schwarzen Ungehängten« (Siehe seine Reisebilder Th. I.) assoziiert und lieber in Kaffee, Tran und Indigo gemacht, als in Mondschein, Pariser Zuständen und politischen Eulenspiegeleien; so würde ihn zwar auch die nordamerikanische Krisis haben werfen können; allein er hätte doch in Güte sich mit den Kreditoren abfinden, vom schwarzen Brett der Failliten sich wieder auslöschen und mit der Zeit an die Börse kommen können. Allein als Autor! Als geächteter und sequestrierter Publizist, von einer hohen Behörde zu Protokoll genommen, angewiesen, seine Schriften für das halbe Deutschland von einem einzigen Zensor, Herrn Hofrat John in Berlin, prüfen zu lassen – – da hat Salomo Heine recht gehabt. Denn hätte er jetzt was gelernt, nämlich was indossierte, trassierte und gerittene Wechsel sind; dann

braucht' er nicht drucken zu lassen, daß er umkäme, wenn die
preußische Präventivmaßregel nicht aufhörte! Oder wär' er auch
nur Advokat in Hamburg geworden, so hätte er jetzt andre, als
seine eignen Prozesse zu führen. Er hätte ja doch alle Monat einmal ein Gelegenheitsgedicht machen können. Das wollte aber frei
sein, wie der Vogel im Walde, war blind von dem Schatten des
Lorbeerkranzes, den man dem jungen Dichter aufsetzte; das tän-
delte so fort, griff Fürsten und Herren an, machte die Religion
zum Spott, ließ sich eine St. Simonistische Mütze aus Ägypten
schicken, blieb so lange in Paris, daß der Paß ablief und aus
einem Spaziergang ein Exil wurde, hat nun Kaiser und Reich gegen sich aufgebracht, und – steckt voller Schulden und Finanzver-
legenheiten, die *Thiers,* der auch vom Mastbaume der Politik her-
unter geglitten ist, nicht mehr berichtigen wird!

Heine hat sich dem deutschen Publikum von jeher mit seinen
Fehlern und Tugenden wie ein poetisches Kind gezeigt. Man ist so
vertraut mit seinem Taufschein, seiner Mutter, einer geb. von oder
aus Geldern, mit seinen Studentenjahren und seinem Pariser Komfort. Sein ganzes Leben liegt vor uns wie eine bunte Landkarte
aufgerollt. Damit stimmt nun sein Geständnis, daß er kein Geld
mehr hätte, naiv zusammen. Freilich sind wir Deutsche nur poetisch bis zu einem gewissen Grade. Daß wir nun auch denken sollten: Wie viel Liebes und Gutes hat nicht *Heine* geschrieben, wie
rührend ist sein Scherz, wie drollig sein Pathos, wie lächerlich sind
seine Tränen, wie wunderlich und anziehend alle seine Gebärden!
Und daß wir nun statt Goethe und Schiller und Lessing ein Denkmal aus Stein zu setzen, es so machten, wie die Franzosen mit
Berryer, und *Heine* ein Landgut kauften, oder so wie die Engländer mit Walter Scott, und ihm seine Schulden bezahlten – dazu
werden wir zeitlebens zu ungeschickt sein. Die Regierungen beschränken *Heines* Tätigkeit, weil es das öffentliche Wohl verlangen
soll; allein kein Staatsmann wird so roh oder eingebildet sein, Heines außerordentliche Geistesgaben und seine künftige Genugtuung, die ihm die Literaturgeschichte geben wird, in Zweifel zu ziehen, wie denn grade von der äußersten politischen Intoleranz, von
Gentz, das authentische Geständnis vorhanden ist, daß er für Heine nicht bloß eingenommen war, sondern schwärmte, daß sein Alter sich in Heines Buch der Lieder verjüngte und daß selbst in seinen Irrtümern und Übertreibungen ein eigentümlicher Reiz von
Wahrheit und Natur läge. Niemand würde uns hindern, *Heine* bei

einem Pariser Hause so lange eine Pension auszumachen, bis das
polizeiliche Interim abgelaufen und dem Staate genuggetan wäre.
Aber noch keinen roten Heller werden die Deutschen zusammen-
bringen. Dafür gibt es viele Gründe.

Einmal sagen die Liberalen: Ja, wenn's noch Börne wäre! Nun
hatte aber Börne diese deutsche Großmut glücklicherweise nicht
nötig; denn er brauchte wenig und hatte das, was er brauchte. Er
konnte gut den Verlauf der Dinge mitansehen! Er konnte gut
Briefe aus Paris schreiben! Daß Heine schwach ist, glaub' ich
wohl; denn wir sollen nur menschliche Maßstäbe an Menschen legen. Allein charakterlos ist er nicht. Selbst das Unglück, woran er
jetzt leidet, macht ihn nicht feige. Ich hab' ihn nirgends bitten
oder betteln sehen.

Dann haben wir Deutsche gar eigene Begriffe von Dichtern und
Zikaden, von Nektar und Ambrosia, von poetischen Müllern, die
vom Winde leben; und doch zeigt uns jede Seite in der Geschichte
unserer Literatur, daß unsre edelsten Geister mit den erbärmlich-
sten Lebensverhältnissen kämpfen mußten. Goethe hat darum
auch so abscheulich gewirkt, daß er der am weitesten im Vor-
grunde Stehende war und niemand ihn von menschlichen Rücksichten, weil sie ihn gar nicht plagten, bedrückt fand. Dadurch haben wir uns bei unsern großen Geistern nur an theatralische Repräsentation gewöhnt und nie daran gedacht, sie mit menschlichen
Zuständen in Zusammenhang zu bringen. Später zogen sich gar
die Fürsten und Hofleute von der Literatur zurück. Die Periode
des Mißtrauens begann. Jean Paul würde jetzt keine bayrische
Pension mehr gezogen haben, wenn sie nicht Dalberg in seiner Ka-
pitulation mit der Krone Bayerns ihm ausbedungen hätte. Die
Schriftsteller wurden entweder Vielschreiber, und hielten sich
durch die Masse ihrer Produktionen; oder sie gewannen durch den
Buchhandel bedeutende Summen, wenn sie auch weniger schrieben und nur recht gelesen waren. Die Literatur spaltete sich in
Parteiwesen. Die Regierungen machten im Interesse der Grundsätze, auf welche sie gebaut sind, der freien Zirkulation einer aufsät-
zigen Literatur den Garaus. Sie hatten recht in ihrem Rechte; aber
was tatet ihr, die ihr als Partei die bedrängten Autoren die
euern genannt hattet? Ihr sagtet: Börne *verdiente*, der Pariser
Briefe wegen, unsre Hilfe nicht, selbst wenn er ihrer bedurft hätte.
Ich aber sage, er schrieb seine Pariser Briefe nur deshalb so heftig,
weil er wußte, selbst von seiner Partei würde ihm kein Vorschub

geleistet werden, so oder so! Lebte Jean Paul noch unter uns und
hätte durch irgendeinen Nachtrag zu den »Dämmerungen« seine
Pension verscherzt; würdet ihr sie ihm gezahlt haben? Nein, armer
Jean Paul, die Deutschen vergleichen die Dichter mit den Göttern,
die irdischer Speise nicht bedürfen. Jetzt erheben sie z. B. Friedrich
Rückert, der von seiner Armut in seinen Gedichten ebensoviel
spricht, wie Heine jetzt in seiner Prosa. Rückert hat eine Professur
der orientalischen Sprachen, von der er nicht leben kann. Er *muß*
arbeiten, er *muß* euch den ganzen Orient in Verse setzen. Der
Gott in ihm ist freilich seinem Geist so treu, daß er selbst den ge-
zwungenen *Vielschreiber* nicht verläßt. Ihr seht das alle, schickt
ihm Ehrenbecher und – keinen Wein dazu. Habt ihr nicht so viel
Zartgefühl, Rückerts Lage so zu heben, daß er durch die Hilfe
nicht beleidigt würde? Es gibt der Mittel genug, hier zu wirken
und dabei doch diskret zu sein.

Man hat gesagt, daß die gegenwärtige deutsche Schriftsteller-
epoche nur dazu bestimmt scheine, einer zukünftigen den Weg zu
bahnen; Großes werde aus ihr nicht gedeihen; sie werde den Graben füllen müssen, über welchen ein andres Geschlecht zum Siege
kommt. Und ich glaube es von Herzen. Jene Misere, die Heine
nun aufgedeckt hat, wird mit an dieser Unzulänglichkeit Schuld
tragen. Die Zahl von Schriftstellern, welche eine Rückwand am
Staate haben, der sie als Beamte oder Pensionäre besoldet, wird
immer kleiner. Noch leben: A. W. v. Schlegel, Steffens, v. Rehfues,
Tieck, Ed. v. Schenk u. a. Der Nachwuchs, was man rings an Ta-
lenten erblickt, muß schon suchen, sich auf eigne Hand zu befestigen, und wie soll er es, wenn die öffentlichen Tatsachen sich ihm
nicht zuneigen! Werden es diese? Ich zweifle. Das Mißtrauen gegen die Literatur ist Regierungsmaxime geworden. Man lese nur
die fürchterlichen Beschuldigungen derselben, wie sie von *Löffler*
in seiner *Gesetzgebung der Presse* im beinahe offiziellen Tone gegeben werden.

Blicken wir in einer solchen Gedankenverbindung noch einmal
auf Heines Brochüre und den Salon III. zurück, so beschleicht uns
ein tiefes Mitleid mit dem deutschen Literaturwesen, wie es sich
seit einem Dezennium gestaltet hat. Diese schönen metallenen
Worte, diese zarten Bilder, diese reizenden, neckenden Wendungen, die ganze Frühlingswärme des Heinischen Gemütes – und dagegen die Eiseskälte unsrer täglichen Erfahrungen, die grobe An-
geberei an der Spitze der populären Kritik, die Einschüchterung

des Buchhandels, die Grundsatzlosigkeit der Pressegesetzgebungs-
begriffe, die Entfremdung der öffentlichen Tatsachen, die eher das
Literaturwesen vernichten als begünstigen möchten und jedenfalls
unter Regelung derselben ganz formelle und mechanische Hilfsmittel, die niemanden nützen und allen schaden, verstehen; was
bleibt da für Trost und Hoffnung übrig? Vielleicht, daß diese Krisis vorübergeht. Vielleicht, daß noch eine Zeit kommt, wo die
Literatur ihre Geburten nicht mit Angst auf offener Straße ablegt,
wo die Gefahr überstanden ist, als könnte vor lauter Partei- und
Zeitungswesen, vor lauter Tendenzen, wie Mystizismus und Materialismus, vor einer Politik der bloßen Administration und des
Beamtenwesens, vor lauter Entfremdung der auf ihre bedrohten
Vorrechte bedachten Machthaber sich gar kein einiges behagliches
und im Zwecke unverdächtigtes Schriftwesen mehr aufrecht erhalten. Bis dahin kann man denn auch nichts anders tun, als denen,
die die Feder schon einmal ergriffen haben, raten, daß sie an kleinen und harmlosen Aufgaben ihre Kraft sich erhalten mögen; denen aber, die begierig sind nach Schriftstellerruf und Öffentlichkeit, daß sie lieber ein Handwerk treiben, lieber graben und
Schiffe ziehen mögen, als unter jetzigen Verhältnissen glauben, mit
dem Dichterruhm sich eine *Stellung* erwerben zu können. Wie oft
bieten sich uns nicht junge Talente zur Teilnahme am Literaturwesen an! Ich ermuntere niemanden. Sie mögen dichten und denken; sie mögen aber die Welt so nehmen, wie sie ist und sich mit
dem *Bestehenden* aufs bedächtigste abfinden. Man kann der literarischen Jugend Deutschlands wahrlich keinen aufrichtigeren Rat
erteilen.

Als Heine diesen Aufsatz gelesen hatte, rief er mit komischem
Schmerze aus: Ach, er wird meinem *Kredit* schaden!

3.3.5 *Herr Heine und sein Schwabenspiegel*

Seit sechs Monaten kann ich nicht begreifen, wie man den im
»Jahrbuch der Literatur« abgedruckten Schwabenspiegel von Herrn
Heine nicht ebenso geistreich und witzig finden will, wie seine
übrigen Schriften. Ich hielt immer die Methode seiner Polemik,
wie er sie hier gegen die schwäbischen Dichter in Anwendung
brachte, für unwürdig der ernsten Bedeutung jenes Almanachs;
aber wer konnte von Herrn Heine *Wahrheit* verlangen? Er gibt
uns hier, wie immer, frivole Späße, witzige Einfälle, sentimentale

Ausgänge, und ich begreife nicht, wie sich die gesamte Deutsche
Kritik gegen diesen Schwabenspiegel förmlich verschwören konnte. Man schnitt allgemein Gustav Pfizer von dem Galgen ab, an
welchen ihn Herr Heine, über eine ihn betreffende Kritik desselben entrüstet, umständlich gehängt hatte; ja es wundert mich, daß
niemand auf den Einfall gekommen ist, da Herrn Heines Bildnis
die erste Seite des Jahrbuchs ziert und sein Schwabenspiegel die
letzten, zu sagen: Dort hätte sich der berühmte Dichter von vorne,
hier in seinem Wesen, scheußlich genug, von hinten gezeigt.

Ich kann aber wohl etwas anderes begreifen. Herr Heine in Paris stürmt an den Posttagen in das Lesekabinett von Brockhaus
und Avenarius und durchfliegt mit ängstlicher Neugier die eben
angekommenen deutschen Blätter. Er will wissen, um wieviel Prozent an der literarischen Börse seine flauen Aktien ausgeboten
werden, und findet, daß man ihn, was mir unverzeihlich erscheint,
fast gleichgültig behandelt, daß Namen, die vielleicht nicht wert
sind, ihm die Schuhriemen aufzulösen, weit öfter genannt werden,
als sein einst so gefeierter. Er steht einsam da in Paris; die biedre
Ehrlichkeit der flüchtigen Deutschen verabscheut seine Gesinnungslosigkeit, die Heimat vergißt einen Autor, der seit sechs Jahren von der Muse verlassen scheint; so in seinem Unmut greift er
nun zu jenen jetzt beliebten Erklärungen und Verwahrungen und
bricht in den neuesten Nummern der Zeitung für die elegante
Welt mit einem Ingrimm aus, der um so komischer wirkt, als er
nicht gegen seine Feinde, sondern gegen seine Freunde gerichtet
ist.

Herr Heine wird mir wohl zutrauen, daß ich ihm den Schmerz
nachempfinde, seine besten Gedanken von der Zensur verstümmelt
oder wohl gar gänzlich ausgelöscht zu sehen. Herr Heine mag
recht haben, daß sein Schwabenspiegel ungleich mehr Aufsehen
gemacht haben würde, hätte ihm die sächsische Zensur nicht die
besten »Witze« weggestrichen. Da waren mehrere Hofräte in
Dresden bedeutend touchiert, die evangelische Kirchenzeitung bekam, glaub' ich, einen Eselsorden und die literarische Stellung
Wolfgang Menzels hatte Herr Heine besonders dadurch zu untergraben gedacht, daß er eine lange Geschichte von dem »isabellfarbenen Hemde der Frau Dr. Menzel« erzählte. Alle diese geistreichen und eines Lieblings der Nation so würdigen Paradoxen hatte
die unerbittliche Schere der Zensur weggeschnitten. Herr Heine erhält die Zensurbogen nach Paris zugesandt. Er hat die von der

Zensur gleichsam für wasserdicht und unverletzbar erklärten sächsischen Hofräte seinen retourgesandten Eselsorden, er hat die Fetzen des »isabellfarbenen Hemdes der Frau Dr. Menzel« in Händen und wagt dennoch, schon vor einigen Monaten, eine verzwickte Erklärung abzugeben, deren Schraube nicht auf die Zensur, sondern auf die nächsten Umgebungen des Herausgebers jenes Jahrbuches, des Herrn Julius Campe, deuten soll. Da man den Einfluß, welchen ich auf das »Jahrbuch der Literatur« habe, überschätzt, so mußte in der Meinung des Publikums *ich* es gewesen sein, der mit vorwitziger Hand die schönen Antithesen getilgt und unter anderm ihm auch jenes saubre Hemde ausgezogen hatte. Herr Campe, mit Recht auf seine Selbständigkeit eifersüchtig, glaubte darauf nicht schweigen zu dürfen, und gab das wahre Sachverhältnis in einer bescheidenen, *nicht* auf Schrauben gestellten Erklärung im Telegraphen an. Diese Auflehnung eines Buchhändlers gegen ihn erzürnt Herrn Heine nun so gewaltig, daß er die in seinen Händen befindliche Wahrheit, die Sächsische Zensur, *absichtlich ignoriert* und mit einer Dreistigkeit, die mehr als humoristisch ist, die Lesewelt *zwingen* will, ihm zu *glauben,* daß wenn nicht meine, doch die Hand des Dr. Wihl die Dresdner Anzüglichkeiten, den Eselsorden und das »isabellfarbene Hemd der Frau Dr. Menzel« zerrissen hätte!

Ich weiß nicht, wie Herr Campe (der gegenwärtig auf der Leipziger Messe ist) mit Herrn Heine steht. Vielleicht hat sich Herr Campe verpflichten müssen, nie zu widersprechen, wenn Herr Heine eine Lüge aussagt, die er berichtigen könnte. Ich glaub' es zwar nicht; aber möglich, daß Herr Heine dies von dem Verleger seiner Schriften voraussetzt. Es ist möglich, daß Herr Campe schweigen muß, wenn Herr Heine am Strande des Kanals mit deutschen Auswanderern geweint haben will und statistische Tabellen gar nachweisen, daß in dem Monat, wo dies geschehen sein soll, keine Auswanderer im Havre eintrafen. Es ist möglich, daß Herr Campe es bestätigen *muß,* wenn Herr Heine sagt, seine besten Werke, Novellen und Tragödien, wären ihm bei einer Feuersbrunst in Hamburg verbrannt; *schweigen* muß, wenn Herr Heine behauptet, von einem Fiaker in Paris, »der ein alter Jakobiner war«, dies und das gehört zu haben; schweigen muß, wenn Herr Heine in seiner erwarteten kleinen Schrift über L. Börne sagen wird: »Und abends geh' ich oft auf die Höhe des Montmartre und benetze auf dem Père la Chaise mit meinen Tränen das Grab des

edlen Mannes, der mich verkannte.« Kurz, ich weiß nicht, wozu
sich alles Herr Campe verpflichtet hat; aber mir und meinen
Freunden traue Herr Heine nicht zu, daß wir eine Rolle und noch
dazu die Rolle der Düpes übernehmen werden, wenn er in seiner
gewohnten Art mit dem deutschen Vaterlande Komödie spielt!

Was soll man zu den indiskreten Veröffentlichungen fremder
Briefe sagen, die Herr Heine sich in seinem Schreiben an Herrn
Campe erlaubte? Wahrlich, wer zu solchen *Kunstmitteln* greifen
muß, bei dem muß die natürliche Kraft bis zur Ohnmacht versiegt
sein. Werden durch diese unerlaubte Handlung die Mystifikationen, die Herr Heine mit seinem Vaterlande von Paris aus treibt,
gerechtfertigt? Statt uns mit bessern Dichtungen, als die in der
Europa sind:

　Madame, wünschen Sie
　Bei der Herzogin vorgestellt zu werden

statt uns mit Dramen, Novellen, humoristischen Genrebildern zu
erfreuen, will er uns durch Mystifikationen unterhalten. Er will
uns glauben machen, daß all sein Witz, sein Freimut, sein Tiefsinn
seit drei Jahren von der Zensur gestrichen wäre. Er mag sich darüber mit Herrn Campe verständigen! Welche ultrahumoristische
Dreistigkeit aber, mich und meine Freunde zu Verbündeten der
deutschen Zensur zu machen! Intrige, Kabale sieht er, wo die Welt
nur offne Wahrheit sieht. Er will es für eine fremde Machination
ausgeben, daß er seit mehren Jahren leider aufgehört hat, besonders originell und geschmackvoll zu sein. Es sind dies Kindereien,
die jeder durchschauen wird, gegen welche aber Männer, welche
er dabei eine Rolle spielen läßt, sich ernstlich verwahren müssen.

Für wie unedel ich auch den *Menschen* Heine halte, so groß
wird doch immer meine Achtung vor dem *Schriftsteller* sein. Niemand kann sich über die Anklage, als benutzt' ich meinen Wohn-
ort Hamburg zu Intrigen gegen Herrn Heine, mehr verwundern,
als ich. Ich soll der neckende Überall und Nirgends sein, dieser
unruhige Poltergeist, der Herrn Heine alle die kleinen Malicen,
welche sich seit einigen Jahren die deutsche Presse gegen ihn erlaubt, zuwege bringt? Ich hätte für jenen moralischen Ekel, den
sich E. Beurmann aus Paris an Herrn Heines persönlicher Erscheinung, die ich immer noch so gern für ungemein anziehend halten
möchte, holte, diesem die Ipekakuanha dazu gemischt usw.? Herr
Heine, der mich als einen Intriganten schildert, zwingt mich, jetzt
einen Teil meiner wahren Stellung ihm gegenüber auszusprechen.

Er verletzte das Geheimnis *fremder* Briefe; ich will das Siegel von meinen eignen lüften und jenes erste Schreiben hier abdrucken lassen, von dem er selbst, unser Père Enfantin, mit so wohlwollender Herablassung und vornehmer Duldung spricht. Es ist Zeit, einmal offenbar zu machen, *wie* ich mit meinen Freunden konspiriere, *woran* ich denke, wenn ich mich gegen Verleumdungen zu decken suche, ob an meinen Egoismus, oder an die Interessen der Literatur. Man überzeuge sich nun, *wie* ich gegen Herrn Heine intrigiere! Ich schrieb an ihn:

Hamburg, 6. August 1838

Der Augenblick einer persönlichen oder schriftlichen Begegnung, verehrter Herr Doktor, mußte zwischen uns doch einmal früher oder später eintreten; denn schon seit langer Zeit bin ich auf dem Sprunge, nach Paris zu kommen, oder die Interessen des Telegraphen hätten mich zum Schreiben bewogen, oder die innige und aufrichtige Hochachtung, die ich für Sie hege, hätte zuletzt jedenfalls die Schranke gebrochen und mich um so mehr auf Erwiderung eines dargebrachten Grußes hoffen lassen, als ich von Campe sowohl wie von Dr. Wihl die Zusicherung bekommen habe, daß Sie meine literarischen Entwicklungen mit wohlwollender Teilnahme verfolgen und aus ihnen ein Bild meiner Persönlichkeit entnommen haben, auf welches Sie Ihre Augen nicht mit Mißtrauen heften würden. Freilich ist nun die Veranlassung, die ich grade jetzt zum Schreiben genommen habe, für mich eine sehr unglückliche und für Sie wird sie eine zweideutige sein. Ich weiß nicht, was Sie zu dem fernern Inhalt dieses Briefes sagen werden, ob Sie meine Absicht mißdeuten, ob Sie gleich beim Beginn unsers nähern Verhältnisses, unmutig über meine von Ihnen nicht einmal provozierte Aufrichtigkeit, es nicht schon abbrechen werden; genug, es ist mit Gefahr verbunden, daß ich Ihnen schreibe, was zu schreiben mich meine Liebe zu Ihnen, meine Bewunderung Ihres Geistes, meine Achtung Ihres Ruhmes zwingt.

Jeder, der mit Campe so nahe stünde, wie ich, würde auf Nachrichten von Ihren Unternehmungen und Plänen neugierig sein. Ich bin es um so mehr, da sich für mich an Ihre Briefe und Vorhaben nicht bloß persönliches, sondern allgemein literarisches Interesse knüpft. Ich frage Campe: Was hat Ihnen Heine geschrieben, was bereitet er vor, was können wir hoffen? Seien Sie ihm nicht ungehalten, daß er mir in solchen Fällen wohl eine Stelle Ihrer Briefe liest, daß er mir etwas mitteilt, was eben unter die Presse gehen soll! So hab' ich Ihre Nachrede zu dem Supplement des Buches der Lieder gelesen; so hab' ich das Material, was zu dieser Ergänzung bestimmt ist, selbst gesehen. Letzteres kam nämlich vor einigen Tagen von Darmstadt zurück, wo die Zensur nach langem Besinnen den Druck verweigert hat. In Betreff dieses Nachtrages ist es, daß ich Ihnen schreiben wollte. Hören Sie nun und handeln Sie nach Ihrem Gutdünken!

Es wird Ihnen selbst in Paris nicht die Bemerkung entgangen sein, daß sich das Urteil über die Literatur der letzten zehn oder zwölf Jahre gegenwärtig bei uns in einer Krisis befindet. Das literarhistorische Urteil scheint sich feststellen zu wollen; man nimmt die Akten der frühern Prozesse wieder vor, instruiert sie von neuem, bringt neue Entscheidungsgründe heran, natürlich befinden Sie sich, als gemachter Autor gegen die erst sich machenden, in einem großen Vorsprunge. Unsre Namen sind in den Sand, Ihrer ist schon in Erz gegraben; und dennoch ist auch der Moment für Sie ein sehr beachtungswerter. Es ist nämlich die junge Generation selbst, an die jetzt die Kritik gekommen ist. Für mißliebige Urteile hat man jetzt nicht mehr den Trost, daß ja diese Pedanten und Professoren und Hofräte unverbesserlich sind. Schon Menzels Umkehr und Treulosigkeit war eine bedenkliche Wendung. Die Parteien trennten sich und Zahllose fielen ab und wandten sich einer sogenannten Tugend, dem Vaterlande und den guten Sitten zu. Vollends beachtenswert ist aber die gegenwärtige Erscheinung, daß sich grade der jüngere Nachwuchs, der sich durch Sie und teilweise auch durch uns später gebildet hat, als entscheidende Instanz aufzuwerfen beginnt. Pfizers Kritik konnte vielleicht nur noch einige wenige zu Menzel hinüberführen, aber unbedenklich nachteilig ist das, was Ruge über Sie geschrieben hat, sind die Persönlichkeiten, die Beurmann mitteilte, und so vieles andere, was Ihnen hoffentlich in Paris entgangen sein wird. Ich bin nun der Überzeugung, (und halte mich verpflichtet, sie Ihnen mitzuteilen) daß, wie die Sachen jetzt stehen, Ihre Verhältnisse zur deutschen Bildung, Nationalität und Literatur wenn nicht vollkommen, doch bei weitem überwiegend günstig ausfallen; daß Sie aber, *wenn diese Gedichte des beabsichtigten Nachtrags erscheinen,* in die Waage Ihrer Beurteilung ein Gewicht legen, welches auf der Schale der gegen sie erhobenen Beschuldigungen zentnerschwer lasten wird. Alle die Verse, die Pfizer mühsam aus dem Buche der Lieder zusammenlesen mußte, bieten Sie ihm jetzt dutzendweise dar. Ich möchte denjenigen genannt wissen, der nach Veröffentlichung jener Gedichte wagen würde, Sie in Schutz zu nehmen. Gentz ist tot, Varnhagen ist stumm, Laube hat Rücksichten; sonst wüßt' ich niemanden.

Dichter der Reisebilder, man hat Dir viele Sünden vergeben, weil es Dornen an Rosen waren; aber diese neuen, Heine, die *nur* Dornen sind, vergibt man Ihnen nicht! Für »den ungezogenen Liebling der Grazien« gibt es auch eine Grenze, und diese haben Sie in jener Gesangsmanier längst überschritten. Sie kennen die allgemeine Stimme, die über Ihre Gedichte auf die Pariser Boulevardsschönheiten mit den stolzen Namen: Angelika u.s.w. im Salon in Deutschland herrscht; warum in dieser Manier noch eine so fruchtbare Nachgeburt? Nennen Sie mir die Nation, die solche Sachen in ihre Literatur aufgenommen hat? Wer hat in England, in Frankreich dergleichen zum *Jocus der Commis* herausgegeben, Gedichte, die man sich vorliest in Tabaksqualm, bei ausgezogenen Röcken, in einem gemieteten Zimmer, unter leeren Flaschen, die auf dem Tische stehen! Béranger scheut sich nicht, von einem nächtlichen Besuch bei einer Grisette zu sprechen; aber sagt er »*ich habe mich wohlbefunden*«? Spricht sich bei ihm je das Gefühl von Übersättigung und aufgestachelter sinnlicher Trägheit aus? Ich verletze Sie, indem ich dies schreibe, aber ich muß es Ihnen sagen; denn Sie scheinen mir in einer Sorglosigkeit über Ihren Namen befangen, die grenzenlos ist. Sie gehören doch einmal den Deutschen an und werden die Deutschen nie anders machen, als sie sind. Die Deutschen sind aber gute Hausväter, gute Ehemänner, Pedanten, und was ihr Bestes ist, Idealisten. Ich spreche hier meinen eigenen literarischen Erfahrungen nach; ich weiß, wie hoch man in Deutschland die Saiten spannen darf, aus dem Erfolge meiner eignen Schriften. Sie waren schon in Paris, als plötzlich die Anklage der neuen Literatur auf *Unsittlichkeit* ertönte; Sie konnten sich nicht selbst überzeugen, wie vernichtend dieser Vorwurf wirkte. Wer damals von den Autoren nicht wenigstens *Geist* hatte, war unrettbar verloren. Welcher deutsche Autor aufhört in die Höhe zu blicken, *wer in seinen Augen den himmlischen Glanz* verliert, der verliert auch seine Stellung im Volke. Ich könnte Ihnen hier viel, viel mitteilen und ausführen, aber ich fasse mich kurz und sage Ihnen: durch diesen Nachtrag ruinieren Sie Ihre Stellung so, daß selbst Ihre Freunde die Feder niederlegen und

sich bescheiden müssen. Geben Sie das Buch auf! Der Ratcliff ist
ja jedermann zugänglich, die Nachrede lassen Sie, wenn es nirgend anders ist, im Telegraphen drucken, und das *wenige* Gute,
was sonst noch in dem Material vorliegt, finden Sie schon Gelegenheit, hier oder dort unterzubringen, ich meine, in Ihren eignen
späteren Werken, nicht in Journalen.

Machen Sie nun mit diesem aufrichtigen Geständnisse und
Rate, was Sie wollen; ich bin mir der besten, der ehrlichsten Absicht bewußt. Ich sehe, daß Sie an einem Abgrunde wandeln, den
Sie nicht sehen. *Ich warne Sie,* die Akten Ihrer, ich möchte sagen
literarischen Seligsprechung nicht zu verderben. Verdorben aber
sind sie, wenn sie jetzt noch einen solchen Stoß von Anklagepunk-
ten aufhäufen und allen Ihren Gegnern die Beweise mutwillig in
die Hände spielen. Halten Sie mich für einen Pedanten? Oder
glauben Sie, daß ich die grade im Prosaischen und Ordinären *gesuchte* Originalität jener Poesien nicht zu kosten wüßte? Ich weiß
es, hier ist der Punkt, wo Sie mir am meisten widersprechen; gerade etwas Originell-Prosaisches, auf den Kopf Gestelltes und doch
Poetisches dabei wollen Sie geben; Ihre Begriffe über Poesie
scheinen mir in einer theoretischen Verwirrung zu sein: aber
Deutschland, das versichr' ich Ihnen, wird sie praktisch verstehen
und Ihre *Gegenwart* fallen lassen; da man Ihnen freilich die Zukunft, Ihrer *Vergangenheit* wegen, nicht nehmen kann.

Ich müßte bei Ihnen sein, um mich ganz so auszusprechen, wie
ich möchte. Was hätt' ich Ihnen nicht alles über die Stellung der
Parteien und die Resultate, die wir als wirklich gewonnen und die
wir als verloren ansehen müssen, mitzuteilen! Nur in flüchtigem
Umriß hab' ich angedeutet, was hier alles zu erwägen wäre. Vielleicht ergänzt Ihre Phantasie und die selbst dem Großen schön
stehende Bescheidenheit, was ich alles noch verschwiegen und der
trägen, Zeit raubenden Feder nicht übergeben habe. Ich gesteh' es
leider, daß für unser Verhältnis viel davon abhängt, ob Sie meinen
Rat befolgen; denn wenn auch unverändert bliebe die Achtung
vor Ihren großen Gaben, so würde doch in dem Eifer, für Sie zu
wirken, manche der Sehnen, die ich für Sie noch nicht alle in Tätigkeit gesetzt habe, vor der Zeit erschlaffen. Seien Sie versichert,
daß so aufrichtig und treu, wie ich, noch wenige zu Ihnen gesprochen haben und daß mein Rat mehr wert ist, als ein Schwall lo-
bender und nichtssagender Allgemeinheiten, mit denen ich mich
Ihnen nähern könnte, wäre nicht unser Verhältnis ein organisches.

Erfreuen Sie mich bald mit einer Antwort und erhalten Sie Ihr
Wohlwollen Ihrem u.s.w.   K. Gutzkow

Herr Heine befolgte meinen Rat und dankte mir mit jenen ihm
eigentümlichen aus Ironie, scheinbarer Gutmütigkeit und vornehmer Berückischtigung zusammengesetzten Wendungen. Er war befugt, mich an die Geschichte vom Splitter und Balken zu erinnern
und deutete an: »Ihm wärs um eine gewisse *vornehme* Literatur
zu tun.« Es tut mir leid, meine Antwort auf diese Theorie von
einer vornehmen (in den Anschauungen Gentzens, Varnhagens
und Laubes wurzelnden) Literatur nicht abdrucken zu können, da
ich von dem Briefe keine Abschrift behielt. Da Herr Heine so
sorgfältig seine erhaltenen Briefe zu dem edlen Zwecke unerlaub-
ter Veröffentlichung aufbewahrt, sollte er ihn drucken zu lassen
den Mut haben. Er würde nicht minder, wie der vorige bezeugen,
wie unwürdig Herr Heine meiner ihm so frei und treu ausgesprochenen Achtung war.

Wenn man die von Herrn Heine mitgeteilten Auszüge aus den
Briefen des Herrn Campe liest, so wird man zwar zunächst nur
das Gefühl des tiefsten Unwillens über den Skandal der Indiskre-
tion haben. Dann aber wird man sich bald eingestehen, daß Herr
Campe ein Buchhändler ist, der bei allen persönlichen Vorzügen
doch mit dem Edlen, Schönen, Großen nur – Geschäfte macht.
Luthers Reformation war für den Verleger Luthers – eine gute
Konjunktur; das, wofür Rousseau sein Leben gelassen hätte, wird
sein Verleger immer eine Spekulation nennen, eine ernste Unter-
nehmung wird der Buchhändler seinem Geschäftsfreunde so mitteilen, daß er sagt: »da hab' ich etwas ausgeheckt.« Häßlicher ist
die Darstellung des Verhältnisses zu meinen Freunden. Freie, für
sich selbst verantwortliche Bildungen werden da für mein Werk
ausgegeben, aus Anhänglichkeit wird Interesse, das Organische
wird als Maschine dargestellt. Was mich auf die Freundschaft
eines Mannes, wie *Ludwig Wihl,* so stolz macht, ist nicht allein
das feste Vertrauen, das ich auf sein Herz setzen kann, sondern
noch weit mehr das freie Entgegenkommen der aus ihm selbst sich
entwickelnden Überzeugungen seines Geistes. Würd' ich auch das
Unglück haben, in so viel persönliche Fehde verwickelt zu sein,
wenn ich die Gewohnheit hätte, meine Freunde immer für mich
ins Feuer zu schicken? Eher *hindr'* ich sie an freundlichen Äußerungen ihrer Ansichten über mich; denn ich kenne die traurige Ver-

dächtigung, der sie sich aussetzen. Ohnedies bedarf Ludwig Wihl
keines Parteianschlusses, da er als Dichter und Kritiker auf persönliche, keiner Rückwand bedürftige Geltung Anspruch machen
kann. Ich muß es ihm selbst überlassen, sich auch *seinerseits* die
Rolle zu verbitten, die ihn Herr Heine in der von ihm um jeden
Preis beabsichtigten Mystifikation spielen lassen will.

Zum Schluß bitt' ich Herrn Heine, sich doch am Genius unsrer
Literatur nicht so sträflich zu versündigen, daß er die Geduld seines Vaterlandes auf so peinliche Proben stellt. Was soll die Nation
denken, wenn sich ihrer besten Köpfe eine solche Zügellosigkeit
und Skandalsucht bemächtigt! Ich bitte Herrn Heine, an den Ver-
lust seines von so vielen noch immer geachteten Namens nicht das
Äußerste zu setzen! Diese Farce mit der eigenmächtigen von Herrn
Campe, Wihl und mir gewagten Zensur seines Schwabenspie-
gels (eine offenbar *absichtliche* Selbsttäuschung), sei nun zu Ende
gespielt mit der Beschämung, vor welcher wir ihn leider nicht retten konnten, die aber dem Humoristen vielleicht von dem lachenden Teile des Publikums verziehen wird. Wenn jedoch die Absicht
des Herrn Heine, durch solche Umtriebe sich ein neues Relief geben zu wollen, allzudeutlich wird, wenn er, statt uns lieber Gedichte, Trauer-, Lust-, Schauspiele, Romane, Novellen oder auch
nur Reisebilder zu schreiben, jetzt auf den Boulevards herumgrü-
belt und sich aussinnt, wie er diesen Artikel wohl recht pikant beantworten, mich wie Pfizer etwa an den Galgen bringen oder wie
Wolfgang Menzel mit dem isabellfarbnen Hemde meiner Frau
widerlegen könnte, so würde es mich tief, nicht meinet- sondern
der Literatur und seinetwegen schmerzen; denn müßte dann nicht
die Achtung vor diesem einst so reichen Geiste, der seit beinahe
sechs Jahren nichts mehr schaffen zu können scheint, und, um sich
nicht vergessen zu machen, nach dem schmutzigsten Skandale
greift, vollends verloren gehen?

3.3.6 [Wider Heine, den Widersacher Börnes]

Die Schrift des Herrn Heine kommt in vieler Hinsicht zu spät. Zu
spät – weil Börne tot ist und man solche Verleumdungen, wie sie
hier gedruckt sind, nur von einem Lebenden sollte auszusprechen
wagen. Zu spät – weil Börnes Grab längst so dicht mit der freundlichen, versöhnten Anerkennung der deutschen Nation bewachsen
ist, daß die Brennesseln des Herrn Heine auf dem geweihten Plat-

ze keinen Raum übrig finden. Zu spät – weil Herr Heine die deutsche Nation wegen einer Frage beunruhigt glaubt, die uns diesseit
des Rheins sehr gleichgültig ist. Herr Heine weiß nicht, daß man
sich jetzt in Deutschland mit den wichtigsten Erörterungen über
Kirche und Staat, mit den Untersuchungen über Protestantismus
und jesuitische Reaktionen, über Preußens und Rußlands Zukunft, über hundert wichtige Kulturfragen, nur nicht mehr mit sei-
nei »Reisebildern« beschäftigt. Es hat etwas Rührendes! Herr
Heine ging vor zehn Jahren nach Paris und bildet sich ein, daß
Deutschland noch immer auf Vollendung der Periode harrt, die er
grade angefangen hatte, als sein Fuß das Hamburger Dampfschiff
betrat, welches ihn nach Havre transportierte. Er glaubt, wir knu-
sperten noch immer an den kleinen Gedichten und Novellen der
damaligen Taschenbücher, an seinem Streit mit Platen, an seinen
*Salon*witzen, an einem Bilde, das er von Herrn von Raumer
brauchte und ähnlichen, großartigen Leistungen, von denen er (S.
363) sagt: »Meine Leistungen sind *Monumente,* die ich in der
Literatur *Europas* aufgepflanzt habe, zum ewigen Ruhme des
deutschen Geistes.« Weil Herr Heine glaubt, daß wir um diese
Monumente wie die Zwerge noch immer mit staunender Bewunderung herumgingen, so hielt er eine Schrift über seine persönlichen
Differenzen mit Börne für ein Unternehmen, dessen Erscheinung
man nicht zu motivieren brauche.

Ob sich Herr Heine für witziger, poetischer, unsterblicher als
Börne hält, kann dem Biographen des letztern gleichgültig sein.
Immerhin mag er ein Buch schreiben, dessen Thema in folgenden
Worten (S. 240) ausgesprochen liegt: »*Börnes Anfeindungen gegen
mich waren am Ende nichts anders, als der kleine Neid, den der
kleine Tambourmaitre gegen den Tambourmajor empfindet: er be-
neidete mich ob des großen Federbusches, der so keck in die Lüf-
te hineinjauchzt, ob meiner reich gestickten Uniform, woran mehr
Silber, als er der kleine Tambourmaitre mit seinem ganzen Vermögen bezahlen konnte, ob der Geschicklichkeit, womit ich den
großen Stock balanciere, ob der Liebesblicke, die mir die jungen
Dirnen zuwerfen, und die ich vielleicht mit etwas Koketterie erwi-
dre!*« Allein diese Schilderung der eignen Liebenswürdigkeit, des
»fetten Hellenismus« seiner schönen Gestalt, der Liebesblicke, die
ihm die jungen Dirnen des Palais Royal zuwerfen, mußte nicht
auf Kosten eines Mannes geschehen, dessen sittliche und politische
Bedeutung, publizistische Tiefe und römische Charakterfestigkeit,

dessen schönes edles Gemüt und zarte Hingebung an Schmerz und
Unglück, dessen Herz in allen seinen Lebensfunktionen ihn gegen
Herrn Heine als einen Riesen erscheinen läßt, der ganz ruhig die
Hand auf die »europäischen Monumente« des Herrn Heine legen
und sagen kann: »Siehst Du, ich bin doch größer als Du!«

Herr Heine erzählt uns seine Berührungen mit Börne. Er erzählt, wie er ihn gefunden, im seidnen Schlafrock, mit der Pfeife
im Munde, schwerhörig, heute krank, morgen unpäßlich. Auch
diese Beschreibungen sind zum Teil wahr, teils ergötzen sie, weil
sie aus dem Bestreben hervorgehen, zu zeigen, daß Herr Heine
schöner gebaut, korpulenter, liebenswürdiger, kurz ein Mensch
wäre, den man mit Börne gar nicht vergleichen könne. Mißlich
aber ist es mit den Äußerungen, die er Börne in den Mund legt.
Diese füllen oft in einem Zuge mehr als sechs bis sieben Seiten.
Sollte Herr Heine schon vor zwanzig Jahren die Absicht gehabt
haben, seine Memoiren zu schreiben und über die Äußerungen der
Menschen, mit denen er umgeht, schon so lange Buch führen?
Nein, es ist unmöglich. Diese langen Tiraden, die oft witzig, oft
durch ihre Länge ungenießbar sind, kann Börne nicht gesprochen
haben. Herr Heine, der ein so schwaches Gedächtnis hat, daß er
sogar dasjenige, was ihm das Teuerste war, seine Grundsätze, mit
der Zeit vergaß, Herr Heine sollte den Kopfrechner Dase an In-
tensität des Erinnerungsvermögens übertreffen? Gegen die Echt-
heit dieser Diatriben müssen wir also von vornherein protestieren.
Sie sind ohne Zweifel durch einen schlagenden Einfall Börnes angeregt, aber in dieser Form ohne Widerrede von Heine ebenso erfunden, wie die Reden, die Cornelius Nepos jene Imperatoren halten läßt, die auch größer waren als er.

Alle Welt wird mit mir darin übereinstimmen, daß das, was
Börne bei Herrn Heine redet, ihn eben nicht im liebenswürdigsten
Lichte erscheinen läßt. Nicht nur, daß er sich wie ein unsinniger
Coupe tête in seinem politischen Fanatismus gebärdet, er ist auch
lasziv, gewöhnlich und nicht selten beinahe gemein. Diese Lüge in
dem Buche des Herrn Heine hat mich – nächst der empörenden
Mißhandlung eines edlen weiblichen Gemüts – am tiefsten ge-
kränkt, hat mich um so mehr gekränkt, als vielleicht Börne sich
wirklich gehen ließ, wenn er mit der saloppen Gesinnungslosigkeit,
der witzelnden Blasiertheit und dem bekannten bauchgrimmenden
Ennui des Herrn Heine zusammen kam. Wir sind Menschen und
Börne war sogar ein guter Mensch. Wenn er in Herrn Heines Ge-

genwart manches Laszive und Triviale sprach, so tat er es aus Gefälligkeit gegen den Mann, der ihn besuchte. Er war zu gutmütig, Herrn Heine eine andere Sprache vorzuschlagen, als welche dieser in seiner Unterhaltung gewohnt ist. Es sind wahrhaft häßliche Dinge, namentlich über Christen- und Judentum, die Herr Heine Börne in den Mund legt. Wenn sie nicht ganz erfunden sind, so beweisen sie nur, wie freundlich Börne in seinem Wesen war, wie wenig er den Streit liebte und mit wie zarter Aufmerksamkeit er denen entgegen kam, die ihn besuchten. Womit sollte er Herrn Heine unterhalten? Er schätzte den jungen Mann, er setzte große Hoffnungen auf seinen Stil, er glaubte ihn aufmuntern zu müssen und ging harmlos auf die albernen Talmudwitze ein, an denen Herr Heine mehr seinen Humor genährt hat, als an unserm großen Jean Paul, den er in diesem Buche einen »konfusen Polyhistor« nennt! Ja, um die Wahrheit ganz zu sagen, man muß wissen, daß zwei getaufte Juden von so lachlustiger Natur, wie Börne und sein Schatten, tausend Gelegenheiten finden, an den drolligsten Vorkommnissen innerhalb der Synagoge und des Ghettos ihren Witz zu üben. Es ist betrübend für mich, daß ich manchem Israeliten vielleicht weh tue, wenn ich bekenne, daß mir nichts Ungezügelteres vorgekommen ist, als wenn zwei jüdische aufgeweckte Köpfe sich gegenseitig in witzigen Einfällen zu überbieten suchen. Der »arme Börne« (Herr Heine nennt ihn in seinem ganzen Buche nicht anders) ließ sich vor dem jungen Manne, der ihn besuchte, mehr als billig gehen und dieser benutzt jetzt dessen problematische Äußerungen, um über Börne einen häßlichen gelben Nebel zu verbreiten. Möchte diese Aufklärung des wahren Sachverhältnisses ihn von dem Andenken des trefflichen, gerade in seinem häuslichen Gespräche immer gewiegten und besonnenen Mannes für immer verscheuchen!

Der politische Teil der mit Börne gepflogenen Unterredungen des Herrn Heine bezweckt, ersteren als einen republikanischen Narren, letzteren als einen Royalisten, oder wie man es von den ausgesöhnten Legitimisten in Frankreich nennt, als einen Rallierten hinzustellen. Börne ist nach Herrn Heine ein Sansculott, der dagegen nur ein philosophisch-gemütlicher Beobachter des Laufes der Begebenheiten, Börne gehört zur Partei des Berges, Herr Heine zur Partei des »Sumpfes«. Ich habe die zahme, royalistische Widerrufs-Politik des Herrn Heine mit Vergnügen gelesen, denn sie läßt hoffen, daß man die Polizei-Aktuarstelle, welche Börne

früher in Frankfurt bekleidete, vielleicht ihm überträgt und ihm
dadurch Gelegenheit verschafft, sich im Vaterlande von dem geringen Gewicht, das man noch auf seine Worte legt, selbst zu überzeugen. Allein man bedenke: die erwähnten Gespräche mit Börne sind alle zu einer Zeit gehalten, wo Herr Heine selbst einer der
unternehmendsten Jakobiner war, zu einer Zeit, wo seine Schriften
mit der Marseillaise begannen und der Parisienne aufhörten; zu
einer Zeit, wo seine Pamphlets nur verstümmelt erscheinen konnte, weil kein deutscher Druckherr wagte, seine Finger zum Aufbau
all der staatsgefährlichen Mausfallen und Guillotinen, die in diesen Räsonnements drohten, herzugeben. Nun ist nicht zu leugnen
(und mein Buch wird darüber mit Ernst und Aufrichtigkeit urteilen),
daß Börne in den Tagen nach der Julirevolution sich der Hoffnung auf einen gewaltsamen Umschwung der Begebenheiten mit
rücksichtsloser Leidenschaft hingab; allein was ist edler, wahrer
und redlicher: diese Ansichten auch innerhalb seiner vier Wände
verteidigen, oder sie, wie es bei Herrn Heine der Fall war, nur zur
interessanteren Draperie seines Stiles zu benutzen und nach einigen Jahren in Hoffnung auf die Frankfurter Polizei-Aktuarstelle,
als nie dagewesen leugnen? Das dritte Wort in Herrn Heines
»französischen Zuständen« ist die Trikolore, die Guillotine, das Ça
ira u.s.w., bei Börne war es auch das dritte Wort in der Konversation. Gesetzt, sie wären beide in einem betrübten Irrtum befangen
gewesen, wer war redlicher, Börne oder sein Judas?

Auch ohne meine Rüge wird man die Mißhandlung einer edeln
gebildeten Dame, die Börne in treuer Anhänglichkeit ihr Leben
gewidmet hat, empörend finden. Das Verhältnis Börnes zu Madame W. (es ist in meinem Buche tatsächlich dargestellt) gehört zu
jenen schönen Begegnungen edler Seelen, die zum Glück der
Dichter und Weisen nicht bloß von ihnen nur zum *Gegenstand* ihrer Schöpfungen gewählt wurden, sondern die oft sie *selber* be-
glückten und ihnen ein einsames Dasein verschönerten. Ganz
Frankfurt, hierüber gewiß kompetent, stimmt darin überein, daß
Börnes Verhältnis zu Mad. W. ein ebenso wohltätiges für den verlassen und einsam in der Welt stehenden Unverheirateten, wie seiner Natur nach rein und sittlich war. Herr Heine wahrlich sollte
einer der ersten sein, der das Poetische einer solchen Beziehung
mehr als andere zu würdigen wüßte. Statt dessen bringt er diese
Dame an den Pranger der Publizität. Er entwürdigt ihr Leben, er

bezweifelt ihre Sittlichkeit, er schändet sie mit der Laszivität seines gemeinen Witzes. Eine Frau, die ihn durch nichts gekränkt haben kann, als durch ihre liebende Verehrung für Börne, ihr Gatte, der der dritte in einem Seelenbunde war, für dessen Verständnis die alltäglichen Begriffe unseres Lebens nicht ausreichen, alle diese Beziehungen werden hier von dem frechen Spott des Herrn Heine so besudelt, daß sie wie ein unsittliches Verhältnis aussehen. Wie tief ist die Würde unserer Literatur gesunken! Ein Schriftsteller, der sich einbildet, »europäische Monumente« errichtet zu haben, kann sich darin gefallen, kleine Kothaufen aufzubauen, wie die Gamins der Straße! Wenn dieser zügellose Mißbrauch der Presse fortfrißt, welches sittliche weibliche Gefühl wird nicht zittern vor einer Berührung mit Dichtern und Schriftstellern? Hingebungen, wie sie Goethe, Bürger, Tieck, Schlegel fanden, werden aus Furcht, öffentlich gebrandmarkt zu werden, aussterben und der Poet wird auch darin der ärmste werden, daß kein Frauenherz mehr seinem Frieden traut, und ihm, wie Herrn Heines, des großen Sittenrichters, Beispiel lehrt, nichts übrigbleibt als eine blinde Wahl unter den Nachtvögeln des Palais Royal.

Ich bin zu Ende. Herr Heine schließt sein Buch mit einer von ihm schon abgenutzten Allegorie fast wie ein Testament. Er sagt: »Ich werde dick und fühle eine sonderbare Müdigkeit des Geistes.« So wird auch bald nach *solchen Büchern,* der schöne Ruhm, den er in der Literatur des Tages behauptete, sein Auge schließen und von Herrn Heine nichts mehr übrigbleiben, als ein ödes, nur mit spärlichem Grün bewachsenes *Gewesen!* Börnes letzte Schrift zeigte ihn uns edler, verklärter, als je. Selbst seine Feinde gewannen ihn lieb, als er sein letztes kleines Buch geschrieben und starb. Herrn Heines letzte Schrift aber zeigt ihn uns vollkommen in einer moralischen Auflösung. Börne war kein Dichter und schrieb wie ein Prophet.

Herr Heine affektiert, ein Dicher zu sein und schreibt wie ein Gamin. Börne war nicht frei von Irrtümern, aber im Feuer seiner Überzeugung härtete sich ein stählerner Charakter. Herr Heine schwimmt im Meer der Lüge und wird sich allmählich ganz verdunsten in das »goldne« Nichts der Eitelkeit. Börne stritt, *als er noch lebte,* gegen Herrn Heine: Herr Heine wartete und antwortete dann erst, als Börne gestorben war. Börne stritt gegen die Lebenden und versöhnte sich mit den Toten. Herr Heine fürchtet die Lebenden und erst, wenn sie sterben, bekämpft er sie.

3.3.7 [Notiz über] *Heinrich Heine*

In der neuesten »Revue des Deux Mondes« befindet sich ein
französisch geschriebener Aufsatz von Heine: »*Die Götter im
Exil*«. Es sind wieder dieselben Tändeleien mit theologischen Begriffen und Traditionen, die man schon so mannigfach von ihm lesen konnte. Wenn auch die Form des Humors bei einem Schriftsteller dieselbe bleiben darf, in seinen Gegenständen sollte er
wechseln. Man kann die wiederholt den Franzosen vorgetragenen
Geschichten vom Tannhäuser, dem Venusberg, der Teufelinne
Frau Venus und all den bekannten, zweideutig immer auf das Pa-
lais-Royal und die abendlichen Boulevards zugespitzten Pointen
und Späßen dem müden und durch ein bejammernswertes Geschick auch auf dem Krankenlager noch immer im Kreise seiner
alten sinnlichen Gaukelbilder festgebannten Dichter zugute halten;
nur für die Franzosen hat es den Nachteil, daß sie glauben, wenn
sie von deutschen Schriftstellern und deutschem Dicht- und Gei-
stesleben etwas läsen, müßte ihnen auch immer sogleich die Lore-
lei, der Tannhäuser, der Venusberg, die Sage und das Mittelalter
entgegentreten, eine Dichtwelt, die sich bei uns doch fast schon in
der gläubigen Auffassung, ganz gewiß aber in der ironischen,
überlebt hat.

3.3.8 [Ein Dîner bei Salomon Heine]

Ein Empfehlungsbrief führte mich in das Haus des alten *Salomon Heine,* der mich zu einem sonntäglichen Familiendîner ein-
lud. Da hatte ich denn die ganze Verwandtschaft Heinrich Heines
beisammen. Die Begegnung war nur flüchtig; nur seine Schwester,
eine verheiratete Frau Embden, wurde und blieb mir noch in späteren Jahren gewogen. Die Versammlung fand in jenem kleinen,
aber innerlich komfortabel eingerichteten Hause am Jungfernstie-
ge statt, das nicht mehr existiert. Schon brannten die Lampen; in
Hamburg bleibt man nach dem Fünf-Uhr-Diner beisammen bis
zur Teestunde. Der alte lebhafte Herr, der das Theater mit Leidenschaft, das schöne Geschlecht ebenso, doch mit Maß liebte,
gönnte mir den Ehrenplatz an seiner Seite und trug mir, wahrscheinlich zum Leidwesen der nächsten Hörer, seine von diesen
wohl schon unzähligemal gehörte Selbstbiographie vor. Der reiche
Mann war aus Pyrmont gebürtig, war mit einigen Schillingen in

der Tasche in Hamburg eingewandert und konnte nur mit den gewöhnlichen Geschäften angefangen haben, die man noch jetzt die
Hamburger Juden auf dem Neuensteinweg betreiben sieht. Bald
aber hatte die Kontinentalsperre seine Erfindungsgabe angespornt,
jene Zeit, wo Napoleon die Engländer durch den Einfuhrtarif des
Kontinents schlagen wollte und die Insel Helgoland der Stütz-
punkt des Schmuggels wurde, den seine eigenen Beamten leiteten.
Der Schmuggel machte in dem großen Netz, das der Tyrann über
den Kontinent gespannt sehen wollte, so viel Löcher, daß Handel
und Wandel blühten und sich die vielen, später in die Höhe gekommenen Kommerzienräte die erste Grundlage ihrer Millionär-
schaft zurechtlegten. Die Kriegslieferungen taten dann das übrige.
Bei Salomon Heine waren noch die russischen, dänischen, schwe-
dischen Anleihen der Restaurationszeit hinzugekommen. »Über
Literatur kann ich nicht sprechen«, pflegte er zu sagen, »ich kenne
keine anderen Aufsätze, als die, welche vom Konditor kommen.«
Über den Neffen in Paris, dessen noch lebende und in Hamburg
wohnende Mutter, die nicht anwesend war, wich der Chef der Familie einer Erklärung aus. Was er über den Dichter sprach, hielt
sich im Ton des bekannten Dictums aus seinem Munde: »Hätte
mein Neffe etwas gelernt, brauchte er nicht zu schreiben Bücher«. Das sprechendste Beispiel für die Richtigkeit dieser Äußerung war in der Person des Doktor Juris und späteren Handelsge-
richtspräsidenten Halle zugegen, der Stolz der Familie, der
Schwiegersohn des Wirtes, ein schöner stattlicher Mann, mit fun-
kelnden Augen, krausem, dunkelm Haar, kräftigem Backenbart.
Sein Gespräch offenbarte Geist und eine weit über sein Fach hin-
ausgehende Belesenheit. Keine der Fragen, die in den dreißiger
Jahren die Welt bewegten, keine der engern, die nur die Literatur
berührten, war ihm fremd. Seine Rede war wohllautend und trug
jenes schöne Gepräge, wo sich Wohlwollen mit vornehmer Haltung verbindet. Das triumphierende Gefühl sämtlicher Tischgenos-
sen über den Besitz eines so ausgezeichneten Mannes verriet sich
nicht in seiner eigenen Haltung, die nur würdig und maßvoll, nicht
eitel war. Und wer hätte da die tragische Veränderung ahnen sollen, die mit diesem Manne vorging! Als ich zwanzig Jahre später
in den Laubgängen der sogenannten »Bürgerwiese« zu Dresden,
über die mich mein täglicher Ausgang führte, täglich einem langsam schleichenden, asthmatisch aufgetriebenen, korpulenten Herrn
mit grauem Haar und Bart begegnete und zuletzt in Gesellschaften

die Bekanntschaft des inzwischen so auffallend Verwandelten er-
neuerte, erfuhr ich, der ehemalige »Präses Halle« von Hamburg
hatte in Dresden eine prachtvolle Wohnung bezogen, gab Gesellschaften von einem Glanz, wie man dergleichen von einem inzwischen durch den Tod seines Schwiegervaters zum Millionär Gewordenen erwarten konnte, galt aber als ein vom Schlage getroffe-
ner, zu schonender und nicht nach den üblichen Lebensbedingungen zu beurteilender Mann. Immer noch erlaubte ihm sein umflor-
ter Geist manche Äußerung, die in treffender Weise Vergangenheit
oder Gegenwart berührte. Nur fiel mir, ehe ich ganz seinen Zustand
kannte, die übermäßige Gereiztheit auf, als ich den reichen Mann
um ein Geschenk für die neubegründete Schillerstiftung bat. Ich
hatte dabei auf seinen eigenen Verwandten Heinrich Heine hinge-
wiesen, der ja auch in seiner »Matratzengruft«, ich fügte ausdrücklich hinzu, ohne den Beistand seiner reichen Verwandten,
schwerlich vom Ertrage seiner Schriften würde haben leben können. Noch ehe ich diesen Satz vollendet hatte, unterbrach mich
der Kranke ohne jede Veranlassung mit den Zeichen des äußersten Unwillens. Als wenn eine Anklage bestünde des Inhalts, daß
die reichen Verwandten nichts für Heinrich Heine getan, ihn
dauernd so gering geschätzt hätten, wie dies in den Zeiten der
Konfiskation seiner Bücher allerdings geschehen war, redete er
sich teils in eine exzessive Bewunderung seines Verwandten hinein,
die ihm wenigstens vor Jahren vollständig fremd gewesen, teils in
die durch den Reichtum und die Liebe seiner Verwandten ver-
bürgte unbedingte Widerlegung einer Möglichkeit, die ich ihm
doch nur beispielsweise ausgesprochen hatte. Kurz dies maßlose,
fast übermütige Selbstgefühl des Mannes hinderte nicht, daß derselbe gleichzeitig in die trübe Vorstellung versunken war, mit seinem Reichtum könnte es zu Ende gehen, ja er sei schon nahe daran, nichts mehr zu haben. In der Tat traf man ihn in denselben
Anlagen um Dresden zuweilen im Begriff, Vorübergehende, einem
Bettler gleich, um einige Schillinge anzusprechen.

3.3.9. [Die Konflikte mit Heine: Ein Rückblick]

Einen Mißton bildete in der glücklichsten Stimmung, in der ich
mich befand, die Beziehung zu *Heinrich Heine*. Ich hatte nie ein
Hehl daraus gemacht, daß ich für seine Weise keine Empfindung
habe. Seine Lieder imponierten dem Studenten nicht, dem Philolo-

gen waren sie zu »loddrig« geformt; später, als sich die Komponisten des Namens bemächtigten, sah ich wohl, wie und in welchem Tone man in Deutschland das »Buch der Lieder« zu lesen angefangen hatte. Aber mir fehlten persönliche Reminiszenzen, um das fürchterliche Geschrei der Sänger, wenn sie auf die Stelle kommen: »Mich hat das unglückselige Weib vergiftet mit ihren Tränen« als Symptome einer schaudervollen Begebenheit auch für mich zu verstehen. Karthagos Untergang und noch einige andre interessante Begebenheiten der Geschichte und der Philosophie erschienen mir wichtiger als diese anbrechende neue Salonmusik mit ihrem elegischen Jammer. Ohnehin wußte ich, wie doch im Grunde alle Welt, daß die eine dieser Heine'schen »Unglückseligkeiten« die andere ablöste und dabei an eine tiefe und nachhaltige Absicht gar nicht gedacht wurde. Jedes umgeschlagene Blatt im »Buch der Lieder« brachte frivolen Trost. Wenn ich, meist von Ungebildeten, diese oder jene der ernstern Balladen mit vollen Backen deklamieren hörte, so las ich sie hernach für mich allein einfach und natürlich und fand, daß die dichterische Zutat zum gegebenen Stoff gering war. Von den parodistischen politischen Gedichten hat schon Johannes Scherr bemerkt, daß in jeder Woche das erste Gedicht des Kladderadatsch Treffenderes bringt, als der »Romanzero« oder das klägliche Buch »Deutschland«. Bei alledem hatte ich mich zum Nestling meines frühern Verlegers so verhalten, daß sogar ab und zu Briefe zwischen uns gewechselt werden konnten und ich Heine gut und gern hätte besuchen können. Aber 1837 war Ludwig Börne gestorben. Ich hatte Materialien zu einer Schilderung seines Lebens gesammelt, seine Biographie, das Manuskript schon Campe übergeben. Da schickte Heine das Manuskript seines Buches: »Heine über Börne«, eine Schmähschrift wimmelnd von Persönlichkeiten, Anspielungen auf Menschen, die niemanden interessierten, Anspielungen, die nur diesen oder jenen, der ihn vielleicht nicht gegrüßt oder von ihm nicht mit der gehörigen Bewunderung gesprochen hatte, lächerlich machten, ihn mit einer leeren Eau-de-Cologne-Flasche oder mit einem Nachttopf oder sonst Ähnlichem verglichen. Jeder Deutsche, der nach Paris kam, ohne bei Heine eine Visitenkarte abgegeben zu haben, war ihm sofort ein Stoff, zu fragen, ob der Mensch schiele, hinke, stottere, schlecht französisch spreche u.s.w. Darauf stützte sich sein Witz. Wie albern war z. B. die ewige Wiederholung »der Häßlichkeit« des braven Maßmann, der sich seit Jahren nicht mehr in den Vordergrund gedrängt, nirgends und durch nichts die Satire herausgefordert hatte! Meine an Campe gerichtete Bitte ging dahin, mein Denkmal der Erinnerung an einen bedeutenden und in trüber hoffnungsloser Zeit als Freiheitskämpfer bewährten Mann, ein Buch, das nun schon monatelang in seinem Pulte lag, früher erscheinen zu lassen, als die Beschimpfung. Sie wurde nicht gewährt. Versprach doch die letztre einen glänzenderen Gewinn. So schickte ich denn dem Manuskript meiner Biographie eine Vorrede voraus, die ich, als Probe des kommenden Buches, vorher im »Telegraphen« abdrucken ließ. Daran konnte mich Campe nicht hindern. Ich sprach meine Entrüstung über die Verunglimpfung des Toten aus. Später entschuldigte Campe sein Verfahren dadurch, daß plötzlich eine neue Ausgabe der Börne'schen Schriften bei Brodhag in Stuttgart erschienen sei, eine Umgehung der Anwartschaft, die er selbst, der frühere Verleger, auf die neue, inzwischen notwendig gewordene Ausgabe zu besitzen glaubte. Die in Paris wohnenden Freunde und Erben Börnes hatten allerdings diese Änderung beliebt. Aber in der durchaus irrtümlichen Voraussetzung, daß meine Hand dabei im Spiele gewesen sei, ließ Campe einen jener Fälle eintreten, die den preßkundigen Juristen Dambach in Berlin in seinen »Erläuterungen zum Urheberrecht« des nähern beschäftigen könnten. Der Verleger erklärte: »Ich bezahle das Manuskript, drucke es aber nicht! Wer will mich dazu zwingen?«

Inzwischen war meine Schrift nach Jahr und Tag denn doch erschienen und nichts hätte im Wege gestanden, einer Regung zur Versöhnung entgegenzukommen, die Heine bewogen hatte, mir einen Boten zu senden mit der Erklärung, er wollte mir zu Ehren ein Mahl geben, zu welchem er »die ganze hervorragende französische Literatur« einladen würde; ich sollte ihn natürlich zuerst besuchen. Der Überbringer dieser Nachricht lebt noch und kann sie bestätigen. Ich wußte, daß es sich nur um ein Kapitel in meinem Buche handelte, »Besuch bei Heine«. Ich war bei Ministern und den hervorragendsten Namen gewesen; die »deutsche Kolonie«, die deutschen Flüchtlinge waren mir befreundet; schöne Stunden wurden in gemütlichen Kreisen gefeiert; Heine wollte nicht davon ausgeschlossen sein. Gern hätte ich einem solchen Entgegenkommen gegenüber nachgegeben. Aber die Rücksicht auf die in Paris wohnenden Freunde Börnes, welche Heine in solchem Grade beschimpft hatte, daß sogar ein Duell deshalb notwendig hatte erscheinen können, der Schmerz, den ich vorzugsweise der treuen

Freundin und Pflegerin Börnes, der gegen mich höchst gütig gewesenen Frau Strauß, würde angetan haben, mußten mich, ich konnte nicht anders, bestimmen, der Aufforderung keine Folge zu geben. Da wurde denn mein im Herbst erschienener Bericht sowohl in Paris, wie von Paris aus, in jeder Weise zur Mißachtung empfohlen. Das übrige taten die deutschen Söldlinge der französischen Ziviliste, zu denen ebenfalls Heine gehörte.

4. POLEMIKEN UND ENTDECKUNGEN: TIECK, BÜCH-NER, NESTROY

4.1 *Der Hofrat Tieck.*

Nachdem Goethe, mit Erlaubnis zu sagen, gestorben war, hatten sich seine Sklaven so an die Süßigkeit der Knechtschaft gewöhnt, daß sie ohne neue Tyrannei nicht leben konnten. Sie wollten ein sichtbares Oberhaupt der Literatur, und waren nur besorgt, welchen Namen sie auf den verlassenen Thron einsetzen sollten. Die Stimmen trennten sich, man wandte sich zuerst an Uhland. Uhland bereitete sich aber damals vor, die heilige Sache der Freiheit zu verfechten, und erklärte in seiner einsilbigen Manier, man solle keine Narrenspossen mit ihm treiben. So blieb man denn beim Hofrat Tieck stehen. Dieser Name schien die Parteien zu vereinigen und zugleich alles auszudrücken, was die Mehrzahl auf dem Herzen hatte. Die kritische Schule widersprach nicht; denn sie hatte ihn immer gepflegt, sie hatte im Grunde seine erste Periode nur in die Sprache von Görres und Jean Paul übersetzt; Tieck hatte ihr als unfreiwilliges Gegengewicht gegen Goethe gedient; wie oft hatte sie ihn aufgefordert, ein Mann zu werden, die Larve abzunehmen und den Thron von Weimar zu stürzen! Tieck wankte damals einen Augenblick; doch der alte Zug war zu stark, er antichambrierte wieder bei der Unsterblichkeit, las ihr vor, und verkleinerte sich so sehr, daß er sich als Merkzeichen dabei in die Bücher hätte legen mögen, wenn er sein Pensum gemacht hatte. Die Enthusiasten Norddeutschlands lockten, die Ironie und Shakespeare entwickelten sich. Die kritische Schule bleibt bei Tiecks erster Periode, die Vergötterung bei der zweiten stehen; so ließen sie sich vereinigen und die Herrschaft Tieck erreichte etwas, was der Herrschaft Goethe nie möglich gewesen war.

Die Berlinischen Cliquen hatten die ganze Verschwörung und Schilderhebung eingeleitet. Ihre erste Sorge war jetzt, den Hofrat Tieck hervorzuheben, ihn der Menge zugänglicher und repräsentabler zu machen, als dies in Dresden geschehen konnte. Sie reklamierten des neuen Königs Berlinischen Ursprung; sie schilderten seine Jugend, wie schön er gewesen wäre, und daß man nie frischere Äpfel gesehen hätte, als des gewesenen Jünglings Haupt gewesen. Sie ließen den gestiefelten Kater mit Veränderungen drucken, überreichten ihn dem Preußischen Kronprinzen und suchten den erhabenen Fürstensohn für die neue Herrschaft zu gewinnen. Die Intrige prallte ab: Tieck erhielt keinen Ruf. Jetzt schoß man aus eigenen Mitteln zusammen, man wollte dem Meister ein Haus bauen, ein Haus mit akustischen Vorrichtungen für die Vorlesungen, ein Haus mit einem obern Stockwerk für Frau von Finkenstein, die langweilige Emilie aus den schwatzhaften Entremets des Phantasus, ein Haus für die gemeinschaftlichen Familienübersetzungen des Shakespeare, ein Haus mit kleinen Nebenkabinetts, um Besuche, die beim Hofrat sind, zu belauschen und zu persiflieren und mit sonstigen Vorrichtungen, um den sich Empfehlenden ungesehen einen Esel zu bohren, kurz ein Haus, wie Tieck es braucht. Fähnrich Pistol, Willibald Alexis, wurde ausgesandt in alle deutsche Lande, eine Kollekte zu sammeln für diesen erbaulichen Erbauungszweck. Weiter sind diese Dinge noch nicht bekannt geworden: nur so viel sieht man, daß Tieck es sich schon ganz bequem macht in seiner neuen Lage, daß er auf seine Beförderung Wechsel ausstellt, daß er planlose Novellen schreibt und die Menschen angreift, welche nicht nach Dresden kommen, um ihn vorlesen zu hören, oder sich schnöde gewcigert haben, in Alexis' Kollektenbüchse etwas hineinzutun.

Als sich vor einem Jahre das Gerücht verbreitete, Tieck wollte gegen die junge Literatur novellistische Ausfälle machen, fand es wenig Glauben, weil ein solches Unternehmen für des Hofrats alte Tage wunderlich klang, und man den in den Löwenstand geadelten Fuchs für zu gescheit hielt, Leuten in den Weg zu treten, die sich nicht um ihn bekümmern. Das Gerücht und der Widerspruch bewährten sich nur halb. Die beiden Novellen (dies jährliche Pensum, welches der liebenswürdige Taugenichts mit Widerwillen herunterhaspelt, und auch nur so, daß ihn die Weiber überlisten, zu schreiben oder ihm zur Strafe sonst etwas entziehen) erschienen und alle Welt sah sich mit Erstaunen an: die demütige Gemeinde, weil das Vehikel der Polemik eine sehr kecke Kritik erforderte, wenn man es loben sollte; die Exoterischen, weil der Hofrat doch nicht hatte widerstehen können, seine Notdurft zu verrichten; beide aber, weil Tieck nur schüchtern aufzutreten wagte, mehr verschwiegen zu haben schien, als er sagte, und endlich von seinem Gegenstande so wirrsame Kennzeichen gab, daß er in der Tat verriet, er wüßte nicht wie und wann? Und kenne das gar nicht, worauf hier alles ankam. Nodier wird mit Balzac verbunden; Balzac gegen Victor Hugo gehalten, zu geschweigen, welche Stellung in

der öffentlichen Meinung Goethe übertragen wird. Man sieht, daß
Tieck von seinem Eckhause am Dresdener Markt nur zwei Him-
melsgegenden kannte; das übrige war ihm verborgen geblieben.

Tieck ist sein Lebenlang ein Mensch gewesen, der am Einseitigen und Zufälligen eine große Freude gehabt hat. Fortwährend in
der Literatur eine untergeordnete Rolle spielend, ist er um seine
kleinen Sympathien herumgeschlichen, hat mit der äußern Schale
kokettiert, mit der Form, welche angegriffen zu sehen die Kleinen
mehr erbittert, als wenn es den Inhalt gegolten hätte. Seine ange-
borne Lustigkeit und eine Art von verständigem Instinkt, der ihm
bald das Lächerliche an allen Dingen, auch da, wo er selbst
lächerliche Blößen gegeben hätte, offenbarte, verhinderte ihn, wie
ein milzbrandiger und wurmdoktorlicher Narr aufzutreten: er
überwand sich, ironisierte sich selbst und konnte dabei existieren;
denn die Menschen haben noch immer eine müßige Stunde, wo sie
sich in poetische Faselei mit zartgesponnenen Knöpfen kleiden,
eine Viertelstunde Illusion, für welche Tieck ein Jahr über schreiben kann. Tieck war ein vernünftiger Mann, der sich schämte,
wenn er von Narren falsch zitiert wurde; er konnte selbst denen,
die sich außerhalb der Welt setzten, die Welt unter die Nase rei-
ben; denn dies ist ja seine Ironie, der Zwiespalt der Pole, die Poesie des Gegensatzes. Allein die Weiber haben ihn doch herunterge-
bracht. Tieck, der von Natur am ersten bereit ist, zu lachen, wenn
man ihm mit Süßigkeiten unter die Augen tritt und dabei eine
merkwürdige Physiognomie annimmt; Tieck, der sich selbst und
seine Umgebung verspottete, wurde zuletzt doch von seiner Umgebung überwunden: seine Diener beherrschen, seine Schüler bemeistern ihn. Es konnte nicht anders kommen. Das ewige Vorlesen,
die Dresdner Durchzüge und das unaufhörliche Klappern der
Strickstrumpfnadeln um ihn her haben ihn ruiniert. Er ging nur
mit Weibern um: er mußte ihnen die Arme leihen, wenn sie Zwirn
wickelten: er wurde in die wichtigen Conseils wegen neuer Moden
und Kleider gerufen: er mußte Taillen einhäkeln: da war keine
Rettung mehr. Die Weiber schnitten ihm die Federn, sie legten
ihm das Papier zurecht, sie zwangen ihn durch tausend kleine Mittel, seine Pensa zu schreiben. Wenn ihm die heftigen Gestikulationen beim Vorlesen die Brille von der Nase schlugen, so nahm die
verständige Emilie die ihrige von der ihrigen, und setzte sie ihm
auf. Wenn einer der Zuhörer laut wisperte oder in ein unwillkürli-
ches Niesen geriet, so durfte Tieck nur einen Seitenblick werfen,

und Emilie machte sich auf und flüsterte dem Ruhestörer zu: »der Herr Hofrat hat das nicht gern!« O Emilie! Tieck verzwitterte immer mehr. Seine alte Lustigkeit ging in klatschhafte Medisance über. Seine Besucher, die es an einer Phrase fehlen ließen, wurden aufgezogen: die Weiber hatten bemerkt, daß der eine schielt, der andre stammelt, der dritte kein reines Schnupftuch hatte. »Welche Sätze! Welche Dummheit!« hieß es, wenn die armen Töplitzer Durchreisenden ihre Anbetung verrichtet hatten; und Tieck lachte und spottete immer mit. Die Medisance ist das geheime Gift an allen neuern Erzeugnissen Tiecks; alle seine Figuren sind hinter dem Rücken belauscht; es sind Menschen, die nur da sind, um sich untereinander und durcheinander lächerlich zu machen. Alle Dinge scheinen ihm nur zu existieren, um eine Viertelstunde während eines konventionellen Besuchs über sie einige vornehme Phrasen zu wechseln. Ein maliziöses de haut en bas fährt oberflächlich über ernste Fragen. Man sieht nach der Uhr, man rückt mit dem Stuhl, um nur von ihnen loszukommen. Was sich nicht in die Viertelstunde hineinzwängen läßt, wird ledern. Dies ist euer Tieck: Kommen und Gehen; Jungenhaftigkeit in dem alten Sünder: Medisance!

Tieck gibt sich die Miene, als wolle er aus der ledernen Zeit, aus diesen Fragen um Wahrheit und Freiheit, die ihn ennuyieren, etwas retten, etwas, das wie Poesie klingt, nämlich die Romantik, und etwas, was in der Tat Poesie ist, nämlich Goethe. Daß wir es nur gestehen, Tieck hatte vortreffliche Anlagen für das Lustspiel; denn er kopierte das Gemeine meisterhaft: seine alten Sachen sind voll von niederländischer Treue im Wiedergeben der nackten Natürlichkeit der niedern Stände; allein ein positiver Dichter, schaffend und zusammenfügend, ist er nie gewesen. Seine lyrischen Gedichte sind wässerige Reime, nur Themata für die wahre Poesie, Ausdrücke, welche die Gedichte selber wünschen lassen, daß sie Gedichte wären. Kritisch und auflösend sind auch Tiecks Märchen, es sind künstliche Beispiele zur Theorie des Wunderbaren, ihre Gestalten sind verkörperte Elemente dessen, was der Kunstrichter im Märchen verlangt und gern sehen mag. Tiecks Leistungen gingen vom Enthusiasmus des Interesses aus, er *wünscht* immer, daß es so wäre, wie er sagt, aber es ist nicht so. Also was vermißt Tieck in unserer Zeit? Die blaue Blume? Die Überschwänglichkeit, die Faselei? Den Nihilismus des Genusses? Das gemachte Zusammenstoppeln poetischer Begriffe und Staffagen,

die künstlichen Ausmalungen von Blumen und Blüten, von Düften
und Lüften, die märchenhaften Albernheiten im Nonpareil; diese
schiebt er Goethe unter, der ein Mann in seiner Art war, aber ein
Mann durch und durch, reell, sicher, taktfest, Feind der blauen Blume? Goethe, der schon seinen Werther im Abendrot liegen läßt,
auch redend von Blumen und Blüten, aber ein halber Linné, damit
endend, daß er die verschiedenen *Gattungen* der Gräser mit be-
wunderndem Auge prüft? Nein, Tieck korrumpiert Goethe, er
falschmünzt ihn zum Romantiker; Goethe hat auch diesen enthusiastischen Bedienten nie recht leiden können.

Tieck hat keinen Begriff von der Gährung in der modernen
Literatur. Er sieht nur vereinzelte Elemente und weiß sie nicht zu
binden. Er wirft Menzeln, dem er alles zu verdanken hat, der ihn
großmütig auch jetzt noch geschont hat, vor, daß er (ein guter
Kopf, wie er ihn sehr vornehm nennt!) der Opposition gegen Goethe Wort und Gedanken geliehen habe. Rechnet er Menzel zur
neuen Gährung der Literatur? Oder verfährt er nur gegen die kritische Schule? Wohin gehören ihm Freiheit, Liberalismus, Wahrheit? Sind sie die Feinde der Poesie? Nimmt Menzel jene in
Schutz, um auch gegen diese zu verfahren? Spricht sich in den
neuesten Tendenzen nichts aus, was die Freiheit liebt und doch
auch der Kunst ihr Recht lassen will? Haben diese Neuern Lust,
die Ungerechtigkeit gegen Goethe, die Anlage falscher Maßstäbe,
die Klassifikationen und die Vermischung der Zeiten fortzusetzen?
Von alledem weiß Tieck nichts: er sieht nur, daß man keine Märchen vom Prinzen Hirsekorn und der Fee Mandelblüte mit großem Lärm aufnimmt, daß man von den Leuten verlangt, recht-
schaffen zu sein und nicht den Speichel fremder Menschen zu
lecken, daß man von Liebe zum Volk, von der Begeisterung für
Freiheit, von dem heiligen Berufe für die gute Sache spricht: und
dies alles nennt er – überschwänglich? kopflos? verbrecherisch?
Nein, er nennt es ledern, es ennuyiert ihn, es macht ihm Kopf-
schmerzen.

Tieck hat keinen Beruf, über Gegenwart und Zukunft im Leben
und in der Literatur mitzusprechen. Er kennt die Alten, er fließt
über in widerwärtige Ausdrücke, wenn von Calderon, Shakespeare,
Ariost und anderen Heroen, die für sich selbst sprechen können, die Rede ist; aber die Zeitgenossen sind ihm unverständlich.
Wer dem Liberalismus eine so lederne Tendenz unterlegen kann,
daß er Gottsched Altäre bauen könnte, beweist, daß er in seinen

alten Anschauungskreis unrettbar gebannt ist. Wir wissen wohl,
daß es mit dem Liberalismus Dinge zu sprechen gibt, daß die
Kunst sich mit dem Tiersparti noch zu verständigen hat, daß sogar ein Kampf entweder bevorsteht oder im Geheimen stillschwei-
gend schon geführt wird zwischen dem Patriotischen und dem
Schönen; doch ist es Kampf unter uns, eine Debatte, deren Ausdrücke nur wir verstehen; was hat Tieck hierein zu reden? Er ver-
unreinigt alles, was er hier in den Mund nähme; jede Partei würde
ihn abweisen; denn er hat nicht einmal die Elemente, die ersten
Grade der Weihe, die ihn befähigen, sich dem großen Bunde der
neuen Zeit anzuschließen. Wir wollen Schönheit; aber die Schönheit des Erhabenen. Wir wollen Kunst; aber die, welche sich aus
großen Ideen entwickelt. Wir wollen neue poetische Position, aber
weder die blaue Blume, noch die Ironie, noch die Manie für die
alte Literaturgeschichte. Die neue Lyrik – was hat schon Tieck mit
ihr zu schaffen? Roman und Drama werden folgen: wir warten
nur die Zeit ab. Tieck möge hingehen und Vorlesungen halten!
Liest er sich eine Brille ab: Emilie wird ihm schon eine neue aufsetzen! Auch um Homer und Ossian soll er ohne Sorge sein; die
werden sich schon durchschlagen! Auch Goethe wird nicht abhan-
den kommen. Für alle diese Dinge ist weise gesorgt. Tieck ist ein
vernünftiger Mann: er sieht dies alles ein, und die Weiber in seinem Hause werden eine Zeitlang von seiner bösen Laune gefoltert
werden. Dann aber wird Tieck, leichtsinnig, wie immer, mit den
Fingern schnellen, Gott einen guten Mann sein lassen, und hingehen, um seine novellistischen Friedriche, Heinriche, Eduarde, Wil-
helme auszuführen, und sein Jahrespensum zu vollenden, ohne je
wieder in einen Kreis zu kommen, der gar nicht für ihn gezogen
ist.

4.2 [Anzeige:] *Dantons Tod, von Georg Büchner.*

Die Kritik ist immer verlegen, wenn sie prüfend an die Werke des
Genies herantritt. Sie, die sonst so schnelle und wortreiche Base,
blickt hier scheu und wählt ängstlich in ihren Ausdrücken, um das
Würdige mit Würde zu empfangen. Die Kritik kann hier nicht
mehr sein, als der Kammerdiener, der die Tür des Salons öffnet
und in die versammelte Menge laut des Eintretenden Namen hin-
einruft; das übrige wird das Genie selbst vollbringen. Es wird dem
matten Gespräche plötzlich eine neue Wendung geben, es wird

Ideen aus seinem Haupte schütteln. Das Genie bedarf keiner
Empfehlung. Das fühlen wir, wenn wir von *Georg Büchner* reden,
und treten auch im folgenden nur abseits in einen Winkel, um die
Sache für sich selbst reden zu lassen.

Eine tragische Katastrophe der französischen Revolution entwickelt sich in *Büchners Danton* vor unsern Augen. Die Autorität
Robespierres ist im Steigen, und die zweite Reaktion gegen die
Revolution beginnt. Die erste Reaktion war der Sturz der Gironde, die zweite der Sturz des Moderantismus. Die Revolution ver-
schlang wie Saturn ihre eignen Söhne. Welch ein Unterschied aber
schon in den verschiedenen Klassen dieser Rückwirkungen! Die
Girondisten waren Männer, welche nicht durch Absichten und Systeme in die Revolution hineingerissen wurden, sondern durch
einige Sympathien, durch einige Prinzipien und durch den erhabenen Enthusiasmus, welcher alle Gemüter in jenen sturmvollen Zeiten ergriffen und sich endemisch wie ein Fieber fortgepflanzt hatte. Die Girondisten starben mit ihren blumenreichen Reden, mit
dem noblem Ernste und dieser vornehmen Geringschätzung, welche die Doktrin in der Theorie und das Juste-Milieu oft in der
Praxis zu begleiten pflegt; sie starben, weil sie die Revolution ohne
die Massen wollten. Die Dantonisten hatten schon Blut an den
Händen, das Blut des Septembers, das nicht vergossen wurde, um
zu strafen, sondern um zu schrecken. Die Aristokraten in der
Stadt, die Könige vor den Toren hatten sie in eine chirurgische
Verzückung versetzt, die mit lächelnder Miene ein faules Glied
amputiert. Die Dantonisten hatten der Revolution ein Opfer gebracht, ihr Gefühl, ihre Humanität, ihre der Ruhe geweihten
Nächte. Sie hatten so viel getan, daß sie nicht glaubten, die Revolution verlange sie selbst noch als Opfer. Robespierre gab zwei
Anklagen: die eine auf übertriebene Mäßigung, die andre auf Unsittlichkeit. Waren die Girondisten die Römer der Revolution gewesen, so waren die Dantonisten ihre Griechen. Man hatte die
Charaktere guillotiniert, jetzt wollte man die Genialität guillotinie-
ren. Danton war Alcibiades. Camille Desmoulins lebte nur in
Athen. Alle seine Anschauungen gingen vom Ilissus aus: er nannte
das Palaisroyal den Keramikus, er wollte eine Republik, worin
man patriotisch wäre wie Demosthenes, weise wie Sokrates und
genial in den Sitten, wie die Kreise, die sich um Aspasia sammel-
ten. Die dritte Phase der Revolution war die religiös-fanatische
Robespierres. Die Revolution war ein Kultus geworden und hatte

ihre Altäre, ihre Dogmen, ihre Zeremonie. Dem Blut-Messias Robespierre, wie ihn Camille nannte, stand St. Just zur Seite, die
Apokalypse neben dem Evangelium.

Nichts bezeichnet die drei blutigen Epochen der französischen
Republik besser, als die Begriffe, die zu verschiedenen Zeiten über
die Revolution herrschten. Die Gironde hielt die Revolution für
etwas, das man ersetzen könne, Danton für etwas, das man ab-
schließen könne, Robespierre für eine Offenbarung, welche ganz
außer dem Bereiche des menschlichen Willens läge, also für die
Vorsehung und die Gottheit selbst. Aber alle sahen sie die Revolution als etwas Fertiges, Abgegrenztes über ihrem Haupte: die ersten als eine Last, die zweiten als ein Hindernis, die dritten als eine
Idee, wie die Messiasidee, in welche sie sich hineinschoben, wie
auch Christus nichts anders tat, als eine Vorstellung seiner Nation
adoptieren und sich selbst zum Substrat und Subjekt einer Tatsache machen. Eine Idee despotisierte hier die Menschen, die Menschen waren nur die Beamten eines Begriffes. Alle beriefen sich
auf die Revolution, wie auf eine unsichtbare Gottheit, die sie doch
wahrlich in Händen hatten, wie einen Hut, der mein ist!

Georg Büchners Auffassung der französischen Revolution verrät eine tiefe Kenntnis derselben. Seine Charakteristiken der Tendenzen und der Personen sind meisterhaft. Seine Gemälde sind
skizzenartig hingeworfen; aber die Umrisse der Kohle sind so
scharf, daß unsrer Einbildungskraft sich von selbst eine Welt vor-
zaubert. Danton, Robespierre, St. Just, Camille Desmoulins – sind
vortrefflich gezeichnet – so wie in allen Nebenpartien, in den
Volksszenen und dem Gespräche der untersten Klassen sich die
Vertrautheit mit seinem Gegenstande zu erkennen gibt. Warum
sollte er dies auch nicht! Unsre Jugend studiert die Revolution,
weil sie die Freiheit liebt und doch die Fehler vermeiden möchte,
welche man in ihrem Dienste begehen kann.

Man darf sagen, daß in Büchners Drama mehr Leben, als
Handlung herrscht. Die Handlung selbst ist eine abgeschlossene,
schon da, als der Vorhang aufgeht. Der Stoff ist so undramatisch,
wie Maria Stuart. Schiller wollte eine Tragödie geben, und gab die
Dramatisierung eines Prozesses: Büchner gibt statt eines Dramas,
statt einer Handlung, die sich entwickelt, die anschwillt und fällt,
das letzte Zucken und Röcheln, welches dem Tode vorausgeht.
Aber die Fülle von Leben, die sich hier vor unsern Augen noch
zusammendrängt, läßt den Mangel der Handlung, den Mangel

eines Gedankens, der wie eine Intrige aussieht, weniger schmerzlich entbehren. Wir werden hingerissen von diesem Inhalte, welcher mehr aus Begebenheiten, als aus Taten besteht, und erstaunen über die Wirkung, welche eine Aufführung dieser Art auf
dem Theater machen müßte, eine Aufführung, die unmöglich ist,
weil man Haydns Schöpfung nicht auf der Drehorgel leiern kann.

Wir nähern uns dem besondern künstlerischen Verdienste dieser
Produktion, von welchem wir gestehen müssen, daß es die Auffassung des Stoffes noch bei weitem zu übertreffen scheint. Wer so
sehr an der Fähigkeit der Deutschen, sich mit Geist, Grazie, kurz
mit Stil auszudrücken, verzweifeln muß, wie der Herausgeber
einer kritischen Revue der täglich aufwuchernden literarischen Erscheinungen, muß bei der Beurteilung eines Buches, wie Dantons
Tod von Büchner ist, eine Freude empfinden, die viel zu nuanciert
und zusammengesetzt ist, als daß ich sie hier ganz wiedergeben
könnte. In Bildern und Antithesen blitzt hier alles von Witz, Geist
und Eleganz. Keine verrenkten Gedanken strecken ihre lange Gestalt gen Himmel und schlottern wie gespenstische Vogelscheuchen
im Winde hin und her. Keine ungebornen Embryonen stehen in
Spiritusgläsern um uns herum und beleidigen das Auge durch ihre
Unschönheit, sie mögen auf noch so tiefe Entdeckungen zu deuten scheinen. Es ist alles ganz, fertig, abgerundet. Staub und
Schutt, das Atelier des Geistes sieht man nicht. Ich wüßte nicht,
worin anders das Kennzeichen eines literarischen Genies besteht.
Als ein solches muß man Georg Büchner mit seiner Ideenfülle,
seiner erhabenen Auffassung, mit seinem Witz und Humor begrü-
ßen. Was ist Immermanns monotone Jambenklassizität, was ist
Grabbes wahnwitzige Mischung des Trivialen mit dem Regellosen
gegen diesen jugendlichen Genius!

Ich bin stolz darauf, der erste gewesen zu sein, der im literarischen Verkehr und Gespräch den Namen Georg Büchners genannt hat.

4.2.1 [Nachruf auf] *Georg Büchner.*

Um die Wehmut zu verstehen, welche diesen Nachruf an einen
früh vollendeten jungen deutschen Dichter durchbebt, denke man
sich eine Freundschaft, die aus der Ferne, ohne persönliche Begrüßung, nur durch wechselseitige Bestrebungen, durch gleiche Gesinnungen hervorgerufen, und durch das Band tatsächlicher Ideale

zusammengehalten wurde! Man wechselt Briefe und Zusprüche, man tauscht seine Zukunft aus und schüttet ein reiches Füllhorn lachender, dreister Hoffnungen sich einander in den Schoß; man spricht sich in trüben Stunden Mut zu und malt sich eine Wendung der Dinge aus, in welcher wir selbst vom Winde, der sich dreht, gefaßt werden dürften; man hofft auf persönliche Begrüßung und gibt sich Kennzeichen, wenn man sich plötzlich begegnen sollte. Ein solcher Gemüt und Geist bewegender Verkehr dauert ein Jahr; da tritt eine kleine Unterbrechung ein; der eine bestellt sein Haus, der andre rüstet sich zu einer Reise und neuen Lebensbahn. Der Briefwechsel stockt. Man ist ohne Sorge über den still fortglimmenden Freundschaftsfunken und tritt eines Tages an einen öffentlichen Ort, wo sich das Echo der tausend Tagesgerüchte, der Irrtümer und der Verfolgungen in Zeitungen durchkreuzt. Man ergreift sorglos eine derselben und liest, daß der Freund, der hoffnungsvolle, strebende, mutige, schon seit Monaten hinübergegangen ist in das Reich des Friedens, sanft entschlummert im Arme einer Geliebten, ausgelöscht aus dem jungen Nachwuchsregister unsrer Hoffnungen, tot – ja mehr als tot – schon seit Monden *verstorben!*

So ging es mir mit *Georg Büchner,* einem strebenden Jünglinge aus Darmstadt, dessen Freundschaft ich mir durch die Tat erworben hatte und der sie mir leistete mit vollem, ideenreichem Herzen, ging es mir mit einer Knospe, deren Entfaltung ein herrliches Farbenspiel am Sonnenlicht gespiegelt hätte, die die volle Ahnung eines nicht bloß genießenden Frühlingslebens in sich trug, sondern auch das Versprechen eines durch außerordentliche Fähigkeiten gesicherten Gewinnes für seine Nation. Noch glaub' ich einen jungen Titanen aus widerwärtigen Verhältnissen sich losringend zu wissen; und in dem Augenblicke barg ihn schon der kühle Schoß der Erde. Ich sah ihn seine Waffenrüstung zum Kampfe mit der Unbill der Zeiten schmücken – und schon schlummerte er in jenem ewigen Reiche des Friedens, wo die Widersprüche versöhnt und der Egoismus des Zeitalters in kalte Asche verwandelt ist. Mein Herz bebte vor Rührung. Ich kann jenes tiefe, grausame Weh verstehen, auf dem Totenbette mit seiner Liebe zum Leben und seinen Zukunftsträumen zu ringen, sich trennen zu müssen von dem Großen und Edlen, was man noch von sich bewahrheiten und bewähren wollte, und in jener Hand, die sich eben ausstreckte, um ein Reich des Ruhmes und der Ehre zu erobern, den lähmenden

Tod zu fühlen! Junger Kämpe, vielleicht warst du ergeben, als
sich die Sinne und dein Bewußtsein lösten, vielleicht lächeltest du,
schon verklärt über der Menschen ehrgeiziges Rennen und Treiben und dachtest selig, daß alles eitel wäre, daß auch die Irrtümer,
die du bekämpfen wolltest, ja selbst die Dichterträume, die wie
Lorbeer schon auf deiner Stirne lagen, an der Pforte der Ewigkeit
zerschellen und wie bunte Farben sich in Vergängliches auflösen.
Vielleicht vermißtest du, schon im Vorhofe der Ewigkeit, den
Nachruf deiner Freunde nicht. Aber sie sind ihn dir schuldig; sie
müssen dein Andenken mit frischem Rasen belegen und einen
Kranz von Immergrün um das bescheidne Kreuz hängen, welches
deine Grabstätte bezeichnet. Du gehörtest in die Legion der edlen
Streiter für die Sache des Jahrhunderts. Die Menschen, die du
haßtest, sollen wissen, wer du warst; und die du liebtest, sollen hören, was sie an dir verloren haben.

In den letzten Tagen des Februar 1835, dieses für die Geschichte unsrer neuern schönen Literatur so stürmischen Jahres, war es,
als ich einen Kreis von ältern und jüngern Kunstgenossen und
Wahrheitsfreunden bei mir sah. Wir wollten einen Autor feiern,
der bei seiner Durchreise durch Frankfurt am Main nach Litera-
turart das Handwerk begrüßt und lange genug zurückgezogen gelebt hatte, um uns zu verbergen, daß er im Begriff war, Bücher
herauszugeben, welche, ob sie gleich jüdischen Inhalts waren, dennoch von der evangelischen Kirchenzeitung kanonisiert werden
sollten. J. Jacoby war dies. Kurz vor Versammlung der Erwarteten
erhielt ich aus Darmstadt ein Manuskript nebst einem Briefe, dessen wunderlicher und ängstlicher Inhalt mich reizte, in ersterem zu
blättern. Der Brief lautete:

Mein Herr!

Vielleicht hat es Ihnen die Beobachtung, vielleicht, im unglück-
licheren Fall, die eigne Erfahrung schon gesagt, daß es einen Grad
von Elend gibt, welcher jede Rücksicht vergessen und jedes Gefühl verstummen macht. Es gibt zwar Leute, welche behaupten,
man solle sich in einem solchen Falle lieber zur Welt hinaushun-
gern, aber ich könnte die Widerlegung in einem seit kurzem er-
blindeten Hauptmann von der Gasse aufgreifen, welcher erklärt,
er würde sich totschießen, wenn er nicht gezwungen sei, seiner Familie durch sein Leben seine Besoldung zu erhalten. Das ist entsetzlich. Sie werden wohl einsehen, daß es ähnliche Verhältnisse
geben kann, die einen verhindern, seinen Leib zum Notanker zu

machen, um ihn von dem Wrack dieser Welt in das Wasser zu werfen, und werden sich also nicht wundern, wie ich Ihre Türe aufreiße, in Ihr Zimmer trete, Ihnen ein Manuskript auf die Brust setze und ein Almosen abfordere. Ich bitte Sie nämlich, das Manuskript so schnell wie möglich zu durchlesen, es, im Fall Ihnen Ihr *Gewissen als Kritiker* dies *erlauben sollte*, dem Herrn S. . . . zu empfehlen, und sogleich zu antworten.

Über das Werk selbst kann ich Ihnen nichts weiter sagen, als daß unglückliche Verhältnisse mich zwangen, es in höchstens fünf Wochen zu schreiben. Ich sage dies, um Ihr Urteil über den Verfasser, nicht über das Drama an und für sich, zu motivieren. Was ich daraus machen soll, weiß ich selbst nicht, nur das weiß ich, daß ich alle Ursache habe, der Geschichte gegenüber rot zu werden; doch tröste ich mich mit dem Gedanken, daß, Shakespeare ausgenommen, alle Dichter vor ihr und der Natur wie Schulknaben dastehen.

Ich wiederhole meine Bitte um schnelle Antwort; im Falle eines günstigen Erfolgs können einige Zeilen von Ihrer Hand, wenn sie noch vor nächstem Mittwoch hier eintreffen, einen Unglücklichen vor einer sehr traurigen Lage bewahren.

Sollte Sie vielleicht der Ton dieses Briefes befremden, so bedenken Sie, daß es mir leichter fällt, in Lumpen zu betteln, als im Frack eine Supplik zu überreichen und fast leichter, die Pistole in der Hand: la bourse ou la vie! zu sagen, als mit bebenden Lippen ein: Gott lohn' es! zu flüstern.

G. Büchner

Dieser Brief, den ich abdrucke, um gleich ein Bild von der Aufregung des Charakters zu geben, dessen Erinnerung wir feiern, den ich auch, unbekümmert um seine noch lebenden, vermöglichen Eltern, abdrucke, weil wir die kleine Affektation und das *unmotivierte* Elend darin bald erklären werden, reizte mich, augenblicklich das Manuskript zu lesen. Es war ein Drama: *Dantons Tod.* Man sah es der Produktion an, mit welcher Eile sie hingeworfen war. Es war ein zufällig ergriffener Stoff, dessen künstlerische Durchführung der Dichter abgesetzt hatte. Die Szenen, die Worte folgten sich rapid und stürmend. Es war die ängstliche Sprache eines Verfolgten, der schnell noch etwas abzumachen und dann sein Heil in der Flucht zu suchen hat. Allein diese Hast hinderte den Genius nicht, seine außerordentliche Begabung in kurzen

scharfen Umrissen schnell, im Fluge, an die Wand zu schreiben.
Alles, was in dem lose angelegten Drama als Motiv und Ausmalung gelten sollte, war aus Charakter und Talent zusammengesetzt.
Jenes ließ diesem keine Zeit, sich breit und behaglich zu entwickeln; dieses aber auch jenem nicht, nur bloß Gesinnungen und
Überschweifungen hinzuzeichnen, ohne wenigstens eine in der Eile
versuchte Abrundung der Situationen und namentlich der aus der
köstlichsten Stahlquelle der Natur fließenden kristallhellen und
muntern Worte. *Dantons Tod* ist im Druck erschienen. Die ersten
Szenen, die ich gelesen, sicherten ihm die gefällige, freundliche
Teilnahme jenes Buchhändlers noch an dem bezeichneten Abend
selbst. Die Vorlesung einer Auswahl davon, obschon von diesem
oder jenem mit der Bemerkung, dies oder das stünde im Thiers,
unterbrochen, erregte Bewunderung vor dem Talent des jugendlichen Verfassers.

Kaum hatte *Georg Büchner* einen Erfolg, so erfuhren wir, daß
er auf dem Wege nach Straßburg war. Ein Steckbrief im Frankfurter Journal folgte ihm auf der Ferse. Er hatte in Darmstadt,
vor seiner Familie sogar, verborgen gelebt, weil er jeden Augenblick befürchten mußte, in eine Untersuchung gezogen zu werden.
Er war in jene unglückseligen politischen Wirrnisse verwickelt,
welche die Ruhe so vieler Familien untergraben, so vielen Vätern
ihre Söhne, und Frauen ihre Gatten genommen haben. Ob ihn
Verdacht oder eine vorliegende Beschuldigung verfolgte, weiß ich
nicht; man versicherte, daß er den Frankfurter Vorfällen nicht
fremd gewesen. Vielleicht hatten ihn auch nur seine in *Straßburg*
früher fortgeführten Studien verdächtig gemacht. Jedenfalls ergab
sich, daß Büchner die Partie der Flucht *gern* ergriff. Er war mit
einer jungen Dame in Straßburg versprochen; das Exil, für andre
eine Plage, war Wohltat für ihn. Er gestand mir ein, daß er die
Teilnahme seiner (wahrscheinlich loyalen) Eltern durch seine toll-
kühnen Schritte auf eine harte Probe stelle, und daß er nicht den
Mut hätte, diese abzuwarten. Dies spornte ihn an, sich selbst einen
Weg zur bürgerlichen Existenz zu bahnen und von seinen Gaben
die möglichen Vorteile zu ziehen. Daher das verzweifelnde Beglei-
tungsschreiben des Danton: daher das Pistol und die unschuldige
Banditenphrase: la bourse ou la vie!

Mehrere der aus Straßburg an mich gerichteten Briefe Büchners
sind mir nicht mehr zur Hand. Ich hatte indessen große Mühe mit
seinem *Danton.* Ich hatte vergessen, daß solche Dinge, wie sie

Büchner dort hingeworfen, solche Ausdrücke sogar, die er sich erlaubte, heute nicht gedruckt werden dürfen. Es tobte eine wilde Sansculottenluft in der Dichtung; die Erklärung der Menschenrechte wandelte darin, nackt und mit Rosen bekränzt. Die Idee, die das Ganze zusammenhielt, war die rote Mütze. Büchner studierte Medizin. Seine Phantasie spielte mit dem Elend der Menschen, in welches sie durch Krankheiten geraten; ja die Krankheiten des Leichtsinns mußten ihm zur Folie seines Witzes dienen. Die dichterische Flora des Buches bestand aus echten Feld- und aus Quecksilberblumen. Jene streute seine Phantasie, diese seine übermütige Satire. Als ich nun, um dem Zensor nicht die Lust des Streichens zu gönnen, selbst den Rotstift ergriff, und die wuchernde Demokratie der Dichtung mit der Schere der Vorzensur beschnitt, fühlt' ich wohl, wie grade der Abfall des Tuches, der unsern Sitten und unsern Verhältnissen geopfert werden mußte, der beste, nämlich der individuellste, der eigentümlichste Teil des Ganzen war. Lange, zweideutige Dialoge in den Volksszenen, die von Witz und Gedankenfülle sprudelten, mußten zurückbleiben. Die Spitzen der Wortspiele mußten abgestumpft werden oder durch aushelfende dumme Redensarten, die ich hinzusetzte, krumm gebogen. Der *echte Danton* von Büchner ist *nicht* erschienen. Was davon herauskam, ist ein notdürftiger Rest, die Ruine einer Verwüstung, die mich Überwindung genug gekostet hat.

Büchner schrieb im Sommer 1835 an mich:

»Straßburg.

Verehrtester!

Vielleicht haben Sie durch einen Steckbrief im Frankfurter Journal meine Abreise von Darmstadt erfahren. Seit einigen Tagen bin ich hier; ob ich hier bleiben werde, weiß ich nicht, das hängt von verschiedenen Umständen ab. Mein Manuskript wird unter der Hand seinen Kurs durchgemacht haben.

Meine Zukunft ist so problematisch, daß sie mich selbst zu interessieren anfängt, was viel heißen will. Zu dem subtilen Selbstmord durch *Arbeit* kann ich mich nicht leicht entschließen; ich hoffe, meine Faulheit wenigstens ein Vierteljahr lang fristen zu können, und nehme dann Handgeld entweder von den Jesuiten für den Dienst der Maria oder von den St. Simonisten für die femme libre, oder sterbe mit meiner Geliebten. Wir werden sehen. Vielleicht bin ich auch dabei, wenn noch einmal das Münster eine Ja-

kobiner-Mütze aufsetzen sollte. Was sagen Sie dazu? Es ist nur
mein Spaß. Aber Sie sollen noch erleben, zu was ein Deutscher
nicht fähig ist, wenn er Hunger hat. Ich wollte, es ginge der ganzen Nation wie mir. Wenn es einmal ein Mißjahr gibt, worin nur
der Hanf gerät! Das sollte lustig gehen, wir wollten schon eine
Boa Konstriktor zusammen flechten. Mein Danton ist vorläufig
ein seidnes Schnürchen und meine Muse ein verkleideter Samson.«

Der wilde Geist in diesem Briefe ist die Nachgeburt Dantons.
Der junge Dichter muß seinen Thiers und Mignet loswerden; er
verbraucht noch die letzten Reste auf seiner Farbenpalette, mit
welcher er jene dramatischen Bilder aus Frankreichs Schreckens-
herrschaft gemalt hatte. Der Ausdruck ist ihm wichtiger als die
Sache. Die revolutionäre Phraseologie reißt ihn hin, für sie nach
idealen Unterlagen zu suchen. Er wird bald andere Ansichten haben und sich von jener Unruhe befreien, die man immer spürt,
wenn man eben vom Reisewagen absteigt. Der Puls schlägt dann
öfter in der Minute, als man Gedanken für jeden Schlag hat. G.
Büchner hörte bald auf, von gewaltsamen Umwälzungen zu träumen. Die zunehmende materielle Wohlfahrt der Völker schien ihm
auch die Revolution zu verschieben. Je mehr jene zunimmt, desto
mehr schwindet ihm eine Aussicht auf diese. Er schrieb mir unter
anderm: »Die ganze Revolution hat sich schon in Liberale und
Absolutisten geteilt und muß von der ungebildeten und armen
Klasse aufgefressen werden; das Verhältnis zwischen Armen und
Reichen ist das einzige revolutionäre Element in der Welt, der
Hunger allein kann die Freiheitsgöttin und nur ein Moses, der uns
die sieben ägyptischen Plagen auf den Hals schickte, könnte ein
Messias werden. Mästen Sie die Bauern, und die Revolution be-
kommt die Apoplexie. Ein *Huhn* im Topf jedes Bauern macht den
gallischen *Hahn* verenden.«

Inzwischen hatte ich den erschienenen *Danton* nach Verdienst
im Phönix gewürdigt. Büchners Bescheidenheit schmollte, daß ich
ihn zu hoch gestellt; er käme in Verlegenheit, meine in seinem
Namen gegebenen Versprechungen zu erfüllen. Meine Kritik hatte
aber noch eine andere Folge, die für unsere Zustände nicht uninteressant war. Ich erhielt nämlich aus der Schweiz einen anony-
men Brief, der allem Anscheine nach von der dortigen jeune Allemagne herrührte und worin mir über mein Lob eines patriotischen
Apostaten, wofür Büchner nun schon galt, die heftigsten Vorwürfe
gemacht wurden. Es war zu gleicher Zeit der Neid eines Schul-

kameraden, der sich in dem Briefe ausgällte. Den Verf., den ich wohl errate, ärgerte das einem ehemaligen Freund gespendete Lob und um seine kleinliche Empfindung zu verbergen, hüllte er sich in pädagogische Vorwände. Der geärgerte Schulkamerad schrieb: »Bei der unbedingtesten Gerechtigkeit, die ich Büchners Genie widerfahren ließ, ist es mir doch nie eingefallen, mich vor ihm in eine Ecke zu verkriechen!« Darauf folgte ein Erguß über die Eitelkeit, in der nun der Kamerad bestärkt werden würde, eine Versicherung, daß er Büchners wahrer Freund wäre und in einem Postskript – ob ich nicht eine Antikritik abdrucken wollte! Mir schien dies anonyme Treiben so verdächtig, daß ich Büchner einen Wink gab und von ihm Aufklärung erhielt. Ich will die betreffende Stelle hersetzen; nicht, weil das ganze Verhältnis von Bedeutung ist, sondern weil ich darin eine Abspiegelung von Jugenderinnerungen sehe, die gewiß in vielen Lesern dieses Gedächtnisses auftauchen. Wer hätte nicht in Beziehung gestanden, wo *brechen* so schwer, fast unmöglich ist, und wo man durch das freundschaftliche Verhältnis doch nicht erquickt, sondern im Gegenteil nur belästigt wird, und mit Freuden jede Gelegenheit ergreift, sich mit *gutem Grund* die Last abzuschütteln! Büchner antwortete: »Was Sie mir über die Zusendung aus der Schweiz sagen, macht mich lachen. Ich sehe schon, wo es herkommt. Ein Mensch, der mir einmal, es ist schon lange her, sehr lieb war, mir später zur unerträglichen Last geworden ist, den ich schon seit Jahren schleppe und der sich, ich weiß nicht aus welcher verdammten Notwendigkeit, ohne Zuneigung, ohne Liebe, ohne Zutrauen an mich anklammert und quält und den ich wie ein notwendiges Übel getragen habe! Es war mir wie einem Lahmen oder Krüppel zu Mut und ich hatte mich so ziemlich in mein Leiden gefunden. Aber jetzt bin ich froh, es ist mir, als wäre ich von einer Todsünde absolviert. Ich kann ihn endlich mit guter Manier vor die Türe werfen. Ich war bisher unvernünftig gutmütig, es wäre mir leichter gefallen ihn totzuschlagen, als zu sagen: Pack dich! Aber jetzt bin ich ihn los! Gott sei Dank! Nichts kommt einem doch in der Welt teurer zu stehen, als die Humanität.«

Weil sich Büchner mit allen Kräften auf eine akademische Stellung vorbereitete, so konnte er seine Mußezeit nur leichten Arbeiten widmen. Er übersetzte in der Serie von *Victor Hugos Werken* die Tudor und Borgia mit echt dichterischer Verwandtschaft zu dem Originale. Einen seiner Briefe, wo er die Schwächen Victor

Hugos mit feinem Auge musterte, kann ich nicht wiederfinden. Alfred de Musset zog ihn an, während er nicht wußte, »wie er sich durch V. Hugo durchnagen« solle, Hugo gäbe nur »aufspannende Situationen«, A. de Musset aber doch »Charaktere, wenn auch ausgeschnitzte.«

Wie wenig er auch arbeitete und erklärte, für den Danton, der so hurtig nicht zustande gekommen, wären »die Darmstädtschen Polizeidiener nicht seine Musen gewesen«; so trug er sich doch mit einer Novelle, wo *Lenz* im Hintergrunde stehen sollte. Er wollte viel Neues und Wunderliches über diesen Jugendfreund Goethes erfahren haben, viel Neues über Friederiken und ihre spätere Bekanntschaft mit Lenz.

Büchners spätere Briefe beschäftigten sich meist mit seinen Zukunftsplänen. Sein Herz war gefesselt, er suchte eine Existenz, als *Schmied* seines Glückes. Er hatte die Medizin verlassen und sich auf die abstrakte Philosophie geworfen. Er schrieb (wie gewöhnlich ohne Datum):

»Straßburg.

Lieber Freund!
War ich lange genug stumm? Was soll ich Ihnen sagen? Ich saß *auch* im Gefängnis und im langweiligsten unter der Sonne, ich habe eine Abhandlung geschrieben in die Länge, Breite und Tiefe. Tag und Nacht über der ekelhaften Geschichte, ich begreife nicht, wo ich die Geduld hergenommen. Ich habe nämlich die fixe Idee, im nächsten Semester zu Zürich einen Kurs über die Entwicklung der deutschen Philosophie seit Cartesius zu lesen; dazu muß ich mein Diplom haben und die Leute scheinen gar nicht geneigt, meinem lieben Sohn Danton den Doktorhut aufzusetzen.

Was war da zu machen?

Sie sind in Frankfurt, und unangefochten?

Es ist mir leid und doch wieder lieb, daß Sie noch nicht im Rebstöckel, (Straßburger Gasthof) angeklopft haben. Über den Stand der modernen Literatur in Deutschland weiß ich so gut als nichts; nur einige versprengte Broschüren, die, ich weiß nicht wie, über den Rhein gekommen, fielen mir in die Hände.

Es zeigt sich in dem Kampf gegen Sie eine *gründliche* Niederträchtigkeit, eine recht *gesunde* Niederträchtigkeit, ich begreife gar nicht, wie wir noch so natürlich sein können! Und Menzels Hohn über die politischen Narren in den deutschen Festungen – und das von Leuten! mein Gott, ich könnte Ihnen übrigens erbauliche Geschichten erzählen.

Es hat mich im Tiefsten empört; meine armen Freunde! Glauben Sie nicht, daß Menzel nächstens eine Professur in München erhält?

Übrigens; um aufrichtig zu sein, Sie und Ihre Freunde scheinen mir nicht grade den klügsten Weg gegangen zu sein. Die Gesellschaft mittels der *Idee,* von der *gebildeten* Klasse aus reformieren? Unmöglich! Unsere Zeit ist rein *materiell,* wären Sie je direkter politisch zu Werke gegangen, so wären Sie bald auf den Punkt gekommen, wo die Reform von selbst aufgehört hätte. Sie werden nie über den Riß zwischen der gebildeten und ungebildeten Gesellschaft hinauskommen.

Ich habe mich überzeugt, die gebildete und wohlhabende Minorität, so viel Konzessionen sie auch von der Gewalt für sich begehrt, wird nie ihr spitzes Verhältnis zur großen Klasse aufgeben wollen. Und die große Klasse selbst? Für die gibt es nur zwei Hebel, materielles Elend und *religiöser Fanatismus.* Jede Partei, welche diese Hebel anzusetzen versteht, wird siegen. Unsre Zeit braucht Eisen und Brot – und dann ein *Kreuz* oder sonst so was. Ich glaube, man muß in sozialen Dingen von einem absoluten *Rechts*grundsatz ausgehen, die Bildung eines neuen geistigen Lebens im *Volk* suchen und die abgelebte moderne Gesellschaft zum Teufel gehen lassen. Zu was soll ein Ding, wie diese, zwischen Himmel und Erde herumlaufen? Das ganze Leben desselben besteht nur in Versuchen, sich die entsetzlichste Langeweile zu vertreiben. Sie mag aussterben, das ist das einzig Neue, was sie noch erleben kann.

Sie erhalten hierbei ein Bändchen Gedichte von meinem Freunde Stöber. Die Sagen sind schön, aber ich bin kein Verehrer der Manier à la Schwab und Uhland und der Partei, die immer rückwärts ins Mittelalter greift, weil sie in der Gegenwart keinen Platz ausfüllen kann. Doch ist mir das Büchlein lieb; sollten Sie nichts Günstigeres darüber zu sagen wissen, so bitte ich Sie, lieber zu schweigen. Ich habe mich ganz hier in das Land hineingelebt; die Vogesen sind ein Gebirg, das ich liebe, wie eine Mutter, ich kenne jede Bergspitze und jedes Tal und die alten Sagen sind so originell und heimlich und die beiden Stöber sind alte Freunde, mit denen ich zum erstenmal das Gebirg durchstrich. Adolph hat unstreitig Talent, auch wird Ihnen sein Name durch den Musenalmanach bekannt sein. August steht ihm nach, doch ist er gewandt in der Sprache.

Die Sache ist nicht ohne Bedeutung für das Elsaß, sie ist einer von den seltnen Versuchen, die noch manche Elsässer machen, um die deutsche Nationalität Frankreich gegenüber zu wahren und wenigstens das geistige Band zwischen ihnen und dem Vaterland nicht reißen zu lassen. Es wäre traurig, wenn das Münster einmal ganz auf fremdem Boden stände. Die Absicht, welche zum Teil das Büchlein erstehen ließ, würde sehr gefördert werden, wenn das Unternehmen in Deutschland Anerkennung fände und von der Seite empfehle ich es Ihnen besonders.

Ich werde ganz dumm in dem Studium der Philosophie; ich lerne die Armseligkeit des menschlichen Geistes wieder von einer neuen Seite kennen. Meinetwegen! Wenn man sich nur einbilden könnte, die Löcher in unsern Hosen seien Palastfenster, so könnte man schon wie ein König leben; so aber friert man erbärmlich.«

Dies Ganze ist die Zusammensetzung zweier Briefe; der letzte Teil ist älter als der erste. Der Umzug nach Zürich brachte eine momentane Störung hervor. Die Habilitation beschäftigte Büchner, der übermäßig arbeitete; ich drang auf keine Nachrichten, weil ich hoffte, die Zürcher Niederlassung würde gute Wege haben. Inzwischen erkrankte Büchner und starb.

Beweisen nicht schon diese von mir mitgeteilten Brieffragmente, um welch einen reichen Geist mit ihm unsre Nation gekommen ist? Alles, was er berührte, wußte er in eine bedeutsame Form zu gießen. Er hatte die Rede und den Gedanken stets in gleicher Gewalt und wußte mit einer an jungen Gelehrten so *seltenen* Besonnenheit, seine Ideen abzurunden und zu kristallisieren. Seine Inaugurationsabhandlung wird als ein seltener Beleg von Gelehrsamkeit und Scharfsinn gerühmt. Büchner würde, wie Schiller, seine Dichterkraft durch die Philosophie geregelt und in der Philosophie mit der Freiheitsfackel des Dichters die dunkelsten Gedankenregionen gelichtet haben. Alle diese Hoffnungen knickte der Sturm. Ein frühes Grab war der Punkt, in welchem sich all die frischen, kühnen Perioden, die wir von einem Jünglinge in diesen Mitteilungen gelesen haben, enden sollten. Zu dem Trotze, der aus diesem Charakter sprach, lachte der Tod. Der Friedensbogen, der sich über diese gährende Kampfes- und Lebenslust zog, war die Sense des Schnitters, von welcher so frühe gemäht zu werden, uns schmerzlich und fast mit einem gerechten Scheine die Unbill des Schick-

sals anklagen läßt. Könnt' ich diese Erinnerungsworte ansehen,
als in Stein und nicht in Sand gegraben, daß sie vom Winde nicht
verweht werden! Könnt' ich in künftigen Darstellungen unsrer
Zeit, wie sie war, rang, litt und hoffte, wenigstens den Namen:
Georg Büchner in der Zahl derjenigen, welche durch ihr Leben
und ihr Arbeiten die Entwicklung unserer Übergangsperiode bezeichnen, dauernd und mit goldnem Scheine erhalten! Wenn diese
Flut der Vergessenheit über uns alle kommt, möcht' er einer der
ersten sein, von welchen, wenn der Zorn Gottes verronnen ist,
wieder ein grünes Blatt die Friedenstaube in die Arche der dann
entscheidenden Gerechtigkeit trägt!

Die schönste Belohnung, die ich für diesen Nachruf erhalten
konnte, waren die saubern Abschriften des poetischen Nachlasses
Büchners von der Hand seiner Geliebten. Es ist ein vollendetes
Lustspiel *Leonce und Lena,* in der Weise des Ponce de Leon von
Brentano. Sodann das Fragment des *Lenz* und ein Heft von Briefen, die ohne Absicht geschrieben und doch voll künstlerischen
und poetischen Wertes sind. Es findet sich wohl Gelegenheit, einen
dieser Schätze nach dem andern bekannt zu machen.

4.2.2 *[Über] Leonce und Lena. Ein Lustspiel von Georg Büchner.*

Ich habe das Versprechen gegeben, einige der von Georg Büchner noch vorhandenen poetischen Reliquien zu veröffentlichen.
Das Lustspiel Leonce und Lena erinnert stark an Ponce de Leon
von Clemens Brentano; derselbe zarte Elfenmärchenton, dasselbe
bühnenwidrige Mondscheinflimmern der Charakteristik, dasselbe
lyrische Übergewicht der Worte über die Handlung; nur ist Brentanos Witz keuscher als Büchners. Büchner war derb in seinen Anspielungen und die politischen darunter kennt Brentano gar nicht.
Auch dieses kleine Lustspiel ist wie *Dantons Tod* von G. Büchner
nur ein schnell hingeworfener Versuch und würde, wenn man es
ganz veröffentlichen wollte und – dürfte, nur die Hoffnungen *an-
deuten*, die man auf des jungen Dichters *Zukunft* setzen konnte.
Ich will, indem ich den einfachen Gang des kleinen idyllischen
Lustspiels verfolge, sehen, ob sich eine oder die andre Szene im
Zusammenhang wiedergeben läßt . . .
Das ist Georg Büchners Leonce und Lena! Unsre grassierenden
Bühnendichter könnten ruhig schlafen, selbst wenn der Dichter

noch lebte; er würde ihnen keinen Schaden zugefügt haben! Das
Ganze ist ein Hauch, ein Klang; es duftet und läutet, aber »Mise
en Scene« ist damit nicht möglich, selbst wenn A. Lewald käme.
Erreichte Büchner auch nicht die klassische Höhe eines Angely,
eines Nestroy, so haben wir doch in ihm ein bescheidenes Talent-
chen entdeckt, welches allenfalls mit *untergeordneten* Kräften,
etwa mit Achim von Arnim und mit Clemens Brentano verglichen
werden dürfte!

4.2.3 [Über] Lenz. Eine Reliquie von Georg Büchner.

In meinem Buche: »Götter, Helden, Don Quixote,« und im
»Konversationslexikon der Gegenwart« findet man die Lebensmo-
mente eines Dichters erzählt, der unsern Lesern auch aus den sinnigen Bruchstücken des folgenden Lustspiels Leonce und Lena lieb
werden wird. Hier teilen wir eine andere Dichtung dieses zu früh
gestorbenen Genies mit. Sie hat den Straßburger Aufenthalt des
bekannten Dichters der Sturm- und Drangperiode, *Lenz,* zum
Vorwurf und beruht auf authentischen Erkundigungen, die Büchner an Ort und Stelle über ihn eingezogen hatte. Leider ist die
Novelle Fragment geblieben. Wir würden Anstand nehmen, sie in
dieser Gestalt mitzuteilen, wenn sie nicht Berichte über Lenz ent-
hielte, die für viele unsrer Leser überraschend sein werden. Sollte
man glauben, daß Lenz, Mitglied einer als frivol und transzendent
bezeichneten Literaturrichtung, je in Beziehung gestanden hat zu
dem durch seine pietistische Frömmigkeit bekannten Pfarrer
Oberlin in Steinthal, von dem Steffens in seinem sonst so verwerf-
lichen Romane: die *Revolution*, ein nicht mißlungenes Bild gegeben
hat? Büchner hat alles, was auf dieses Verhältnis Bezug hat, glaub-
würdigen Familienpapieren entnommen. Lassen wir seine meister-
hafte Darstellung des halbwahnsinnigen Dichters beginnen . . .

Bis hierher reicht Büchners Darstellung. Leider ist es uns *in
ganz Hamburg* unmöglich die Tieck'sche Einleitung zu Lenzens
Schriften aufzutreiben und zu vergleichen, wo sich dies Bruchstück aus dem Leben des Dichters den über ihn bekannten Tatsachen erklärend und ergänzend anreiht. In Betreff Georg Büchners
aber wird man einräumen, daß diese Probe seines Genies aufs
neue bestätigt, was wir mit seinem Tod an ihm verloren haben.
Welche Naturschilderungen; welche Seelenmalerei! Wie weiß der

Dichter die feinsten Nervenzustände eines, im Poetischen wenigstens, ihm verwandten Gemüts zu belauschen! Da ist alles mitempfunden, aller Seelenschmerz mitdurchdrungen; wir müssen erstaunen über eine solche Anatomie der Lebens- und Gemütsstörung. G. Büchner offenbart in dieser Reliquie eine *reproduktive Phantasie*, wie uns eine solche selbst bei Jean Paul nicht so rein, durchsichtig und wahr entgegentritt. Wir möchten den Verf. des Büchner'schen Nekrologs im »Konversationslexikon der Gegenwart« fragen, ob er nach Mitteilung dieses *Lenz* nun noch glaubt, daß wir die Gaben des zu früh Dahingegangenen überschätzten?

4.2 *[Späte Erinnerung an Georg Büchner]*

Am selben Tage hatte mir ein Flüchtling, ein Gießener Student, Georg Büchner, aus Straßburg ein Manuskript geschickt. Es war jenes an witzigen Einfällen und charakteristisch wiedergegebenen Momenten der französischen Revolution beachtenswerte Drama: »Dantons Tod«. Der gleichfalls anwesende Buchhändler J. D. Sauerländer erbot sich sofort, es zu verlegen und schickte dem von allen Mitteln entblößten, von seinem Vater zur Strafe für seine politische Gesinnung sich selbst überlassenen jungen Mann, der später in Zürich ein vielversprechender Physiolog wurde und allzufrühe starb, hundert Gulden als Honorar.

4.3 [Über Nestroy]

Die Untersuchung durch die *Douane* geschah in Linz mit Milde und Zuvorkommenheit. »Was haben Sie dort?« Bücher! ... Himmel, das schien die Szene zu verändern. Vor Büchern hat dieser Riesenstaat mit seinen kolossalen ungarischen Grenadieren eine wahre Gespensterfurcht. Als ich aber hinzufügte: Lauter Komödien! klärte sich die Miene des Douaniers freundlich auf. Vor Theaterstücken haben sie dort keine Furcht. Zwar lassen Metternich und Sedlnitzky kein einziges Shakespeare'sches Stück aufführen, in welchem ein zweideutiger König oder schlechter Minister vorkommt, aber was man so gewöhnlich in Österreich Komödien nennt, ein bißchen Bauernfeld, etwas Grillparzer, ein wenig Raimund und viel *Nestroy*, das läßt man zu und der Koffer wanderte durch eine Barriere von zwanzig Mauthsoldaten, die die Straße versperrten, ungefährdet, um in Wien noch einmal, aber strenger, untersucht zu werden. Das ist alles in der Ordnung und in Frankreich noch viel schlimmer. Der Staatszweck muß seine Quellen haben.

Also ein Gewitter und noch mehr, ein Wolkenbruch und zuletzt sogar eine Feuersbrunst. Das war eine merkwürdige Einfahrt in Wien. Eine Vorstadt unter Wasser und eine andere vom Blitz entzündet. Ich wurde als Dramatiker begrüßt mit Sturm, Regen und Donnerschlag. Aber auch die Zensur repräsentierte sich in den Feuerlöschanstalten, die rasselnd an dem bescheidnen Fiaker vorüberfuhren. So hatt' ich ja alles gleich bei der Hand. Und wenn ich noch hinzufüge, daß mir die schönen neuen Häuser des Josephstädter Glacis und die seit Frankfurt ganz aus dem Auge verlornen grünen Bäume, die hier schon wieder in ganzem Frühlingsschmuck prangten, nach der stürmischen Fahrt entgegen lachten, so hatt' ich auch die freundliche Seite Wiens und fuhr erwartungsvoll und heiter angeregt durch das dunkle Kärntnertor.

Im ersten Augenblick verlor ich in der »Stadt Frankfurt,« die ich bezog, fast die Sinne. Ein Wolkenbruch, eine Überschwemmung, eine Feuersbrunst, die engen Straßen, der Fiakerlärm, Fiakerprellerei, das Theater an der Wien vor einer Stunde an Pokorny verkauft, Graf Czernin eben gestorben, kurz der Boden wankte unter meinen Füßen und da ich keinen Menschen und keine Idee hatte, an die ich mich halten konnte, so hielt ich mich an einen Theaterzettel und sammelte mich erst im Burgtheater, wo sie »Bürgerlich und Romantisch« spielten. Hier war mein Asyl, hier konnt' ich mich sammeln, hier war eine Art Heimat. Die Rißler tanzte im Kärntnertheater, Nestroy führte vor baldigem Toresschluß an der *Wieden* eine neue Posse auf, es war mir aber Gewissenssache, zuerst das Burgtheater zu besuchen. Wir weltlichen Leute haben auch unsre Religion.

Über den *Volkscharakter* der Wiener ist viel geschrieben worden. Es ist nicht gut als Fremder darüber ein Urteil abgeben. Der Fremde kommt so sehr nur mit dem Teile einer Bevölkerung in Verbindung, der von ihm Vorteile zu ziehen hofft, daß es ihm leicht geschehen kann, wie den italienischen Reisenden, die Italiens Bewohner nur nach den Gastwirten und Postillionen beurteilen. Eine traditionelle Phrase ist die Gutmütigkeit der Wiener. Ich glaube aber, die Wiener von heute lächeln selbst über diese Tradi-

tion. Sie wissen sehr gut, daß sie nicht mehr die alten Wiener sind,
die wir in Vaudevilles und Wiener Possen auf der Bühne gesehen
haben, die guten alten Schildbürger, die uns Bäuerle in seinen jungen Tagen anziehend geschildert hat. Steht ein Humorist wie Ca-
stelli nicht jetzt einsam in Wien? Die Zeiten haben sich verändert
und mit ihnen die Menschen.

Ich glaube, dem im Herzensgrunde guten und braven Wiener
hat das Bewußtsein der Großstädtigkeit geschadet. Der Stolz, daß
es nur *ein* Wien gäbe, ist ihm etwas zu Kopf gestiegen. Der Berliner ist nicht heimisch in seiner Vaterstadt, er fühlt sich unsicher in
dem Glauben an seine heimischen Vortrefflichkeiten, das Fremde
imponiert ihm. Der Wiener dagegen glaubt alles in höchster Voll-
kommenheit zu besitzen und dadurch wird er z. B. auf Reisen
nörgelnd, mäkelnd, er vergleicht alles mit seiner heimischen Art
und bekommt davon auch zu Hause einen Schein von Prüderie
und Süffisance, der nicht eben wohltuend ist. Die jüngere Generation hat sich vollends unter andern Bedingungen entwickelt als die
alte. Die Ansprüche an die Existenz haben sich gesteigert, die Vergnügungen sind raffiniert geworden, die Verlegenheit, allen Ausschweifungen des Luxus und der Mode nachzukommen, verbittert
den Humor und macht die Stimmung nach einer ausgelassenen
Lustigkeit am Morgen drauf verdrießlich. Die Wiener empfinden
selbst, daß eine Veränderung mit ihnen vorgegangen ist und die
ältere Generation ist betrübt darüber. Wieviel schöne, wohltuende
Beispiele der alten Art hab' ich noch angetroffen! Herzige, liebe
Menschen voll Teilnahme und Güte. Aber sie sind goldne Ausnahmen von der allgemeinen Regel.

Forscht man den Gründen dieser Änderung genauer nach, so
liegen sie offen am Tage. Die Kunst des Daseins ist schwieriger
geworden. Das Geld hat einen geringeren Wert als sonst. Man
braucht mehr zum Ausgeben und die Einnahmen sind die alten
geblieben. Die Vergnügungen waren früher harmloser, wohlfeiler.
Jetzt, wo alles auf *Salons* auf Bälle, Maskeraden berechnet ist, wo
die Anschlagzettel an den Straßenecken zu den kunterbuntesten
Freuden einladen, jetzt hat der Prater aufgehört, das Asyl der
Wiener Erholung zu sein. Ich sah am ersten Mai die Bevölkerung
zum Prater hinausziehen. Das ganze Vergnügen, schien mir, war
in der Toilette aufgegangen. Wer kann in solchen Ballkleidern,
die selbst die untersten Klassen trugen, auf dem grünen Rasen
springen und tanzen! Die alte Zaubermacht des Praters mit seiner

neckischen Ausgelassenheit ist vorüber.

Wie kann das aber auch anders sein, wenn man sieht, wo es jetzt den Menschen nur wohl ist? In Berlin erlebt man dasselbe. Wo sind dort die idyllischen Vergnügungen auf den Dörfern hin, seitdem Colosseum, Tivoli, Elysium, Kroll entstanden? In Wien ist es ebenso. Im ungeheuern Odeonsaale den Dampf von tausend »Millykerzen« einatmen, den Staub der Tänzer hinunterschlucken und in der Nacht mit dem stolzen Gefühle scheiden: »Ich war auch da!« das ist die Quintessenz aller dieser auf massenhaften und daher langweiligen Besuch berechneten Zerstreuungen. Welche Stimmung im Gemüt nach solchen »chinesischen Zaubernächten,« »venetianischen Maskenfesten« u.s.w. zurückbleibt, ist eine moralisch und physisch bewiesene Tatsache. Kein Wunder, wenn darüber ein ganzes Volk blasiert wird.

In Verbindung mit dieser Wut nach exzentrischen Vergnügungen kann sich auch die Bühne einen großen Teil der Schuld beimessen, zur Verwilderung des Volkscharakters beigetragen zu haben. Die *Zweideutigkeit* und die *Selbstironisierung* haben besonders in den Nestroy'schen Stücken einen Einfluß auf die unteren Klassen geübt, der ihnen zwei der kostbarsten Kleinode des Volkscharakters raubte, sittliche Grundanschauung aller Dinge und gläubiges Vertrauen gegen Menschen. Das ist entsetzlich, wie Nestroy, dieser an sich höchst talentvolle Darsteller, in seinem Spiel fast noch mehr als in seinen Produktionen dem sittlichen Grundgefühle und der gläubigen Naivität des Volkes Hohn spricht. Man denke sich die bis zum Giebel gefüllten Theater, besetzt von Handwerkern und ihren Frauen und Töchtern und sehe diese Gestikulationen, diese Mienen, höre diese Späße, dieses Anwitzeln jeder überlieferten edlen Empfindung, diese zweideutigen Randglossen zu den Motiven von Tugend und Edelmut ... es überlief mich kalt, ein ganzes Volk so wiehern, Weiber lachen, Kinder klatschen zu sehen, wenn die Equivoque gezündet hat oder Nestroy, die Achsel zuckend, die Liebesversicherungen einer Frau, die Zärtlichkeiten eines Gatten mit einem satanischen »O Je!« oder dergleichen begleitet. Da steht nichts mehr fest, keine Liebe, keine Freundschaft, keine großmütige Hingebung. Die schamlosen gesungenen Couplets (die rechten *Cancans,* die bei den Franzosen aus der errötenden Sprache in den stummen Tanz verbannt wurden) sagen es ja deutlich, daß »alles einen Haken hat,« daß Eigennutz die Triebfeder jeder Handlung ist. Es ist das fürchterlich, eine ganze Bevölkerung solchen blasierten Anschauungen überliefert zu sehen. Aus jedem etwas dunkeln Satze dieser Komiker grübelt sich der Zuschauer Zweideutiges heraus und will er's nicht gleich finden, so blinzeln diese unwürdigen Musenpriester mit den Augen und das Gewieher bricht los, man hat den Witz verstanden. Ein Teil der Presse beschützt diese Verwilderung, ein anderer bekämpft sie. Aber merkwürdig, wenn z. B. Saphir, der viel Wahres und Schönes gegen diese Entartung geschrieben hat, sich wiederholt dagegen ergehen will, so streicht ihm die *Zensur* seine Angriffe spaltenlang. Man sagt ihm, er verteidige die Sitte nur aus persönlicher Ranküne gegen dies oder jenes Theater. Geht nun die Zensur irgend etwas von den Motiven eines Schriftstellers an? Im Gegenteil! Alles Lob solchen »persönlichen Rankünen,« deren Ergebnisse der Sitte und der moralischen Gesundheit eines Volkes zgute kommen.

Schon die römische Imperatorenzeit lehrte uns, daß unfreie Zustände die Moralität der Völker vergiften. Der erlaubte politische und religiöse Freimut eines Volkes adelt dessen Moral. Die unterdrückte freie Bewegung der Verununft erzeugt die Zügellosigkeit in den Sitten. Die Wiener Theaterzensur ist gegen die Vorstädte milder als gegen die Theater der Hauptstadt. Im Burgtheater darf kein Stück gegeben werden, daß die königliche Würde von einer menschlichen Seite darstellt, Heinrich IV. von Shakespeare ist verboten, kurz eine Willkür, die man gottlos nennen müßte, wenn sie nicht vielleicht die Frucht einer traurigen aristokratischen und altspanischen Etikette wäre, legt dort auf die schönsten Blüten der Poesie eine vermessene Hand; aber Ehre, Liebe, Freundschaft, Sitte und Zucht, Kindererziehung, die ewigen Güter des Daseins dürfen in den Vorstadttheatern verspottet werden. Es stimmt dies vortrefflich zu einer Politik, die aus *sybaritischer Genußsucht* (Friedrich von Gentzens Lebensprinzip!) das außerordentlich bequeme Prinzip der *Stabilität* gemacht hat.

Carl ist nun in die engen Räume des Leopoldstädter Theaters gebannt und nach der Richtung, die die Truppe des geistreichen Inpressarios genommen hat, mit Fug und Recht. *Nestroy* muß nicht zum Volk sprechen. Er mag eine kleine Versammlung täglich anlocken, aber in dem alten großen Hause gab Wien mit seinen Zweideutigkeiten zu harangieren, das wurde nachgerade ein sittliches Verbrechen. Als Schauspieler machte Nestroy einen großen

Eindruck auf mich. Möglich, daß öfteres Sehen ihn würde verwischt haben. Die Gestalt des Sans-Quartier in den Sieben, Vierzehn, oder wie viel? Mädchen in Uniform ist des größten Mimen
würdig. Wie schade, daß in diesem geistreichen Darsteller kein ge-
fühlvolles Herz schlägt! Karikatur ist seine Kunst. Gott und der
Menschheit einen Esel bohren, das ist seine Lust. Er persifliert alles und wenn nichts mehr zünden will, sich selbst. Seine Stücke,
die fast alle nach dem Französischen bearbeitet sind, wimmeln
von einem witzig sein sollenden Kauderwelsch, das sich die Fri-
seure, die Barbiere, die Schneider Wiens schon als Umgangsspra-
che angewöhnt haben. Er gibt zwei Akte hindurch eine Art Erfindung, eine Art Handlung, im dritten, wenn die Lösung schwieriger
wird oder die Zensur, wie in »Unverhofft« einen baren Unsinn
vorgeschrieben hat, dreht er sich um und fängt, sich, sein Stück
und das Publikum verspottend, an zu singen: Kladeradatsch usw.
und parodiert in sogenannten Quodlibets Himmel und Erde nach
der Maxime: »Es ist alles Wind! Juchhe!«

5. WELTLITERARISCHE PERSPEKTIVEN: SHELLEY, BALZAC, MADAME DE STAËL, GEORGE SAND

5.1 *Percy Bysshe Shelley*

Vor dem Posthause in Pisa stand im Jahre 1820 ein schöner, langaufgeschossener, aber kränklich aussehender Englishman und fragte, ob nichts für ihn poste restante angekommen wäre?

Wie heißen Sie? fragte der Postoffiziant.

Shelley!

In dem Augenblick erhielt der Engländer einen fürchterlichen Schlag auf den Kopf, nachdem er kaum gehört hatte, daß ein hinter ihm stehender Landsmann ausrief: *Was, Sie sind der Gottesleugner?* Der Elende entlief. Shelley war besinnungslos niedergesunken. Als er sich erholte, lechzte seine gekränkte Ehre nach Rache. Er hört, der Fremde sei nach Genua abgereist. Er eilt ihm nach; er will für die gemeine Mißhandlung Genugtuung haben. Er findet ihn nicht: er ist außer sich über den Schuft, bis er hört, daß er nach Lissabon gereist war. Es war ein englischer Lieutenant in portugiesischen Diensten. Was sollte Shelley tun? Leidend, hinfällig, sah er dem Tode, der ihn später in den Fluten des mittelländischen Meeres ereilte, längst schon mit gebrochenen Augen ins Angesicht. Er ertrug und verwand seinen Schmerz. Der Mann von Geist hat gegen die Brutalität keine andere Waffe, als Stillschweigen, Mitleid, Verachtung.

Und diese Anekdote kann uns auch schnell vergegenwärtigen, wer Percy Bysshe Shelley war, wenigstens wofür er in der öffentlichen Meinung galt. Er galt für einen Gottesleugner, für einen Gegner des Christentums. Seine Braut wurde ihm entrissen, als ihn dieser Ruf zu verfolgen anfing, sein Vater, ein außerordentlich reiches Glied der englischen Aristokratie, verstieß ihn und ließ ihn darben, hungern sogar; die Kinder einer Ehe, welche er schloß, weil sein Herz einer Anknüpfung bedurfte, und welche Scheidung trennen mußte, wurden durch Beschluß des Lordkanzlers von England aus seiner Nähe genommen; er floh, verfolgt von den Verwünschungen der Prüderie und der Trägheit der Masse, nach Italien, ein brutaler Lieutenant wollte ihm den Hirnschädel einschlagen; er hatte die ganze Welt gegen sich, die ganze Kritik, die Kirche, den Staat, die Gesellschaft, den Vater und die erste Ge-

liebte gegen sich, er hatte nichts als eine zweite Gattin, die einen
Geist besaß wie George Sand und selbst köstliche Dichtungen gibt,
nichts, als einige spärlich gesäte Verehrer, zwei oder drei Freunde,
unter ihnen aber einen, der ihn anbetete, Lord Byron.

Wenn irgend das Leben eines modernen Dichters – denn das
war Shelley und der genialste! – die Stellung des originellen Gedankens und der schöpferischen Phantasie, unserem schroffen,
egoistischen und an Vorurteilen haftenden Zeitalter gegenüber, vergegenwärtigen kann; so ist es das Leben Shelleys. Er war ein Sohn
der Zeit, wie keiner, und seine Mutter, gerade unser materielles
leichtsinniges Jahrhundert, stieß ihn von sich, wenn er sich auf sie
berief, sich nach ihrem Namen nannte und die Male zeigte, an
welchen er erkannt sein wollte. Er trug, wie keiner, den Fluch der
Epoche, die nur von Gährungen und halben Ahnungen bezeichnet
wird, den Fluch des Mißverständnisses und einer dem Neide und
der Intrige gar leicht möglichen Entstellung seiner edelsten Träume und Absichten. Er konnte sich nicht verteidigen. Denn was
läßt sich der Menge Vernunft predigen, der Menge, die nur nach
Stichwörtern hört, die von stereotypen Ausdrücken nicht läßt, die
nur schwarz oder weiß sehen will und von den Farben des Regen-
bogens der Ideen nichts versteht! Shelley galt als Atheist, als Gegner des Christentums, als ein Ungeheuer; welche Waffe er hatte?
Konnte er rufen: Von allem, was ihr sagt, bin ich das Gegenteil;
nur die Freiheit meiner Dialektik, in der ich erst meine Überzeugung und die Feuerprobe bestehen lasse, nur mein Genius ist es,
der euch beleidigt, den ihr nicht enträtseln könnt! Er konnte es
nicht. Er konnte nicht sagen: Ich, Shelley, bin ein armer leidender
Mann, der nach Klarheit und Offenbarung ringt; ich bin empfind-
sam, wie die Sinnpflanze; ich bin Idealist in einem Grade, wie es
Plato nicht war; ich sehe Gott in jedem, was Leben verrät; ich
finde in der Natur die ewig geöffnete Pforte des Himmels; ich bin
ein schwaches Rohr, das vom Zugwind seiner Zweifel hin und
hergeweht wird; schmachte nach Liebe, Hingebung; ich opfre all
mein Vermögen Armen und Hilfeflehenden; ich schreibe nicht des
Ruhmes wegen, sondern um mir genugzutun; ach und ich will aufhören, da ich nirgends in euren kalten Gemütern ein Echo finde;
ich bin der Unglücklichen Unglücklichster, dämmre dem Tode
entgegen und werde von Visionen geängstigt, die mich zum
Schlafwandler machen, zum Schrecken meiner Umgebung; ich sah
mich selbst, einen Doppelgänger; ich werde vom Sturm auf dem

Meere verschlungen werden und schrecklich sterben, wie ich freudenlos gelebt habe!

So konnte Shelley selbst nicht sprechen. So spricht nur der, der ihn näher kannte, so spricht sein Leben, sein Tod. Erst die Grabschrift konnte ihn, wie an der Pyramide des Cästius in Rom zu lesen ist, ein *treues Herz,* cor corduum, eine liebe, gute, treue Haut, nennen. Byron nannte ihn so. Das atheistische Ungeheuer, vor welchem sich die Basen und Reviews Englands kreuzigten, war ein schwaches, liebes Kind, das sich in Augenblicken der Gefahr zur mutigsten Elastizität emporschnellen konnte; sonst aber sanft und gut wie ein Frauenzimmer war, abergläubisch sogar, religiöser jedenfalls als die Bischöfe von Oxford und Exeter. Im Leben konnte das niemand von ihm beweisen. Erst sein Tod und die unverfälschten Tatsachen, die der Gedächtnisrede seiner Freunde zum Grunde lagen, konnten ihn rechtfertigen.

Shelley war mit Byron in derselben Lage; allein diese Lage wirkte auf ihn anders, als auf Byron. Byron nahm Rache an seinen Gegnern, er schwang seine satirische Geißel über die, die ihm mißwollten. Konnte er nicht ganz England durch seine Verse in den Belagerungszustand der Poesie versetzen, so nahm er Repressalien an Italien, an den Frauen, an Menschen, die ihn nicht verstanden, die nur sein Geld, seine Hunde und seine aristokratischen Manieren zu schätzen und zu fürchten wußten. Er hatte Stoff, woran er seinen Ärger austoben konnte. Allein Shelley, dem man nicht so sehr die Unsittlichkeit, als die senkrechte Gottesleugnung vorwarf, mußte denselben Ärger in sich selbst verwinden. Er tobte sich nicht in den Leidenschaften aus. Er ertrug die Mißgunst der Welt und lebte, je mehr sie ihn von sich stieß, desto mehr in sich hinein. Sein Weib *verstand* ihn; sie war auf der Höhe seiner Ideen; ein seltnes Glück beim Dichterunglück. Er hatte Frieden in den Kreisen, die ihm die nächsten waren. Das gab ihm den Mut, so viele üble Nachrede zu ertragen und seinem ätherischen Genius treu zu bleiben. Shelley hatte eine Seele wie Ariel.

Wie Ariel war auch seine Poesie. Luftig und ätherisch flattert sie, wie die Libelle über dem Bache. Seine Gedanken zitterten, wie die Flamme des Lichtes zittert. Er war, wie die Lerche, immer im Steigen begriffen, wenn er sang. Er wußte die Poesie an das, was uns begegnete und im Wege liegt, wie die *falsche* moderne Richtung ist, *nicht* anzuknüpfen, sondern er mußte Grundlagen für seine Anschauungen haben, die dem Reiche der Gedanken und der

Reflexionen angehörten. Nachdenken entzündete seine dichterische Begeisterung. Die Anschauung lieh ihr erst die Worte, deren
sie sich bediente. Alles, was er sang, ging von einer hohen Idee
aus; die Form erst schöpfte er aus der Natur, die ihn umgab. Er
wußte der Natur aber alles zu entlehnen und abzulocken, was sie
Poetisches nur enthält. Er kannte das Wesen der Blumen und Steine, er löste von allem, was er sah, ein Bild für seine Dichtungen
ab. Die schönsten Gleichnisse strömten ihm in üppiger Fülle zu.
Er konnte in Bildern ebenso lieblich wie großartig sein. Schwollen
die Anschauungen, hoben sich die Gedanken, so ward er in seinen
Formen gigantisch. Er brauchte Bilder, wie Äschylus, dem er in
der Tragödie nachstrebte. Es ist, als sähe man das heiße Afrika
eines Hannibal über das Eis der Alpen ziehen. Oft erhoben sich
seine Formen so hoch, daß man ihm nicht folgen konnte, sondern
wie einen Luftball ihn allmählich aus dem Auge verlor. Ich weiß
nicht Englisch genug, um meiner Charakteristik der Shelley'schen
Poesie Vollständigkeit zu geben. Aber ich ahne ihre zarte Mischung
von Sentimentalität und Metaphysik und glaube allerdings gewiß
zu sein, daß sie der äußeren plastischen Gestaltung ermangelte und
in den *zu* erhabenen Stellen mit den obern Luftschichten der Atmosphäre zuweilen eine gleiche Wirkung hat, nämlich die, daß
man erfriert. Indessen rühmt Byron das Talent seines Freundes
für das Drama und sagt: die *Cenci* Shelleys sind das beste Trauerspiel, welches die neuere Zeit hervorgebracht hat und Shakespeare
nicht unwürdig.

Die *Cenci* betreffend, so leitet sie Shelley mit tiefen Bemerkungen über den dramatischen Charakter, über Moralität der Poesie
und ähnliche Fragen ein. Der Gegenstand ist bekannt. Ein römischer Patrizier, Cenci, ein Wüstling, der sich vor seinen eignen
Kindern nicht sicher glaubt, wirft in verbrecherischer Leidenschaft
sein Auge auf seine eigne Tochter und reizt diese durch die ihr an-
getane Schmach, den Vater ermorden zu lassen. Die Tat wurde entdeckt und sie mit ihren Mitschuldigen zum Tode geführt. Beatrice
Cenci ist der Mittelpunkt der Tragödie, die füglich nach ihr hätte
benannt werden können. Ihr Unglück, ihre Verzweiflung, ihre
Rache und Verschlagenheit, mit der sie sich gegen die Anschuldi-
gung des Mordes zu rechtfertigen sucht, sind meisterhaft geschildert. Wenn das Trauerspiel im allgemeinen zur Lektüre geeigneter
ist, als zur Darstellung, so liegt dies in der *negativen* Charakteristik der übrigen Personen. Sie entwickeln wenig drastische Leiden-

schaft, sie sind fein gezeichnet, sie entsprechen menschlichen Neigungen und Eigentümlichkeiten, allein sie bewegen sich in keiner schlagenden und raschen Tätigkeit, sie haben nicht einmal sichre Zwecke, die sie erreichen wollen. Der Vater, Graf *Cenci,* ist gleichfalls mit origineller Wahrheit hingestellt, und auch wirksamer, als die übrigen, Beatrice ausgenommen. Die Sünde im Bunde mit der Frechheit hat der Dichter in krassen aber naturgetreuen und die Schranken haltenden Situationen gezeichnet, Lästerung und Bigotterie liegen auf einer vom Weinrausch lallenden Zunge. Ein Schauspieler, der diesen Chrakter richtig wiederzugeben wüßte, müßte die satanische Originalität mancher Menschen gründlich studiert haben. – Zu den Vorzügen des Trauerspiels gehört die natürliche Sprache desselben. Shelley vermied absichtlich die lyrischen Üppigkeiten, welche heutigen Tages grade bei talentvollen Dichtern das Drama so unwirksam machen. Er wußte, daß die Größe Shakespeares nicht in seinen verblümten, oft schwülstigen Redensarten, sondern in der Sorglosigkeit, so oft sie ihn beschleicht, in der Familiarität des Ausdrucks liegt. Nichts weckt die Sympathie mehr, als wenn sich die Gestalten des Dichters ihm ganz analog, ganz ebenbürtig bewegen, wenn sie die Sprache *aller* reden und nicht etwa eine Staats- und Sonntagssprache, die nur das Zeichen des Ungeschickes zur Poesie ist.

5.2 [Rezension von Balzacs] *Vater Goriot. Familiengemälde aus der höheren Pariser Welt. Nach dem Französischen des Balzac. Zwei Bände, Stuttgart, Hallberger.* 1835.

Wer diesen ausgezeichneten Roman mit Balzacs früheren Schriften, jenen dämonischen Mixturen, die ihm den Namen des französischen Hoffmann verschafften, vergleicht, wird erstaunen, bis zu welcher Vollendung das Genie gelangt, wenn es sich frei erhält von ästhetischen Sympathien jeder Art und den Geschmacksbestimmungen der Mode. Balzac besitzt eine tiefe, schöpferische Kraft, Phantasie und Kombination, welche ihn in keinem Felde verlassen würden, selbst in dem nicht, in welches er ohne irgend einen Instinkt, ohne irgend eine Verwandtschaft despotisch sich selbst einst hineinschleudern wollte. Die Vortrefflichkeit dieses Talentes konnte erst zur Reife kommen auf dem Gebiete, wo es jede Straße und jeden Schlupfwinkel zu kennen scheint. Man kann sagen, Paris kennen, heißt auch die Welt kennen, denn Paris ist der

Puls der Zivilisation; man muß auch sagen, Paris kennen, heißt
das Herz kennen, denn welche Interessen, welche Gefühle müssen
sich nicht in einer Stadt offenbaren, welche Frankreich und die
Bildung Europas in sich absorbiert? Paris ist so liebenswürdig
durch seine Kontraste; das Erhabenste wird vom Naivsten berührt,
neben den zwanglosen Schlägen jener Uhr, deren Zifferblatt auf
den Stand der höhern Politik, der Börse und zahlloser Interessen
zeigt, hört man tausende von kleinen Genfer Uhren picken, auf
Herzen, welche die ganze Reihenfolge der kleinen Freuden und
Leiden des Lebens, die wir nur in isolierten Sphären zu sehen gewohnt sind, durchmachen. Jules Janin mit seinen naiven Empfindungen, Michel Raymond mit seinen Werkstatt-Erzählungen, keiner würde sich die Ehre rauben lassen, etwas andres zu sein als ein
Pariser, doch geben sie Empfindungen und Situationen wieder,
von denen wir immer behaupten würden, daß man sie nicht haben
kann, ohne auf dem Lande oder in einer kleinen Stadt zu leben.
Balzac ist der glücklichste Beobachter, seine Sehkraft durchdringt
alle Regionen der Pariser Existenz. Er anatomiert diesen großen
Kultus, dem sich Paris opfert und von dem man kaum weiß, ob er
bloß der Kultus der Mode oder der des Geldes ist. Das Geld ist
der revolutionärste Grundsatz unsres Jahrhunderts. Das Geld reißt
die Schranken der Privilegien nieder und führt eine neue Rangord-
nung der Stände ein. Wie laufen die Interessen ineinander, wo es
sich um das Umsatzmittel der Bedürfnisse und der Waren handelt!
Balzac ist der Dichter des Geldes, einer neuen Maschinerie, die
ihre Wunder hat, so gut wie das alte Epos. Wäre der Pariser gei-
zig, käme seine Geldbegierde nur darauf zurück, Silber und Gold
in seinen Truhen zu haben, so würde die Poesie wenig Vorteile
von seinem Gottesdienste ziehen. Aber der Pariser liebt das Geld
nur, um sich nichts zu versagen, und um mit den Reichtümern
andrer zu wetteifern, er sammelt das Geld immer, um es zu seinem Vergnügen auszugeben und um den Schmerz nicht zu haben,
in einer Stadt, welche alles bietet, leben zu müssen und doch nach
nichts greifen zu dürfen. Darum ist mit dem Gelde in Paris so viel
poetische Abwechslung verknüpft, und die Erfindungen Balzacs
können nicht ermüden.

Man ist gewohnt, eine Auffassung des Pariser Lebens, wie sie
Balzac gibt, nicht mehr anerkennen zu wollen. Man hat sich dazu
bestimmen lassen, weil es heißt, die Franzosen seien ernst,
schweigsam, nüchtern und tugendhaft geworden seit den großen

Ereignissen, welche sie so viel Blut gekostet haben. Man spricht
von einer Verwechslung der Gegenwart mit einem verflossenen
Zeitalter, dessen Frivolität die alte französische Literatur liebrei-
zend genug geschildert hat. Aber selbst wenn man eingestehen
wollte, daß in Frankreich jemals die Freiheit der Sitten aufgehört
hat, wenn man leugnen wollte, daß mitten unter den Schrecken
der Revolution der Leichtsinn seine rosigen Triumpfe feierte; so
scheint doch im gegenwärtigen Augenblicke, wo der Friede der
Nation keine Beschäftigung gibt, alles wieder in Paris reif zu sein
zu einer Laxität der Sitten, welche die alte übertreffen würde,
wenn nicht die politische Frage noch immer etwas Wermut in die
Becher der Lust mischte. Der alte Adel, der neue bonapartistische,
die Aristokratie des Geldes, welche sich in dem Königtum des
Bankiers Louis Philippe sonnt; dies sind die drei Faktoren der
jetzigen Pariser Gesellschaft, welche untereinander wetteifern und es
nicht können, ohne sich im Luxus und in eigentümlicher Bestimmung der Fashion zu überbieten. Welch ein Raum bleibt hier,
nicht bloß den Erfindungen, sondern schon der nackten Auffassung des Künstlers! Balzac weiß ihn meisterhaft zu benutzen . . .

5.2.1 [Notiz über Balzac]

Die vernünftigen, gescheiten, praktischen Franzosen waren vor
einigen Jahren auf dem Wege, recht fad und albern zu werden. In
Schuhen, die wir längst ausgetreten haben, machten sie die unge-
schicktesten Sprünge, die Romantik hatte den Franzosen den
Kopf verwirrt; es war zum Lachen, wenn sie *Hoffmann* und den
Satan in den Mund nahmen. Eine hagere Gestalt, ein blasses Gesicht, langstarrendes Haar, ein glühendes Auge, der Spieltisch,
perdre, ein versuchter Selbstmord, eine Engelschönheit, eine Verführung, Blasphemie; das waren die Farben, mit denen sie den
Teufel an die Wand malten, das waren ihre Vorstudien der Hölle.
Hätten die Franzosen nicht im Stile ihre bewundernswerte Leichtig-
keit und das Talent besessen, aus jeder Kleinigkeit etwas Anziehendes zu machen; sie würden mit ihrer ästhetischen Despera-
tion, mit ihren Bizarrerien und Nachtstücken eine recht klägliche
Rolle gespielt haben.

Balzac hat drei schriftstellerische Perioden gehabt; die erste war
obskur, in der dritten lebt er jetzt. In der zweiten wollte er um jeden Preis der französische *Hoffmann* sein. Er war unerschöpflich

in Erfindungen, die auch er die Nachtseite des Lebens nannte. Er
hatte einen Bund mit dem Satan geschlossen, dessen Früchte seine
Phantasiestücke, seine braunen Erzählungen, seine Elendsfälle waren. Was fehlte ihnen? Der Witz, den einem *Hoffmann* die Natur
gab, die heitere ironische Laune, die einen *Janin* so liebenswürdig
macht, die Wahrheit des Lebens und der Natur, die man selbst in
den grausamen Erzählungen eines *Eugene Sue* nicht vermissen
wird. *Balzac* schrieb in der unnatürlichsten Champagnerbegeiste-
rung, einem Feuer, das den wäßrigsten Weintrinkern von der Welt,
den Franzosen bisher fremd war. *Balzac* schilderte keine Menschen, sondern nur Schatten. Was die Tiefe ihres Charakters sein
sollte, war etwas, mit dem man sich nicht befreunden konnte. Seinen Wahlspruch: gemein im Gemeinen, und erhaben in Erhabenen
führte er in beiden Fällen nicht göttlich genug aus.

Aber wer nun drei Jahre später den *Vater Goriot* mit Balzacs
früheren Schriften, jenen dämonischen Mixturen vergleicht, die
ihm den Namen des französischen *Hoffmann* verschafften, wird
erstaunen, bis zu welcher Vollendung man gelangen kann, wenn
man sich von ästhetischen Sympathien und den Geschmacksbestimmungen der Mode frei erhält. *Balzac,* dem eine ursprüngliche
Tiefe, schöpferische Kraft, Phantasie und Spekulation zu Gebote
standen, brachte die Vortrefflichkeit dieses Talentes doch erst
durch seine Zeitgemälde zur Reife. Man kann sagen, durch die
Beobachtung der Straße ist *Balzac* geworden, was er jetzt ist.

5.2.2 *Über die Persönlichkeit Balzacs*

Man klagt hier über Mangel an Nachrichten. Die Franzosen
langweilen sich, die deutschen Berichterstatter sind in Verlegenheit, Neues nach Augsburg und Berlin zu melden, und doch geschieht so viel, drängt sich so viel, Leben und Tod, Sieg und
Niederlage. Hier wird etwas geboren, dort etwas begraben. Lei-
chen und Wiegen, wo man hinblickt, und die Morgue wird von
den Opfern der Seine nicht leer.

Es ist ein eignes Leben in Paris. In jeder Stunde geschieht etwas
ganz im Stillen, das uns auswärts, wenn wir davon hören, tagelang
beschäftigt. Hier kündigt sich Unzähliges pomphaft an und endet
unbedeutend, und manches scheint anfangs geringfügig und wird
bedeutend. Das unglückselige Wetter! Der Schmutz von Paris! Ich
hätte nicht ausbleiben sollen, den Obsequien Cherubinis in der

Kirche St. Roch beizuwohnen.

Mit Cherubini ist die letzte Stütze des klassischen Kontrapunktes in Frankreich gestorben. Wenn man Auber zum Nachfolger in seinem Direktorat des Conservatoires erwählen würde, so bewiese dies, wie verlegen man wäre, einen würdigeren zu finden. Halévy, den man als gründlichen Theoretiker schätzt, würde, wenn er nicht zu jung wäre, Cherubini gefolgt sein, denn er besitzt alles, was zum Akademiker gehört, theoretische Kenntnisse und kein Genie. So wird man nun, glaub' ich, Auber wählen, der weder kenntnisreich, noch genial ist, aber ein ungeheures Talent. Wird Auber die große Trommel in die Kirchenmusik einführen?

An demselben Tage, wo man dén Komponisten des Wasserträgers zur Ruhe bestattete, wurde auch Balzac begraben. Er lebt noch, aber seine Dramen sind tot. Dem Vautrin sind die »Hilfsquellen Quinolas« auf dem Fuß gefolgt. Seit acht Tagen redete man von der bevorstehenden Aufführung des Quinola. Man lockte das Publikum mit falschen Affichen ins zweite französische Theater, das Theater de l'Odéon, jenseits der Seine, man wies es ab, lockte wieder, und machte die, die Lust hatten, das Stück ohne Prozeß zu verurteilen, irre. Und doch ist es gefallen. Ich erstaunte, das ganze Pariser Publikum gegen Balzac so gereizt zu finden. Alles haßt ihn, alles verfolgt ihn. Kein Bedauern über seinen Fall, allgemeine Schadenfreude. Es ist, als wenn die geistvollen Erfindungen dieses Erzählers nicht vorhanden wären, als wenn Frankreich nicht Ursache hätte, auf dies seltene Talent stolz zu sein!

Balzac scheint durch seine Persönlichkeit viel von dem Vorsprung seines Talents zu verlieren. Man wirft ihm Arroganz und Geldgier vor. Beides sind Fehler, die allerdings den Ruhm eines Dichters untergraben können. Daß Balzac anmaßend ist, bestätigt die Manier seiner Erzählungen, seine Art, sie einzuleiten, seine Selbstbespiegelung, seine Selbstkritik. Er geht von dem Grundsatz aus, daß ein Schriftsteller, der etwas gelten wolle, zuvörderst selbst etwas auf sich halten müsse. Daher kommt er jedes Mal, wenn ihm der Stoff ausgeht, auf sich zu sprechen. Man hält dies, was vielleicht nur Verlegenheit und Nothilfe ist, für Eitelkeit. Balzacs Geldgier findet man in vielen flüchtigen, seinem Namen keine Ehre machenden Produktionen bestätigt. Man vergibt einem guten Autor wirklich nichts schwerer, als ein schlechtes Buch. Balzac hat unter viel vorzüglichen mehre Werke geschrieben, die seiner unwürdig sind. Man nennt dies nicht Erschöpfung, man bemitleidet es

nicht, als die notwendige Folge dieser ewigen Anstrengung, dieses
ewigen Schaffens, nein, man haßt es, als seinen Geiz.

Vollends war Balzac verloren, als man erfuhr, er hätte sich die
drei ersten Vorstellungen des Quinola als Entschädigung für die
Tantieme der folgenden Vorstellungen bedungen. Es ist hier Sitte,
daß die Autoren, um sich schnell in Besitz einer großen Summe
zu setzen und den Weitläufigkeiten der späteren Verrechnungen
auszuweichen, mit der Gesamteinnahme der ersten Vorstellungen
dem Impressario das Recht verkaufen, alle folgenden Einnahmen
ungeschmälert für sich zu behalten. So Scribe im Théatre Français. Wenn nun der Autor die Plätze so verkauft, wie sie kassen-
üblich sind, so ist diese Finanzoperation ganz in der Ordnung;
wenn aber, wie Balzac es tut, eine Agiotage eröffnet wird, wenn
man für die Stalles statt fünf Franken fünfzehn fordert, für Logen
100 Franken, so kann sich der Verfasser des Quinola nicht wundern, wenn man Eugenie Grandet und den Père Goriot vergißt
und seine Werke kläglich zu Fall bringt. Heute sind wohl nahe an
hundert Kritiken über Quinola erschienen. Ich glaube, Balzac liest
nicht eine einzige und zählt seine Fünffrankentaler.

5.3 Ein Besuch in Coppet
Über Madame de Staël

Ihr Buch ist ein Denkmal des edelsten Vertrauens. Keine unserer engherzigen Spießbürgerlichkeiten nahm ihr die schöne Vorstellung vom Genius unseres Volks. Sie kannte vielerlei von dem
Schutt und Moder, aus dem sich die Blume unserer damals vorzugsweise sich romantisch anlassenden Bildung erst erheben mußte, kannte die Gegensätze des jungen Geistes unserer Universitäten
und jener Erbärmlichkeiten der Duodeztyranneien, die Schiller in
»Kabale und Liebe« gezeichnet hat; sie hatte ein Auge für die
Kriecherei der Sklaven, die hochfahrend gegen die wieder ihnen
Untergebenen sind; aber sie sah in alledem nur die Fehler des
Menschen überhaupt und unserer Gesellschaft. Keine auf den
schlechtesten Landstraßen gebrochene Achse ihres Reisewagens,
kein unglückliches Verhängnis fortdauernder Regentage, die ihr
ganze Landstriche, die sie bereiste, in ein düsteres Einerlei hüllten,
keine unserer damaligen Herbergen zum »Wilden Mann« oder
zum »Schwarzen Bären«, die selbst in unsern reputierlichsten Resi-
denzen der an die Eleganz von Paris, den Komfort Londons ge-

wöhnten Diplomatenfrau Unterkunft gewähren mußten, nahmen ihr die gute Laune oder verdarben ihr den Eindruck unseres Vaterlands. Sah sie in der gemischten Gesellschaft eines Markt-schiffes, das sie über den Rhein setzte, einen Handwerksburschen in einem Buch lesen, hörte sie unter der rauchgeschwärzten Tür einer hessenländischen Hütte eine Mutter ihrem Kind ein Lied sin-gen, begegnete sie in thüringischen Städtchen einer Knabenschar in langen Mänteln, die wie Luther vor den Häusern Choräle sang, so wußte sie liebevoll Kleines im Großen unterzubringen. Der Prozeß des Gemüts, den sie bei solchen Eindrücken vollzog, er-klärt sich durch ihre sinnige Definition vom »Enthusiasmus«. Sie nennt ihn den in reinen Seelen immer vorhandenen »Überschuß an Stimmung«, wo dann das immer vorhandene Mehr dem Min-der zu gut kommt.

Kam man früher von Genf, so führte, hart am Seeufer entlang, eine aufwärtssteigende Platanen-Allee, durch ein von einer nied-rigen Mauer begrenztes Wiesengrundstück, in gerader Linie auf die herrschaftliche Wohnung, die, nach Demolierung der alten Burg, im Stil der Villen des endenden siebzehnten Jahrhunderts wieder aufgebaut worden ist. Links liegt eine kleine Erhebung, die mit einer förmlichen Waldwildnis und wie aller Pflege entbehrend bedeckt ist – ihre Bestimmung wird uns später erklärt werden – daneben, in desto sorgsamerer Hut, ein Gemüs- und Obstgarten mit einer Dependenz des Schlosses, die gegenwärtig zur Schule und zum Gottesdienst der Eglise libre bestimmt ist. Dann führt ein von Wirtschaftsgebäuden flankierter, durch einen rauschenden Brunnen belebter, von einem gewaltigen Neufundländer, der mit unheimlichem Ansatz auf den Besucher einspringt, bewachter Ein-gangshof zu einem mit Ziegeldächern, teilweise in abgestumpfter Turmform, bedeckten Gebäude, dessen Längenausdehnung wieder der rechte Flügel des eigentlichen Schlosses ist. Die vordere Seite desselben, mit einem Balkon geschmückt, liegt dem See zuge-wandt, seine beiden Flügel bilden einen im Sommer mit Blu-menterrassen geschmückten kleinen Hof, den eine stattliche, von künstlich gearbeitetem Schmiedeeisen geformte, mit Wappenkrone überragte Pforte vom kleinen Park trennt. Noch erkennt man Über-bleibsel der alten Burg aus einigen starken Mauerwällen heraus, durch deren Beibehaltung die herrschaftliche Wohnung dicht in den Weiler Coppet hineinragt. Unmittelbar begrenzen sie die Scheuern und die Ställe des Orts, der im wesentlichen nur aus einer einzigen

am See sich hinziehenden Straße besteht. Waren die auf den Balkon
führenden Fenster und Türen des Unterhaltungszimmers geöffnet
und Frau von Staël huldigte mit ihren Gästen ihrer Leidenschaft
der Konversation, deren kunstvolle Handhabung sie für eine der
wesentlichsten Proben eines feinen Geistes gehalten hat; so konnten die Gespräche Sismondis, Constants, Châteaubriands, Schlegels,
Chamissos, Bonstettens, des Prinzen August von Preußen, der Récamier über die Wipfel eines schönen Kranzes von Platanen hinweg, der die Stelle eines Vorgartens vertritt, den Spionen Napoleons nur von Vorteil sein, auch bildend für die Bevölkerung wirken. In der Tat wird man romantisch angeweht bei einem etwaigen
Morgenimbiß im Wirtshaus »Zur goldenen Orange«, gegenüber
dem Spezereigeschäft von – »Natural, Fils«.

Im Innern des Schlosses genießt man die alte Poesie des Woh-
nens entre cour et jardin. Vestibules, Treppen, Antichambres,
Empfangszimmer, alles, als wäre der Faubourg St. Germain von
Paris an den Genfersee versetzt. Auch eine »dunkle Geschichte«
Westfalens von Levin Schücking könnte hier spielen. Ein kleiner
Gesellschaftssaal mit Billard; zur Rechten das Unterhaltungs-
zimmer mit dem gemütlichsten Apparat von Divans, Fauteuils,
Ecksesselchen, ganz ein Tempel für jenen Kultus der »Cause-
rie«, für welchen Frau v. Staël unter den deutschen Autoren nur
Wieland ganz nach ihrem Geschmack ausgebildet angetroffen haben will; zur Linken ihr Arbeitszimmer, das mit seinem großen,
fern vom Fenster, in die Mitte des Zimmers gerückten fachwerk-
reichen Schreibtisch eher dem Atelier eines Ministers gleicht – alles das ist in seinem frühern Zustande, mit den alten Tapeten,
Teppichen, Sofa und Stuhlüberzügen, Spiegeln, Bildern und Ka-
minschirmen gelassen worden. Beim Anblick der gewaltigen Ka-
mine, die diese hohen und weiten Räumlichkeiten erheizen sollen,
und in Erinnerung an unsere eignen Pensionsrechnungen für
»Chauffage« gedenkt man mit schauerlicher Ahnung des Augenblicks, wo auf unserer Mutter Erde, die sich ohnehin, trotzdem
daß sie dort vom See und von den Bergen her so lieblich durch
die Fenster grüßt, immer mehr abkühlt, die Wälder ausgeholzt
und die Kohlenschachte abgefahren sein werden. Das Schlafge-
mach der Dichterin ist den Blicken der Neugier entzogen. Unten
dagegen, im Erdgeschoß, wird ein »Schlafzimmer der Frau v.
Récamier« gezeigt, worunter wohl zu verstehen, daß überhaupt
die bevorzugten Fremden hier ihr Nachtlager fanden unter einem

wohlplazierten Himmelbett, umgeben von gewirkten Wandtapeten
mit Zeichnungen, die in ihrem zusammengewürfelten, halb anti-
ken, halb modernen, halb mythologischen, halb niederländischen
Inhalt auf die Mannigfaltigkeit der Träume, wie sie uns durch die
beiden Tore bei Homer zuzukommen pflegen, berechnet scheinen,
gegenüber einer aus einer Menge kleiner Vierecke zusammengesetzten Spiegelwand, in welcher sich allerdings wohl am häufigsten
oder glücklichsten die berühmte unveränderliche Schönheit der
Frau v. Récamier, der Ninon de l'Enclos der Kaiserzeit und der
Restauration, wiedergefunden haben mag. Alles das ist in seiner
alten Weise unverändert; nicht eben mit den Spuren des bekannten imperialistischen, dem Zeitalter des Augustus sich anschließen-
den Geschmacks, sondern in dem ältern schäferhaft arkadischen
der Rokokozeit. Es war ein Akt der Pietät, daß Frau v. Staël diese
Anordnungen so ließ, wie sie die Besitzung von ihren Eltern über-
nommen hatte.

Im Vergleich mit der geringen Vorliebe für Quellenstudien, die
man bei Schriftstellerinnen heutigen Tags antrifft, ist der Biblio-
theksaal wahrhaft imponierend. Manche Benediktinerabtei wird
keinen größern haben. Man betrachtet ihn mit dem ganzen intimen Interesse, das sich bei unsern Zeitgenossen, in einer für die
gegenwärtige Literatur immer bedenklicher sich steigernden Pro-
gression, für »alte Bücher« verbreitet. Wo mag der reiche Inhalt,
der hier aufgeschichtet stand und gewiß auch für die französische
Revolution wertvolle Ausbeute gewährte, hingekommen sein? ... Da
wo man Montesquieu und Voltaire erwartet, stehen Gläser und
Porzellanservice. Nur die Bibliothèque Universelle de Genève füllt
einen der Schränke in Hunderten von Bänden des alten zierlichen
Halbfranz mit den sauber auf hellfarbigem Lederrücken golden
ausgeprägten Titeln. In einem andern sieht man eine reiche
Sammlung von Broschüren und Zeitschriften, sorgfältig zusam-
mengelegt und des Buchbinders harrend. Kirchliche Erbauungs-
literatur! So ändern sich die Zeiten. Schon die Tochter der Staël,
die Herzogin v. Broglie, machte jenen Übergang der Frau v. Krü-
dener vom Geist ihrer Mutter, deren Weise die fromme Kurlände-
rin anfangs nachahmte, zur evangelischen Inspiration und Er-
weckung mit. Sie war eine religiöse Schriftstellerin ...

Die Staël hat sich ein Grab gewählt, das halb an das Platen-besungene Grab im Busento, halb an das Mausoleum Hadrians, die
Engelsburg, erinnert. Leben und Tod sollte es zugleich bezeichnen,

Sichtbarkeit und Unzugänglichkeit. Inmitten eines Mauerrings
ohne Pforte, von Tannen, Buchen, Pappeln eines völlig abgeson-
derten Gehölzes überwachsen, verschließen zwei Gräber die sterblichen Reste der Staël und ihres zweiten Gatten, des Herrn v. Roc-
ca. Niemand darf diese Einfriedigung betreten. Wild wachsen dar-
innen Baum und Busch, Blumen, Moos und Unkraut durcheinander. Wurm und Schmetterling, Vogel und Eidechse können sich
darin ergehen nach Gefallen. Drüber waltet der Baldachin des
Himmels mit den Sternen der Nacht; die Säulen, welche ihn
tragen, sind der Jura, der Salève, der große Molé. Kein enger
Sarg schließt das weite Herz ein, das verhältnismäßig früh zu
schlagen aufhörte, und doch ist seine Asche nicht in alle Winde
zerstreut. Man hat hier die Pyramide der Wüste, den Aschen-
krug der Via Appia und die mondbeschienene Harfe Ossians in den
flüsternden Wipfeln der Bäume beisammen. Romantischer Traum
der Berechnung! Hundert Schritte weiter die – Eisenbahn dem
See nahegerückt, und die Expropriationsgesetze hätten diese seltsame Grabstätte, die sich gegen den Glauben an ewige Vernichtung sichtbar wehren zu wollen scheint, unbarmherzig durch-
schnitten.

Natürlich war auf die Säkular-Erinnerung auch nicht ein einziger Blumentopf in Coppet eingerichtet! Die Jalousien waren, wie
immer, wenn die Herrschaft in Paris ist, herabgelassen. Da gab es
keine festlich gekleidete Schuljugend; kein Blumenkranz schmück-
te die Pforte; kein Comité in schwarzem Frack und weißen Hand-
schuhen bewillkommte im Bahnhof ankommende Sängerchöre
und begleitete sie auf eine mit Flaggen geschmückte Festtribüne ...
Diese Schweizer halten zäh am Augenblick und gehen nur mit
den veränderten Münzstempeln der Zwanzigfrancsstücke vorwärts.
Ja, wo einst ihr Morgenstern die Tyrannen und die Fremdlinge
niederschlug, da jubelt wohl auch die eidgenössische Erinnerung
hochauf; sonst aber müssen die Herren Minister der verschiedenen
Eglisen erst die Anregung geben, ob außer den heurigen Wahlen
und der Emanzipation der Neger sonst noch etwas die besondere
Aufmerksamkeit des Volkes beschäftigen darf. Hier, einer so heid-
nischen Vergangenheit und den dermalen überwundenen Stand-
punkten der Unchristlichkeit angehörenden Frau zu Gefallen hätte
erst zu viel vergeben und vergessen werden müssen, ehe zu einem
Merkzeichen der Erinnerung die Erlaubnis gekommen wäre. »Es
ist heute Sonntag!« hieß es fast ablehnend im Munde der Be-

schließerin, als sich der *einzige* Säkularfestbesucher Coppets durch
den Neufundländer gemeldet hatte! Der Sonntag hieß aber Jubila-
te, und der Evangeliumstext war die Auferstehung, und so konnte
denn doch einer für alle opfern, er wurde zugelassen.

5.4 Ein Gespräch mit George Sand

Und hier muß ich gestehen, daß ich nun doch bei *George Sand*
gewesen bin. Sie hatte mir geschrieben: »Sie finden mich jeden
Abend zu Hause. Sollten Sie mich aber in Verhandlung mit einem
Advokaten treffen oder gezwungen, schnell auszugehen, so müssen
Sie mir dies nicht als Unhöflichkeit auslegen. Ich bin jeden Moment den Folgen eines Prozesses ausgesetzt, den ich in diesem
Augenblicke mit meinem Verleger führe. Sehen Sie darin einen
Zug unserer französischen Sitten, über den mein Patriotismus erröten muß. Ich klage gegen meinen Verleger, der mich *körperlich*
zwingen will, ihm einen Roman zu schreiben nach seinem Gefallen, d. h. nach seinen Grundsätzen. Unser Leben vergeht in den
trübsten Notwendigkeiten und erhält sich nur durch Kümmernisse
und Opfer. Übrigens werden Sie die Züge einer Frau von vierzig
Jahren finden, die ihr ganzes Leben darauf verwandt hat, nicht
durch Anmut zu gefallen, sondern durch ihre Offenheit zu mißfal-
len. Mißfall' ich Ihren Augen, so werde ich doch in Ihrem Herzen
die Stelle behalten, die Sie mir eingeräumt haben. Ich verdanke sie
der Wahrheitsliebe, einer Leidenschaft, die Sie auch aus meinen
literarischen Versuchen herausempfunden haben.«

Ich ging eines Abends zu ihr. In einem kleinen Zimmer (wir
würden es eine Kammer nennen, der Franzose nennt es: »la petite
chapelle«), in einem Raum von kaum zehn Quadratfuß saß sie
beim Kamin und stickte an einer Handarbeit. Ihr gegenüber ihre
Tochter. Der kleine Raum spärlich erhellt durch eine Lampe mit
düsterm Schirm. Nicht mehr Licht als nötig war, um die Zeuge zu
erhellen, an denen Mutter und Tochter arbeiteten. Auf einem Eck-
divan saßen im tiefsten Schatten zwei Männer, die nach französischer Sitte nicht vorgestellt wurden. Sie verhielten sich schwei-
gend, was die feierliche, ängstliche Spannung des Augenblicks
noch vermehrte. Ein leises Atmen, eine drückende Schwüle, eine
große Beängstigung des Herzens. Die Flamme in der matten
Leuchte zitterte, still bewegt; im Kamin verglühten die Kohlen zu
weiß schimmernder Asche, nur das geisterhafte Klopfen einer Uhr

schien das einzige Leben zu verraten. Es klopfte in meiner Brusttasche. Es war meine Uhr, nicht mein Herz.

Ich saß auf meinem Sessel.

»Verzeihen Sie mein mangelhaftes Französisch. Ich las zu oft Ihre Werke und zu selten die Komödien Scribes. Bei Ihnen lernt man die stumme Sprache der Poesie, bei Scribe die Sprache der Konversation.«

»Wie gefällt Ihnen Paris?«

»Ich finde es, wie ich's erwartet habe. Neu ist allerdings ein Prozeß wie der Ihre. Wie steht es damit?«

Ein bitteres Lächeln statt der Antwort.

»Was heißt in Frankreich *körperlich* zwingen?«

»Gefängnis.«

»Man wird eine Frau nicht in ein Gefängnis setzen, um einen Roman zu schreiben. Was nennt Ihr Verleger seine *Grundsätze?*«

»Die, die von den meinen abweichen. Ich bin ihm zu demokratisch geworden.«

Und die Handwerker kaufen keine Romane! dacht' ich. »Hat die Revue indépendante guten Fortgang?«

»Für ein junges Blatt sehr bedeutenden. Eben Buloz von der Revue des deux mondes, will mich zwingen, ihm einen Roman zu schreiben.«

Hier hätt' ich viel gegen die neue Tendenz der Romane George Sands einwenden mögen, doch würd' es nicht diskret gewesen sein.

»Sie sind Dramatiker?«

»Ich habe für die moderne Literatur den Übergang oder soll ich sagen, den Rückzug auf die Bühne gesucht. Es ist ein gutes Mittel, das Maß zu prüfen, bis zu welchem die Literatur gehen darf. Der Roman geht weiter, als die Masse folgen kann. Um den Roman wieder einzuholen, bedarf es des Dramas. Der Masse unmittelbar gegenüber, lernt man das schätzen, was man geben muß, um der Masse begreiflich zu bleiben!«

»Haben Sie gute Schauspieler in Deutschland?«

»Ebenso große Talente wie in Frankreich, nur nicht so ausgebildete Spezialitäten. Unsere Oper, wenn sie hier, ehe sie nach London geht, singen sollte, könnte den Italienern zu schaffen machen.«

»Die Malibran und die Pasta sind gewesen. Waren Sie im Theater français?«

»Um es nie wieder zu besuchen, wenigstens nicht für die Tragödie.«

»Unsere Tragödie ist wirklich sehr veraltet, sagte George Sand. Es sind übertriebene Leidenschaften, verzerrte Gefühle. Der Anflug von chevaleresker Höflichkeit und Courtoisie erscheint uns jetzt so lächerlich, wie er früher bewundert wurde. Das französische Theater ist gänzlich in Verfall. Nur die mittelmäßigsten Geister sind es, die sich noch mit ihm beschäftigen. Unter den zahllosen Stücken nicht eine Erscheinung, die dauern wird. Scribe ist gewiß ein großes Talent. Seine Kombinationen sind vortrefflich, aber sie sind nur auf eine momentane Wirkung basiert. Tiefere Bedeutung geht ihm ab. Von allen diesen Dramatikern versucht niemand, seinen Werken einen tieferen Sinn unterzulegen.«

»Souvestre vielleicht, doch ist er trocken und dürr.«

»Souvestre. Sie haben Recht.«

Gegen meinen Wunsch gerieten wir tiefer in die Interessen der dramatischen Literatur hinein, als mir für die Verfasserin der unglücklichen, durchaus verfehlten Cosima lieb sein konnte. George Sand hat in diesem Drama unser gewöhnliches Theaterpublikum für eine tiefere Gefühlsdialektik begeistern wollen, war aber in der abstrakten Absicht stehen geblieben, ohne vorzudringen zur Gestaltung, zu jener freien, rein anekdotischen Beherrschung des Stoffes, die im Drama jede Tendenz, sie mag sein, welche sie wolle, zusammenzuzwängen hat. Ihre Cosima fiel gänzlich auseinander, da ihr diese Klammern und Angeln fehlten. Ich hätte gern dieses mißliche Thema aufgegeben, aber wir gerieten immer wieder hinein. Von Schiller und Shakespeare wurde gesprochen, vom Dekorationswechsel, von der altenglischen Bühne, von Balzac. Sie kaprizierte sich, Balzac zu loben.

»Er wird in Deutschland viel übersetzt? Er verdient es. Balzac ist ein Mann von Geist, er hat außerordentlich viel erlebt und viel beobachtet.«

Die ängstliche Spannung des Gespräches hatte nachgelassen. George Sand ließ die Handarbeit liegen, schürte das Kaminfeuer und zündete eine jener unschuldigen Zigarren an, die mehr Papier, als Tabak, mehr Koketterie, als Emanzipation enthalten. »Sie sind jünger, als ich dachte«, sagte sie und erlaubte mir jetzt zum ersten Mal, am Schein der Lampe einige Streiflichter zu verfolgen, die mir einen volleren Anblick ihrer Züge gestatteten. Das bekannte Bild ist ähnlich, doch ist das Urbild bei weitem nicht so stark,

nicht so rundlich, wie dort. Aurora Dudevant ist eine kleine, be-
hende Figur, mehr schmächtig und gazellenartig, als man nach jenem, einer Büste nachgebildeten Stahlstiche vermuten sollte. Sie
ähnelt Bettinen.

»Wer übersetzt mich in Deutschland?«

»Fanny Tarnow, die ihre Übersetzungen aber Bearbeitungen
nennt.«

»Wahrscheinlich läßt sie die sogenannten unmoralischen Stellen
aus.«

Sie sprach dies mit großer Ironie. Ich antwortete nicht, sondern
blickte zu ihrer Tochter hinüber, die die Augen niederschlug. Die
Pause, die hier folgte, war eine Sekunde, aber sie drückte das Gefühl einer ganzen Periode aus.

George Sand weiß nichts von Deutschland. Darum kann sie es
doch besser verstehen, als die, welche hier Profession davon machen, Deutschland zu verstehen. Die französischen Gelehrten, die
deutsche Zustände studierten, kennen uns meist nur einseitig. Besser man ignoriert uns, als daß man uns falsch beurteilt und mei-
stert. Wer, wie G. Sand, nichts von Deutschland weiß, kann darum doch eine tiefe Hochachtung vor dem deutschen Geiste hegen.
Wer unsere Sprache nicht versteht, lernt uns durch unsere Musik
kennen. George Sand würde Deutschland besuchen, wenn sie ihre
Reisen nicht dem Zwecke widmete, allein zu sein. Sie hat von Bettina gehört und fragte mich nach Frau von Chézy. Von allen unsern Dichtern, Philosophen und Gelehrten war ihr nur ein Name
geläufig: Frau von Chézy! Sie erstaunte, daß Frau von Chézy jetzt
nur noch eine Stellung in der Memoirenliteratur hat. Sie hatte sie
für eine große Dichterin gehalten.

»Ich war kürzlich in der Deputiertenkammer, fuhr ich fort. Ich
sah diesen Kampf jämmerlicher Leidenschaften. Morgen werden
über eine Szene, die mehr in die Schulstube als in das Asyl der
Volksfreiheiten gehört, hundert große Journale berichten. Alle
Spalten werden darüber mit Räsonnements bedeckt sein. Wie
kann eine geistreiche Nation sich einbilden, daß man sie noch län-
ger für geistreich hält, wenn sie täglich sich dieselbe nüchterne
Speise vorkäuen läßt, diese ewigen Fragen: Guizot oder Thiers,
Thiers oder Guizot? Sind dies Debatten, würdig unserer Zeit?
Wahrlich, die täglich hier verschwendeten Hunderte von Folio-
spalten in den Zeitungen würden besser angewendet werden, wenn
Frankreich sich um die geistigen und moralischen Leistungen an-

derer Völker kümmerte und sich in ihnen über ein benachbartes Volk belehren ließe, von dem es mehr lernen kann, als aus dem trostlosen Parteigetriebe, welches in Frankreich die Tagesordnung ist.«

Hier blitzten zum ersten Mal George Sands Augen auf. Jetzt erst wurd' ich von ihrem vollen Glanz getroffen. Es war die Region, wo ihre neueste Richtung sich entwickelt hatte. Sie sagte: »Das ist es, das ist es!« Ich war auf dem Punkte des tieferen Bezuges zwischen uns, auf dem elektrischen Punkte der Übereinstimmung. Warum benutzt' ich nicht die wärmere Stimmung dieses Augenblicks? Warum lähmte mir ein unheimliches, drückendes Gefühl die freiere Entwicklung?

Als ich von G. Sand geschieden war und hinunterstieg in das Dunkel der Nacht, war mir's wie ein Traum. Das kleine Zimmer, die matte Beleuchtung, die schweigende Tochter, die beiden männlichen Schatten an den Wänden, diese Stille, diese Pausen, diese aphoristische Unterhaltung! Es schien, als wenn der Zufall das Zufälligste, die Absicht das Absichtlichste, die Zurückhaltung das Zurückhaltendste geben wollte, und doch war das Ganze ein Gedicht geworden. Ich hatte mehr, als die wunderliche Frau geben wollte. Sie wollte nichts geben. Sie wollte eine Pflicht der Höflichkeit erfüllen und mir unmöglich machen, diese Höflichkeit zu mißbrauchen. Sie gab sich kalt, mißtrauisch, sogar gereizt. Sie zeigte Angst, verraten zu werden. Sie *fürchtete,* mich zu enttäuschen, und wollte mich *absichtlich* enttäuschen. Sie gab das mit erkünstelter Freiwilligkeit auf, was ich vielleicht selbst hätte verlieren können. Sie schnitt mir die Möglichkeit einer Prüfung ab, indem sie dem Fremden absichtlich die Elemente dieser Prüfung entzog. Dieser spitze, frostige Ton ihrer Stimme war nicht der natürliche ihres Herzens. Dies stille, unheimliche Auflachen hätte gemütlos erscheinen können, diese kurzen Fragen, diese noch kürzern Antworten, dieses Abwenden des Antlitzes – es erfüllte mich mit tiefem Mitleid für ein Herz, das durch bittere Erfahrungen in diesem Wesen, in dieser Art, sich zu geben, einen Wall finden mußte gegen bösen Willen, Verleumdung und Entstellung. Wie gern hätt' ich der genialen Frau gesagt: »Fürchten Sie sich doch nicht! Man kann sich fürchten vor denen, die uns hassen, zuweilen sogar vor denen, die uns lieben. Nie aber soll man sich fürchten vor denen, die uns verehren.«

Die Erwartung unter meinen Freunden, wie ich G. Sand gefunden hätte, war groß. »Sind Sie nun auch enttäuscht, wie alle andern, die sie sahen, enttäuscht sind?« fragte man mich von allen Seiten.

»Ich bin nicht enttäuscht«, antwortete ich. »Ich habe sie allerdings anders gefunden, als ich dachte. Aber auch so hat sie mich um einen Blick in die Menschenseele reicher gemacht.«

6. EPIK UND GROSSSTADT: DER ROMAN DES NEBEN-EINANDER

6.1 [Die Weltgeschichte als Nebeneinander]

Ich trage mich mit dem Vorhaben, die ganze Weltgeschichte von Adam und Eva bis auf mich und Dich in einer neuen Weise zu bearbeiten. Man erzählt mir zu viel in der Geschichte, man schildert nicht. Man verwechselt das Bequeme in der Methode mit dem Passenden. Ich sage, die Gleichzeitigkeit, das Nebeneinander muß das Hauptziel der Darstellung bleiben. Die Geschichte ist kein Drama, sondern ein Epos. Der Historiker muß seine Personen zu lebenden Bildern ordnen. Darum stehst Du mit dem einen Beine in London, mit dem andern in Paris, weil – ich glaub' an das Typische – weil die Synchronistik eingeführt werden muß. In jedem Wort, in jeder Tat die anno 1000 vorkam, muß alles enthalten sein, was zur selben Zeit geschah. Du lachst, wie ich heute auf einen so argen Dozententon komme, aber vor Grimm gegen norddeutsche Ansichten könnt' ich zum Professor werden. Da unterscheiden sie nämlich einen Weltgeist, der eigentlich niemand anders ist, als der liebe Herrgott selbst. Der wandert von Asien her, ist eine ewige Metamorphose, schlägt alle hundert Meilen und hundert Jahre seine Bude auf, wo er sich sehen und von seinen Propheten, Moses, Zoroaster, Christus sich ausrufen läßt. Das nenn' ich Blasphemie und selbst dann noch so, wenn man den Weltgeist mit dem Geiste im Hamlet vergleicht, der wie ein Maulwurf bald hier bald da unterm Boden wühlt und ruft. Mein Gott, ich *muß* mich ja dawider erklären; denn Du als die letzte Erscheinung dieses Weltgeistes bist nun eben überall.

6.2. [Rezension der] *Tafeln der Geschichte. Von E*[duard Karl] *Vehse. 1.–8. Lieferung. Dresden, Grimmer, 1834–1835.*

Heute sagt man nicht mehr, die Geschichte ist die Zusammenstellung von Begebenheiten, sondern sie ist das Spiegelbild des Lebens. Das Leben chemisch zu zergliedern ist schwer, aber es sondert sich in verschiedenartig kolorierte Momente, welche von der Existenz und der Materie sich stufenweis' erheben bis zum Geiste und seinen höchsten und freisten Tätigkeiten. Leben ist der Komplex vom Leiden und Tun des Alls, Leben ist der Atem der Menschheit, das Wort selbst, es ist alles, was man nur denken, empfinden, glauben, alles, was man selbst nur sein kann. Und so gehört jetzt alles, was nur Leben atmet, zur Geschichte: die Emanzipationsfrage der Humanität, die Religion, die Kultur, die erleichterte oder erschwerte Existenz, alles wird zur politischen Debatte erhoben. Wer würde jetzt noch zu behaupten wagen, daß die Genealogie der Fürsten, die römischen Zahlen, welche an ihren Namen hängen, für den Historiker mehr seien, als bloße Erleichterungen der Übersicht? Wollte man bloß Religionsgeschichte schreiben, so würde man nicht nur in die Kategorie des Chronisten fallen, sondern auch unvollständig sein; denn was läuft nicht alles neben den politischen Ereignissen nebenher, das mit zum Leben gehört! Wie hängen die politischen Ereignisse selbst zusammen mit Erscheinungen, die nicht zu verschweigen sind! Daraus sieht man, wie hoch sich jetzt des Geschichtsschreibers Aufgabe stellt. Es war Zeit, daß die Blüte der rhetorischen Darstellung wieder zu Ehren kommt: denn man hatte es sich gar zu leicht gemacht: und am leichtesten oft die, welche die stolzesten sind, nämlich die sogenannten Quellenforscher.

Das Gerüst zu einer neuen Geschichtschreibung liefert dies ausgezeichnete Werk, eine Frucht des gründlichen Fleißes. Es belauscht das ganze Treiben der Völker, nicht bloß ihre bürgerlichen Umwälzungen, sondern das ganze Atmen des Lebens, wie es sich ahnen läßt aus allen Denkmälern, welche die Sprache und die Kunst der Nachwelt hinterlassen haben. Zweiundzwanzig verschiedene Lebensrichtungen laufen tabellarisch neben den politischen Ereignissen her, und fordern durch Farbe und Druck die Vergleichung der gleichzeitigen Momente heraus. Nun erst wird manche dunkle Tatsache von einem Lichte erhellt, welches Grund und Ursache in ganz fremden Lebensgebieten zeigt. Die Geschichte hat keine Postulate, keine Randverweisungen mehr; sondern eins ist neben dem andern unerläßlich und das Ganze baut sich wunderbar architektonisch zu einem gefugten und vollkommnen Systeme zusammen. Kein chinesischer Bau ist es, der sich monoton aus Zahlen und Daten ins Unendliche fortsetzt, sondern jedes Stockwerk hat seinen eignen Charakter und Stil, welcher immer eine besondere politische oder Kulturtendenz ist. In diesem Herausstellen des Überwiegenden, der Tendenzströmungen, der historischen Penchants ist Vehse besonders glücklich gewesen. Dies ist der besonderste Vorzug eines Werkes, auf welches wir zurückkommen werden, wenn der Schlußstein des Ganzen erschienen ist.

6.3 *Vorwort* [zur ersten Auflage der »Ritter vom Geiste«]

Es wird eine lange, weite Wanderung werden, lieber Leser, zu der ich dich hiermit einlade! Rüste dich mit Geduld, mit geschäftlosen Sonntagsvormittagen, einem gut aushaltenden Gedächtnis! Vergiß morgen nicht, was ich dir heute erzählt habe! Werde nicht müde, wenn du lange Ebenen erblickst und sich manchmal der Weg zwischen gefahrvolle, schwierige Gebirgspässe zwängt oder die Landstraße sich plötzlich wie in Wolken zu verlieren scheint!

Was du auf dieser Wanderung wirst zu sehen bekommen, die Landschaft und die dir begegnenden Menschen, deren Wert, Charakter, Wahrheit oder Lüge – sieh zu, wie dein Geschmack damit fertig wird! Ich setze für meine Leistung Nachsicht voraus; wird sie mir von deiner Strenge verweigert, so muß ich's so geschehen lassen. Nur über die lange Dauer dieser Wanderung, das weitentrückte Ziel den großen Proviant an Zeit und Geduld, den ich beanspruche, muß ich dich bitten, mir ein entschuldigendes Wort zu erlauben.

Tu mir nicht von vornherein das Unrecht an und sage: Ich hätte in meinem über das übliche deutsche Maß hinausgehenden Werke die Franzosen nachahmen wollen! »Der ewige Jude«, »Die Geheimnisse von Paris« –! sind geschrieben worden, weil in einer Zeit, wo alles spricht, Menschen, die geneigt sind, lange zuzuhören, eine neue Eroberung sind. Diese glücklichen Zeiteroberer von Paris haben ihre Beute nicht wieder wollen fahren lassen und führten deshalb den Stil ein, den sie von den Jahrmärkten, von den Taschenspielern entlehnten, die ihre Produktionen von heute immer sogleich mit einer Ankündigung auf morgen schließen. Die Feuilleton-Romane, wie man sie drüben überm Rhein genannt hat, oder die Fortsetzung-folgt-Romane, wie wir sie nennen sollten, sind für große Kinder geschrieben, zu denen man sagt: Heute war's schön, morgen wird's noch schöner werden.

Das also nicht, lieber Leser! Ich wollte freilich, unser strenges *Publikum* ahmte den französischen an gutem Willen beim Hören und Hinnehmen nach, aber ich selbst bin nur deshalb so lang geworden, weil ich beim besten Willen nicht kurz sein konnte. Sollen wir zurückgezogenen einflußlosen Schriftsteller, die wir doch auch gewohnt sind, den Samen reeller Tatsachen von den Blüten der Erscheinung abzustreifen und in unserer Art auch Etwas für die Geschichte zu tun, die Gründlichkeit nur der Paulskirche und den

Protokollen unserer Ständekammern, Interims- und Verwaltungs-
räte überlassen? Schlimm genug, daß man so ernst, so nachdrücklich, so systematisch mit unserer Zeit sprechen muß! Anekdoten
tun's nicht mehr. Was ist Euch Boccaccio? Eine bunte Federflocke
vom klassischen Wind bewegt! Es finden sich ihrer allerdings genug, die der Zeit entrinnen wollen und lieber einer vom klassischen Wind bewegten bunten Federflocke nachirren, als dem Jahrhundert, das sie hassen; allein mit diesen mag ich nicht reden. Ich
will es mit Denen, die ihrer Zeit vertrauen, Hoffnungen auf sie setzen und die da sagen: Eine Nacht, um ein zweckloses Märchen zu
hören, die hab' ich nicht, aber tausend und eine Nacht, die hätt'
ich und schenke sie Dem, der sie im Scherze *lehrend* auszufüllen
versteht!

Wohlan denn, Du wunderlicher Heiliger, ich halte Dich beim
Wort! Ich sage Dir im Vertrauen, daß *eine* Nacht und *ein* Märchen mich selbst, den Erzähler, nicht befriedigen würden. Und erzählt' ich Dir das sinnigste und Arabiens würdigste Märchen, ich
selbst würde in unsern sternenlosen Nächten dessen nicht froh, und
wo dem Schöpfer nicht wohl wurde bei einem Werke, da kanns
dem Beschauer ewig nur weh sein. Schönheit ist ja Ruhe; Ruhe
des Gemüts quillt in den Betrachter vom befriedigten Schöpfer,
und der Schöpfer, der hier dies vielleicht übervoll aufgeschossene
Werk Dir vorlegt, diesen endlos scheinenden Park mit Seen und
Brücken und Wasserfällen, gesteht aufrichtig, daß er jenen einzigen Wassertropfen, der jetzt die ganze Welt abspiegelte, nicht hat
finden können. Er weiß wohl, es gibt Dichter, die mit einem Wassertropfen die Welt abspiegeln; und noch mehr solche, die glauben, diesen Wassertropfen zu besitzen. Er ging auch hinaus vors
Tor und nahm von der Flur einen Tautropfen, der glänzte in der
Sonne – grün – aber die Welt ist blau. Ein anderer glänzte blau –
aber die Welt ist rot. Ein dritter glänzte gelb und grün, und die
Welt schillert jetzt in allen Farben. Es ist nichts mehr mit dem
Tautropfen, dachte er. Es muß mehr sein und etwas Anderes,
wenn auch noch keine Douche und noch kein Regenbad.

Macht ihr Geschichte, dachte er, wir wollen Romane schreiben.

Er dachte an die Geschichtsmacher von heute, die aus dem
Staube der Ruinen neue Tempel bauen wollen. Er dachte an die
Flicker und Leimer, in deren Hände die Organisationen geraten
sind, und die uns nachgerade die Lust genommen haben, nur not-
dürftig auf ihre Bauplätze zu blicken, mögen sie nun in Paris,

Rom, Wien, Berlin oder in Gotha und Erfurt liegen. Baut ihr und
flickt an den alten Welten, wir wollen neue bauen, wenigstens in
der Idee. Jeder große Münster hat anfangs sein kleines Modell.
Die alten Erbauer, wenn sie ein Denkmal bekamen, trugen diese
kleinen Modelle in der Hand; diese mochten nicht schwerer wiegen als so ein Roman von mehr Bänden als üblich, ein Roman in
dem neuen Stil, der in der Tat architektonisch ist, sehr mißlich
nachzuahmen, und auf den uns Professor Gervinus zu seinem Ärger doch noch ein literar-historisches Patent geben soll.

Denn ich glaube wirklich, daß der Roman eine neue Phase erlebt. Er soll in der Tat mehr werden, als der Roman von früher
war. Der Roman von früher, ich spreche nicht verächtlich, sondern bewundernd, stellte das *Nacheinander* kunstvoll verschlunge-
ner Begebenheiten dar. Diese prächtigen Romane mit ihrer klassischen Unglaubwürdigkeit! Diese herrlichen, farbenreichen Gebilde
des Falschen, Unmöglichen, willkürlich Vorausgesetzten! Oder
wer sagte Euch denn, ihr großen Meister des alten Romanes, daß
die im Durchschnitt erstaunlich harmlose Menschenexistenz gerade auf *einem* Punkte soviel Effekte der Unterhaltung sammelt,
daß ohne Lüge, ohne willkürliche Voraussetzung, sich alle Bedingungen zu Eurem einzigen behandelten kleinen Stoffe zuspitzen
konnten? Die seltenen Fälle eines drastischen *Nacheinanders* greift
das Drama auf. Sonst aber – lebenslange Strecken liegen zwischen
einer Tat und ihren Folgen! Wieviel drängt sich nicht zwischen
einem Schicksal hier und einem Schicksal dort! Und Ihr verbandet
es doch? Und was dazwischen lag, Das warft Ihr sorglos beiseite?
Der alte Roman tat Das. Er konnte nichts von Dem brauchen,
was zwischen seinen willkürlichen Motiven in der Mitte liegt. Und
doch liegt das Leben dazwischen, die ganze Zeit, die ganze Wahrheit, die ganze Wirklichkeit, die Widerspiegelung, die Reflexion aller Lichtstrahlen des Lebens, kurz Das, was einen Roman, wenn er
eine Wahrheit aufstellte, fast immer sogleich widerlegte und nur
eine Tatsache gelten, siegen ließ, die alte Wahrheit von der – unwahren, erträumten *Romanenwelt!*

Nein, der neue Roman ist der Roman des *Nebeneinander*. Da
liegt die ganze Welt –! Da begegnen sich Könige und Bettler –!
Die Menschen, die zu einer erzählten Geschichte gehören, und die,
die ihr *eine widerstrahlte Beleuchtung geben.* Der Stumme redet
da auch, auch der Abwesende spielt mit. Das, was der Dichter sagen, schildern will, ist oft nur das, was zwischen zwei seiner Schil-

derungen als ein Drittes, nur dem Hörer Fühlbares, *in Gott Ruhendes,* in der Mitte liegt. Nun fällt die Willkür der Erfindung
fort. Kein Abschnitt des Lebens mehr, der ganze, runde, volle
Kreis liegt vor uns; der Dichter baut eine Welt oder stellt wenigstens seine Beleuchtung der der Wirklichkeit gegenüber. Er sieht
aus der Perspektive des in den Lüften schwebenden Adlers herab
und hat eine *Weltanschauung,* neu, eigentümlich. Leider ist es eine
polemische. Thron und Hütte, Markt und Wald sind zusammengerückt und bekämpfen sich. Resultat: Durch diese Behandlung
kann die Menschheit aus der Poesie wieder den Glauben und das
Vertrauen schöpfen – *daß die Erde von einem und demselben
Geiste regiert wird.*

Ein solcher Versuch, die zerstreuten Lichtstrahlen des Lebens in
einen Brennpunkt zu sammeln, das ist die Geschichte, die ich dir,
lieber Leser, hier aufgerollt habe. Sie ist in den Tatsachen und in
dem sozusagen allegorischen Rahmen keineswegs neu, sie ist es
aber vielleicht in der Verknüpfung. Kurz konnte sie ihrer Natur
nach nicht werden, denn um Millionen zu schildern, müssen sich
wenigstens hundert Menschen vor deinen Augen vorüberdrängen.
Denke nur immer, daß der Zweck und die Aufgabe so lautet: Die
Missionäre der Freiheit und des Glaubens an die Zeit sind es ihren
Gemeinden schuldig, ihnen zu zeigen, wie noch immer die ganze
Fülle des Lebens von ihrem neuen Licht beschienen sein kann,
und wie es sich noch mit den alten Lungen atmen läßt überall, in
jedem Winkel Gottes, den der neue Luftzug der Idee, der
Pfingstzeit neues Windeswehen, bestreicht. Die äußere Welt ist allerdings durch Künstlerhand allein nicht zu ändern. Laßt vorläufig
unsere Minister und die Soldaten dafür sorgen! Aber die innere
Welt, die, welche jeder in seiner Brust trägt, die kann schon eine
umfassende, in allen Höhen und Tiefen des Lebens aus *einem* Gesichtspunkt betrachtete und eine festbegründete sein. Diese Allseitigkeit war nun mein Ziel. Ich sage nicht, daß ich ein Panorama
unserer Zeit geben wollte. Wer vermöchte das? Die Aufgabe wäre
nicht zu lösen, und anmaßend klänge es, wollte sich jemand ihrer
anheischig machen. Aber ein gut Stück von dieser unserer alten –
neuen Welt sollte aufgerollt werden, eines, gerade groß genug, um
ein Menschenleben zu ermuntern, daß es nicht verzagt, sondern
getrost in dem einen Geist der Freiheit und Hoffnung fortwandelt
und sich die laufenden, tagesüblichen Bedrängnisse der innern
Überzeugung nicht zu sehr verdrießen läßt.

Laß dich denn also, lieber Leser, in diesen Blättern einspinnen, wie sich der werdende Schmetterling in den Kokon spinnt, wo er Blatt und Baum, auf dem er eben hilflos irrt, auch preisgibt und sich wie im Vortraum seines neuen Lichtlebens begräbt. Die Kunstrichter mögen richten; voreilige Kritik mag dem Leser die Lust nehmen wollen, dem Erzähler zu folgen; achte ihrer nicht und bleibe dem dich einhüllenden Gespinst treu, bis dem weitern Verlaufe zu die Hülle bricht und in anschauender Prüfung meiner Absicht auch *dein* Geist mit bunten Hoffnungen und heitern Glaubensschwingen in jene Gemeinschaft der Getreuen und Festen, der *Ritter vom Geiste,* aufsteigt, von deren Schicksalen diese Blätter dir erzählen wollen.

Dresden, am Pfingsttage 1850.

6.3.1 [Julian Schmidts Verdammungsurteil über die Theorie des epischen Nebeneinander]

... Gutzkow ... sagt selber mit einem gewissen Selbstgefühl, daß er sich von den französischen Feuilletonisten wesentlich unterscheide; diesen kommt es nur darauf an, zum Schluß jedes Kapitels eine Spannung eintreten zu lassen, die das Publikum auf die Fortsetzung neugierig macht. Zugegeben, daß das eine sehr untergeordnete Kunstform ist, so wird man doch nicht bestreiten, daß sie zum Wesen des Feuilletonromans gehört, denn ohne sie ist es auch für den geduldigsten Leser unmöglich, die Erzählung tropfenweise einzunehmen. Man wird ferner nicht bestreiten wollen, daß auch zu dieser von der Suffisance unserer Romantiker so niedrig angeschlagenen Manier ein Talent gehört, welches z. B. Gutzkow nicht besitzt; er ist eine viel zu subjektive und reflektierende Natur, um einfach, unbefangen und anschaulich erzählen zu können.

In der Beilage zur Zeitung ist es mir also unmöglich gewesen, den Roman zu verfolgen. Wie ich glaube, wird es den meisten Lesern nicht besser ergangen sein. Der Wiederabdruck desselben in einem getrennten Bande verschafft uns jetzt eine Gelegenheit dazu.

Es geht mir ganz eigentümlich mit Gutzkow. Für mich hat diese unermüdliche, ängstliche, fieberhafte Tätigkeit, die sich so herzlich danach sehnt, etwas recht Neues und Großes zu leisten, etwas Rührendes; bei jedem neuen Werk, das mir von ihm in die Hände fällt, gebe ich mir die aufrichtigste Mühe, das Gute, Anerkennens-

werte, Dauerhafte herauszufinden. Aber diese Mühe hat denselben
Erfolg, wie Gutzkows eigne Anstrengung. Die Prätensionen, die
der Dichter macht, sind so groß, und das, was er leistet, so gering,
daß die Kritik treulos gegen ihre Aufgabe sein würde, wenn sie
nicht jedesmal eine sehr ernsthafte Zurechtweisung eintreten ließe.

In jeder neuen Phase seines Lebens hat Gutzkow das Publikum
zu überreden gesucht, und ist vielleicht selbst davon überzeugt gewesen, daß er ihm etwas ganz Neues, Unerhörtes, noch nie Dage-
wesenes darböte. Nach der Reihe hat er sich im vollsten Ernst für
den Erfinder des sozialen Romans, der Tendenznovelle, des bürgerlichen Dramas gehalten. Die Weisheit unsers seligen – oder
noch nicht seligen? – Bundestags, der in Ermangelung einer bessern Beschäftigung sich bemüßigt fand, mit den Kräften des gesamten Deutschlands gegen die Herren Gutzkow, Mundt u. s. w.
zu Felde zu ziehen, um das Vaterland vor dem sicher bevorstehenden Untergang zu retten, und der elende Zustand unserer Journali-
stik, die sich damals fast ganz, und auch jetzt noch zum Teil, in
den Händen weggelaufener Commis und Jünglinge von einer entsprechenden Bildung befand, die mit einigen abgelauschten philosophischen Brocken und Reminiszenzen aus Heine und Börne ihre
Gedankenlosigkeit aufputzten, und die überglücklich waren, wenn
sich ein Mann wie Gutzkow zum Handwerk rechnete, hat eine
solche Selbsttäuschung möglich gemacht.

Auch diesmal ist Gutzkow überzeugt, eine neue Phase des Romans herbeigeführt zu haben. Er findet, daß der alte Roman sich
auf das »*Nacheinander*« beschränkt habe. »Der neue Roman ist
der Roman des *Nebeneinander*. Da liegt die ganze Wet! Da liegt
die Zeit wie ein ausgespanntes Tuch! Da begegnen sich Könige
und Bettler! Die Menschen, die zu der erzählten Geschichte gehören, und die, die ihr *nur eine widerstrahlte Beleuchtung geben*.
Der Stumme redet nun auch, der Abwesende spielt nun auch mit.
Das, was der Dichter sagen, schildern will, ist oft nur das, was
zwischen zween seiner Schilderungen als ein Drittes, dem Hörer
Fühlbares, in *Gott Ruhendes*, in der Mitte liegt. Nun fällt die
Willkür der Erfindung fort. Kein Abschnitt des Lebens mehr, der
ganze, runde, volle Kreis liegt vor uns; der Dichter baut eine Welt
und stellt seine Beleuchtung der der Wirklichkeit gegenüber. Er
sieht aus der Perspektive des in den Lüften schwebenden Adlers
herab. Da ist ein endloser Teppich ausgebreitet, eine *Weltanschauung*, neu, eigentümlich, leider polemisch. Thron und Hütte, Markt

und Wald sind zusammengerückt. Resultat: Durch diese Behandlung kann die Menschheit aus der Poesie wieder den Glauben und das Vertrauen schöpfen:

daß auch die moralisch umgestaltete Erde von einem und demselben Geiste doch noch könne göttlich regiert werden.« –

Ich bemerke beiläufig, daß die betreffenden Stellen bereits im Original unterstrichen sind.

Und wozu diese ganze, weit aussehende Deduktion? – Lediglich um sich zu rechtfertigen, daß man einen neunbändigen Roman schreibt; während das Publikum einem Dichter, der es neun Bände hindurch zu unterhalten versteht, nur Dank wissen wird, wenn er nicht früher abbricht, denn es scheidet von jedem Buch, das es amüsiert, mit Bedauern und Pietät. –

Nur in Deutschland ist es möglich, mit einem so vollständigen Gefasel der Welt ins Gesicht zu schlagen. Es ist kaum der Mühe wert, näher darauf einzugehen, doch darf man keine Gelegenheit vorüberlassen, unserm noch immer viel zu sehr von sich selbst eingenommenem Publikum die Schamröte ins Gesicht zu rufen über das, was es sich bieten läßt. – Ich will mich dabei auf die Bilder, die man bei Gutzkow schon gewohnt ist, z. B. das von dem polemischen Teppich, während doch nur das Auge, das ihn aus der Vogelperspektive betrachtet, polemisch sein kann, gar nicht einlassen. – Also der neue Roman soll nicht das *Nacheinander,* sondern das *Nebeneinander* darstellen. Wie man erzählen kann, ohne die Sukzessivität der Zeit zu beobachten, ist nicht recht begreiflich, wenn man nicht annehmen will, Gutzkow meint jene Kunstform, die uns in medias res versetzt und das vorher Vorgefallene nachträglich berichtet – eine Kunstform, die so wenig neu ist, daß sie bereits mit Homer beginnt. Oder meint er, daß zu dem Knoten der Entscheidung mehrere Fäden führen, die man einzeln abspinnt, bis zu jener Entscheidung, so ist auch das eine Methode, die bereits von sämtlichen Romanschreibern angewendet ist. – Also eine hohle Phrase. – »Da liegt die ganze Welt!« – Wir wollen abwarten, ob in den »Rittern vom Geist« auch die Tscherkessen, Abessinier, Hottentotten u. s. w. eine Rolle spielen, ob sämtliche Zeiten darin auftreten, ob außer dem Erdball noch die Monde und die Fixsterne figurieren; bis jetzt bewegt sich der Roman in dem engen Kreis des bekannten, von Jean Paul entwickelten Flachsenfingen. Eine Weltanschauung! Eine Feige für die Phrase! – »Da begegnen sich Könige und Bettler!« – Was sie in Jean Paul,

dem eigentlichen Urbild Gutzkows, ohne daß er es weiß, auch
schon getan haben. – »Die Menschen, die zu der erzählten Geschichte gehören, und die, die . . .« – Sonst hielt man es bei einer
Erzählung allerdings für nötig, daß nichts darin vorkomme, als
was dazu gehört; aber Gutzkow will das eigentlich auch nicht ändern, er meint nur Figuren anzubringen, deren unmittelbare Beziehung zu der Haupthandlung man nicht sofort übersieht. Was auch
nicht neu ist. – »Der Stumme redet nun auch –« – Redet nun
auch!! Gut. – »Der Abwesende spielt nun auch mit«, was er früher, brieflich oder durch Intrigen u. s. w. gleichfalls getan hat. –
Über die Bedeutung des neuen Glaubens, der sich aus dem Romane ergeben soll, rede ich gar nicht, denn eine bloße Kombination
von Buchstaben entzieht sich der Kritik. –

Wie ist es nun möglich, daß ein Mensch von leidlichem Verstand einen solchen Galimatias zu Tage fördern kann? – Es ist
hier nicht jene Überreizung des Gehirns, das ins Unklare gerät,
weil es zu Vieles zugleich denken will, sondern die reine Leere, das
blöde Stammeln der Impotenz. – Es drängt sich dabei der Vergleich mit *Hebbel* auf. Unter allen Kritikern habe ich diesen Dichter vielleicht am schärfsten angegriffen, und leider haben seine
späteren Schriften, was ich damals vielleicht in zu jugendlichem
Übermut aussprach, auf das vollständigste gerechtfertigt; aber es
darf auch nicht verschwiegen werden, daß zwischen den Irrgängen
eines starken Denkens, welches seine Grenzen überschreitet, und
jenem Radotieren, das vor den unendlichen Vorbereitungen nie zum
Anfang des Denkens kommt, ein himmelweiter Unterschied besteht. Um ein nicht neues Bild anzuwenden, trägt bei Hebbel, wie
im König Lear, die Vernunft, auch wo sie irre redet, noch immer
das Diadem ihrer göttlichen Abstammung an der Stirn. Und gerade darum erschreckt sie uns; die Muse der »Ritter vom Geist« ist
nicht in Gefahr, geisteskrank zu werden. –

6.3.2 [Über den Roman des Nebeneinander]

Diese kurze Entwicklung des neuen Romans schließend, benutzt
der Verfasser die Gelegenheit, einen Ausdruck zu erklären, der
vor einigen Jahren das Schicksal gehabt hat, nur von wenigen kritischen Berichterstattern verstanden zu werden. Es ist die Bezeichnung »Roman des Nebeneinander«. Dies Wort ging auf Inhalt und
Form. Den Roman des Nebeneinander wird man verstehen, wenn

man z. B. in einem Bilderbuche sich die Durchschnittszeichnungen
eines Bergwerks, eines Kriegsschiffes, einer Fabrik vergegenwärtigen will. Wie hier das nebeneinander existierende Leben von hundert Kammern und Kämmerchen, die eine von der andern keine
Einsicht haben, doch zu einer überschauten Einheit sichtbar wird,
so glaubte der Aufsteller jenes Begriffs im Roman des Nebeneinander den Versuch gemacht zu haben, den Einblick zu gewähren
in hundert sich kaum sichtlich berührende und doch von einem
einzigen großen Pulsschlag des Lebens ergriffene Existenzen. Der
Autor glaubte durch eine Betrachtungsweise, wo ein Dasein unbewußt immer wieder Schale oder Kern eines andern ist, wo jede
Freude von einem Schmerze benachbart ist, der über das, was jene
himmelhoch erhebt, seinerseits tief zu Boden gedrückt sein kann
und wo andrerseits eine Unbill auch schon wieder unbewußt den
Rächer auf ihren Fersen haben wird, den Roman noch mehr als
früher zum Spiegel des Lebens gemacht zu haben. Dem *sozialen
Roman* ist das Leben ein Konzert, wo der Autor alle Instrumente
und Stimmen zu gleicher Zeit in- und nebeneinander hört. Wiedergeben läßt es sich natürlich nur in der Form des Nacheinander,
aber auf die erste Anschauung kommt es an. Ist diese so viel wie
möglich nach allen Lebensrichtungen zugleich gewendet und
könnte man hoffen, durch diese immer von einem großen Hintergrund ausgehende Romanform in manche Dissonanz Wohlklang,
in manche Verzweiflung Trost, in manches unbefriedigte und un-
lösbare Einzelne einen lösenden und beruhigenden Widerklang aus
Sphären zu bringen, die mit dem Nächstgeschilderten in *sichtli-
chen* Zusammenhang zu bringen unnatürlich scheinen müßte, so
wäre man vorläufig wenigstens da wieder angelangt, wo die Poesie
schon oft gestanden hat: Der Dichter ist Seher, die Poesie Religion; ein Thema, über das wir abbrechen, weil es mit einer gele-
gentlichen Bemerkung nicht erschöpft ist.

6.3.3 *Zur dritten Auflage* [der »Ritter vom Geiste«]

Einen wiederholten Neudruck dieses Buches konnt' ich nicht
vorübergehen lassen, ohne die Gelegenheit zu benutzen, dies Werk
soweit als tunlich zu verbessern. Es ist Zeile für Zeile von neuem
durchgesehen worden. Der Ausdruck, den im Niederschreiben oft
der drängende Gedanke verkürzt, wurde vielfach richtiger gestellt,
mögliche Unklarheiten wurden vorauserkannt und beseitigt. Die

Feder der Revision fuhr in manche Partien tief hinein. Sie strich, was sich an kleinem ausschmückenden Detail zu breit gemacht, sie setzte neu hinzu, teils was zu besserm Verständnis dienen konnte, teils, was zur Herstellung gewisser gegenseitiger Beziehungen unerläßlich schien. Erst am fertigen Ganzen sieht man, wo in Schatten und Licht nachzuhelfen ist, wo die Einheit, die dem geistigen Auge vorschwebte, dem körperlichen sich vielleicht zu sehr entzog. Dies umfangreiche Werk ist bis zum achten Buch in *einem* Zuge geschrieben worden, aber die Veröffentlichung geschah periodisch. Die Macht, die dann für die Herstellung einer oft den Autor selbst erschreckenden Objektivität im gedruckten Buchstaben liegt, ist allen Schriftstellern bekannt genug.

Es sollte mich nun drängen, diese Auflage mit einer Schutzrede zu begleiten. Mein Buch hat zwar im ganzen genommen eine ungewöhnliche Teilnahme gefunden, war aber zugleich vieler Mißdeutung ausgesetzt. Ich will dem Gelüst zur Polemik widerstehen und mich nur auf die notwendigsten Einreden, die ich zu beantworten habe, beschränken.

Da ich die Verteidigungsgründe nur aus mir selbst nehmen kann, da vielleicht manchem durch die Unterhaltung, die ihm die »Ritter vom Geiste« gewährten, eine Veranlassung wurde, auf die zahlreichen und größtenteils minder gewürdigten frühern Proben meines Strebens zurückzublicken, so bemerk' ich, daß dabei vielleicht dem, der Herz und Sinn offen hatte, der Einblick geworden ist in ein Leben, das sich unter eigenen Bedingungen entwickelte. Die Menschen haben ein Recht darauf, alles, was wir ihnen bieten, zu beurteilen nach dem Verhältnis, wie sich das Gebotene zu ähnlichem stellt, was vorhanden ist. Sie rühmen das, was den allgemein geltenden Voraussetzungen gleichkommt, und verwerfen mit noch größerm Recht das, was hinter dem zurückbleibt, was sein zu wollen es sich den Anschein gibt. Es gibt glückliche Dichterentwicklungen, die, wie ein Kind mit seinem ersten Lallen den Eltern auch nur die Worte sagen zu wollen scheint, die die Eltern überglücklich genug sich dabei vollkommen zu vernehmen einbilden, so auch sogleich das treffen, was auf aller Herzen und auf aller Munde liegt. Sie können mit wenigen Gedichten, mit einem einzigen Drama ihre Zeit ergreifen, alles in ihre Hörweite bannen und durch eine mühelose Bewährung ihres angeborenen Genius die Lieblinge der Nation werden.

Sind diese Glücklichbegabten weise genug, sich immer auf der

Linie zu halten, wo einmal das innige Verständnis und die glückliche Umarmung des Gebenden und Empfangenden wie zweier
Freunde stattgefunden hat, so werden sie um den Stolz und die
Besitzesfreude dieses Bundes selten betrogen werden. Treten sie
aber von jener Linie ab, versuchen sie, die Teilnahme, die sie für
den *einen* Ton auf ihrer Leier gefunden, sich auch für einen andern zu erobern, so erspart ihnen die Muse selten den Kummer,
daß ihnen dorthin das Verständnis der alten Freunde nicht folgen
will. Wen nun sein Wille mit Macht ergreift, den kümmert freilich
der sich immer mehr verkleinernde Zug, der ihm nachfolgt, wenig;
ist er nur stark genug und von mehr begeistert als von Selbstvertrauen, so kann ihm noch einst die Freude werden, daß die
Welt erkennt, sein scheinbares Irren hatte die tausendhändige Begrüßung einst auf der ersten Linie, auf der er sich zur Freude aller
hielt, nicht verwirkt. Wie die Dichter heutzutage sind, haben wenige den Mut solcher Entwicklungen. Popularität ist ein süßer Besitz; wer sie einmal gekostet hat, bleibt gern in der Gegend, wo
Publikum und Autor ihr erstes schönes Erkennen feierten.

Der Lebensgang des Verfassers dieser Geschichte ist noch ein
anderer. Fand sich je eine gute Voraussetzung über ihn, so hat er
sie gewiß nach kurzem Genuß der Anerkennung durchkreuzt. Die
Augenblicke glücklicher Übereinstimmung dessen, was er wollte
und was er konnte, mit dem, was man erwartete, kamen ihm selten. Hätte er sich entschließen können, auf der Linie des hie und
da einmal gefundenen Einverständnisses zu bleiben, Irrungen wären ihm genug erspart worden. Aber was mag es sein, das ihm ein
stetes Wandeln auf dieser geraden Linie der einmaligen Voraussetzung unmöglich macht? Er ist kein Dichter der ausschließlichen
Form. Die Form ist ihm etwas Zufälliges, und wesentlich ist ihm
nur der Gedanke. Zuweilen kam bei seinen Wanderungen durch
das Leben und im Gebiet des Erkennens und Träumens, Wollens
und Schaffens dieser Gedanke an jenen schönen grünen und gefälligen Plätzen an, die alle so lieben, zuweilen aber auch und viel öfter noch an schroffem und unwirtbarem Gestein. Diesen Lebens-
lauf trieb selten der Witz des Verstandes, es trieb ihn von je nur
die Sehnsucht des Herzens. Er suchte das Glück der erkannten
Wahrheit, er suchte die Pforte, die zu den Geheimnissen des Lebens führt: ein einziger rätselhafter Ton der Luft, fernherklingen-
de Menschenstimmen, eine Kunde von neuen Wendungen und Begriffen der Zeit konnte ihn sogleich wieder aufscheuchen von

einem Lager, wo die, die nur die Form lieben und diese nur pflegen, sich die Hütte, die oft der Tempel ihres Ruhmes wird, behaglich aufschlagen. Dies Wechseln der Stimmungen, der Absichten,
der behandelten Gegenstände bringt Nachteile genug schon an
sich in seiner Wirkung, mehr noch aber den Schein des Allesversu-
chenwollens. Die Zeit ist zu gewaltig, das große Individuum, das
man die Menschheit nennt, ist zu sicher in sich selbst, um sich
noch besonders gemüßigt zu sehen, bunten literarischen Entwicklungen, die nicht Spezialitäten auf *einer* Saite sind, im innern
Grunde zu folgen. Wem die Vorliebe für die Form versagt ist, wer
sich nur in der Allseitigkeit seines Strebens nach Selbstbildung und
Bewährung naturgemäß ausleben kann, wer sozusagen Poet nur
erst in der Umarmung des Stoffes sein will und die Poesie wie eine
gesuchte ferne Geliebte liebt, nie sich mit ihr vermählt, der wird in
Zeiten, wie die unsrigen sind, darauf verzichten müssen, daß man
solchem geheimen Lebensgange nachspürt, die stille Verbindung
seiner zuweilen oft ganz heterogenen offenen Kundgebungen sich
in Reime bringt und sich ein Leben, das wie das Leben des Matadors und Virtuosen aussieht, nach seinem wahren innern Zusammenhang erklärt. Sehen doch selbst die, deren Amt es wäre, den
Lebensgängen der Schriftsteller zu folgen, nur den Matador und
Virtuosen und registrieren in ihren vorschnell geschriebenen Lite-
raturgeschichten, in ihren grundeinseitigen Sammlungen und Anthologien von zu früh gebrochenen Dichterernten nur die Spezialität der einseitig ausgebildeten Form.

Daß nun ebenso auch diese »Ritter vom Geiste« ein Roman,
der seine eigene Theorie vorauszusetzen schien, wurden, hatte der
Verfasser nicht bezweckt. Er schrieb sein Buch um der darin entwickelten Idee willen. *Erst der Gedanke gab die Form.* Die Theorie, die der Verfasser über *den sozialen Roman* in seinem frühern
Vorwort aussprach, war erst der Same, der aus fertiger Blüte und
Frucht *abfiel,* nicht der Same, aus welchem die Blüte und Frucht
entstand. Das Gesetz, nach dem ein Schaffender arbeitet, erkennt
er meistens erst nach dem Geschaffenen. Ich würde vielleicht besser getan haben, dies Gesetz in meinem Fall nicht ausgesprochen
zu haben. Es ist angegriffen worden; es stellte hier die Vorrede
eines noch nicht ganz erschienenen Buches das Modell einer neuen
Romanform auf, ohne mehr zu tun, als es mit einigen flüchtigen
Strichen zu bezeichnen. Dies war um so gewagter, als gerade in
unserer gegenwärtigen Literatur die poetische Spezialgeschichte

die Lieblingsform des Tages ist.

In den »Unterhaltungen am häuslichen Herd« gab der Verfasser
vom Roman des Nebeneinander, diesem souffre-douleur der mehr-
fach befahrenen Kritik, die nähere Erklärung, man würde ihn verstehen, wenn man sich gewisse *Durchschnittszeichnungen eines
Bergwerks, eines Kriegsschiffs vergegenwärtigen wollte, wo das nebeneinander existierende Leben von hundert Kammern und Kämmerchen, wo die eine von der andern keine Einsicht hat, doch zu
einer überschauten Einheit sichtbar wird.* Der Autor glaubte durch
eine Betrachtungsweise, wo ein Dasein unbewußt immer wieder
Schale oder Kern eines andern ist, wo jede Freude von einem
Schmerz benachbart ist, der über das, was jene himmelhoch erhebt, seinerseits tief zu Boden gedrückt sein kann, und wo andererseits eine Unbill auch schon wieder unbewußt den Rächer
auf ihren Fersen haben wird, *den Roman noch mehr als früher
zum Spiel des Lebens gemacht zu haben.* Und die Tendenz der
»Ritter vom Geiste« selbst mußte ihn auf jene angerühmte Form
führen.

Sie sind hervorgegangen aus dem *mächtigsten Drang
der Menschenliebe.* In den Tagen von 1849, in einer Zeit des Has-
ses und der Verfolgung, sah sich das bekümmerte Auge sehnsüch-
tig nach den gleichen Kennzeichen der Bildung um, *nach den gleichen Kennzeichen edlerer und humaner Empfindung.* Die Hand des
Dichters führt zuweilen den zerschmetternden Blitz, der die starre
Ruhe träger, versteinerter Zustände auseinanderreißt; da aber, wo
die Leidenschaften rasen, wo die Geister und noch mehr die Herzen gegeneinanderstürmen, da wird sie Rosenketten winden und
Haß durch Liebe versöhnen wollen. Die Grundlage und Voraussetzung einer solchen Aussöhnung, die der Verfasser in trüber Zeit
bezweckte, mußte der Glaube sein an *das ewig Gleichartige im
Menschen, an den Widerklang derselben Wahrheiten in allen Gemütern, an die gleiche Verteilung des* reinen Gottäthers der Idee
in allen Herzen. Wenn Siegbert Wildungen schon in den ersten
Entwickelungen der Handlung von einer armen Magd, die der Zufall an ihm und seinem Bruder den höchsten Anteil nehmen läßt,
sagt: »Wir Menschen gehen uns alle einer dem andern als Heilige
und Propheten auf, wir wissen es nur nicht« – so ist das zum Wissen gelangende Nichtwissen dieser Tatsache eben die Idee vom
Bunde der Ritter vom Geiste, zu gleicher Zeit aber auch vom Roman des Nebeneinander. Durchgängig hat der Verfasser diese

wechselseitige Befruchtung eines Menschenzustandes durch den
andern, das geheimnisvoll Korrelate unseres ganzen Lebens darzustellen versucht. *Von den gemütlichen kleinen idyllischen Zufalls-
tatsachen an, die in das Leben großer mit Weltenlauf und mit
millionenfachem Menschenschicksal beschäftigter Monarchen
spielen können, bis zu den Kindern Guido Stromers, die in der
stillen Winterabendstunde aus denselben Gedichten lesen lernen,
die ihr in der Ferne weilender Vater als Flügelschläge seines zum
Ausbruch kommenden sogenannten Genius auf Frauen dichtete,
die wir besser kennen, als die Kinder und ihre Mutter, geht durch
unser Buch das Bestreben, einen Menschen dem andern wissentlich und unwissentlich wichtig, wertvoll* und *notwendig* erscheinen
zu lassen.

Es liegt in *dieser formellen und ideellen Bezüglichkeit und in
der Korrelation, wie ich* vielleicht das »Nebeneinander« richtig ausgedrückt hätte, auch jene Darstellungsform meines Buches, die
man mit der allmählichen Instruktion eines Prozesses vergleichen
könnte. Kleine Tatbestände, kleine Zufälligkeiten, harmlose Zeu-
genaussagen sollen einen letztlichen Richterspruch veranlassen, und
anders gibt sich das Leben nicht. Nur in den seltensten Fällen entwickeln sich aus einem einzigen, mit Ausschluß aller Nebengedan-
ken festgehaltenen Einzelgedanken Taten und Begebenheiten. Die
Welt der Ausschließlichkeit gehört bekanntlich dem Dramatiker.
Der Romandichter hat die Menschen in ihrer zufälligen und
harmlosen Begegnung zu nehmen. Sie sind vielleicht alle z. B. an
einem großen Unrecht, an einem großen Unglück, an einer dunk-
len Tat beteiligt, aber sie wissen es kaum selbst, und wenn sie
nicht gerade die nächsten Urheber oder Opfer derselben sind, so
werden sie doch noch unendlich viel Zeit übrig behalten, Sonnenschein, Regen und Sturm zu befahren, ihrer eigenen Lust und Liebe zu folgen, zu leben und zu weben unter dem großen Himmels-
zelt nach freier eigener Regung, bis sie da wieder ankommen, wo
sie sich wieder in den roten Faden der Absicht des Dichters mit verwickelt sehen. Diese Freiheit der Individuen neben der Notwendigkeit des bezweckten Themas einer Geschichte darzustellen, das
war meine Absicht, und ich überlasse es jedem Unparteiischen, zu
entscheiden, ob die allerdings absolute Unmöglichkeit jenes Mechanismus, den ich mit dem alten Templerorden, mit dem Prozeß
der Brüder Wildungen, dem Schrein, dem Bilde, den alten Dokumenten anlegte, sich auch, was ich leugnen muß, mitgeteilt habe

dem durch diese mechanischen Hebel hervorgerufenen *individuellen Leben*. Daß diese Hebel willkürlich sind, dieser Mechanismus oft klappert, schon weil er oft geradezu von Holz ist, darüber möge man doch nicht die Stirn zu sehr in aristarchische Falten ziehen. Man möge darüber lächeln. Jeder vernünftige Beurteiler wird einsehen, daß der Zweck des Dichters auf die Gärungen und Zersetzungen, die er schilderte, gerichtet war; die Säure, womit er diese Zersetzungen hervorbrachte, ist ein zufälliges Reagens, eine humoristische Nachahmung der Weltkomödie, wie sie der Allphantasie Gottes gegenüber eben anders die Menschenphantasie nicht geben kann.

Die *Charaktere* dieses Romans, um in meiner Haus- und Herdrede fortzufahren, hat man gewöhnlich eingeteilt in zwei Klassen, in reelle und abstrakte. Zu jenen sollen vorzugsweise die satirischen, auch einige der Volkscharaktere gehören; zu diesen solche Personen, welche Gedankenrichtungen vertreten. Ich will dagegen keinen Einspruch tun. Nur möchte ich ein wenig mehr gewahrt sehen ein doch sonst hochgehaltenes Recht unserer Literatur, das Recht der Idealisierung. Wir haben gewiß alle Ursache, uns Glück zu wünschen zur kräftigern Gestaltung unserer Romancharaktere, zu den in Fleisch und Blut verwandelten alten Goetheschen und Jean-Paulschen Abstraktionen; allein warnen möchte man doch vor einer zu weit gehenden Sucht, vom Romancharakter immer auch nur die in Szene gesetzte absolute Wirklichkeit zu verlangen.

Schließlich möge mir noch gestattet sein, ein Wort von der Zeit- und Sittenschilderung des Buches zu sagen. Wer sich in Zeit- und Sittenschilderungen zu sehr an das Nächste hält und seine Darstellung an die flüchtige Mode verschwendet, wird in kurzer Zeit erkennen, wie sehr seine Farben verblassen. Dennoch gehe man auch hier nicht zu weit! Mein Roman ist keine Satire. Die Satire stirbt allerdings mit ihrem Gegenstande. Ist der Reiz der Anspielung auf das, was den Witz wiederzuerkennen am meisten belustigt, mit der Sache selbst verschwunden, so verliert sie. Ich glaube jedoch, daß dem Satirischen in diesem Roman so viel anderweitige positive Tatsache beigemischt ist, daß letztere noch selbständig für sich bestehen kann. Ich glaube, der Gegensatz jener Weltauffassung, aus welcher dies Buch hervorging, wurzelt tiefer als in einigen Karikaturen des Tages, deren Konterfei seinen Reiz verliert, wenn es dazu eines Kommentars bedarf. Endlich gibt es Charaktere, die in solchem Grade öffentlich sind, daß sie nur

durch ihre individuelle Art, nur erst durch ihre eigenste Persönlichkeit, ja fast möchte man sagen, mit ihrem direkt angegebenen
Namen eine historische Richtung bezeichnen, die aufbauend oder
zerstörend eben durch sie in der Welt vertreten wird. So erfand
sich die alte Komödie nicht etwa einen nur in sokratischen Grundsätzen erzogenen, die alten Götter stürzenden Sonderling von Wolkenkuckucksheim, keinen dem Euripides nur nachahmenden unbekannten Dichterling, sondern sie führte Euripides, Sokrates, Kleon
in unverkennbarer Ähnlichkeit selbst vor die Augen von Zuschau-
ern, deren Amt es war, zu entscheiden, ob diese Form von Polemik von ihnen geteilt wurde der Kunst sowohl wie der Gesinnung
nach. Ein Name, der groß und ausgiebig auf die Zeit wirkt, ist nie
in Sorge darüber, wie seine eigene Person für das, was er erstrebt
und schafft, einzustehen hat. Nur die kleine Fürsorge des Nichts-
bedeutenden ereifert sich gewöhnlich auf eigene Hand, um die
Rechte der Persönlichkeit in Fällen zu wahren, wo jeder bedeutende Name sich mit Freuden einsetzt. Daß man in solchen Kopien
übertreiben, in der Wahl sich vergreifen, ihre Anzahl bis zur Auf-
hebung aller eigenen Erfindung vermehren kann, wird niemand
bestreiten. Ich glaube von einer in diesem Roman eingehaltenen
Grenze sprechen zu können.

Was nun auch unsere von neuen Sorgen bedrängte Zukunft
bringen möge, auf die Gedankenelemente, die sich in diesem Buch
befehden, werden wir immer wieder zurückkommen. Wenn auch
die neuen Templer von Dankmar Wildungen am ersten Versamm-
lungstage des Bundes keine Geheimnisse enträtselt erhielten (auch
diese törichte Forderung ist ausgesprochen worden!), so werden
doch alle Kämpfe, die uns noch bevorstehen dürften, darauf hinauskommen, immer wieder jene Ausscheidungen hervorzurufen,
wo die reine und interesselose Humanität den Krieg zu erklären
hat allen trüben Gärungen des Eigennutzes, der Herrschsucht und
der unwissentlich oder wissentlich verblendeten Lehre.

Möge denn mein Buch, in diesem Sinne hoffentlich nicht veral-
tend, auch in seiner jetzigen Form versuchen, den Kreis seiner
Freunde sich zu erhalten und zu mehren!

Dresden, im Februar 1854.

6.3.4 [Selbstanzeige] *Die Ritter vom Geiste. Dritte Auflage.*

Drei Bände dieser neuen Auflage sind erschienen. Jeder derselben kostet $^2/_3$ Taler. Die ganze Beteiligung an diesem Unternehmen, das im nächsten Jahr vervollständigt sein wird, kommt demnach einem Freunde des Buches, der es selbst besitzen will, auf sechs Taler zu stehen.

In öffentlichen Blättern haben wir noch keine Vergleichung dieser neuen Ausgabe mit den frühern gefunden und halten es daher für erlaubt, die Freunde des Verfassers aufzufordern, eine solche selbst anzustellen.

Der Grundtext und der wesentliche Inhalt des Ganzen ist geblieben. Eine Annahme also, daß in dieser dritten Auflage etwas fehle, ist unstatthaft. Die neue Auflage bringt die wesentliche frühere Fassung wieder, nur ist Stil, Präzision des Ausdrucks, vorzugsweise die herzustellende Harmonie mancher in der frühern Fassung nicht vollkommen zusammenstimmender Teile ein Hauptaugenmerk der neuen Redaktion gewesen.

Der Drang der Mitteilung war im ersten Niederschreiben dieses Buchs so lebhaft, daß sich der Verfasser beim Einzelnen nicht zu lange aufhalten konnte. Kaum war das Ganze im Entwurf und in der ersten Abfassung beendigt, begann auch schon die Veröffentlichung. Eine ruhige, über dem Ganzen sich haltende Beurteilung war dem Verfasser während der Arbeit und des Drucks nicht möglich. Eine solche ist erst für diese neue Auflage eingetreten. Ermuntert von dem Erfolge, eingeschüchtert von mancher Mißdeutung, gewann er diejenige in der Mitte zwischen Wärme und Abkühlung sich haltende Stimmung, die ein solches Werk, wenn nicht wie ein fremdes, doch wie ein Erzeugnis abgeschlossener Stunden, über die man sich Rechenschaft abzulegen hat, betrachten läßt, und aus dieser Stimmung schreibt sich die neue Redaktion her. Wer sich die Mühe der Vergleichung geben will, wird auf jeder Seite so viel Beweise von Selbstkritik finden, daß auch er diese neue Auflage hoffentlich eine verbesserte nennt.

In Stuttgart hat Julius Schnorr eine entsprechende Zeichnung zu besondern *Einbänden* dieser neuen Auflage entworfen, die vom Buchbinder Koch daselbst um ein Geringes durch jede Buchhandlung bezogen werden können.

6.3.5 [Vorwort] *Zur fünften Auflage.*

Wieder sind fünfzehn Jahre vergangen, ereignisreich für die Lage der Welt, für die Anschauungen der Zeitgenossen, lehrreich auch für den Verfasser dieses Buches selbst.

Das freundlichst bereitwillige Entgegenkommen eines neuen Verlegers hat für diese fünfte Auflage eine gänzliche Umgestaltung meines Werks dahin ermöglicht, daß sich der bisherige Umfang von neun Bänden, welcher früher auf manchen mit diesem Buch noch nicht bekannten Leser abschreckend wirkte, gegenwärtig nur noch in *vier* darstellt, ohne daß darum für die Vollständigkeit des Ganzen irgendeine nennenswerte Einbuße geschah. Außerdem hat eine mit den Jahren gewonnene reifere Einsicht des Autors den Text einer nochmaligen Prüfung unterworfen und ist dabei durchgängig mit solcher Strenge der Selbstkritik verfahren, daß diese neue, durch den verhältnismäßig geringen Kaufpreis den ausgedehntesten Kreisen sich darbietende fünfte Auflage als eine *durchweg umgearbeitete* bezeichnet werden darf.

Für die dabei maßgebend gewesenen besonderen Grundsätze verweist der Verfasser auf sein in der Tat vollkommen neugestaltet vorliegendes Werk selbst und eine Vergleichung des früheren Textes mit dem gegenwärtigen. Nur noch zu jenen Schutzworten, womit schon vorstehend die dritte Auflage eingeleitet wurde, fügt er hinzu, daß er sein dort gegebenes Zugeständnis, daß bei einem Zeitgemälde allmählich »die Farben verblassen«, in bezug auf diesen Roman entschieden zurücknehmen muß. Im Gegenteil habe ich bei dieser erneuerten Überarbeitung gefunden und spreche es, ohne dabei den Schein der Überhebung oder der Paradoxie zu fürchten, offen aus, daß ein Gemälde derjenigen Zeit, die ich in diesem Buche schilderte, der Reaktionszeit von 1849–1851, wohl nach *einigen* Jahren, verglichen mit inzwischen eingetretenen Veränderungen, für nicht mehr zutreffend erkannt werden durfte, *aber nach zwanzig Jahren wieder seine volle Frische und für jede kommende Zeit anwendbare Gültigkeit behält.* Denn in den großen Intervallen der Geschichte kehren immer wieder die Erscheinungen einer einmal vorhanden gewesenen bedeutenden Geschichtsepoche zurück. Es wiederholen sich dieselben großen und kleinen Triebfedern, dieselben Persönlichkeitsgattungen, dieselben Umgestaltungen der Charaktere durch die Zeitumstände. Ja, ich habe gefunden: Was neuere Autoren, wenn sie einen politischen

Roman schreiben wollten, haben erfinden müssen und nach irgendeinem fingierten Orte und in eine fingierte Zeit verlegten, das
ist in meinem Buche wie eine unmittelbar dem *Leben* entnommene
Chronik bereits vorhanden. Meine Schilderung der Parteigegensät-
ze, z. B. selbst schon der Arbeiterfrage, schon des Lassalleanismus
(lange vor Lassalle) u.s.w., griff den damaligen Erfahrungen vor. In
Egon von Hohenberg wird kein nur irgend mit den neuern Zeitge-
schichten Vertrauter jetzt und auch wohl früher nicht den »Bändi-
ger der Revolution«, den preußischen Staatsminister von Manteuffel, haben finden wollen. Wohl aber paßt z. B. die Buch 9 Ka-
pital 6 gegebene Schilderung Egons *gegenwärtig* auf bekannte
Stimmungen eines viel berühmter gewordenen *andern* Staatsmannes, den ich hier nicht nennen will. Der Kreislauf der Geschichte
ist eben spiralförmig. Was einmal gewesen, kehrt mit gewissen
Modifikationen immer wieder. Die Aufgabe des Dichters, falls er
sein Zeitbild nicht hatte zum Pasquill machen wollen, ist eben die,
die historische Treue so zu mildern, das Gegebene so zu verklären,
daß die Anwendbarkeit für jede Zeit gesichert bleibt, nie also ein
Veralten eintreten kann.

Möge hiemit einer *gereifteren Zeit* und einer durch die im bun-
testen Wechsel begriffene Zeit *vielseitiger* gebildeten *jüngern Generation* ein Buch neu empfohlen sein, das in seinem äußern Rahmen allerdings nur ein Phantasiebild, ja eine Art Allegorie zu nennen ist, in seinem innern Gehalt jedoch, in den Einzelheiten der
Ausführung, nach dem wohlwollenden Zeugnis eines Anteils, der
sich seit Jahren gleichgeblieben ist, die Merkmale der Wiedergabe
wirklichen Lebens besitzt.

Bregenz am Bodensee, im April 1869.

6.3.6 [Vorwort] *Zur sechsten Auflage.*

Seit unsern glorreichen Jahren 1870 und 71 haben wir in
Deutschland ein Gefühl sozusagen von Raschlebigkeit bekommen,
so daß innerhalb der Literatur fast nur die uns als unantastbar
eingeprägten Werke unserer hohen Klassiker die Erlaubnis bekommen, in der Lektüre auf uns retardierend, den Willen, den
Aufschwung, den Flug der Phantasie, die Ungeduld verlangsa-
mend zu wirken.

Unser Blut läuft seitdem so bewegt um, unsere Nerven sind in
solcher Spannung, daß wir das ästhetische »sensationelle Bedürf-

nis« nicht bloß durch einen verdorbenen Modegeschmack, sondern auch historisch-psychologisch, ja physiologisch erklären müssen!

Ob bei meinen »Rittern vom Geist« die Leseungeduld noch
standhält, hängt von der *Bildung des Lesers* ab. Ist dieser nicht
imstande, mit Interesse, mit vollem Anteil an Personen und Zuständen in die Manteuffelsche Reaktionszeit, in die mittelalterlich
gestimmte Romantik am preußischen Hofe, in das gesinnungslose
Treiben der am sogenannten »Treubunde« (bei mir »Reubund«
genannt) arbeitenden konservativen Wühler sich zu versetzen, und
kennt er überdies das alte Berlin nicht oder weiß die Anheimelung
durch Schilderung vergangener Dinge nicht zu schätzen, so wird
er meinen Roman nicht verstehen und nicht genießen können. Ich
wollte die 1850 verbotene freisinnige Debatte in höhere Sphären
versetzen, mag mich aber darin nach dem Geist unserer Tage vergriffen haben, daß ich unbestimmte, unbestimmbare Ideale aufstellte, keine Reorganisationen der Gesellschaft nach dem Muster
von Marx und Lassalle, die freilich auch, wir hoffen es wenigstens,
Utopien bleiben werden! Ästhetisch aber und in der Kritik gab
dieser Radikalismus positiver Erwerbungen den Ton an.

Die trotzdem fortdauernde Teilnahme für mein Buch bürgt mir
für die Annahme, daß es unter unsern Gebildeten noch eine ruhige Betrachtung gibt.

G.

Sachsenhausen bei Frankfurt, 14. Mai 1878.

7. DER REALISMUS UND DIE IDEE. MIT BEISPIELEN: SCOTT, DICKENS, KELLER, STIFTER, ELIOT

7.1 *Wahrheit und Wirklichkeit.*

Man kann den Zufall verdammen, man kann selbst überzeugt sein, daß in allem, was geschieht, eine konsequente Offenbarung des Gottes da liegt; und doch würde niemand zu behaupten wagen, daß alles, was geschieht, alles, was wir als geschehen beobachten können, etwas andres sei, als die zufälligen Äußerlichkeiten jener offenbarten Gottesidee. Ich glaube, daß alles gut ist, was geschieht; glaube aber nicht, daß eben nur das geschehen kann, was geschieht. Unendlich ist das Reich der Möglichkeit, jenes Schattenreich, das hinter den am Lichte der Begebenheiten sichtbaren Erscheinungen liegt. Es gibt eine Welt, die wenn sie auch nur in unsern Träumen lebte, sich ebenso zusammensetzen könnte zur Wirklichkeit, wie die Wirklichkeit selbst, eine Welt, die wir durch Phantasie und Vertrauen zu kombinieren vermögen. Schale Gemüter wissen nur das, was geschieht; Begabte ahnen, was sein könnte; Freie bauen sich ihre eigne Welt.

Zwei Garantien der unsichtbaren Welt sind die Religion und die Poesie. Jene schließt das Reich der Möglichkeit auf, um zu trösten; diese, weil sie die Wirklichkeit erklären will. Beide beruhen auf Täuschungen, nur ist die Poesie glücklicher, weil sie die Wahrscheinlichkeit für sich hat. Es ist leichter, an ein Gedicht, als an den Himmel glauben. Die Ereignisse des Gedichtes sind oft die heimlichen Erklärungsmotive der Wirklichkeit, die Schöpfungen des Autors haben die Analogie für sich und die Erde; aber der Himmel schwebt in der Luft und ist, trotz aller Philosophie, ohne Maßstab, wie Gott selbst.

Die Geschichte der Poesie zeigt, wie sich in ihr von jeher Wahrheit und Wirklichkeit gestritten haben. Jene Gemüter, welche wir die schalen nannten, entschieden sich für die Wirklichkeit, die freien für die unsichtbare Wahrheit, die begabten, die empfänglichen, die sogenannten Leute von Geschmack, Bildung und Erziehung, für das Mittlere zwischen beiden, für die Wahrscheinlichkeit. Und so ist es noch. Bei jeder neuen Dichtung fragen die Einen: Wo geschah dies? die, Andern: Sollte dies geschehen können? nur die freien Gemüter entscheiden, ohne zu fragen, weil sie es fühlen, daß das, was nicht geschieht, immer noch wahr ist, selbst wenn es nicht geschehen kann.

Alles, was die Wirklichkeit kopiert, ist für die Masse. Diese Gattung der Poesie erhebt sich von der untersten Stufe der Genremalerei bis zu den Romanen von Walter Scott und Bulwer, bis zu den Dramen Ifflands und Kotzebues. Nur hell, blank und geschliffen muß diese Literatur sein, weil sie der Wirklichkeit gegenüber nur ein Spiegel ist, der sie treu auffaßt und wiedergibt. Für die schalen Gemüter ist nichts genialer, als sich selbst so zeichnen, wie sie sind: ihre Tante, ihre Katze, ihren Shawl, ihre kleinen Sympathien, ihre Schwachheiten. Was haben wir von euern Grillen? von euern Erfindungen, die in der Luft schweben? Gebt uns selbst, dem Egoismus den Egoismus! Es gibt Kritiker und Literatoren, die sich nur für das Kopieren der Wirklichkeit enthusiasmieren können. Das Wahrscheinliche ist bei ihnen schon eine Konzession. England hat von jeher diese Art der poetischen Darstellung bevorzugt, Deutschland ist systematisch genug bearbeitet worden, hierin nachfolgen zu müssen. Die alte Literatur steht bei uns versteinert da in Tempeln und in Walhallen, die mittlere war keines Schusses Pulver wert, die neue hat nur noch ein schwankendes und kaltes, von Politik und spekulativer Trägheit ganz darnieder gehaltenes Publikum. Darauf kommt alles zurück: man will von der Literatur keine Anstrengung haben; die Literatur soll niemanden mehr eine unruhige Nacht machen, sie schildert, sie porträtiert, sie stillt die Leselust mit Historie und Bulwer. Die Poesie ist jetzt Selbstbefruchtung. Die Wirklichkeit nährt sich von ihrem eignen bürgerlichen, überquellenden Fette.

Menschen, die schon eine Stufe höher stehen, sind mit der Wahrscheinlichkeit zufrieden. Sie wollen nur einige Voraussetzungen, die den Boden der Wirklichkeit berühren; das übrige überlassen sie der Kombination und Phantasie. Dies sind die gemütlichen Leser, die sich durch poetische Schöpfungen in einen sanften Halbschlummer wiegen lassen, die die Bücher nach der Elle konsumieren. Es muß ihnen nichts zu nahe, und nichts zu ferne liegen. Schwebend zwischen Himmel und Erde, ganz willenlos hingegeben den Kaprizen des Dichters, freuen sie sich zuletzt, daß nun alles, was sie gelesen haben, doch entweder nicht wahr ist, oder im entgegengesetzten Falle immer sehr wahrscheinlich bleibe.

Die Wahrheit selbst ist unsichtbar und liegt niemals in dem, was wirklich ist. Die poetische Wahrheit ist schöpferisch. Sie baut mit den geheimsten Fäden der menschlichen Seele, sie kombiniert

nicht, wie der Staat, die Familie, die Religion, die Sitten und das
Vertrauen kombinieren, sondern revolutionär. Die poetische
Wahrheit offenbart sich nur dem Genius. Dieser lauscht niederge-
streckt auf den Boden der Wirklichkeit, und hört wie in den innersten Getrieben der Gemüter eine embryonische Welt mit keimen-
dem Bewußtsein wächst. Wer auf seine Entwicklung lauscht, muß
sich oft gestehen, daß ganze Gedichte in ihm sich zusammenrei-
men aus Motiven, welche die Außenwelt niemals anerkennen würde. Dies sollte nicht auch Wahrheit sein? Dies sollte den Dichter
nicht entzücken? Die Alten und die Mittleren schufen in dieser
Weise nicht: aber die Modernen werden es. Ihre Historien sind
nicht die Sage oder Gedichte, sondern die Ideen, die im Schoße
der still wirkenden und schaffenden Gottheit schlummern. Die
Welt, wie sie ist, wird ihren Gebilden nicht entsprechen; diese werden dem nüchternen Vorwurfe der Unwahrheit und Unwahr-
scheinlichkeit ausgesetzt sein. Aber noch immer ging das Genie
seinem Jahrhunderte voraus.

Zwei Tatsachen möcht' ich aus Obigem folgern: die beiden weniger literarisch, als historisch sind.

Wenn man in Anschlag bringt, daß entschieden schon in der
französischen Literatur, ohne alle Widerrede auch bei uns allmählich eine Poesie der ideellen Wahrheit und reellen Unwirklichkeit
sich zu entfalten beginnt, wenn man diese Frauengebilde betrachtet, welche die Phantasie der jetzigen begabteren Dichter erfindet, diese originellen Situationen und allem Herkommen widersprechenden Sitten; sollte man diese Erscheinung nicht für bezie-
hungsreich halten für unser zukünftiges Leben, für die Existenz in
der Wirklichkeit, für die weite Unterlage der Masse und des allgemeinen Glaubens? Es ist wahr, die Dichter fangen an, auf immer
luftigeren Bahnen zu wandeln: sie schaffen sich ihre eigenen Welten
mit Thronen, die ihre Phantasie erbaute, mit Richterstühlen, die
ihre eigne Gesetzgebung haben, mit einem Gottesdienst, dessen
Priester nur noch die kleine Gemeinde selbst ist. Es baut sich eine
Wahrheit der Dichtung auf, der in den uns umgebenden Konstitutionen nichts entspricht, eine ideelle Opposition, ein dichterisches
Gegenteil unsrer Zeit, das einen zweifachen Kampf wird zu bestehen haben, einmal einen gegen die Wirklichkeit selbst als konstituierte Macht mit physischer Autorität, sodann einen gegen die Poesie der Wirklichkeit, welche so viel Dichter und so viel Kritiker
für sich hat.

Dies ist ein Symptom unsrer Zeit, aus dem wir bis jetzt noch keinen weitern Schluß ziehen wollen, als einen, der vielleicht außerhalb der Literatur liegt, den ich aber nicht verschweigen will, weil jedes, was die Menschheit ehrt, auf den Lippen des Enthusiasten brennt. Man verwirft mit Recht das Experimentieren mit der Menschheit, aber man geht darin weiter, als man darf, ohne die Menschheit zu beleidigen. Wir fürchten uns den Zeitgenossen etwas zu entziehen, wovon wir uns einbilden, daß es zu ihrem Leben nötig ist. Wir glauben an die Institutionen in Sitte, Meinung und politischer Einrichtung, wie an die unerläßlichen Lebensbedingungen der Jahrhunderte, als wenn die Menschheit keine innern Quellen hätte! Als wenn sie unterginge, wenn ihr sie aus dieser ganzen Sündflut ihrer Existenz plötzlich nackt und noch triefend auf den Ararat versetztet! Als wenn die Menschheit nicht immer die erste sein wird, die sich hilft und diejenige, welche für sich den besten Rat weiß! Sie zucken die Achseln, wie unvorsichtige Ärzte, sie fürchten für das Leben des Patienten und quacksalbern an den alten Schäden herum; aber nehmt der Menschheit ein Bein ab: sie wird sich ein neues machen; nehmt ihr, um nur eines, was unmöglich scheint, zu nennen, z. B. das Christentum: glaubt Ihr, daß sie untergehen wird? Nehmt ihr Eure Gesetzbücher, Eure Verfassungen; – nehmt ihr zuletzt das, worauf alles ankommt, nehmt ihr *Euch selbst!* – und die Menschheit wird fortbestehen. Sie wird alles ertragen, und durch Felsen von stärkstem Granit noch immer einen Weg finden, der sie zu ihrem Ziele führt.

7.1.1 [Über die Idee in der Literatur]

Es handelt sich um zwei Begriffe, um die Nation und um die Literatur. Wo die Nation steht, wissen wir; wo die Literatur, das ist zweifelhaft. Die Literatur soll der Spiegel des Nationallebens sein. Das ist entschieden; aber soll sie nicht mehr sein? Ja, sie soll mehr sein. Die Literatur schöpft niemals aus der Durchschnittsintelligenz. Diejenigen Geister, welche mit der Masse gehen, werden die Masse niemals erheben können. Unsere Sitten und Gebräuche, unsere Geschichte, unsere Hoffnungen spiegeln sich in der Literatur: aber das wäre eine jämmerliche Literatur, die das Journal zu ihrem Kulminationspunkt nimmt. Diejenige Literatur, die nur das Nationalleben spiegelt und nur ein Echo unserer Misere oder unseres Glücks ist, was bietet sie dir? Neue Ideen, Zukunft, Anblicke heroischer Subjektivitäten, welche die Literaturgeschichte so interessant machen, Kometengeister, die die Planeten und Fixsterne durchkreuzen? Es ist vorüber mit dieser Literatur des reflektierten Nationallebens. Sie konnte keinen größeren Dichter in Deutschland hervorbringen, als Uhland, einen Mann, den ich hochschätze, und keinen größeren Kritiker, als Menzel, einen Mann, den ich verachte.

Man warnt vor einer aristokratischen Literatur. Ich meine, man sollte nur vor einer Literatur warnen, die den Massen schmeichelt. Wir würden weit kommen, wenn die Literatur nur dazu diente, einem Handschuhmacher sein Konto zu entwerfen, das er lithographieren läßt, oder die Aufforderungen zu stilisieren, welche an die Bürger ergehen, um einen Gemeinderat zu erwählen. Ich nenne hier nur das Äußerste; aber eine Literatur, welche die Masse portraitiert, wie sie ist, eine Literatur, welche in Versen oder Prosa niemand anders ist, als du selbst, führt so weit. Es ist unmöglich; man kann die Musen nicht bei den Bürgern verdingen und den Pegasus zur Vermittelung unseres täglichen Brots in den Pflug des Bauers spannen.

Es gibt nur zwei Endziele, für welche sich das Genie begeistert: die Tat und die Kunst. Unsere Zeit ist politisch die der Masse und des Gesetzes. Kommen wir zu einem Endpunkte, so geschieht es jetzt weniger durch Handeln, als durch Dulden. Jene Rennbahn, die das geschichtlich Außerordentliche produziert, ist verschlossen. Mut, Jugend, das Leben – mit den erhabensten Opfern ist es nichts. Die Opfer werden immer allein stehen und keine Nachahmung finden.

Was bleibt zurück? Die Idee. Wer für den Tag nicht wirken kann, sucht für das Jahrhundert zu wirken. Wo stehen wir? wir gehören der Welt und der Nation an. Wir müssen etwas tun, was Ersatz ist für das, was wir tun könnten. Es muß wenigstens eben so groß sein, wie unsere Vorstellung. Wir ergreifen die Feder.

Da sind die Götter der Literatur! Da ist Goethe, Schiller, da ist Klopstock, Herder, Wieland. Da sind die Heroen, die schon an die Unterhaltung dachten: Jean Paul, Hoffmann. Wir werden viel aufbieten müssen, um der deutschen Sprache Ehre zu machen. Wir werden uns aber die Aufgabe erleichtern, indem wir den Kreis, der um uns steht, verengern. Wir werden, indem wir das Wort Literatur im Munde führen, nicht jedem Nachbar die Hand drücken und die Häuser reihherum besuchen und nach dem Befin-

den der gesegneten Frau Gemahlin fragen. Wir werden uns nur
ungefähr soviel Zuhörer denken, als Unterrichtete, Gebildete und
Geschmackvolle im Lande sind.

Es ist ein entsetzliches Unglück, daß sich in den letzten zwanzig
Jahren gerade diejenigen produktiv mit der Literatur beschäftigt
haben, welche keinen Beruf dazu hatten. Die schöne Literatur
wurde in dieser Art etwas, was den gebildeten Mann anekelte.
Man wußte im voraus, daß dasjenige, was sich auf die Literatur
warf, immer das Unsauberste, Genieloseste und Gemeinste war,
was in Deutschland grade aufgetrieben werden konnte. Nur der
Kampf gegen diese Trivialitäten interessierte den Gebildeten; späterhin einige Persönlichkeiten, die sich witzig und schwärmerisch
aus sich selbst entwickelten, und durch die Naivität ihrer Produktionen anzogen. Es schien, daß diese subjektive Periode unserer
Literatur, die niemand poetischer repräsentiert, als Heine, keine
eigentliche Absicht hatte, ausgenommen die, einen Beweis für ihre
Fähigkeit zu liefern. In der Tat, dahin mußte es kommen, daß die
aufstrebenden Köpfe protestierten gegen eine Verwechslung mit
den Männern, welche fünfzehn Jahre hindurch die deutsche Literatur gemacht haben. Ich glaube, daß nur diejenige Literatur von
Wert ist, welche der Masse imponiert. Subjektive Beweise mußten
geführt werden, daß die Nation von der neuen Poesie etwas zu erwarten hat, was gegen die Restaurationsperiode den Vorsprung
der Genialität voraus hat . . .

7.1.2 [Über die politischen Interessen des modernen Schriftstellers]

Halten Sie es für ein Glück, Dichter zu sein? Ich wenigstens nur
dann, wenn ich von irgend einem verrufenen Kritiker, aus dessen
Munde der böswilligste Tadel zum beschämendsten Lob wird, in
allen Gelenken gelöst werde. Diese Art von Feindseligkeit (denn
für das Lob literarischer Freunde, das immer nur langweilig ist,
dank' ich) ermuntert mich, weil ich weiß, daß solche Feinde mir
nur Enthusiasmus erregen werden. Sonst hindert dichterischer Lorbeer. Es ist unmöglich, so bekränzt wie Dante zu sein und sich
einen wassergeprüften fashionablen Hut aufzusetzen. Glauben Sie
mir, daß in mir das ewige Idealisieren einen rechten Heißhunger
nach der Wirklichkeit erweckt. Ich möchte kein Staatsmann sein,
aber oft und gern auf die Politik zurückkommen. Meinen prekä-
ren Erfindungen gegenüber haben für mich die Tatsachen wieder

einen unendlichen Reiz. Ich gestehe Ihnen, daß ich die meisten Dinge manchmal richtiger zu beurteilen glaube, als die, welche dafür besoldet werden. Ich bilde mir sogar ein, die Kriegskunst zu verstehen, und habe, wenn ich des Abends nicht einschlafen konnte, im Bette schon manche Schlacht zwischen Nationen aufgeführt, von welchen aber immer diejenige unterlag, die – ich kommandierte! Denn über dem Kanonendonner schlummerte ich allmählich ein und mußte das Schlachtfeld räumen.

In allem Ernste, mein hochgeachteter Freund, ich habe die Neigung zur Politik mit den meisten ältern Dichtern gemein, wie sehr ich auch sonst hinter ihnen zurückstehe. Dante und Milton ergriffen sogar Partei, die andern lieferten nicht ungern Strophen und Szenen, welchen sich eine Bezüglichkeit auf die große Welt abgewinnen ließ. Überhaupt war aber auch die Stellung der Literatur in vergangenen Zeiten eine andere, als jetzt. Die Literatur stand über den historischen Tatsachen, sie wurde um Rat gefragt, sie hatte noch Gewalt genug, um etwas entscheiden zu können. Die Literatur verlor dies Übergewicht erst, als sie sich der historischen Autorität selbst unterordnete und ihr zu schmeicheln anfing. Die französische Literatur hat diesen Verrat an der Selbstgesetzgebung des Geistes zu verantworten. Sie machte sich anheischig, die Taten der Könige beurteilen zu wollen, und endete damit, daß sie sie nur erklärte, aufschrieb und pries. Friedrich II. und Katharina geizten nach dem Beifalle Voltaires; aber indem sie die Literatur zu erheben schienen, setzten sie sie nur herab. Denn Literatur blieb nicht mehr die geschlossene Kette einer bestimmten, streng vorgezeichneten Freiheit, sie hielt ihre einzelnen Glieder nicht mehr zusammen, sondern wurde, statt sich in den Objekten zu konsolidieren, individualisiert, wurde Eigentum eines Einzelnen, der Witz und Kenntnisse genug besaß, um sie zu beherrschen, mit einem Worte, die Literatur war nicht mehr Masse, sondern Person. Durch eine solche von den Franzosen verschuldete Umkehr ihrer Bestimmung hat auch die Literatur seither ihre Kraft verloren und kann nur noch als individuelle Meinung wirken, als eine Meinung, die sehr wenig ausrichtet, wenn sie nicht durch Namen, Rang und großen Ruf unterstützt wird.

Bei den Engländern findet noch so ziemlich zwischen Leben und Literatur ein Gleichgewicht statt. Dies kommt aber weniger von dieser, als von jenem her. Denn Englands Geschichte hat sich früher, als die anderer Nationen, bestimmte Formen erobert, inner-

halb deren sich das Urteil der Publizisten bewegen konnte. Eine
frühe Spaltung der dortigen politischen Begriffe teilte sich der ganzen Nation mit, es kam darauf an, man erwartete es, daß hier etwas angegriffen, dort etwas verteidigt wurde. Die Formen der politischen Existenz mußten in England erklärt werden und, da sie zunächst nur Kreise ohne Inhalt sind, ausgefüllt. Die Feder war an
die Stelle des Schwertes getreten, d. h. sie war eine Hilfeleistung
und wurde wenigstens dort als eine unumstößliche Tatsache anerkannt, wo sie unter den Ihrigen, unter der Partei war. Allein diese
günstige Entwicklung der Literatur, welche, wenn nicht den gründlichen Werken, doch den Pamphlets und Journalen eine große Wirk-
samkeit gelassen hat, findet sich auf dem Kontinente weit weniger.
Mit Napoleon hörte in Frankreich die Furcht vor der Literatur
auf. Paul Louis Courier fiel nur als eine Ausnahme. Jetzt, werden
Sie gestehen, ist in Frankreich der gedruckte politische Buchstabe,
schon ehe er trocknete, zu Makulatur geworden.

Aus diesen Tatsachen ist nun ersichtlich, wie undankbar es ist,
wenn man sich mit der Kritik der öffentlichen Angelegenheiten als
Autor beschäftigt; aber ebenso auch, wie erklärlich, immer wieder
von neuem etwas zu versuchen, was nur Wasserschöpfen ist in das
Faß der Danaiden. Die Literatur will sich ein Recht erobern, das
ihr bestritten wird. Sie beschwört alle Mittel, die ihr zu Gebote
stehen, um die Tyrannei kalter, spröder und vornehmer Tatsachen
zu stürzen. Die Philosophen kommen mit ihren ersten und letzten
Gründen der Dinge, strecken ihre knöchernen Hände aus und
weissagen. Die Dichter runden ihre lachenden Gleichnisse ab, spitzen ihre feinen Spöttereien und umziehen den Gegner mit so viel
Blumengirlanden, bis sie ihn eines sanften, scherzenden Todes er-
sticken sehen. Es ist eine gährende und gefährliche Bewegung, die
immer gerüstet an den Toren der offiziellen Hotels steht und sie
entweder mit stürmenden Ballisten berennt oder sich erst bei der
Frau des Concierge, dann bei ihm selbst einschmeichelt, sich in
die Freundschaft des Kammerdieners hineinwitzelt, zuletzt in der
Antichambre der Autorität steht und aus einem muntern Scherze
sich in den Schlangenstachel verwandelt, der aus dem Blumen-
strauße der Kleopatra züngelt. Es soll in Deutschland Schriftsteller
geben, welche über die Äpfel der Hesperiden schreiben und darunter die Reichsäpfel der Könige verstehen.

Es scheint mir aber, daß sich diese Polemik einige Fehler zuschulden kommen läßt, die alle ihre Wirkungen aufheben. Man

läßt sich in Kämpfe ein, deren Terrain man nicht untersucht hat. Man spricht in einer Sprache, die dem, der sich belehren lassen soll, unverständlich ist. Endlich mischt man zu viel Arkadien in unser runzliges Europa, man macht aus der alten Schönen eine Theaterprinzessin, die sich schminkt und eine Jugend affektiert, die sie längst verloren hat. Unsre Zeit hat Torheiten, von denen der Kabinette bis zu denen des Boudoirs, von der Krone herab bis zur Krawatte; aber sie hat dabei etwas ungemein Anziehendes, selbst wenn man ihre Abgeschmacktheiten vergleicht. Es gibt nichts so Unvernünftiges, was bei uns die Gedankenlosigkeit in der Politik, Moral und der Mode ausgeheckt hat, das nicht zu gleicher Zeit einen gewissen Anstrich, eine gewisse Raison hat, wenn man auch über sie nur lachen muß. Der Nonsens unsrer konversationellen Beziehungen ist kein Defizit an Vernunft, sondern Übervernunft, die uns bei schlechter Laune albern, bei guter zuweilen recht ergötzlich erscheint. Von Sprache z. B. ist nirgends mehr die Rede, alle Verhältnisse, die gelehrten wie die gesellschaftlichen, haben ihren *Jargon.* Die Religion hat ihren Jargon, die Moral, die Politik, die Industrie, die Liebe. Man kann sich mit Redensarten weit kürzer und bequemer ausdrücken, als wenn man vernünftig spricht. Man gähnt, man sagt eine Stelle aus Hamlet, man ruft: *Sehr, sehr!,* und man hat beinahe eine Rede gehalten. Denn jeder, der eingeweiht ist, versteht diese Abkürzungen und Zitate. Ein Vernünftiger hält zwei Menschen, die sich auf diese Weise durch Knurren, Schnalzen, Gähnen und einige unartikulierte Interjektionen ihre Ansichten und Gefühle wechselseitig zu verstehen geben, für verrückt, während sich doch diese Leute vortrefflich miteinander unterhalten. Ich kenne zwei junge Gentlemen, welche durchaus nicht wie Sprößlinge einer reichen Primogenitur leben können, die sich im Gegenteile noch unter dem Lose »jüngerer Söhne« befinden und tüchtig rudern müssen, um zu schwimmen. Sie haben unendlich viel Erfahrungen durchzumachen, sie kennen auch einer des andern Begegnisse und schwierige Lagen, und dennoch wird man niemals finden, daß sie ein Wort miteinander reden. Sie sitzen zusammen, gähnen, seufzen, beobachten ein pythagoräisches Stillschweigen und wissen doch alles, was ihnen passiert. Waren Sie bei der Gräfin Fink . . .? fragt der eine, wenn sie sich sehen. Der andre stößt einen Ton aus, der zwar das Anhören eines Seufzers hat, aber doch so hoch hinauf gezogen ist, daß er weit mehr Vergnügen als Schmerz auszudrücken

scheint. Jetzt schweigen sie eine Viertelstunde, während welcher
sie nur mit ihrem Mienenspiele sich verständlich sind. Sie lachen,
sie beißen die Lippen über einander, sie spitzen die Zunge und
drücken ihre Backen in die Höhe, kurz sie betrachten sich wech-
selsweise wie Telegraphen und erreichen durch allerhand pantomi-
mische Merkwürdigkeiten ein Resultat, das auf einen ungefähren
Roman hinauskommt und einen Bogen von 24 Seiten brauchen
würde, wenn man ihn mit all' den witzigen Nuancen wiedergeben
wollte, mit welchen sie sich ihn erzählt haben.

Diese Abschweifung entschuldig' ich durch das, was ich sogleich sagen werde. Ich finde nämlich, daß diejenigen, welche über
die öffentlichen Angelegenheiten schreiben, den Charakter unsrer
Zeit nicht gründlich studiert haben, und daß, wenn sie auch die
Zeit kennen, ihnen doch wieder die Zeitgenossen gänzlich unbekannt geblieben sind. Es läßt sich vielen Verhältnissen unsers
Jahrhunderts eine bessere Form geben; allein der Stoff, aus dem
man schaffen will, wird ein andrer sein, als der ist, welchen man
vorfindet. Man kann, streng genommen, nichts Neues gründen,
man kann immer nur das Alte verbessern, einen Acker, der brach
lag, umpflügen, ihn düngen, man kann Früchte erzielen, Grund
und Boden aber müssen gegeben sein. Was sind nicht für Theorien
aufgestellt worden, um unserm Jahrhundert zu Hilfe zu kommen!
Sie schöpften alle nur den Schaum von den Zeitgenossen ab und
berechneten ihre Schriften für ein Abstraktum, das nirgends exi-
stierte. Mich wenigstens treibt es augenblicklich aus den Allgemeinheiten heraus, wenn ich mich in sie verflogen habe, und es
klopft an meine Tür. Herein! Der Friseur. Eine Gestalt, die uns
mitten im Sommer das Bild des Winters gibt, weil der Puder wie
festgefrorner Reif an dem Kleide sitzt; eine krumme, servile, höf-
liche Schwatzhaftigkeit, welche die Menschen nach ihren Toupés
beurteilt und deren täglicher Refrain ist: »Ja, ehemals! Der Perruquier ist für unsre Zeit hin: Alles schert sich glatt; die Frauenzimmer stehen des Morgens auf, links, rechts, hin und her, so, der
Zopf ist fertig, herumgewunden, aufgesteckt, zwei Löckchen an
den Ohren! Das ist die heutige Kunst, die sich selbst bedient!«
Dieser Mann ist unausstehlich, er gehört dem vorigen Jahrhundert
an, er macht aber schon mehr als dreißig des neuen mit. Darf ich
ihn übergehen? Muß ich ihn nicht anschlagen? Und so den ganzen
Tag. Das Rufen und Lärmen auf der Gasse, die neuen Erfindungen, die Plakate, die Stiefelwichspatente; kann man dies alles ver-

gessen, wenn man über sein Jahrhundert nachdenken will? Dort
steht ein junger idealistischer Revolutionär aus Paris, ein Einge-
bürgerter von St. Pelagie. Sein Haar wallt lockig über die Schultern, es ist schwarz und hat vor Frühreife schon, gegen das Licht
gehalten, ein graues Lustre; er runzelt die Stirn, er liest in den
Werken St. Justs, er ist adlig und läßt die Bezeichnung davon aus,
er ist reich und hungert, um die Empfindungen der Proletarier zu
studieren. Und hier führ' ich Euch in ein Haus, das mit Tulpen
rings umpflanzt ist, ein sauber lackiertes Haus in Holland, in welchem man nichts, als Milch und Kupfer sieht, in der Nähe derer,
die es bewohnen, zweier Eheleute, die ohne Kinder alt geworden
sind. Sie stehen spät auf, frühstücken eine Stunde, lesen sich wechselseitig die Zeitung vor, von dem leitenden Artikel an bis zum
Hunde, der verloren ist und auf den Namen einer Sängerin hört,
mit welchem ihn sein Herr taufte; sie lesen alles, frühstücken dann
zum zweiten Male, lassen sich dann von vier Ziegenböcken durch
ihren Tulpengarten fahren, essen eine lange Zeit hindurch zu Mit-
tag und beginnen das Komischste, was ich mir von zwei alten kin-
derlosen Eheleuten denken kann. Er im Schlafrock, mit der
Nachtmütze, sie noch immer in der Morgencontusche, einem
Jäckchen, das nur kaum bis über die Taille geht und dann weiter
unten einem flanellenen Unterrocke Raum gibt. So setzen sich die
beiden Leute, die eine Million besitzen, einander gegenüber, beide
rauchen Zigarren, eine Flasche Portwein steht zwischen ihnen,
rings ist alles fest verwahrt, sie spielen eine Kartenpartie, sprechen
dabei kein Wort, sondern gehen, vom Spiel, Dampf und dem Portwein allmählich übermannt, stumm und steif um acht Uhr zu Bette. Ist dies nicht auch eine Szene des Jahrhunderts? Darf sie der
Reformator übersehen? Darf sie, wenigstens wenn man von Holland spricht, vergessen werden?

Ich sagte schon, daß es Schriften gibt, wo dies alles übersehen
wird. Die Verfasser derselben taten die unzähligen Charaktere und
Individualitäten unter den Zeitgenossen zusammen in einen großen Trog, wie man die Kartoffeln zusammenstampft und preßt,
bis ihre Quintessenz, aus der man Mehl, Zucker, Aquavit bereits
gemacht hat und vielleicht sogar auch Fleisch machen wird, bis
ihre Medulla, wie die Alten auch vom Kern der Menschen sagten,
herausgedrückt ist. Für diesen Durchschnittscharakter der Zeit
stellen sie dann ihre guten Lehren auf, die sie mit Stellen aus anti-
ker und mittelalterlicher Weisheit zu erhärten suchen. Dies Ver-

fahren hat uns eben so viel geistreiche Köpfe wie Scharlatane kennen gelehrt. Ich billig' es nicht. Ich mag meine lieben guten Nachbarn, die so wenig Lärm machen und wenn nicht durch das Parlament, doch durch die Kirche mit der Zeit zusammenhängen, ich
mag meinen Comte-prolétaire und meine beiden Holländer nicht
um ihr Stimmrecht in den Angelegenheiten des Jahrhunderts bringen. Sie gehören mit dazu, wenn sie sich auch nur durch ihre
Ruhe, durch ihre Torheit oder durch die Steuern, die sie zahlen,
auszeichnen.

Es ist ein Fehler, daß die reformierenden Schriftsteller fast immer nur die Intelligenz, selten die Materie im Auge haben. Es ist
sogar ein Nachteil für diejenigen, welche durch eine Einseitigkeit
dieser Art am meisten geehrt werden. Die Reformatoren wollen
immer nur die Ideen gegeneinander ausgleichen, statt daß sie die
Ideen mit der Materie, mit meinen beiden Holländern ausgleichen
sollten. Ob ich dem Systeme der Bewegung, meine Kritiker dem
des Widerstandes angehören, das sollte zuletzt weit weniger entscheiden. Ein System ist immer ein weiter Vorsprung. Die Vorzüge des Jahrhunderts miteinander in Kampf zu bringen, ist wahrlich nur eine ganz einseitige Polemik! Mit einem Worte, es handelt
sich weit weniger um Revolution, als *um Aufklärung, Aufklärung
über uns selbst.*

7.1.3 *Realismus und Idealismus.*

Da uns gelegentlich die Bemerkung gemacht wurde, daß unsere,
S. 272 der »Unterhaltungen« befindliche Äußerung der »idealisierte Realismus« wäre von den realistischen Richtungen die verwerflichste, die *Poesie* aufzuheben scheine, so kommen wir, ohnehin
versprochenermaßen, auf diese Unterscheidungen zurück.

Man liest jetzt soviel von realistisch und idealistisch. Was hat es
damit für eine Bewandtnis?

Allgemein bekannt ist die Unterscheidung der Goethe'schen
und Schiller'schen Dichtweise. Jene ging von der Erscheinungswelt, diese vom Gedanken aus. Goethe war Realist, Schiller Idealist.

In neuester Zeit hat man dem Realismus den Vorzug gegeben,
denn man will entdeckt haben, daß der Idealismus zum Schatten-
haften und Wesenlosen führe; Schiller, Jean Paul, die Romantiker
und unsere transzendentale Philosophie hätten nur Straßen ange-

bahnt, die in ein Utopien führten . . .

Man suchte daher, um Träumereien über Reform der Staaten, Sitten und Meinungen zu vermeiden, nach einem positivern Inhalt der poetischen Darstellung und fand diesen allmählich teils durch Nachahmung des Fremden, teils durch eigenen Umblick. Von den Franzosen hatte sich seit 1850, fast gleichzeitig mit dem idealistischen Roman, das Genrebild in Deutschland eingebürgert; von den Engländern ermunterte Boz, auch auf deutsche Sitten und Eigentümlichkeiten, vorzugsweise die gegebenen sozialen Verwicklungen einzugehen. Das deutsche Provinzleben fand einen reizenden Ausdruck schon seit lange in Hebels »Alemanischen Liedern«; in der Schweiz war die Richtung Pestalozzis weiter ausgebildet worden von Ulrich Hegner, Zschokke und Jeremias Gotthelf; Immermann überraschte durch die westfälischen Tatsächlichkeiten in seinem sonst so formlosen und zu dem alten romantischen Spuk- und Koboldwesen gehörenden »Münchhausen«. Daran schloß sich die Dorfgeschichte und Hackländers Soldatenerinnerung. Das Material für den Realismus war gefunden.

Eine Sonderung und Zersetzung in zwei ihrer selbst erst bewußte Richtungen konnte nur die Folge eines kritischen Prozesses sein. Dieser wurde, ätzend und säuerlich genug, in Leipzig vollzogen. Man erklärte der ganzen deutschen Literatur, soweit sie idealistisch war, bis zu den »Räubern« Schillers hinauf den Krieg. Schillers Lyrik hieß »beinahe ein einziger großer Irrtum«. Jean Paul wurde der Vertreter rechtloser und polizeiwidriger Begriffe und Kopf-, Herz-, Sitten- und Charakterlosigkeit jeder Art galt als der eigentliche Niederschlag jenes Idealismus, dem plötzlich alles mit einem Rette sich wer kann! zu entfliehen suchte.

Man hat nun gegenwärtig eine sich realistisch ausdehnende Literatur, d. h. man hat die Ideen, Abstraktionen, Träume von Glauben, Wissen, Denken, Fühlen u.s.w. aufgegeben und daguerreotypiert die Wirklichkeit. Manche tun dies ganz roh. Diesen bricht natürlich jedes Forum, auch das realistische, den Stab. Irgendeinen Zweck, irgendeine Idee, eine Zuspitzung muß auch die Beobachtung des Getreidesäens oder der Schafzucht oder der doppelten italienischen Buchhaltung haben. Und darüber können zuletzt alle einverstanden sein, daß eigentlich der ganze Streit insofern ein müßiger ist, als ja wahrlich auch vernünftigerweise keine noch so neue Theorie etwas anderes wollen kann als allenfalls einen Idealismus, der sich real, d. h. auf Voraussetzungen der Natürlichkeit und Wirklichkeit, zu offenbaren und auszusprechen, und einen Realismus, der seine Anschauung des Lebens und der bunten Erscheinungswelt zu einem Kunstzweck zu konzentrieren sucht. Vom dichterischen Standpunkt aus, soweit die obengenannte moralische und polizeiliche Kritik dies oder das als dichterisch zuläßt, können Idealismus und Realismus vielleicht verschiedene Wirkungen hervorbringen, doch in ihrem Werte vor dem Musenhofe sind sie beide in dem Falle sich gleich, daß nur entweder zur Seele die rechten Glieder oder zu den Gliedern die rechte Seele kam.

Verwerflich aber ist die Zwittergattung, die ein Stück Realismus und ein Stück Idealismus ist. Idealisieren darf der Künstler, aber er darf es nur insoweit, als dem Realen dadurch kein Abbruch geschieht, in dem, was zu seiner ganzen Wesenheit notwendig ist. Den Realismus zur Idee zu erheben, ist schön und gibt Poeten im Geiste Goethes. Idee und Ideal sind aber himmelweit verschieden. Wenn Jeremias Gotthelf das Bauerntum uns in seinem ganzen Duft, mit Dünger- und Käsebereitung, schildert, so wendet man sich vielleicht ab, weil diesem großen Meister der Beobachtung leider die Gabe versagt war, immer auch ein Bildner, ein Ergänzer und Verklärer seines Stoffs zu sein; er war es zuweilen, z. B. im »Uli der Knecht«; er würde es noch öfter gewesen sein, wenn seine schweizerische Parteisucht und religiöse Unduldsamkeit ihm nicht den Blick getrübt und ihn statt zum epischen Dichter nur zum Satiriker gemacht hätten; der Zorn schafft Karikaturen, keine reinen Kunstgebilde. Aber – er hätte die ganze Wahrheit seiner Beobachtung ruhig lassen und beibehalten können, wenn ihm nur noch etwas anderes wäre gegeben gewesen, das so oder so heißen mochte, aber eher alles andere war als die Kunst des Idealisierens. Da, wo man einmal an reale Dinge herangegangen ist, können diese durch Idealisten nur entstellt werden. Einem a priori idealistischen Dichter läßt man es hingehen, wenn er schreibt: »Die Saaten blühten, die Lerche stieg wirbelnd auf, Lust und Freude wehten über Feld und Flur.« Es ist einfach empfunden, wenn auch nur so obenhin gesagt. Ist nur sein übriges Herz und was es schildert in Ordnung, so ist es wunderlich, wenn ein Realist, der zufällig auf dem Lande geboren wurde, kommen wollte und ihm sagen: »Kannst du Gerste von Hafer unterscheiden? Weißt du, wie die Lerchen des Morgens und wie sie des Abends singen?« Jeder könnte ihm sogleich erwidern: »Wie aber dreht der Töpfer die

Drehscheibe? Wie viel Prozent Sauerteig nimmt der Bäcker in die
verschiedenen Brotsorten?« Kurz, um das Leben und die Welt hin-
fort als Poet noch schildern zu können, müßte man bei allen
Handwerken erst in die Schule gegangen sein, in allen Kontoren
gesessen, alle Wasser befahren haben. Geht man aber auf das Isolierte ein, schildert man mit *ausdrücklicher Apartheit,* wie man
beim Pflügen umwendet oder beim Holzflößen über den Waldbach
die Stämme in Schuß bringt, oder ähnliches, an sich sehr dankenswert Aufzunehmendes und immerhin uns wohltuend Berührendes,
dann gehört auch notwendig zum bäuerlichen Dasein der Dünger,
zu einer jahrelang barfuß hinter den im Wandeln stets düngenden
Gänsen einhergehenden Hirtin, die auch später als Dienstmagd
noch immer nur barfuß gehen muß, die Gewöhnung an das Un-
saubere und eine dem Unsaubern entsprechende Anschauungsweise und Geistesbildung. Sich gleichsam nur die Psyche aus einem
solchen Dasein herausnehmen und diese dann bald unter Blumen
einschlummern, bald im Walde träumen, bald Dinge sagen und
treiben lassen, die an und für sich gar lieblich und das Auge blen-
dend sein mögen, aber nur die loseste Verbindung mit der so nur
von ungefähr ergriffenen eigentlichen Persönlichkeit gehabt haben
können, dies Idealisieren ist die Anbahnung und Mehrung jenes
Unwahren, mit welchem in unserer Zeit soviel bedenkliches Blend-
werk getrieben wird.

Einen Bauernknecht, der zur rechten Zeit mistet, sonntags seine
Stiefeln mit Schweinsschwarte glänzt, poetisch verwenden, warum
wäre es nicht möglich! Jeremias Gotthelf hat im Interesse einer
Herz und Nieren erfreuenden genrebildlichen und didaktischen
Darstellung und Unterhaltung diese Kunst meisterlich verstanden.
Er erhielt sich die Ironie über seinen Gegenstand, diese köstliche,
notwendige Ironie, die das Salz dieser ganzen Literatur sein muß,
wenn man sie aushalten soll. Er stellte dem Rohen, wie es ist,
einen Schulmeister, einen Amtmann zur Seite oder gegenüber und
ließ das vegetative Leben so hintrotten in seiner dümmlichen Art,
uns durch die andern Charaktere fesselnd oder beruhigend, die
ihm zur Folie dienten. Aber dem Uli seine Mistgabel nehmen und
seine Stiefeln und sein sonstiges Zubehör von Rindsleder auch am
Kopf und leider oft genug am Herzen und ihn sauberkehren zum
Besten des Salons und ihn hinausschicken in den Wald, um ein
Kapitel über das Schlagen der Amseln zu produzieren oder mit-
tags im Sonnenbrand die Geister zu belauschen, die so durch die

Halme rascheln, und darüber zu idealisieren wie ein junger Student, der am Heimweh krankt, das ist ihm nie beigefallen. Wäre
er so im dorfgeschichtlichen Modeton mit seinen Stoffen verfahren, dann hätte er sie idealisiert, d. h. ihr natürliches Kolorit verwischt.

Gewiß, das ästhetische Verbrechen ist nicht zu groß, wenn man
einen Bauer in eine Bürgergeschichte einführt, und er ist zuletzt
nur die Abstraktion eines Bauern, oder man läßt einen Handwerker vor einem Grafen reden, und sein Stil entspricht nicht ganz
seiner gewöhnlichen Volksgrammatik, die derjenige kennt, der
vielleicht zufällig die Kunde von der Art und Weise der Blaufärber oder Lohgerber hat – es genügt, daß nur die Psyche oder
Quintessenz dieser Menschen, ihres zufälligen Anliegens, ihres
Zwecks für die Darstellung auf glaubhafte Art getroffen wurde.
Wer uns aber *ausdrücklich* unter die Blaufärber und Lohgerber
einführt und sich etwas darauf zugute tut, sie in ihrem ganzen
Tun und Handeln, in ihrer Hantierung am Farbentopf und in der
Lohgrube zu schildern, der darf an ihnen *nichts* idealisieren, weder
Inneres noch Äußeres.

Wenn also unsere Leser wieder von diesen beiden strittigen
Prinzipien hören, so mögen sie nur denken: Realist oder Idealist,
beides hat gleichen Wert, wenn nur jener seinem detaillierten Material eine Seele, d. h. eine Idee, eine innerhalb der gegebenen
Voraussetzungen mögliche schöne Einheit zu erzielen verstand,
dieser nicht ganz in Abstraktionen herumfährt und wie Kinder
den Bäumen blaue Blätter, den Menschen grüne Gesichter malt.
Der »idealisierende« oder »idealisierte Realismus« aber, der etwas
aus dem Dorfe hernimmt und es mit den Reizen der Bildungswelt
schmückt (wozu auch die unausgesetzten, vom Landbewohner gar
nicht empfundenen Naturdetails gehören), ist eine modische Ver-
gänglichkeit, mögen einzelne von denen, die ihr huldigen, auch
noch so sehr durch Wärme des Gefühls und die Tiefe ihrer Absicht sich auszeichnen.

7.1.4 [Über Idealismus und Realismus in der Literatur]

Der Gegensatz des *Idealismus* und *Realismus* wurde ein besonders bezeichnender für die neuere deutsche Literatur.

In die Sprache übersetzt, die Ihnen geläufiger sein wird, ist dies
der Gegensatz zwischen einer künstlerischen, in unserem Falle

dichterischen Schaffensweise, bei welcher ein *Idealist* die Gegenstände und Personen, die er schildert, den allgemeinen Schönheitsgesetzen näherzurücken sucht und sie mit verklärenden Lichtern umgibt, während ein *Realist* sein Talent mehr im Erfassen und Wiedergeben des unmittelbaren Eindrucks und demnach so zu bewähren sucht, daß er Dinge und Menschen bis auf die täuschendsten Einzelheiten ihrer Natürlichkeit schildert. Das Wesen des Realismus, die Wahrheit, ist durch die Kritik der letzten Jahrzehnte mit besonderer Strenge betont worden und hat in der Tat den Ausschweifungen einer überfliegenden, die Maßstäbe zutreffender Richtigkeit allzusehr verschmähenden Phantasie ein lehrreiches Halt! geboten. Darüber ist man jedoch ebenfalls schon wieder einverstanden, daß beide Weisen, die reale und ideale, ohne einander nicht bestehen können.

Ein nackter Realismus, die bare und platte Darlegung der Wirklichkeit, wenn auch noch so charakteristisch, kann nicht befriedigen ohne Anknüpfung an diejenigen Empfindungen des Wohlgefallens und der höheren ästhetischen Befriedigung, von welchen in meinem vorigen Briefe gesprochen wurde. Sie kennen die Leistungen eines unbedingten Realismus in den Malereien des Franzosen Gustave Courbet, denen sich jetzt auch schon deutsche Leistungen, in München, kürzlich ein Bild von Markart, zu nähern anfangen. Die Poesie ist vor den Gefahren dieser immer weiter zu gehen drohenden Anwendung des bei Shakespeare von den Macbethhexen ausgesprochenen Satzes der Umkehr: »Schön ist häßlich, häßlich schön!« durch den Umstand bewahrt, daß sie nicht das bestechende Material, die Farbe, besitzt, um die nackteste Natürlichkeit bei alledem einschmeichelnd darzustellen. Gegen eine Anerkennung des tiefen Zuges im Zeitgeiste, das gleichsam auf den Kopf gestellte Schöne zum Ausdruck des Einspruchs gegen die Voraussetzung, als wäre diese Welt die beste aller möglichen Welten, zu machen und hinter dem Zerrbilde eine Welt der Leere, der Trauer, der Unzufriedenheit, kurz dessen, was man Weltschmerz nennt, ahnen zu lassen, versperre ich mich bei alledem keineswegs.

7.1.5 [Späte Verteidigung des jungdeutschen Romans]

Eines erhob die so vielfach gescholtene Literatur der dreißiger und vierziger Jahre diesseit wie jenseit des Rhein weit über die jetzt herrschende: die Beschäftigung mit geistigen und seelischen

Problemen, der, wenn auch nicht immer geglückte Versuch, Fragen der Philosophie und des sozialen Lebens poetisch zu erfassen und sie wenigstens in der Welt der Phantasie annähernd zu lösen.

Nicht eine Spur dieser vortrefflichen, gewöhnlich jungdeutsch und Reflexionspoesie gescholtenen Richtung ist davon in den realistischen Novellen und Erzählungen zu finden, die jetzt die Büchertische füllen. Der geistige Gehalt wie die romantische Phantasie haben sich beide gleich erschöpft. Die durch einige Arbeit erlangte Gewandtheit in stilistischer Beziehung ersetzt alles. Öfter haben wir schon erwähnt, mit welch unsaglicher Breite Fäden, die kaum das kleinste Gewebe bilden, zu Romanen von so und so viel Bänden durch eine Anführung uralter, in neuer Gewandung auftretender Anekdoten und Erfindungen aus gezogen werden ...

7.2 Der deutsche Roman.

Entweder ist der Roman in Deutschland mit seinen eigentümlichen Motiven immer zu früh oder immer zu spät gekommen. Am seltensten war er die Initiative, am häufigsten der Absud unsrer Kulturgärungen. In dem ersten Falle sind jene philosophischen Romane, welche aus speziellen Interessen hervorgingen, wo sich zwei Herzen verliebten, um eine Kategorie der Kantischen Philosophie zu beweisen, oder jene humanistischen, eklektischen Romane, wie Hallers Usong oder Meyerns Dya-Na-Sore zu ganz verschiedenen Zeiten, oder endlich eine Gattung, welche tiefer griff, jene Romane Goethes mit ihrer didaktischen Tendenz, ihren bildungsuchenden Kaufmannssöhnen (Wilhelm Meister war ein Frankfurter Weinreisender, der sich kultivieren wollte), mit ihren Tagebuchschriftstellerinnen und einseitiges Kopfweh habenden Ottilien, und um diese Gattung herum die phrygisch-wollüstigen und künstlerisch-raffinierten Romane Heinses und Friedrich Schlegels. Hier ist Tonangabe, primäre Absicht, hier ist der Roman die Blendlaterne des Ideenschmuggels. Die zweite Gattung ist der Roman, welcher die Kulturkeime von fremdher empfängt und sie nun zeitigt ins Ungeheure hinaus, in üppig-wuchernde, das Saatkorn fast verleugnende Erfindungen durch Kalkül und Raffinement; der vorzugsweis epische Roman, der die guten fremden Ideen breitschlägt, aus der Manie eines Genies sogleich Manier macht, der Vermittelungsroman, der in der Leihbibliothek am schnellsten schmutzig wird, der aus Götzen von Berlichingen einen

Haspar a Spada für die Masse, aus Werther einen Siegwart für die Nähterin, aus dem Geisterseher einen Hechelkrämer für die Spinnstube machte. Dieser triviale Roman hat in Deutschland immer das meiste Glück gemacht; denn er schuf das Neue ins Bequeme und das Geniale ins Genießbare um. So war es im goldnen Zeitalter, so im silbernen, so im kupfernen und eisernen; wird es auch in unserm so sein, im quecksilbernen Zeitalter?

Wir müssen einige Worte sagen von Hoffmann, Clauren, Vandervelde und Spindler. Hoffmann stand schon auf der Stufe von der Initiative zum Absud. Er vermittelte sich selbst an die Masse. Er übersetzte das selbst in die Sprache der Menschen, was er in der Sprache der Götter gefunden hatte. Hoffmann fing an, sich selbst breit zu treten, als er anfing, sich selbst nachzuahmen. Er nahm keine Kommissionäre an, welche mit seinem Genie einen Detailhandel hätten treiben können, sondern er verkaufte selbst en gros und nach der Elle. Hoffmann hatte deshalb ein großes Publikum; aber er verlor es auch desto früher; denn dem Ungebildeten war einiges an ihm doch zu gebildet, und dem Gebildeten zuletzt doch das meiste zu ungebildet. Clauren war auch eine Initiative; nur war zufällig das, was er erfand, eben der Absud selbst. Clauren war ein Genie der Gemeinheit: man kann sagen, daß er in seiner Sphäre klassisch war. Clauren konnte, was Klopstock von seiner Idee, von der Unsterblichkeit, sprach, ebensogut von der seinigen sagen: »Gemeinheit ist ein großer Gedanke, und des Schweißes der Edlen wert!« Er hatte doch etwas erfunden, er war ganz neu darin, und es ist nur Schicksalsbeschluß gewesen, daß eines und das andre, Ziel und Mittel, das Originelle und das Triviale, das Schöpferische und das Nichtswürdige bei ihm zusammenfiel. Bei Clauren hörte der Roman auf, aus dem Bereiche der Ideen zu schöpfen. Die Spätern sind nur formell, die Hülle ist das Wesentliche, sie vermitteln nichts mehr, als eine Intrige, welche spannend durch drei Bände hindurchzuführen den Künstler verraten soll: wenn sie nur interessant sind! Der historische Roman hat alles erlaubt; denn es kommt nur darauf an, ein Stück harter Geschichte zu zermalmen, und gleichgültig bleibt es, ob dies durch Tränen à la Lafontaine oder durch Scheidewasser aus den Ritterromanen (was ist ein Ritterroman ohne Scheidewasser! und doch wurde dies ätzende Gift erst im vorigen Jahrhundert entdeckt!) oder durch Phantasterei à la Hoffmann oder endlich durch Jean-Paulsche Formlosigkeit geschieht. Es ist in dieser Hinsicht eine höchst

vollkommene Unvollkommenheit, ein Eklektizismus eingerissen,
der alles erlaubt. Kann man Walter Scott eine geniale Initiative
nennen, so haben ihn Vandervelde und Spindler hinreichend ver-
pflanzt, um nicht zu sagen breitgetreten. Spindler ist übrigens nahe
daran, schon wieder vergessen zu werden. Er füllt nur eben das
Bedürfnis aus. Undankbare Zeit!

Die Aspekte für den deutschen Roman konstellieren sich jetzt
anders. Seit einigen Jahren haben sich einige mehr oder minder
vorzügliche Romane herausgegeben, welche von den Herren Koenig, Rehfues, Steffens, Tieck, Rellstab und W. Alexis herrühren.
Ich weiß, daß mehr oder minder poetische Kraft, innere und äußere Kraft, Kraft im Einzelnen, in diesen Schöpfungen hervorge-
hoben zu werden verdient; doch kann ich nicht umhin, dies Eigentümliche derselben vorzugsweise in dem Ausdruck: Bildung und
Reife zu finden. Himmel, darauf kommt sehr viel an! Wir sehen
fertige, vollkommene Menschen, welche ihres Gegenstandes Meister sind, ihn mit plastischer Ruhe beherrschen und so viel Phantasie besitzen, daß sie auf die Wirkung ihrer Arbeiten spekulieren
können. Hier ist zwar keine Idee mehr, auch keine Poesie, was
man eigentlich Poesie nennt, Poesie mit dem Anlaufe eines Titanen, elastische Poesie; aber Interesse und Unterhaltung und gute
Gesellschaft. Die Werke dieser Herren kann die Keuschheit in die
Hand nehmen, und der Gelehrte und Gebildete, der Überdruß
empfindet an der bisherigen nur auf Kinder und Pöbel berechneten Romanliteratur, läßt sich wieder mit einer Gattung versöhnen,
welche die verrufenste in der Literatur war. Dieses hier muß vornehmlich geschätzt werden, und ich werde immer erst den Hut
abnehmen, wenn ich jenen Herren in diesen Blättern etwas im
Vertrauen zu sagen habe.

Das Echte und Klassische bleibt freilich immer die Idee. Die
Idee muß den Roman regieren; aber man frage mich nicht, welche? Nur dies eine Merkmal kann ich angeben, daß sie etwas
Ähnlichkeit mit einer Leidenschaft haben muß; auch hab' ich
nichts dagegen, wenn man deutlicher sagen will: die Leidenschaft
muß den Roman regieren . . .

7.2.1 [Typen des Romans: historischer Roman; Charakterbild; spekulativer Roman]

Im Vordergrund der neuen Literaturgeschichte steht der Roman. Dieser mußte Epos, Drama und Lyrik in sich vereinigen; etwas wirklich oder doch wahrscheinlich Geschehenes mußte ihm zum Grunde liegen; nicht so viel, daß man das täglich uns Umgebende wieder gesehen hätte, wohl aber, daß man daran erinnert wird und Ähnliches mit Ähnlichem vergleichen kann. Im Roman hauptsächlich sprechen sich alle Anforderungen aus, welche die Menschen heut an die Poesie machen. Es muß sich zunächst um ein Reelles handeln, das keine bloße Luftspiegelung ist oder doch keine sogleich zu sein scheint. Die Liebe muß das lyrische Element bilden, Ehrgeiz, Schicksal oder sonst eine gewaltige Leidenschaft das dramatische. Um das ganze herum sieht man gern die Arabesken einer zeitgemäßen Beziehung hereinranken; man verlangt reflektive Basreliefs, ja wohl eine tendenziöse Idee als Postament des Ganzen. Wie in alten Zeiten das Drama alle Gattungen der Poesie in sich vereinigte, so soll jetzt der Roman von dem Wesen aller derselben einen Anklang geben, so daß die Poesie des Reimes jetzt weit weniger gepflegt und beliebt ist, als die in prosaischer Form auftretende, wo das Dichterische in dem schönen Ineinanderspiel von Kunst und Leben liegen muß. Die meisten poetischen Talente absorbiert der Roman und die allgemein zugestandene Erfahrung, daß zu einem guten Gedichte weit weniger Talent gehört, als zu einem guten Romane, hat auch gemacht, daß man den Letztern mehr als das Erstere für den Prüfstein des Genies hält. Daß ein Romandichter kein gutes lyrisches Gedicht machen kann, wird ihm weit weniger nachgetragen, als wenn ein Lyriker gestände, daß er es nicht verstehe, einen wohlgefugten Roman zu schreiben. Leider ist nur der Roman sehr der Verfälschung ausgesetzt. Wie oft ist seine Erfindung spannend und hält doch nicht die poetische Nagelprobe aus? Und wie mancher durch und durch poetische Roman verfehlt es in der Fabel und den spannenden Situationen!

Man muß dreierlei Gattungen der gegenwärtigen Romandichtung unterscheiden. *Der historische Roman* hing innerlichst mit einer Zeit zusammen, wo eben erst ein großes Kriegstheater eingepackt und große historische Katastrophe zur Abrundung reif war. Die Geschichte war das Weltgericht, im Doppelsinne das tägliche

Brot, welches auf den Tisch der Literatur kam. Wie es Köche
gibt, die alles mit *einem* Kraute würzen, so mußte auch bei allem,
was die Poesie aussetzte, damals Historie zugemischt sein. Die
großen Ereignisse mußten mit kleinen Landstraßenvorfällen Hand
in Hand gehen. Von den Helden der Jahrhunderte mußten selbst
die ihnen zugehörigen Stallknechte auftreten. Die Geschichte wurde bei jedem verliebten Paare zum Zeugen der Hochzeit, bei jeder
Kindtaufe zu Gevatter geladen. Frauen, Hexen, Juden und eine
Unzahl von Nebenpersonen mußten zwischen *Richard Löwenherz*
und sein Glück treten. Die Schicksale des unbedeutendsten Menschen interessierten uns, wenn er nur Stallmeister beim schwarzen
Prinzen oder Falkonier bei *Karl dem Kühnen* gewesen war. Die
Neigung für diese Gattung des Romanes hörte glücklicherweise da
auf, als man fürchten mußte, die Romantiker würden nun, da das
Mittelalter und die neue Zeit bald erschöpft waren, sich in die Geschichte Babyloniens und Assyriens vertiefen und uns die Geschichte eines Edelfräuleins der *Semiramis* oder eines Adjutanten
in der Armee des *Sesostris* in mehreren Bänden vor Augen führen.
– Die zweite Gattung des Romanes, das *Charakterbild,* entwickelte sich wohl zunächst nicht aus dem psychologisch-komischen Roman des vorigen Jahrhunderts, sondern war nur eine Ausbildung
der plötzlich einreißenden Sucht für das poetische *Genrebild.*
Von dem historischen Roman, der in der Vergangenheit lebte,
stürzte man plötzlich auf die nächste Gegenwart und zeichnete
nach der Art englischer Ladies alles ab, was man nur im Fluge
von der Gegenwart mitnehmen konnte. Die Genremaler zeichne-
ten uns die höhere Gesellschaft und die niedere, die Salons und die
Straßen, die Spielhäuser und die Winkelkneipen. Der Fashionable,
der Dandy, der Kurzatmige, der Schwerwampige, der Dünne, der
Dicke; dies waren die Charaktere oder vielmehr Karikaturen, die
mit kurzen Strichen an die Wand gemalt wurden. Kutscher und
Bedienten, Straßenkehrer und Savoyarden, Grisetten und Blumen-
mädchen, Schauspielerinnen und Kritiker, ja die Pariser Hunde
wurden von der Genreliteratur der Restaurationsperiode gezeichnet.

Diese Portraitierungen nun untereinander zu verbinden und zu
Gruppen zu spinnen, da war leicht der Sprung getan. Das Leben
eines Stutzers gab einen Roman. Es kamen Memoiren eines En-
nuierten, eines Desennuierten und wie dies Zeug weiter durch auf-
fallende Titel angepriesen wurde. Am glücklichsten war in diesem

Fache der schon halb wieder vergessene *Bulwer*. Ihn haben die
Matrosen, die auf Halbsold stehenden Hauptleute, die Pensionäre
der ostindischen Kompanie verdrängt. Das schreibt und beutet
plötzlich Sonnenschein und Ungewitter aus, Sturm und Regen,
Berg und Tal und tritt mit unleugbarem Talente allmählich die
höchsten Berge platt. Seitdem die englischen Manufakturen weniger zu tun haben, seitdem wollene und baumwollene Waren sich
in den Magazinen aufstapeln, arbeiteten die literarischen Maschinen Englands vom Kohlendampf getrieben, und überschwemmten
mit den mittelmäßigen Produkten den Kontinent. Nach *Boz*, der
sich im genrebildartigen Roman zu einer sehr bedeutenden Höhe
aufgeschwungen hatte, scheint sich der englische Roman erschöpft
zu haben. – Endlich ist hier der *spekulative* Roman zu nennen.
Dieser ist ein Produkt Frankreichs und Deutschlands und faßt
in sich alle Radien der Sonne der heutigen Poesie zusammen.
Wenn man die unterscheidenden Merkmale der modernen Poesie
finden will, so muß man sie hier suchen. Auf diesem Bereich wird
nicht nur das Schicksal der modernen Poesie ausgefochten, die
Tendenz, wohin sie sich zuletzt neigen wird, sondern auch manche
entscheidende Frage des Zeitalters selbst in Anregung gebracht,
insofern der Roman ein Hilfsmittel ist, die Ideen an die Masse zu
bringen. Gerade dieser letztere Umstand, verbunden mit unleugbaren Übertreibungen in dem neuen spekulativen Romane hat Be-
sorgliche, die es mit der Menschheit aufrichtig meinen, gegen diesen Roman in Harnisch gebracht. Allein, so gefährlich es sein
mag, in einem mit blendenden und anlockenden Farben entworfe-
nen Gemälde der Masse jene Anarchie der Begriffe und jene
Kühnheit und Skeptizismus, der sich über das Einfachste in der
Tradition Rechenschaft geben will, zu offenbaren, so sollte man
doch bedenken, daß zugleich in diesem selben Romane ein Mittel
enthalten ist, die unleugbar in der Irre gehende gesellschaftliche
Religion, wie man wohl die Sphäre bezeichnen möchte, in welcher
sich jener Roman in seiner jetzigen Gestaltung so unheimlich
fühlt, mit der Zeit zu befestigen und eben so schnell den wieder
gewonnenen Glauben zu verkünden, wie bis jetzt noch bloß der
Zweifel mit ihm verkündet worden ist. Man bestreitet doch nicht
dem Roman das Recht, so ernste Fragen, wie Staat, Religion und
Sitte in sein Bereich zu ziehen? Denn allerdings abgesehen davon,
daß für den Moment noch in diesem Rechte eine unselige Wirkung liegen könnte, so würde derjenige doch unsere Zeit schlecht

verstehen, der glaubte, der Bodensatz jener Gärung wäre nur die
Negation und nicht vielmehr die Sehnsucht nach einer Wahrheit,
die dem ernstlich Suchenden sich nicht verhüllen wird. Der Schaden, den der spekulative Roman in seiner Gärung anrichtete,
wird durch die edelsten Reichtümer ersetzt, wenn sich die Gärung erst beruhigt und den Zweifel überwunden haben wird. Daß
ein solches Resultat, wenn auch in ganz anderer Gestalt, als man
gegenwärtig ahnen kann, vor den Toren steht, wer möchte es bestreiten und wer möchte dann nicht wünschen, daß derselbe Bote,
der früher die Hiobspost einer Verzweiflung an der Theodizee
brachte, dann auch wieder die frohe Botschaft, das Evangelium
des Friedens und einer versöhnten Hingebung bringe? Also be-
streite man die *Form* nicht!

7.2.2 *Vom deutschen Parnass*

Wir haben schon öfters von der *Inhaltlosigkeit* unserer neuen
deutschen Literatur gesprochen und damit bezeichnen wollen, daß
wir zwar in der Form überall eine fast schon der *allgemeinen* Bildung angehörenden Gewandtheit in Prosa und im Verse wahrneh-
men können, in den Gegenständen aber, die die Dichter behandeln, Armut erblicken. Wir verstehen unter Reichtum hier nicht
bloß Erfindung in dem gewöhnlichen Sinne, wie sie bei einem
langweiligen Werke vermißt wird, sondern auch in dem höhern
Sinne einer idealistischen, weltgehobenen, zeitdurchdrungenen Absicht der Art, wie Lessing, Goethe, Jean Paul, Tieck und andere
unserer epochemachenden Geister nach einem großen Plane, den
sie für ihr ganzes Leben entworfen zu haben scheinen, produzier-
ten.

Diese Erscheinung kann insofern nicht Wunder nehmen, als die
Entwicklung einer starken Subjektivität jetzt an die größten
Schwierigkeiten gebunden ist. Der naive Aufblick bescheidener
Massen zu einer seltenen und eigentümlichen Individualität hat aufgehört; der Kampf des Einzelnen gegen die Zeit, die Mode, die
Überlieferung, gegen Gewaltiges und Mächtiges, das von der bestehenden Ordnung gestützt und gesichert wird, hebt sich nicht
mehr mit der Schärfe von einem unbedeutenden Hintergrunde ab,
wie in alten Tagen, wo die Kreise der Bildung weniger groß, die
Bande des Staats und der Gesellschaft weniger straff angezogen
waren. In unserer Zeit mit einem Glauben, mit einer Meinung al-

lein zu stehen, erfordert ungleich mehr Anstrengung als sonst. Ist die Verfolgung nicht da, so ist die Karikatur da. Ein Zeitalter, das wie das unsrige für den Optimismus, d. h. die Auffassung der Dinge wie sie sind als der besten Weise, wie sie sein können, so viel geistreiche Formeln, so viel praktisch-vernünftige Beweggründe aufgefunden, hat das Märtyrertum seiner Glorien entkleidet. Wo noch eine einzelne Willens- oder Denkkraft sich ihre eigenen Wege sucht, verschwindet ihr Heroismus in dem allgemeinen geistigen Leben, dem moralischen Drängen, schöpferischen Ringen eines *Jahrhunderts*, vor dem als einem förmlichen Begriffe erhabenster Art uns zu *beugen* wir von früh an in unserer Bildung angeleitet werden. Das 19. Jahrhundert ist die verwöhnteste Schöne, der nur je Schmeicheleien ins Angesicht gesagt wurden.

Je mehr eine Zeit auf Nivellierung der Geister ausgeht, desto mehr wird die Gefahr entstehen, eine Literatur sich in Dilettantismus aufzulösen zu sehen. Es schreiben und dichten dann nicht nur bloß die, die zu schreiben und zu dichten gerade Zeit haben, sondern auch das, was geschrieben und gedichtet wird, kommt so ziemlich einer konventionellen, sich von selbst verstehenden Tagesordnung gleich; man haspelt eben die alten Pensa der Literatur ab, je nach Lust, Laune und Vermögen. Dies Gefühl der Leere haben wir unabweislich beim Anblick von Dramen, Romanen, von lyrischen Gedichten, von epischen, wie sie jetzt der Meßkatalog liefert, der Buchhandel verbreitet, befreundete Kritik oft unglaublich hoch anpreist. Es summiert sich aus einem solchen poetischen Gewerbe mit der Zeit auch manchem eine Stellung in der Literatur und mehr als eine solcher Stellungen könnte man anführen, die sehr achtbar und anerkennswert ist. Etwas Originelles aber, Eigentümliches, Neues tritt uns selten entgegen. Mancher überraschte durch eine einmalige bedeutendere Leistung; er hielt sie nicht fest. Schon seine zweite Schöpfung blieb hinter der ersten zurück.

Der Grund dieser Erscheinung liegt in dem Verhältnis der Dichter zu ihren Stoffen. Sie verfahren in der Auswahl zu sehr nach beliebigem Gefallen. Sie vertrauen zu sehr einer leichten, oberflächlichen Ausbildung ihres darstellenden Vermögens und greifen nun, wenn sie eines gewissen, wir möchten es nennen lyrischen Inhalts sich bewußt sind, blindlings hinaus in die Welt und suchen – den glücklichen Fund. Dadurch gerät ihre Entwicklung entweder bald in ein Stocken bis zur Unfähigkeit oder sie verflachen sich auf alles und jedes. Woran liegt der Fehler? An der schwachen

Entwicklung des innern Menschen, an dem zu großen Vertrauen
auf ein zufälliges Formtalent, zuletzt an dem einseitigen Haschen
nach »Poesie«, ewig nach »Poesie« und immer nur nach »Poesie«.
Die klassische, antike Zeit ist vorüber; niemand wird sie herauf-
beschwören. Die romantische Periode ist verklungen; ihre moderne Nachahmung ist Modesache. Das dritte Stadium der Weltliteratur, das von Rousseau, Sterne, Lessing, Goethe beginnt, ist die *moderne, soziale* Poesie, deren Gegenstand der Mensch ist: der
Mensch des Gemüts, der Sitte, der Geschichte. Es ist die Poesie
des Gedankens ...

Unsere klassische Literatur hat die vollsten Kränze, die sich
noch von Spätlingen erwerben ließen, fast allen Dichtgattungen
vorweggenommen. Nur im *Roman* ließ sie noch mannigfach Gelegenheit zurück, ihr gleichzukommen, wenn nicht sie zu übertreffen. Goethe ist allenfalls der einzige, der im Roman auch für
spätere Zeiten in gewissem Betracht mustergültig geblieben ist;
doch Schillers »Geisterseher« z. B. steht bekanntlich gegen den
Wert seiner übrigen Schöpfungen sehr zurück. Die Romane von
Klinger sind kalt, die von Wieland langweilig. Jacobis »Woldemar« ist durch seine Stimmung zwar noch jetzt beachtenswert, im
übrigen aber schattenhaft und unreell. Jean Pauls Romane sind
Gedichte, die man der Offenbarung eines großen und edeln Genius wegen zu allen Zeiten mit Bewunderung lesen wird, bei denen aber das, was an ihnen romanhaft, begebenheitlich und selbst
in den Personen lebenswahr charakteristisch sein soll, schon längst
nicht mehr fesselt. Romane geringerer Talente, z. B. Heinses, haben nur noch für den Literaturhistoriker Interesse.

Die spätere »romantische« Schule wußte sehr wohl, daß ihr, um
ihr Talent zu bewähren, das ganze Gebiet des Romans offen
stand. Sie hat auch die Erfolge, die ihr im Drama und selbst in
der Lyrik versagt waren, vorzugsweise durch den Roman errungen. Tieck, Novalis, Brentano, Arnim, Kleist sind vorzugsweise
Erzähler; noch dem sogenannten »letzten Romantiker« Eichen-
dorff hat man im Roman eine eigentümliche Darstellungsweise
und eine von ihm erschlossene aparte Welt nachgerühmt. Dennoch
blieben auch die Romantiker nur noch im Vorhofe des Romans
stehen. Sie waren sehr bedeutend in der *Stimmung*, dieser Probe
einer poetischen Erfassung des Romans. Sie wußten den Reiz des
Wunderbaren sehr fesselnd anzulegen und steigerten sich darin bis
zu den gespenstischen Karikaturen E. T. A. Hoffmanns, aber die

große Aufgabe, die gerade dem Roman, als der eigentlichen poetischen Form der Neuzeit, vorbehalten scheint, blieb immer noch ungelöst. Das Leben in seiner Fülle, die Charaktere in ihrer Wahrheit, die Situationen in ihrem fesselnden Reiz blieben noch als neue Stufen fernerer Entwicklung des Romans unbetreten.

Es ist die Aufgabe des Literarhistorikers, nachzuweisen, wie sich die Ausläufe und Fortsetzungen sämtlicher, aus der klassischen und romantischen Zeit angebahnter Dichtformen im Romane mündeten, wie sie eine bunte und das Studium lohnende Fülle von darstellenden Manieren und erzählenden Absichten ins Leben riefen. Da sind Goethianer, Tieckianer, selbst noch Jean-Paulianer aufzuführen. Mögen die von außen her durch Walter Scott, Cooper, Bulwer, George Sand, Balzac, Boz und Eugène Sue gekommenen Einflüsse auf die Entwicklung des neuen deutschen Romans noch so ersichtlich sein, die deutschen Poeten suchten die fremden Vorbilder doch immer nur mit ihrer eigenen Natur, ihrer eigenen Sympathie für diese oder jene hervorragende Erscheinung aus der klassischen oder romantischen Zeit zu verbinden. Erst die neueste Zeit scheint Romantalente von größerer Selbständigkeit hervorgebracht zu haben.

Die gute Gesellschaft, die Gesellschaft der Bildung und des Geschmacks, ließ sich lange Zeit nur von Romanen aus der Goethe-Tieck'schen Schule fesseln. So von den Romanen, die Steffens, Rehfues, Immermann, W. Alexis, Heinrich Koenig schrieben, Namen, denen sich einige jüngere, wie Posgaru, Julius Mosen und mancher andere, auch mancher zu rasch Verschollene, anschloß. Noch in neuester Zeit hat F. von Uechtritz nach dieser Richtung einer stillen Objektivität und möglichst klaren Widerspiegelung seiner erfaßten Welten hin ein umfangreiches Werk: »Albrecht Holm«, ediert.

An diese Richtung schlossen sich vorzugsweise *Frauenromane* an, diejenigen wenigstens aus dieser immer höher anschwellenden Flut, die nicht auf gewöhnliche Strickstrumpfunterhaltung berechnet sind. Die Schopenhauer, die Huber, die Hanke, die Tarnow variierten mehr oder weniger in jedem ihrer Werke das Thema der Goethe'schen Wahlverwandtschaften, *die Liebe, die sich geirrt hat, die Ehe, die etwas anderes besitzt, als was sie besitzen möchte.* Das Thema wurde später leidenschaftlicher und hitziger erörtert. Immer stärker erhoben sich die Anklagen gegen die vielen Veranlassungen, welche die moderne Welt darbietet, sich in der

Liebe zu irren und vorzugsweise gegen die größte der bekannten
Verirranstalten nicht bei dem Rechten oder bei der Rechten angekommen zu sein, gegen die Ehe. Die originellste Erscheinung auf
diesem Gebiete blieb wohl die Gräfin Hahn-Hahn. Sie besaß dich-
terisch-lyrischen Fonds und Kenntnis der Welt genug, um das
Thema der verfehlten Wahl nach allen Seiten hin zu variieren, bis
sie, da ihr etwa Balzacs Witz und Humor nicht zu Gebote standen, mit dem herbstlichen Welken ihrer Gefühle auch dieser Le-
bensanschauungen überdrüssig wurde und vor dem Spiegel einer
großen Selbstzufriedenheit die bekannte geistliche Toilette machte.
Seit die Paalzow mit Innigkeit naive Herzensvorgänge drei Bände
lang »aus Nacht zum Licht« zu führen begonnen, seit die Bremer
die Kleinwelt der überlieferten Sitten und stabilen Ordnungen der
Familie so anmutig detaillieren lehrte, hat sich diese Form des
weiblichen Romans, die große, unverstandene Herzenssehnsucht,
das verfehlte Geschick und das Suchen des Rechten eigentlich
überlebt. Es ist auffallend, wie Fanny Lewald gegen die Gräfin
Hahn-Hahn ihre bekannte Satire schreiben und doch mit ihrem
eigenen neuen Romane: »Wandlungen«, in die ganze Sphäre der
Hahn-Hahn'schen Art zurückfallen konnte.

Die große, sozusagen demokratische Strömung der Geister, die seit
J. J. Rousseau durch die Literaturen Europas geht, ist Veranlassung
geworden zu einer überraschenden Wendung des Romans, der in seiner Geschichte Epoche gemacht hat. Schon seit der klassischen Zeit
geht neben unserer schriftgelehrten Poesie eine volkstümliche, die
sich früher nur in Provinzdialekten ankündigte, doch aber auch schon
hier und da einen hochdeutschen Ausdruck fand. Die Schweizer
sind es vorzugsweise, die sich als Eroberer der Dialekte und der
Volksstammarten für die Literatur der höhern Sphäre rühmen
dürfen. Pestalozzi ließ seine Landsleute reden wie sie redeten, Ulrich Hegner brachte es aus verschiedenen zusammenströmenden
dialektischen Elementen schon zu einer Kunstform. Hebels alemannische Lieder waren die fernere Stufe und hier und da fand
sich in unsern schriftdeutschen Poeten oft schon so viel naive Erinnerung ihrer eigenen volkstümlichen Herkunft, ihres Studiums der
Sitten und Redeweisen, namentlich vom Lande, daß man in einigen Novellen, z. B. von Clemens Brentano, schon jenes Genre fertig
hat, das man später Dorfgeschichte nannte. Wie dann plötzlich
Immermann den Mut besaß, sich all seiner, oft stark forcierten
poetischen Bestrebungen zu entschlagen und westfälischen Sitten,

die er auf dem alten Boden der Feme und der roten Erde als Jurist studiert hatte, Ausdruck in einem kernigen Bauer, dem Hofschulzen und seinem naiven Töchterlein, der blonden Lisbeth, zu geben, war die Knospe zum Zerspringen reif. Sie ging am vollsten in den Erinnerungen auf, die Berthold Auerbach plötzlich aus seinem heimischen Schwarzwalde sich vergegenwärtigte. *Auerbach* zauberte uns eine lange Reihe von wundernärrischen Alten, kernfesten Burschen, redseligen Frauen, neckisch-lieblichen, oft trotzköpfigen Mädchen, die sich erst als Genrebilder ankündigten, bald sich aber zu Gruppen gestalteten, die Gruppen wurden zu Begebenheiten und die Dorfgeschichte war die Mode des Tages. Jetzt regte sich's von allen Seiten. Das Elsaß, der Böhmerwald, die ungarische Pußta sogar, der Harz, Westfalen, überall her kamen Beiträge zur Erfrischung und Belebung der Herzen, zur Regelung einer blasierten, menschenscheu und europamüde gewordenen poetischen Idealität und zur Vermittlung eines Anteils an der Literatur, wo die gewählte Bildung mit dem einfachen Bürgersmann sich ganz an einer und derselben Quelle erquicken konnte, wie weiland in unsern klassischen Zeiten. Den Preis von allen, die sich dem hochgefeierten »Verfasser des Lorle«, wie man Auerbach in Schwaben nennt, anschlossen, verdient bekanntlich Jeremias Gotthelf.

Wir würden uns Einseitigkeit zuschulden kommen lassen, wenn wir die Dorfgeschichte als solche für etwas Ausschließliches nehmen wollten. Was richtig an der Dorfgeschichte ist, ist nur das, was auch Stadt-, Gesellschaft-, ja sogenannten Salongeschichten gleichen Wert geben könnte, nämlich Wahrheit, Treue, Glaubhaftigkeit. Nachbeterei und Parteimacherei pflegt in Deutschland sogleich das Kind mit dem Bade zu verschütten. Kaum ist irgendeine Neuerung bei uns aufgekommen, so finden sich immer Enragés, die neben dieser Neuerung nichts anderes mehr dulden wollen. So trieb man fast zehn Jahre lang ein Splitterrrichten mit den Worten: naturwüchsig, ursprünglich, unmittelbar u.s.w. Was sich nicht dorfgeschichtlich ankündigte, was nicht auf den Volksliederton gesetzt war, galt für gemacht oder wie die Kategorien derjenigen heißen mögen, die eben *nichts* machen können. Schrieb einer eine Novelle mit einer Gräfin als Heldin, so gehörte sie zur Salonpoesie. Hatte sie einen Herzenskonflikt zum Gegenstand, so hieß sie jungdeutsch. Indessen, ob die Tenne eines Dorfes, ob das Parkett der Gesellschaft, der Boden ist der Poesie ganz gleich, es

kommt nur darauf an, ob die Dinge, die man auf ihm sich entwickeln, die Personen, die man auf ihm sich ergehen läßt, den
Reiz der Neuheit und Wahrheit für sich haben . . .

7.2.3 *Unsere gegenwärtige Literatur.*

Bei aller gereiftern Formvollendung, die man unserer neuern
deutschen Poesie auf manchen Gebieten einräumen darf, hat man
ihr doch den entschiedenen Vorwurf einer auffallenden *Inhaltlosigkeit* zu machen.

Ein Rückblick auf die vergangenen Zeiten beweist, was wir meinen. In der klassischen Periode sowohl wie in der romantischen
war die schöne Literatur die Vermittlung eines für die Nation im
großen und ganzen wichtigen Inhalts. Es wurden durch die großen Talente nicht nur neue Formen der Darstellung gewonnen,
sondern auch Tatsachen zum lebendigsten Ausdruck gebracht; Tatsachen, die mit dem öffentlichen Geiste; seinem Gären, Entwickeln, Kämpfen und Sichbewähren im innigsten Zusammenhange standen. Man kann Namen wie Klopstock, Lessing, Herder,
Goethe und Schiller nicht nennen, ohne nicht damit auch zugleich Kapitel der Kulturgeschichte zu bezeichnen. Noch die
romantische Periode drückte in ihren Romanen, Dramen, lyrischen und epischen Gedichten einen innigen Zusammenhang mit
dem allgemeinen Geiste der Zeit aus. Man wandte sich damals
von französischem und antikem Geschmack zu einem germa-
nisch-mittelalterlichen, man wandte sich vom deistischen Glauben
zur Philosophie, ja zum Christentum selbst zurück; man huldigte
auch in der Literatur der Geschichte und den Erinnerungen unseres
Volks, die nach Bau-, Bild- und Schriftwerken gesammelt wurden.
Mit dem Sturze der Fremdherrschaft begann aber schon 1815 jene
Inhaltlosigkeit einer sich gleichsam nur selbst befruchtenden Literatur. Der starke, volle Ausdruck einer ringenden Gedankenwelt
hörte auf dem reinpoetischen Gebiete auf. Die Talente wurden
immer schwächer und ihre Leistungen für die Nation im großen
und ganzen bedeutungsloser. Man nennt jene Leute einer auslau-
fenden größeren Periode und eines keineswegs neu wieder nach-
wachsenden Ersatzes die Restaurationsliteratur. Sie wurde von der
Bewegungsliteratur, die in mannigfachen Erscheinungen mit dem
Jahre 1830 anbrach, in ihrer innern und äußern Haltlosigkeit mit
allen Waffen der Kritik und des Spottes bekämpft; ja man ver-

suchte auch schon wieder, die Poesie zum Ausdruck der allgemein
die Zeit bewegenden Ideen zu machen (Tendenzpoesie); indessen
teils die mangelnde Unterstützung durch große Talente, teils die
Kraft noch vorhandener älterer Literaturreste, teils die Verfolgung
der Regierungen und die immer schwieriger sich gestaltende Lage
des gedruckten Buchstabens, den öffentlichen Tatsachen gegenüber, hinderte, daß die Poesie wieder in jener alten Kraft und
Stärke sich offenbarte, die sie einst zu einem notwendigen und
nicht zu umgehenden Dolmetscher des allgemein Bindenden in der
Zeit und der Bildung gemacht hatte. Die Folge dieser immer mehr
zunehmenden, von kritischen, abgünstigen Organen noch geförder-
ten Isolierung und Vereinzelung der neuen Literatur ist nun die,
daß wir nachgerade zwar in formeller Hinsicht sehr viel Schönes
auf allen Gebieten der poetischen Darstellung geleistet sehen, aber
im ganzen genommen eine bis zur Armut gehende Inhaltlosigkeit
unserer neuesten Poesie nicht verschweigen können.

Sehen wir uns nur um und fragen wir in allen Gebieten der
Dichtkunst nach dem sozusagen auf ihnen verarbeiteten Stoffe. Es
ist der willkürlichste und zufälligste. Was ist die Richtung unserer
Zeit im Drama? Man würde in Verlegenheit kommen, wenn man
für alle die hier und da auftauchenden Talente, die für die Bühne
dichten, ein charakteristisches Merkmal angeben wollte. Im allgemeinen kann man sagen, die meisten dieser Poeten wollen eben
nur Poeten sein. Das ist die Stereotype des Tages geworden. Ein
ursprünglicher, naturwüchsiger Dichter, eine hohe Begabung, eine
Urkraft u.s.w., das sind die Kennzeichen, die man in den Zeitungs-
berichten und Feuilletons zu verbrauchen pflegt, wenn es sich darum handelt, Werke von einer gewissen Bedeutsamkeit der Absicht,
einer gewissen Frische und Wärme der Ausführung anzukündigen
und im übrigen hinzufügen zu müssen, das Gegebene wäre eben
doch nur der Anfang eines noch Kommenden, der Vorschmack
eines noch zu Erwartenden. Im Roman erleben wir die erquickende,
reizende Erscheinung der »Dorfgeschichte«. Man erwartete einen
Umschwung der Literatur von ihr und es ist nur ein Genre zurückgeblieben; ja, es ist noch weniger zurückgeblieben, nur eine Mode,
die nur noch bei den Meistern und ersten Tonangebern dieser Darstellungsweise und auch bei diesen nur bei wirklichem Verdienst
der Erfindung gefällt, bei Nachahmern aber nicht mehr zu genießen ist. In unserer Lyrik hat jede nähere Bestimmung des Inhalts aufgehört, wenn man nicht den forcierten Ruf einiger Rei-

mereien im Geschmack des »Westöstlichen Divan« für den Anklang eines neugefundenen reellen Inhalts nehmen will. Kurz, wir
würden in Verlegenheit geraten, wenn wir von dem, was unsere
gegenwärtige schöne Literatur in Deutschland ausdrücken will,
bestimmte Kennzeichen angeben sollten.

Man kann die Schuld dieser, mit dem allgemeinen hochpoeti-
schen Gebaren in so auffallendem Widerspruch stehenden Ge-
dankenleere nicht auf das Publikum allein werfen, so sehr dies
auch an ihr mit beteiligt ist. Die Furcht vor dem Gedanken ist nur
Parteisache und zwar immer nur Sache der entgegengesetzten Partei; wo der *rechte* Gedanke der Partei getroffen wird, entzieht sie
sich der Anerkennung keineswegs. Die konservative Partei hat
sich mit großer Begeisterung auf alles geworfen, was der Inhalt ihrer eigenen Strebungen auch innerhalb der Poesie geworden ist.
Da gibt es Soldatenlieder von Zedlitz, Schlachtenbilder von Scherenberg, absolut reaktionäre Harmlosigkeiten wie die Gedichte
von Geibel, die Märchen von Putlitz; da gibt es ein gefeiertes und
fast zum Ausdruck unserer ganzen weichlichen Epoche geworde-
nes Werk: »Amaranth.« Wie sieht es aber schon mit den Gegensätzen dieser Parteien aus? Rudolf Gottschall und Karl Beck haben leider ihre eigene Partei ästhetisch nicht so befriedigen können, um sie mit dem vollen, ganzen Mandate einer poetischen An-
waltschaft huldigend betrauen zu dürfen.

Spekulation, originelle Erfindung, mutiges Behaupten und Verkünden einer eigenen Welt- und Lebensanschauung ist in unserer
Poesie jetzt sehr wenig vorhanden. Ein leider, wie wir hören, nicht
befriedigend ausgefallenes Gedicht »Demiurgos« von W. Jordan
steht ziemlich allein. Das Wählen dramatischer Stoffe z. B. ist
nicht im mindesten neu und überraschend. Man greift nach einer
Episode aus der Bibel, nach einer Mythe des Altertums, nach einer
alten Sage, wie Agnes Bernauer ù. dergl., stutzt diese Aufgaben mit
an sich achtbarem Talent auf, ohne daß darum auch nur die leise-
ste Strömung der Zeit bedingt wird. Von eigener Erfindung ist auf
diesem Gebiete selten noch die Rede. Man ahmt Shakespeare in
der Aufstellung irgend einiger ungeheuerlicher Charaktere nach
und sucht von seinem ursprünglichen, meist lyrischen Dichterge-
müt in die Reproduktion der überlieferten und adoptierten Stoffe
so viel Reiz und Haltung wie möglich zu bringen. Reicht aber
das alles, so Achtbares dabei jeweilig zu Stande kommt, aus?
Kann noch so viel vereinzelte Sinnigkeit mancher Idee und hier

und da der Ausführung jene gewaltige Wirkung der Individualität ersetzen, die z. B. bei Schiller und Goethe uns immer *erst* die Dichterkraft selbst vergegenwärtigt und dann fast an zweiter Stelle erst das Thema, das sie gerade gewählt hatten? Wer als objektiver Dichter wirken will, muß erst eine Periode der starken Subjektivität gehabt haben, und einer jedenfalls bedeutendern Subjektivität, als die sich im lyrischen Gedichte allein zu erkennen geben kann.

Dem zur Dorfgeschichte verklärten Genrebild verdanken wir eine große Umwälzung unserer zu abstrakt gewordenen Poesie. Aber das fortwährende Anlehnen an das Gegebene, das im Gefolge der Dorfgeschichte eintreten mußte, kann die Gefahr bringen, die Poesie auch an das Gegebene so zu binden, daß ihr die Idealität verlorengeht und sie statt Erfindung nur noch Verknüpfung bringt.

Eine Literatur bekommt nur erst dann *Inhalt,* wenn die Dichter die Werke, die sie liefern, als notwendige Fortsetzung ihrer Entwicklung geben und wenn sie die Stoffe nicht aufzugreifen scheinen, um an ihrer Wirkung eben nur ihr Talent zu zeigen, sondern um mit ihnen etwas zu beweisen, was ganz außerhalb des gewählten Stoffs an sich eine Notwendigkeit entweder für die Welt oder wenigstens für sie und ihre eigene Individualität ist. Solcher Autoren, mit denen, wenn sie heute stürben, der ganzen Nation, wenn auch nur auf einen Augenblick, eine Ader ihres eigenen Lebens zu stocken scheinen würde, haben wir sehr wenige.

7.2.4 *Verirrungen der Dorfgeschichte*

Es ist keine angenehme Pflicht, selbst Schriftsteller sein und über die Leistungen anderer Schriftsteller öffentlich seine Abneigung auszusprechen.

Gern entziehen wir uns dieser Notwendigkeit, wo sich eine Schrift umgehen läßt oder wo vorauszusehen ist, daß der zur Steuer der Wahrheit notwendige Tadel von anderer Seite wird ausgesprochen werden.

Ist aber eine Schrift von Interesse, wird sie mit Beflissenheit empfohlen, bringt sie irgendein Prinzip in Gefahr, für dessen Wahrung es bei unserer kritischen Zerfahrenheit an den entsprechenden Organen fehlt, so ist es Pflicht, seine Zaghaftigkeit zu überwinden und, immerhin des Balkens im eigenen Auge nicht achtend, getrost die Splitter zu richten im Auge des andern.

Einen, offen gestanden, wahrhaft betrübenden Eindruck machten uns »Thüringer Naturen. Charakter- und Sittenbilder in Erzählungen von *Otto Ludwig*« (erster Band, Frankfurt am Main,
Meidinger Sohn & Comp., 1857).

Wie ist es möglich, daß ein Schriftsteller von Geist und Darstel-
lungstalent sich so verirren kann wie in diesem Buche! Fehlt es
dem Verfasser an Geschmack oder an bescheidener Selbstprü-
fung? Dürfen ihn die Auszeichnungen, die ihm für sein Talent in
reichem Maße geworden sind, ermuntern zu solcher Vernachlässi-
gung oder zu einem so grundirrtümlichen Sichgehenlassen innerhalb einer Sphäre, die nachgerade dem gesunden Menschenver-
stande viel zumutet, der Dorfgeschichte?

Auf einem Raume von 400 Seiten erzählt uns der Verfasser folgenden Vorgang:

Ein thüringisches Mädchen, das abwechselnd im Felde arbeitet
oder mit dem Schiebkarren sein Brot verdient und seiner unver-
wüstlichen Heiterkeit wegen Heiterethei genannt wird, ist der Gegenstand einer besondern Neigung des Büttnermeisters Fritz Hol-
der. Beide ziehen sich an, beide stoßen sich aber auch wieder ab.
Durch alter Gevatterinnen Gerede glaubt »die Heiterethei«, der
Fritz laure ihr, weil sie sich ihm ablehnend erweist, mit dem Beile
auf. Sie rennt ihn eines Abends in einen Mühlbach und glaubt ihn
ertrunken. Fritzens Beil hatte aber nur die friedlichste Absicht gehabt, Weidenruten zu hauen. Fritz rettet sich, erfährt das Mißverständnis, vergibt der Heiterethei und nach langem Suchen und
Finden heiraten sie sich.

Daß man aus einem Vorfall dieser Art eine kleine Familienka-
lendergeschichte machen kann, die auf einigen Bogen der Lesewelt
unterhält, mag keinem Zweifel unterliegen. Ja, bei tieferm Einblick und gerechtem Eingehen auf die Ideengänge des Verfassers
selbst wird sich nicht leugnen lassen, daß in dem Mißverständnis
der Liebenden und der voreiligen Tat eines Mädchens einer jener poetischen Momente gegeben ist, aus welchem sich ein ah-
nungsvolles und das menschliche Gemüt erschütterndes Nachtbild
hätte entwerfen lassen. Clemens Brentano würde das mit allerlei
Zauber verstanden haben. Er würde mit drei bis vier Szenen uns
den dämonischen Konflikt wie mit Kohlenrunen kurz und bündig
an die Wand gemalt haben. Denn eben das Schöne am Schauer-
lich-Poetischen ist die geweckte Ahnung. Wer dichtete sich nicht zu
Brentanos »Schönem Annerl« noch eine weite, weite Welt der

Schmerzen und die Ahnung alles Erdenwehs tief ergriffen mit hinzu?

Wie anders aber machen es unsere gegenwärtigen Volkston-Er-
zähler!

Sie nehmen Vorgänge dieser Art mit einer Breite, mit einem Behagen an tausend Äußerlichkeiten, mit einer Umständlichkeit, die
den gesunden und natürlich empfindenden Leser zur Verzweiflung
bringen kann. Eine solche Redseligkeit, eine solche Reproduktion
der Fliege an der Wand ist noch nie in unserer Literatur dagewesen, und sollen wir aufrichtig sein, so ist sie kein Beweis des
Reichtums, sondern ein Beweis der Armut.

Dreißig Seiten verwendet der Verfasser darauf, zu schildern,
wie man den Schubkarren seiner Heldin bei einem schlechten
Wetter aus dem Kot bringt! Zehn Seiten dienen zur Ausmalung
des Moments, daß der Holders-Fritz mit dem Fuß sich gegen den
Karren stemmt und von Heiterethei dafür mit einer langen Rede
angelassen wird! Auf fernern zwanzig Seiten wird erörtert, ob
einer den Holders-Fritz da oder dort gesehen hätte! Einem vor den
reichern Dorffrauen zu machenden Knix der Heiterethei werden
mehrere Seiten gewidmet, ebenso viel einer Erörterung über das
Kaffeesieden. Endlos ist die Schilderung des Entschlusses beim
Holder-Fritz, ob er sein bisheriges wüstes Leben nicht einstellen
solle. Wir können die Breite aller einzelnen Momente, die dem
obigen Stoffe »abgewonnen« sind, nicht ausführlicher angeben,
ohne in Gefahr zu kommen, mit der Schilderung derselben selbst
zu langweilen.

Weit entfernt sind wir, zu verkennen, daß in dem Gemüt des
Erzählers alle diese Vorgänge mit Wärme empfunden sind. Das
Mißverständnis ist nur dies, daß er für sein eigenes Behagen auch
ein Behagen im Leser voraussetzt. Wenn diese Reproduktion seiner Jugendanschauungen dem Autor gestattet ist, so wird jeder ein
Autor, der – gerade Zeit dazu hat. Diese Erinnerungen wiederholen sich bei jeder nur einigermaßen gebildeten organisierten Natur. Von Kunst, Komposition, Unterscheidung des Notwendigen
vom Zufälligen ist hier nicht mehr die Rede. Die Erinnerung
kriecht langsam über das Gegebene hinweg und grast es ab Halm
für Halm, Fäserchen für Fäserchen. Daß dabei ein einzelner Moment auftaucht, der uns besonders anspricht, daß wir lächeln,
wenn etwas getroffen ist, was auch wir aus eigener Anschauung
sehr wohl noch von einer Tatsächlichkeit der Sitte oder der Rede-

weise im Volke her behalten haben, kann nicht im mindesten den Ausschlag geben, die ganze Art zu entschuldigen. Sie ist dürftig. Sie gibt bei allem Anschein der Fülle den Eindruck des Mangels, bei allem Anschein der Vertiefung den Eindruck des Flachen.

Woher kommen uns diese Wunderlichkeiten?

Von einer falschen Theorie, die durch einige sehr fragliche praktische Beispiele unterstützt wird.

Man hat die Abstraktionen, die sich kurz fassende Welt der Bildung als Gegenstände der Poesie verfemt. Man hat die Lebensbezüge der Intelligenz als die Welt des »Salons« in Verruf gebracht. Man hat von den frischen, kristallreinen, allein poetisch seinsollenden Quellen des Volkslebens gesprochen.

Dieser Ruhm ist an sich wohlverdient. Aber die Ausdehnung, die man ihm in neuerer Zeit gegeben, kann keine Kunstkritik mehr gelten lassen. Wo ist gesagt, daß man so unser Volk und die tiefverzweigte Trivialität der Alltäglichkeit mit poetischen Flittern umgeben soll, um dichterischer Wirkungen gewiß zu sein? Nannte Goethe schon die Muse Uhlands um einer gewissen konventionellen Beschränktheit willen einen »sittlich-ästhetischen Bettlermantel«, welche Lumpen und Lappen würden ihm erst diese Dorfgeschichten erscheinen, die die besten und schönsten Farben, die nur auf der Palette deutscher Dichter strahlen können, an diese barfüßigen Gänsemägde, schubkarrenschiebenden Botenfrauen, »Spanisch-Bittern« (S. 270) trinkenden Handwerker, sich prügelnden »Holders-Fritzen« und dergleichen Persönlichkeiten verschwenden!

Die trefflichen schweizerischen Darstellungen des Jeremias Gotthelf hatten jedesmal einen bestimmten *polemischen* oder *komischen* Zweck. Alles, was sie uns vors Auge führten, gehörte gerade zum *Beweise* entweder irgendeiner von dem Autor bekämpften Mode oder Richtung oder Verirrung, oder zur Darstellung des eben in seiner Unzulänglichkeit und Abgeschmacktheit porträtähnlich von ihm aufgefaßten Volks, das er absichtlich so schildern wollte, wie es schlimmer- oder komischerweise so wäre. Ganz anders die deutsche Dorfgeschichte. Sie hat keinen polemischen, selten einen komischen Zweck. Sie gibt sich die Miene der absoluten, sich selbst gewidmeten Realität und will aus dem Urgrunde des Volkslebens die geheimsten Tatsachen des Gemüts darlegen. Daß letzteres zuweilen an sich möglich ist, zeigt uns jeder Blick auf die Zeitung, wo täglich unter der Rubrik »Vermischtes« Tot-

schläge, Diebstähle, Auswanderungsprojekte, seltsame Heiraten,
Gerichtsverhandlungen genug erzählt werden. Wer würde an sich
nicht einräumen, daß jenem Morde, dieser Brandstiftung irgendeine psychologische Tatsache bedeutsamerer und den Dichter her-
ausfordernder Art zugrunde läge! Aber wo liegt die Berechtigung,
hier in allem und jedem Vertiefungen und Ergründungen zu geben, die, endlos ausgesponnen, den ganzen Apparat dichterischer
Anschauungen in Bewegung bringen! Wenn da ein Wilddieb im
Grase liegt und sich das Bein gebrochen hat, so läßt der Erzähler
das ganze Universum an ihm vorüberziehen, predigt und exponiert
Staaten- und Naturgeschichte bis in Rousseaus »Contrât social«
und Decandolles Lehre von den Krypto- und Phanerogamen hinein. Wenn der Holders-Fritz sich den Trunk und das Raufen abge-
wöhnen will, so sind Himmel und Erde dabei beteiligt. »Seit er im
Jüngling steckengeblieben und Geschlecht um Geschlecht an ihm
vorüber in die Reihen der Männer gerückt, hatte es an Selbstvor-
würfen und innern Mahnungen nicht gefehlt. Sie waren immer
häufiger und dringender geworden; auf der andern Seite hatte er
aber auch die Gewohnheit das alte Gleis immer mehr ausgetieft.
Je nötiger es erschien, aus diesem herauszukommen, um so schwerer erschien es auch ... Er sagte sich: ›Ich hab' anders wollen
werden und wär's geworden, aber weil die Heiterethei denken
müßt', ich tu's, weil sie's hat gewollt, nun geht's nicht!‹ Das will
er sich aufreden, eben weil er fühlt, daß die äußere Anregung
durch sie notwendig war, daß diese erst seinen Stolz gegen seine
Kameraden aufrufen müssen, um ihn loszulösen aus den festhal-
tenden Armen der Gewohnheit« (S. 144) u.s.w. u.s.w.

Wir müßten drei Viertel der ganzen Erzählung abschreiben, um
Beweise zu geben von diesem pathetischen, feierlichen, für die Natur des Stoffs komisch unnatürlichen Tone. Wer verkennt hier das
Vorbild Auerbachs, der nach seinen ersten vortrefflichen Genrebildern und Skizzen später diesen Reichtum in der Armut, diese
Überschwänglichkeit im Nichts aufgebracht hat! Wie bei ihm, so
hier ein so unendlich wichtiges Vertiefen und Vergrübeln in dem,
was seiner Natur nach so harmlos ist und auf der Oberfläche liegt.
Wie bei ihm, so hier diese Umständlichkeit der Erörterung über
die einfachsten Regungen des Willens und der Leidenschaft. Wie
bei ihm, so hier der wunderlichste Pedantismus, der, statt das Gegebene einfach wiederzusagen, kein Ende finden kann mit Beant-
wortung des Wie? Warum? Wozu? des Ob und des Aber. Wollt ihr

mit diesen Empfindungssubtilitäten den Graswuchs belauschen, so
legt euer Ohr doch nicht in die Nähe von Schenken, wo dieselben
Menschen, die uns so tiefpoetisch interessieren sollen, sich prügeln
und nach einem »Spanisch-Bittern« verlangen, wenn ihr's auch aus
Rücksicht auf die elegante Lesewelt sonst verschweigt! Zahlt mit
Goldkörnern, wenn euer Vermögen Gold ist und ihr's doch nicht
gerade in Barren ausgeben könnt, aber macht aus einem Goldkorn
nicht Schaum, der eine ganze, uns wohlbekannte Mist-, Käse-,
Milch- und Wirtshauswelt so unendlich zauberhaft vergoldet, als
wenn diese Menschen melken gehen und Kartoffeln setzen oder
Heu machen, immer im Bunde mit dem Johanniswürmchen, dem
Maßliebchen und dem blitzenden Tautropfen! Summt denn und
geigt die Natur oder die göttliche Providenz ihre schönsten Sym-
phonien zu dem albernen und trivialen Leben von Menschen, die
beim gemachten Scheine der Wirklichkeit über und über in Unwahrheit getaucht sind? Darf jedesmal, wenn die arme Erfindung
abschnurrt, der Darsteller hier hervortreten und von der wunderbar
dämonischen Tiefe in der Menschenbrust oder ein Kapitel vom
Hüpfen der Bachstelze und dem Schlag des Finken anfangen?
»Und nun war nichts mehr zu vernehmen als das Rütteln dès Ho-
lunderbaums am Häuschen und das Sausen der Weiden im Winde.«
Oder: »Ein leises Lüftchen strich nur mit den äußersten Flügel-
spitzen an den Erlen hin. Drüben, wo die Wiese sumpfig ist, läuteten Unken. Und wie das Rauschen des nahen Wehrs, das sie über-
tönen und verbergen sollte, bald leiser, bald lauter erklingend,
hielten die gedämpften *Schläge der Haue* der Heiterethei die Nacht
hindurch den Takt zu der heimlichen Musik des Tals.« Diese
Schläge der Haue bei der heimlichen Musik des Tals gelten den
Kartoffeln des Holder-Fritz! In der Tat, das heißt Beethoven zur
Schenkenmusik bei Kirchweih machen.

Wir wollen uns nicht aufhalten bei dem dialektischen Rotwelsch,
das diese Leute sprechen, nicht bei der unendlichen Breite der Reden, bei Selbstgesprächen, wie sich der Holders-Fritz »selbst bei
dem Rockkragen faßt, sich schüttelt« und sich wie Timon von
Athen moralische Lehren und Verwarnungen gibt, nicht bei dem
Zutodehetzen eines guten Einfalls (die Frau Weberin *spricht* z. B.
nie, sondern so oft sie auftritt, wird ihr Sprechen *Spinnen* genannt); nur die Wunderlichkeit des Charakters der Heldin wollen
wir noch erwähnen, weil diese »Grillen«, die eine Liebeserklärung
mit den Worten anfangen: »Du dummer Junge!« nachgerade

Mode werden. Auch Heiterethei ist eine solche »aparte« Natur, die in störrischer Selbstbeschaulichkeit Handlungen und Worte vorbringt, die bedeutsam und effekterregend sein sollen und nur von einer unausstehlichen Prätention und Ungezogenheit zeugen. Frau Birch-Pfeiffer hat für diese »aparten Naturen« den Bühnenausdruck gefunden und Barfüßele sowohl wie Heiterethei kommen ihr auf halbem Wege entgegen. Beide sind im Grunde von einer Koketterie, die ganz so an der Schürze zu zupfen und die geflochtenen Zöpfe zu werfen versteht, als wären sie mit unsern neuen Gurli-Spielerinnen zur Welt gekommen, nur daß Barfüßele wie Heiterethei nebenbei einen wunderlich moralisierenden, hochpedantischen Tick haben und für eine vierzigjährige Gouvernante in einer weiblichen Erziehungsanstalt nichts zu wünschen übriglassen würden. Beide sprechen wie ein Buch, jene, obgleich sie die Gänse hütet, diese, obgleich sie die Karre schiebt.

Mögen uns die betreffenden Autoren diese Rüge nicht übeldeuten! Sähen sie das Erstaunen, mit welchem der gebildete Geschmack sich abwendet, wenn Barfüßele zu ihrem Verlobten sagt: »Und weißt, wir wollen dem Rößle einen Namen geben, Silbertrab!« oder wenn der Heiterethei bei all ihrem kleinen Lebenskram ewig der Mond und der Holunderbusch sekundieren und der Holders-Fritz wie ein Dialektiker in langen Erörterungen und Monologen »sich schämt, *daß* er sich schämt«, sie würden die Aufrichtigkeit ehren, die zwei bedeutende Geister auffordert, auf diesem Wege nicht länger fortzuwandeln.

7.2.5 Die »realistischen« Erzähler.

Es ist eine seltsame Erscheinung, daß die neuere deutsche Literatur vorzugsweise einen Überhang zur Erzählung erhalten hat.

Was ist jetzt die Erzählung? Ist sie noch der glorreiche, bunte, abenteuervolle Roman wie »Tristan und Isolde«? Setzt dieser noch immer seinen Hauptwert in Schilderungen der Leidenschaften, in Kämpfe der Tugend wie Clarisse Harlowe und Werther? Schwelgt er noch in Abendröten und Mondscheindämmerungen, in unsagbaren Gefühlen, wie Titan und Hesperus?

Er ist mehr – er ist weniger.

Mehr; denn fast ist er das alleinige, breite Schlachtfeld geworden, wo alle Gedanken und Anschauungen der Zeit zusammenstoßen, bekämpft, ausgetauscht werden; in seinen Gestalten drängen

sich ganze Generationen, ganze Volksklassen und zugleich Ge-
schmacksrichtungen zusammen. Weniger; denn er hat damit seine
Geschlossenheit verloren, er ist »schlußlos« geworden. Über sein
Ende hinaus reichen die Fäden, die er gesponnen, weit hinaus in
die Zukunft der Zeiten; die Fragen, die er angeregt, bleiben, wie
das Rätsel der Sphinx, ungelöst im Geiste des Lesers, weil sie
selbst im Gedicht nur eine scheinbare Lösung fanden.

Man hat daher gesagt: Lassen wir die Ideale, die großen Bestrebungen der Zeit, retten wir uns in die Wirklichkeit, die sich mit
unsern leiblichen Augen sehen, mit unsern Händen greifen läßt!
Setzen wir den ätherischen Gestalten der Teeromantik unsere
Bauernmädchen, den träumerischen Handwerkern der George
Sand unsere Kommis entgegen! Es waren, weil allmählich sich
heranbildend, keine ursprünglichen Poeten, die so dachten, aber
sie besaßen ein scharfes Auge für diese Realität und flüchteten
sich in ihre kleinsten Kreise, weil sie dieselben am leichtesten
übersehen und in eine gewisse malerische Perspektive setzen konnten. Sie gefielen sich in der Schilderung der Alltäglichkeit. Die kritischen Verteidiger dieser Richtung leugnen die Notwendigkeit einer
phantastischen Welt für ein wahres, kunstgemäßes Gedicht; nur
»bei seiner Arbeit« soll der Roman das Volk aufsuchen, nicht bei
seinen Ahnungen, Wünschen, Gefühlen. Als ob nicht gerade in
dieser Innerlichkeit der beste, arbeitende Teil seines Wesens läge,
als ob sie, in seine Tagen *hineingearbeitet,* nicht diesen erst Wert
und Geltung verliehe!

Die Doktrin allein hätte freilich diesen Umschwung nicht hervorgerufen und die Welt von Goethe, Byron, George Sand unter
die Räder ihres Wagens geworfen, wenn ihr nicht die Mode und
die Gesellschaft selbst zu Hilfe gekommen wären. Die haben
zuerst aus angeborener Lust nach Neuem, aus Blasiertheit, um ihren abgestumpften Nerven einmal stärkere Gerüche als die von
Veilchen und Rosen zu bieten, das Genre der Dorfgeschichten, die
englischen Novellen von Boz und seiner Nachahmer als die einzige, noch übrige Zuflucht der Poesie gerühmt und aus den Papieren
des Pickwick-Clubs einen neuen Musenberg gebildet. Jedem seine
Ehre! Diese Darstellungen des Lebens sind oft feine, zierliche hol-
ländische Schildereien, mit getreuem, oft seelenvollem Blick der
Wirklichkeit abgelauscht – aber sie haben auch nur diese Spiegel-
bildswahrheit und die Schönheit der genrebildlichen Ausführung
für sich; – Kunst im höhern Sinne des Worts, wie sie sich in der

Erfassung und poetischen Begeisterung eines umfassenden Plans
offenbart, innerliche Verklärung ihrer Gestalten und ein kühnes
Formen und Bilden mit des Dichters in »schönem Wahnsinn rollendem Auge« ist wenig in ihnen.

Der bedeutendste Roman dieser Richtung, den uns das vergan-
gene Jahr brachte, war: »Zwischen Himmel und Erde. Von *Otto
Ludwig*« (Frankfurt am Main, Meidinger Sohn & Comp, 1856).

Was schwankte hier nicht »zwischen Himmel und Erde«? Nicht
bloß das einsame Schiff des Schieferdeckers um den St. Georgen-
kirchturm, sondern jedes darin geschilderte Leben. In diesem gesuchten Titel schon lebt die Metaphysik, die uns auf jeder Seite
begegnet und durch spitzfindige, zweilen tiefe Dialektik uns über
die Kleinheit der Handlung und die Armut der schaffenden Phantasie zu täuschen sucht. So frisch und wahr auch die Nebenum-
stände, das Haus und die Kirche, worin die Geschichte spielt, die
Arbeit des Schieferdeckers daguerreotypiert erscheinen, so sehr die
eigentliche Muse dieser ganzen Richtung, die Erinnerung, ihr günstig war, die Erfindung selbst krankt an Unmöglichkeiten. Der alte Nettenmair möchte sich nicht schlecht in spanischer Alcalden-
tracht mit dem Stab des Richters von Zalamea in Calderons
Schauspiel ausnehmen oder in der Welt des Don Gutierre als Arzt
seiner Ehre; aber in seinem blauen Rock auf dem Kirchturme ist
er eine chinesische Pagode. Hier zeigt es sich, zu welchen Dissonan-
zen das Übertragen rein idealer Konflikte der Ehre und der Liebe in
Lebensverhältnisse führt, in denen sie wohl vorübergehend empfunden, aber schon durch die Not und die Pflichten jedes Tags
verdrängt und betäubt werden. An Lelia sollen wir nicht glauben,
wie können wir an Apollonius glauben?

Wie in seinen Dramen, ist Otto Ludwig auch in seinen Erzählungen ein geschickter Anatom der Seele; das ist sein Ruhm, aber
auch seine Grenze. Sein symmetrischer Bau macht keinen harmonischen Eindruck. Er arbeitet mühevoll, gebunden an die realistische Theorie, eingefangen und begrenzt von dem Boden der Wirklichkeit, immer suchend und tastend, ob das da so geschehen ist
oder so geschehen sein könnte. Seine »Makkabäer« sind infolge
solcher Ängstlichkeit fast durchgängig gleichsam in ein- und zwei-
silbigen Worten geschrieben; das ist nicht der Strom, in dem man
einen so bedeutsamen Geist zu sehen wünschen muß.

Frischer, nicht von beständiger Seelenmalerei angekränkelt und
reicher an tatsächlichem Inhalt sind die »Dorfgeschichten aus

dem Ries. Von *Melchior Meyr*« (Berlin, Springer, 1856). Dem
Dichter sind Land und Leute wie keinem bekannt, denn lange hat
auch er in diesem Gau, der zwischen Bayern und Württemberg
liegt, gelebt. Seine drei Novellen zeichnen sich durch die Klarheit
ihrer Darstellung, durch die scharfe Charakterisierung ihrer Gestalten aus. Wahrhaft Schöpferisches und nach irgendeiner Seite hin
Originales bringen und geben sie allerdings nicht. Solange wir uns
nicht in der Theorie von dem Realismus befreit haben, wird alles,
was in dieser Richtung geschaffen wird, nach kurzem fesselnden
Reiz zu bald verklingen.

Mit geringerer künstlerischer Absicht daguerreotypiert *Eduard
Ziehen* Land und Leute der Niederelbe. »Norddeutsches Leben«
(zwei Bände; Frankfurt am Main, Literarische Anstalt, 1856) gibt
kleine Geschichten, die der Natur abgelauscht und nachgezeichnet
sind und dabei unter dem Einflusse des Gemüts stehen. Das Leben
der in der norddeutschen Existenz vielfach vertretenen Pfarrer
und Förster ist hier mit jenen verschönernden Farben gemalt, die
das Ferne, nach langer Trennung Unerreichte von selbst annimmt.
Der Verfasser hat vielleicht manches von seiner Knabenzeit vergessen und dann in das eigene Herz gegriffen, als er die Stoffe und
Farben für seine Bilder wählte. Da mußte er denn wohl mancher
Situation Gewalt antun, die sich nicht fügen wollte, mußte Charaktere mitten durchbrechen, die einem befriedigenden Ausgange
widerstrebten. Ein Pfarrer jedoch, der am »Stillen Freitag« Kosa-
ken zur Einquartierung bekommt, ans Klavier genötigt und endlich im Vierhändigspielen vom Kosakenoffizier unterstützt wird,
der von den Noten soviel versteht wie präsumtiv der Pfarrer von
Kriegstaktik – ist eine kleine Skizze mit liebenswürdiger Laune gezeichnet und von Wirkung auf die Lachlust.

Gleich im Stoff, nur bedeutsamer in der Ausführung ist *Edmund Höfer,* der in seiner neuesten Sammlung: »Bewegtes Leben«
(Stuttgart, Krabbe, 1856), wieder die vielen kleinen Geschichten
vermehrt hat, die wir schon von ihm besitzen. Ihm ist Pommer-
land zugefallen bei der großen Teilung unserer Literatur in allerlei
Provinzialismen. Land- und Strandleben weiß er in lebhafter Art
wiederzugeben, meist mit einem gewissen Ausklang, der etwas
Poetisches hat. Nur geht in neuerer Zeit, scheint es, sein Flachs etwas zu Ende. Daher eine gewisse Übertreibung im Vortrag, ein
allzu starker Drucker in manchen Ein- und Durchführungen:
»Nun aber jetzt! Jetzt einmal heran! Habt ihr das nicht gehört,

habt ihr gar nichts gehört!« u. s. w. Eine Zeitlang gilt dergleichen als frisch, gesund, naturwüchsig, ursprünglich, bald aber ist es Manier und sieht sich an wie Schattenspiel an der Wand.

Wenn der Zwiespalt, der diesen realistisch-dorfgeschichtlichen Darstellungen eigen ist, sich bei Otto Ludwig am schlagendsten in der Erfindung der Konflikte offenbarte, in die er seine Helden verwickelt, ruht er in den Romanen und Novellen *Josef Ranks* in dem Mißverhältnis zwischen Darstellung und Inhalt. Rank ist ein fleißiger Schriftsteller; im vergangenen Jahre erschien von ihm »Sein Ideal«, »Von Haus zu Haus, kleine Dorfgeschichten« (Leipzig, Voigt & Günther, 1856) und »Achtspännig« (Volksroman, Leipzig, Mendelssohn, 1857), in zwei Bänden.

Viel Material, aber wenig Eigentümliches, wenn man die Manier nicht so nennen will. Die Manier ist hier, das Kleinste und Alltäglichste zu idealen Höhen hinaufzuschrauben und die vorübergehenden Verhältnisse des Lebens mit dem Auge zu betrachten, wie wenn Scipio Karthago verbrennt oder Julia den toten Romeo an ihrem Sarge sieht. Freilich empfindet der Fuhrmann im Kittel Schmerz und Freude so gut wie Hamlet oder Desdemona, aber es ist nicht wahr, daß er sie so äußert wie jene. Die Liebe eines Bauernmädchens mag reiner, mag natürlicher sein als die Leidenschaft, die in den Versen der Sappho und in den Briefen von Julie Lespinasse lodert, aber warum ist sie *schöner?* Am wenigsten ist sie es, wenn sie sich mit solchen Blumen schmücken will, wie Julie ihre Liebe zu Romeo schmückt!

»Achtspännig« ist die Bekehrungsgeschichte – eines Frachtfuhrmanns, der aus einem Todfeind der Eisenbahnen zu ihrem Freunde und Anhänger wird! Es ist eine Allegorie von den Ruinen der Schlösser, aus denen die Bauern der Nachbarschaft Steine zum Bau ihrer neuen Häuser brechen. Die Konflikte, die bei Melchior Meyr Herzensirrungen, Kämpfe zwischen Söhnen und Vätern, in Otto Ludwigs Novelle einschneidende, allgemeinmenschliche und tragische sind, haben hier einen sozialen Hintergrund gewonnen und die Färbung von Prinzipienstreiten angenommen; darum ist ihre Lösung eine zweifelhafte, nur für diesen einen Fuhrmann Weringer eine gültige und bruchlose. Denn nicht jedes »Alte« geht segenwünschend dem »Neuen« in ihm unter und auf, nicht jedem löst sich der Kampf seines Lebens so rein und leicht. Poesie, wie wir sie verstehen, Durchdringung und Durcharbeitung des Gegebenen zur Idealität, findet sich in diesem Roman wenig, wohl aber

Abkonterfeiung des Dorfs, seiner Spiele und Feste, seiner Leiden
und Stürme, ja sogar seiner Pferdekrankheiten. Es ist wie in der
alten Dresdener Galerie, wo 50 Bilder Wouwermans nebeneinan-
derhingen. Und dennoch, welche Abwechslungen, welch überra-
schender Farbenwechsel bei alledem bei diesem Maler! Wie weiß
er seine Themata – Reiterschlachten oder Ausritte zur Jagd – beständig durch einzelne kleine Züge neu und frisch zu gestalten!
Wie grau, wie eintönig aber und ewig einerlei ist alles in euern
Dorfnovellen!

Am anziehendsten sind die kleinen Bilder, die Josef Rank in seinem »Von Haus zu Haus« entwirft; hier hat ihm in der Land-
schaftsmalerei Stifter zum Vorbild gedient. Schade, daß dem
buntfarbigen Schmetterling dabei sein bester Schmelz von den
Flügeln gewischt worden ist! Die Erwartung wird in diesem Buche
nicht getäuscht; man findet, was man gehofft: Genrebilder. Die
letzte Erzählung: »Klärchen«, leidet mit dem plötzlichen Hinein-
spielen einer sentimenalen Romantik an dem Zwiespalt, von dem
wir oben sprachen. Die Ostades sollten sich keine Raffaele dünken;
eine Bemerkung, die indessen nicht dem bescheidenen und immer
anspruchslosen Wirken und Dichten Josef Ranks gelten soll.

Nach Jeremias Gotthelfs Tode bleibt nächst Rank der Sinnigste
und Bedeutsamste auf diesem Gebiete immer *Berthold Auerbach.*
Nach Versuchen, in diese oder jene Sphäre, die eine größere Ge-
staltungskraft und selbsterfindende Phantasie erfordert, abzu-
schweifen, kehrt er am glücklichsten immer wieder auf das Gebiet
zurück, wo er auf festen, heimatlichen Boden tritt und ihm Wirkungen von seltenem Reiz gelingen.

Indessen hat uns »Barfüßele« (Stuttgart, Cotta, 1856) nur in seinem letzten Drittel befriedigt. Sogar gefahrvoll erscheint uns die
Weise zu sein, der sich der Dichter in dieser Erzählung bis Seite
166 ergeben hat. Es ist der idealisierte Realismus, der, wenn er
sich bei seinen Verschönerungen und Vertiefungen die Miene gibt,
doch nur die Natur und nichts als die Natur zu wollen, der verwerflichste von allen ist. Ein Mädchen, das auf dem Dorfe nur
barfuß geht und die Gänse hütet, wird immerhin verständiger sein
können, als ihre platte, gewöhnliche, ja schmutzige Situation zunächst mit sich bringt; aber so hoch hinaus potenziert, wie es hier
geschehen ist, wird die Erscheinung unwahr und theatralisch. In
einer unendlichen Monotonie ziehen sich geradlinig fort von diesem Mädchen Charakterzüge, die fast sämtlich den Stempel der

Abstraktion tragen. Statt daß wir von ihren nächsten Sorgen, z. B.
um die Gänse, unterrichtet würden, entwickelt sie an ihrem Leben
eine Reihe von zufälligen Aperçus, die nicht auf ihrem eigenen
Anger erblüht sein konnten, sondern nur den Beobachtungen aus
dem Leben der Bildung entnommen sind. Ihre Urteile über Orden,
ihr Geldwegwerfen, ihre Betrachtungen über den Wind, ihre Rätsel, ihre Lieder sind künstlich auf sie übertragene Kollektaneen
des Dichters, der mit seinem eigenen Selbst aus dieser Theaterfigur
überall herausschaut.

Die Wirkung ist verfehlt aus einem doppelten Grunde. Einmal
ist diese überreife, sich vordrängende Apartheit und dreinredende
Besserweisheit der Gänsehirtin unerquicklich an sich und läßt uns
kein weises, nur naseweises Mädchen kennenlernen. Dann aber
auch befindet sich der Dichter in dem Grade in Bewußtheit über
diese Persönlichkeit, daß er sie bis zum Schöntuenden ausmalt.
Nie ist der Autor so weit über die Grenze der Anmut bis zum Lo-
vely oder dem Albumstil hinausgegangen wie in diesem bunten
Aufputz einer Unmöglichkeit. Er legt seiner Heldin Stimmungen,
Traumzustände, Naturschauer unter, die nur dem süßlichsten, alles Inhaltlose liebenden Geschmack der Zeit an *dieser* Stelle glaubhaft sein können. Schon die Titelüberschriften seiner Kapitel: »Es
klopft an«, »Er ist gekommen«, »Tu' dich auf!« »Die ferne Seele«
u.s.w., beweisen des Autors Absichtlichkeit, ein objektives Bewußtsein über den preziösen Zweck und die zu seiner Erreichung
gebrauchten Mittel.

Von Seite 166 jedoch an kehrt dem Dichter sein besserer Genius zurück. Nehmen wir die preziöse »Silbertrab«-Episode, ohnehin Nachahmung einer Gottfried Keller'schen Situation, aus, so
wächst von da ab seine alte Kraft und reißt uns, da es zugleich zu
Lust und Freude geht, in mächtiger und gesunder Umarmung fort.
Worin liegt hier plötzlich der unwiderstehliche Zauber? Darin,
daß die Situation wirklich ein untergeordnetes Magdtum seiner
Heldin *notwendig* mitsichbringt. Stört auch da und dort wieder jenes altkluge und vorwitzige »Hör' du, das mußt du nicht tun!« u.
s. w. – so verschwinden diese gesuchten Bewußtheiten doch gegen
die nun sich notwendig ergebende Wahrheit der anderweitigen
Umstände und trefflich gezeichneten Personen.

Als wir jedoch die Erzählung zu Ende hatten, war es uns bei alledem, wie wir bei dieser ganzen Literatur des Realismus immer
empfinden. Die Drehorgel schweigt und die Figuren, die durch den

innern Mechanismus des Kastens oben auf seinem Deckel tanzen,
stehen plötzlich in schreckhafter Wirklichkeit mit derselben lachenden Miene, dem aufgehobenen Beine, eben ansetzend zum
Tanz, eben den Mund öffnend zum Sprechen, stumm und starr
vor uns. Es ist uns nur etwas vorgespielt und vorgejodelt worden.
Es fehlt der Nachklang der Wahrheit! Die angeregte Phantasie ist
übersättigt; sie kann, da sie zu viel, zu Objektives, zu daguerreoty-
pisch Aufgenommenes empfing, nichts weiter ausspinnen und ins
Endlose hinaus sich das Leben und künftige Sein dieser Gestalten
mit wahrhaftem Glauben selbst ausmalen. Die tiefe Unwahrheit
dieser Literatur, die mit diesem unleugbaren Kennzeichen doch
gerade wieder eine so lebhafte Provokation an das Geglaubtwer-
den verbindet, macht sie eben deshalb auch zu einer Förderung
der Reaktion. Nur zum Gedankenlosen kann es führen, wenn man
die Roheit, die Unbildung, die religiöse Verdumpfung, die Sittenlosigkeit der Bauernwelt nicht mit derselben energischen Hand an-
faßt, die ihr doch habt, wenn ihr – auf andern Gebieten aufräumt!

Diese Betrachtung auf Malerei, auf Musik, auf Plastik auszu-
dehnen (wo der Realismus es auch noch dahin bringen wird, daß
wir uns seine Schöpfungen eher in Dragée als in Marmor ausgeführt denken müssen), liegt nahe. Doch brechen wir sie für heute
ab, um sie gelegentlich wieder aufzunehmen.

7.3 [Walter Scott und] *Der historische Roman.*

Nachdem die letzten Stanzen des großen Heldengedichtes Napoleon in den Trauerweiden auf St. Helena verklungen waren und
sich die Weltgeschichte so dicht vor jedermanns Augen entwickelt
hatte, daß man das Schnurren der Räder und das elektrische Spinnen des Weltgeistes mit sah und vernahm; da hatte sich die ganze
europäische Phantasie in den Spinnweben historischer Kombinationen verfangen; man machte aus Spaziergängen Begebenheiten,
aus Erholungen Tatsachen; man wollte nichts mehr anerkennen,
als was auf historischen Fundamenten beruhte. Die Politik, welche
Napoleons Bienenmantel an die siegreichen Kriegsknechte in einzelne Fetzen zerschnitt, blätterte in alten Pergamenten; die Philosophie, ermüdet von den vorangegangenen Luftspiegelungen und
Fantasmagorien, begann aus der Geschichte nachzuweisen, daß
man auch früher um die Breite eines Haares sich gestritten hatte;
auch die Poesie, diese schüchterne kleine Mondscheinnymphe, die

sich früher nur mit der Historie abgegeben, höchstens, wenn es
den Ahnungen der Zukunft galt, wandte sich jetzt auch rückwärts
und schlüpfte in alte Zeiten und Erinnerungen, drängte sich gra-
ziös durch Jahreszahlen, Friedensschlüsse, Landtagsabschiede, sah
Feldschlachten und Belagerungen zu und tupfte oft recht naiv in
Blutströme, von denen sie kaum wußte, warum sie vergossen waren. So entstand die historische Romantik, deren großer Apostel
Walter Scott war.

Walter Scott ist einer der größten Detaildichter, welche nach
Homer gelebt haben. Die Brautkränze der Liebe, welche er zwischen die Lücken der Geschichte hing, mögen von fabelhaften
Bäumen gebrochen, all das romantische Moos, womit er die kleinen Löcher der Tatsachen verstopfte, mag von trügerischen Was-
sern genommen sein; an die Wahrheit streifte er nahe heran, so
nahe und so entfernt, als er mußte, um Dichter zu bleiben. Er hat
der Geschichte ein bezauberndes Relief gegeben; ja noch mehr, er
löste der stummen Vergangenheit das Zungenband, und, siehe, sie
sprach in Lauten, welche wir noch alle verstanden. Was Schade
für seinen Toryismus! Es ist wahr, er gehörte zu jener abscheulichen Partei, welche servil und näselnd die legitimen Lilien küßte,
er ist ein ganz feudaler Mensch gewesen, ein Chouan, ein Vendeer; aber seine Dichtungen sind meisterhaft, und der originelle
Professor meiner Schuljahre hatte ganz Recht, wenn er uns sagte:
Leute, während ich hier Geschichte vortrage, und ihr da unter
dem Tisch heimlich Bücher lesen wollt, duld' ich absolut nur zwei
Schriftsteller zu diesem Zweck, den Tacitus oder den Walter
Scott! Denn beide haben für die Geschichte gleichen Wert. Dieser
treffliche Professor hieß Brunnemann.

Erst die Nachahmung der historischen Romane Scotts war es,
welche diese Gattung der Poesie etwas verdächtig machte. Die
Stereotypie wurde erfunden nicht nur im Druck von Tauchnitz,
sondern auch im Roman von andern Taugenichtsen. Bestimmte
Figuren wurden stehend in den historischen Romanen, namentlich
die Meg Merilies, und allmählich war der historische Roman her-
untergekommen auf ein Amalgam von Sentimentalität, Unglück
und Weltgeschichte, auf eine unverantwortliche Zuschneiderei von
Tatsachen. Unsre Vandervelde und Tromlitz verarbeiteten einen
Band der Becker'schen Weltgeschichte nach dem andern. Sie zer-
setzten mit ihren hergebrachten Erfindungen jedes beliebige Stück
Geschichte. Es sind dieselben Zärtlichkeiten, dieselben Nebenbuh-

ler, dieselben Hindernisse der Verheiratungen, welche in allen ihren Romanen wiederkehren, und sich nur durch das Kolorit und
die Situation unterscheiden, die sie verschiedenen Zeiten und Völkern entlehnen. Das nannte man die Geschichte romantisieren, obgleich es nichts war, als eine Verstümmelung der Begebenheiten,
ein Herabziehen wichtiger und ernster Zeitabschnitte in das Interesse oft sehr matter Erfindungen und unzulänglicher Charaktere ...

7.3.1 [Levin Schücking über Charles Dickens, und Gutzkows re-
daktioneller Kommentar]

1.7 [Levin Schücking]

Dickens ist Redakteur und Herausgeber des Bentley Miscellany,
einer monatlich erscheinenden Sammlung von Erzählungen, Novellen, Schwänken u. s. w., die in England in keinem besondern Ansehen stehen, und worin jetzt der »*Oliver Twist, der Pariser Lehrjunge*«, in Fortsetzung erscheint. Dann hat er die nachgelassenen
Papiere des Pickwick-Clubs, die Streets, Morning, Noon and
Night und A treatisc on young Ladies and young Gentlemen herausgegeben. Jetzt liegt uns vor: *Leben und Abenteuer des Nikolaus Nickleby. Übersetzt von K. H. Hermes.* Mit Federzeichnungen nach Phiz. Braunschweig bei Westermann, 1838 ...
Unser Autor besitzt einen Anspruch auf Verdienst und Anerkennung, den wir weit entfernt sind, ihm schmälern zu wollen; das
ist eine ganz außerordentliche Gabe der Beobachtung. Wenn es
darauf ankommt, die schlechten schmutzigen Triebfedern der
menschlichen Handlungen zu erspähen, und das gewöhnliche Leben zu schildern in der Nichtigkeit der meisten Interessen, um die
es sich wendet, in der gemütlosen Härte und der rücksichtslosen
Selbstsucht, von der es beseelt ist, und dem auch die Bessern sich
anschließen oder überwältigt werden müssen – hat Dickens die
ganze tiefe Seelenkunde, welche die Schöpfungen der ältern englischen Romanschriftsteller verherrlicht. Aber diese Beobachtungsgabe, weit entfernt, als Resultat bei ihm eine großartige und umfassende Weltanschauung zu haben, verschwendet ihre Ausbeute
an eine Welt, die gar nicht existiert, wie die des Pickwick-Clubs,
oder faßt nur die Schattenseiten des Lebens ins Auge und zeigt
ihm dasselbe zu oft da, wo es von Verworfenheit beherrscht ist,
oder wenigstens, wo es von Gemeinheit und Unverstand verzerrt

wird. Diese Elemente der Gesellschaft werden alsdann auf das äußerste übertrieben in ironischen Schilderungen, deren Satire sich mithin nicht immer auf die Torheit und die Fehler der Menschen, sondern auch auf ihre Dummheit und ihre Laster richtet. Da hört die Satire auf, sowohl nützlich als amüsant zu sein und vernichtet sich selbst. Wenn Dickens uns das Bild von einem Schullehrer entwirft, der wie sein Squers in Nikolaus Nickleby nicht etwa ein unwissender mürrischer Pedant, sondern ein eingefleischter Teufel von unmenschlicher Bosheit ist, von einem Habsüchtigen, wie sein Oheim Ralph Nickleby in demselben Buche, der ein ausgemachter Halunke ist, so sind diese Charaktere nicht allein unpoetisch – darauf darf man bei unserm Schriftsteller ein für allemal nicht sehen – sondern auch unwahr und übertrieben. Wären sie aber auch aus der Wirklichkeit gegriffen und hätte eine traurige Erfahrung von ihrem Dasein überzeugt, wer möchte dann mit breiter Behaglichkeit und in dem spaßhaften Tone des Herrn Boz solche Gestalten ausmalen, um allen, welchen der Glaube an die Menschheit noch nicht erschüttert worden ist, ihn schonungslos zu entreißen, was ohnehin früh genug in diesem wirren labyrinthischen Getriebe geschehen kann, wo so manchem von keiner fürsorgenden Ariadne ein leitender Faden gegeben wird!

Der Künstler braucht nicht immer zu idealisieren; er darf aber auch nicht umgekehrt negativ idealisieren und das Graue schwarz malen; sonst wird er Karikaturenzeichner und unter den Dichtern das, was unter den Mimen der Bajazzo ist, der übrigens auch sein Verdienst haben kann. Macht Dickens keine weitern Ansprüche, als auf diese Stellung, wie wir nach den nachgelassenen Papieren des Pickwick-Clubs sie ihm zuerkennen müssen, so kann man freilich nichts dagegen haben; in dem Leben des Nikolaus Nickleby aber werden wir zu Zeugen von Situationen gemacht, treten Personen auf, welche eher Weinen denn Lachen erregen müssen und den höchsten Ernst erfordern. Da wird eine Erziehungsanstalt, die Totenbuschallee, geschildert, in der ein wahres Ungeheuer von Grausamkeit die ihm anvertrauten Kinder unter einer mehr als viehischen Behandlung, die, wie es da heißt, bis zur Schinderei geht, verschmachten läßt, oft mit dem Willen der Eltern, welche die unglücklichen Opfer als Zeugen ihrer Schuld oder als Vorkinder des einen Ehegenossen von der Erde vertilgt wünschen. Ist das ein Gehalt, den man in eine humoristische Form gießen kann? Uns scheint es so absurd, als wenn Herr Phiz, welcher nebenbei gesagt die Stellen des Buches nicht immer gelesen hat, die er durch seine Federzeichnungen veranschaulichen will, solche Gegenstände auf eine Weise darzustellen sich bemüht, die unser Gelächter erregen soll.

Dieser Zwiespalt zwischen Gehalt und Form im Nikolaus Nickleby ist es, der den Humor unsres Autors vernichten müßte, auch wenn er mehr geistigen Beruf dafür hätte. Jener liebenswürdige britische Humor, der zuerst in Chaucers Canterbury Tales auftaucht, wo ihn vornehmlich die Diener der Kirche wecken, durch den Kontrast, in welchem ihr spiritueller Beruf mit der materiellen Art steht, in der sie diesem Berufe nachkommen – ist wie ein köstliches Erbstück von einem englischen Autor auf den andern überkommen, und zieht sich durch Shakespeare und seine Zeitgenossen, Butler, dann Swift, Sterne, Smollet, u. s. w. bis auf Walter Scott und den ganz England angehörenden Washington Irving herab, ja bis auf Bulwers zuerst erschienenes Buch Pelham; da aber hört der Strom zu fließen auf; die neuern Schöpfungen Bulwers haben einen unverschleierten Ernst und der Humor ist bei ihm verschwunden, woraus es übrigens Unrecht wäre, einen Vorwurf zu machen, da seine andern Vorzüge dafür mehr als entschädigen. Nun ist von Marryat und von Dickens der Versuch gemacht, den bunten neckischen Vogel, der von Albion fortgeflogen, wieder einzufangen; der Flottenkapitän läßt alle seine Mates, Seekadetten, Matrosen und Bratswains dazu los und mit dem heave-ho-yeo geht's hinter ihm drein in die See; unterdessen zieht bei Dickens eine gelehrte Gesellschaft aus, um ihn zu entdecken und Schulbuben, Lehrjungen u. s. w. durchsuchen Hecken und Sträucher nach ihm. Die gelehrte Gesellschaft ist glücklicher, als mancher andere; sie findet wirklich etwas, aber es ist nur das Gespenst des Humors, es ist der *Spaß*, der Sperling statt des Paradiesvogels. Bei Marryat ist ein Mißgriff dieser Art kein Wunder; er schneidet alle Riemen seines künstlerischen Daseins aus seinem eigenen Felle, und sie sind dann auch oft ledern genug. Bei Dickens aber ist es um so mehr schade, als er in den Episoden, welche er in seine Schriften gewebt hat, zeigt, wie er für eine ernste Schreibart unverkennbaren Beruf hat und sowohl geist- als gedankenreich genug ist, um auf diesem Felde Lorbeeren zu pflücken . . .

Die fünf Schwestern von York im Nikolaus Nickleby sind eine so anmutige Erzählung, wie wir je uns eine gelesen zu haben erinnern, und die gleich darauf folgende Erzählung von dem deutschen Baron in diesem Buche ist ebenso lobenswert, wie überhaupt nichts interessanter ist, als eine Abspiegelung der deutschen Vorzeit in einem englischen Gemüte. Unser Mittelalter wird von keinem Volke, selbst von unserer eigenen schwindelnden Romantik nicht, so treu und wahr aufgefaßt, als von englischer gesunder und derber Tüchtigkeit, die das nahe Verwandte in den Zuständen dieser Zeit am richtigsten und leichtesten herauszufinden weiß. Man muß dies jedoch auf die äußerliche Auffassung beschränken; die innere Idee, das deutsche Gemüt, welches gerade im Mittelalter seine schönsten Blüten trieb, hat noch kein Ausländer und am wenigsten der so am Äußern klebende, vorurteilbeherrschte Brite zu würdigen gewußt.

Oft allerdings ist bei Dickens ein Nachklang des alten wahren Humors zu bemerken, und seine Satiren mögen mitunter so sein, daß für die maßlos verschrobene Gesellschaft etwas Heilsames in ihnen liegt; einer Welt, wie seine Pickwickier sie konstruieren, wollen wir den Anspruch auf dichterische Existenz nicht bestreiten, obwohl sie um Vieles dichterischer sein könnte; seine Figuren Sam Weller in dieser Schrift und Mr. Bumble im Oliver Twist sind wahrhaft ergötzlich, letztere besonders im Anfange; denn gegen das Ende hin ist sie sehr abgeschwächt; im allgemeinen aber wird uns statt des Humors nur Spaß aufgetischt, und selbst dieser ist nicht immer derb, körnig und schlagend, sondern meistens matt, schal und stumpf, die niedrigste Art der Prosa. Seine Situationen sind zuweilen komisch, aber weit öfter albern und verfehlt. Der Stil hat etwas Eintöniges, er hat Ähnlichkeit mit einem Klepper, der von Zeit zu Zeit um sich schnaubt und dann seines Weges weitertrabt, bis er an die heimatliche Heuraufe gelangt ist. In einem solchen Schlächtertrabe aber erjagt man den Humor nicht; dazu gehört eine edlere Zucht, ein flüchtiger Kenheylan, der über Schluchten und Abgründe setzt, und mit der Schnelle des Lichtes über alle Schranken fliegt, welche die nüchterne Vernünftigkeit um ruhiger Leute Kohlgärten gezogen hat und gern zu befriedeten Immunitäten machen möchte.

Nur wenn Dickens einer ernsten Schreibart sich zuwendet, sind wir berechtigt, Bedeutendes von ihm zu erwarten. Der wahre Humor aber wird, wie es scheint, eine Folge unserer immer mehr steigenden geistigen Entwicklung einerseits, und der immer mehr sich materialisierenden Lebensgestaltung andererseits, aus dem Kontraste des spirituellen und materiellen Elements, die sich

immer näher rücken, jetzt so, wie er einst bei Chaucer
daraus hervorging, ein Eigentum des deutschen Volkes werden.

1.7 [Anmerkung Gutzkows]

Auch wir von unsrer Seite wollen dem *Oliver Twist* z. B. eine
gute Beobachtung englischer Volkssitten, eine treue Zeichnung
niedrer Charaktere und eine achtbare gegen das englische Armen-
system gerichtete Tendenz nicht absprechen. Indessen stoßen auch
wir in allen Arbeiten dieses *Boz* auf eine *Häßlichkeit,* die sich
durch Naturtreue nicht entschuldigen läßt. Der Humor dieser Romane ist so karikatur- und fratzenartig, wie die Zeichnungen zu
ihnen, die wir unausstehlich finden. Die Engländer von heute können starke Portionen *häßlicher* Naturwahrheit vertragen; wir
Deutsche aber sollten Protest gegen den Unfug der deutschen
Buchhändler einlegen, die uns durch ihre Übersetzungsfabriken allerhand Schmutz und packleinene Literatur aus dem Auslande
bringen und durch solche Fratzengebilde wie diese Boziana sind,
nur den geläuterten Geschmack der Nation verderben. Es weht ein
Branntweingeruch durch diese pseudo-humoristischen Romane;
eine stinkige, ordinäre Unfläterei; ein totaler Mangel an aller idea-
lischen Färbung. Es ist gut, wenn der Dichter die Natur belauscht;
aber vor dieser öligen, schmierigen, steinkohlenqualmigen *englischen* Natur möge uns der Himmel bewahren!

7.3.2 [Kellers] *Die Leute von Seldwyla.*

Unter diesem Titel hat *Gottfried Keller* (Braunschweig, Vieweg,
1856) einige Erzählungen herausgegeben, die schon durch den Namen des Verfassers mehr beanspruchen dürfen als nur die einfache Würdigung des fesselnden oder langweilenden Inhalts derselben.

Gottfried Keller ist ein Schweizer und gibt sich schon seit ge-
raumer Zeit in unserer Literatur mit einer gewissen Sondertüm-
lichkeit. Er gehört zu den neuern Autoren, die von der fast
ausschließlichen Wendung unserer Literatur zur Erzählung und
zum provinzialen Kolorit derselben den Vorteil gezogen haben,
daß sie nur im Tone ihrer Heimat zu reden und ihre Jugendein-

drücke auszubeuten brauchten, um sogleich am Parnaß eine zuvorkommende Begrüßung zu erleben. Auch er besitzt ein reichgefülltes Gedächtnis mit allerhand Schnurren und Schnacken und Schwänken, von seltsamen Abenteuern und Menschen und Erlebnissen aus seiner Gegend her. Er sieht sein heimatliches Wesen mit einer Klarheit vor sich wie ein Maler und hat z. B. in den Kommodenschubladen eines sentimentalen Dienstmädchens mit einem solchen Scharfblick gestöbert, daß man seine innigste Freude haben muß an den Prachtstücken von gemalten Stilleben dieser Sphäre, wie sie kein Wilhelm Kalf, kein Melchior Hondekoeter naturtreuer geschildert haben. Sowie aber der Autor seine Sphäre, d. h. die Erinnerung, verläßt, wandelt ihn denn doch ein auffallendes Ungeschick an, daß man sagen möchte, er gibt Opferschalen in der Gestalt von Butterbüchsen und läßt Menschen vor uns wandeln, denen die ledernen Hosen am Halse zugeknöpft sind. So erzählt in der ersten Geschichte ein schweizerischer Oberst Dinge, die er in Indien erlebt haben will und die ebenso gut in einem Puppenspiel sich ereignet haben könnten. Der vernünftige Mann, der in Frankreich ein Regiment kommandiert, erzählt sie zwei schlafenden Personen, ja in der Manier des Verfassers hätte er sie ebenso gut seinem Stiefelknecht können erzählen lassen.

Die Geschichten von der Mutter Regula und den feindlichen Montechi und Capuleti auf dem Dorfe sind ganz vortrefflich. Sie werden denjenigen doppelt erfreuen, der die Phantasie und Lokalkenntnis besitzt, sich in all die kleinen schweizerischen Situationen zu versetzen, denen diese Vorgänge entnommen sind. Auch ist der malerische und poetische Blick des Autors in solchen Geschichten sehr bedeutsam. Er macht nicht viel Worte z. B. von den plastischen und dramatischen Effekten, die in den von ihm einfach geschilderten Tatsachen liegen; er läßt den Leser ergänzen und auf das selbst aufhorchen, was zu seiner erzählenden ersten Violine sozusagen der Baß des Schicksals brummt.

Und doch zeigen wieder die beiden letzten Erzählungen des Buchs, wie man zurückhaltend und behutsam sein muß in solchen Zugeständnissen an den Autor. Nicht, daß auch einmal seine Erzählungen weniger anziehend sind; darauf kommt an sich wenig an. Mißlich nur ist an dem Verfasser, daß er in seiner Eigenart auffallend breitspurig und behaglich und an seinen zuweilen recht schwachen Witzen, wie in den »Kammachern«, so gar gefallsüchtig sein kann. Gewiß, Gottfried Keller beobachtet sehr scharf; er

hat viele Dinge (und Menschen ohnehin) im Nachtkleide, unge-
kämmt und ungewaschen gesehen; er enthüllt viel Allgewußtes
und Dochnochnichtgesagtes mit Schärfe – könnten wir sagen mit
grausamer Schärfe! Dann wäre in ihm wenigstens ein Wille, eine
Überzeugung vorhanden, ein Aufschwung und eine wallende Regung des Herzens; Phlegma jedoch und Apathie lassen bei ihm
selbst die Satire nicht recht aufkommen. Und so schlendert der
Autor in einer gewissen menschenfeindlichen Selbstzufriedenheit
hin, die uns um die Wirkungen eines großen Talents bringen wird.

7.3.3 [Gutzkow über Stifter als Unterzeichner einer liberalen Presse-Petition]

[Ich geb' hier] das Verzeichnis der Namen, welche unerschrocken
genug waren, gegen das bestehende österreichische Zensursystem
aufzutreten. Die Petition war von folgenden Unterschriften begleitet:

Grillparzer. Dieser edle und tiefsinnige Dichter bekleidet die
Stelle eines Archiv-Direktors. Ihn hat das System allmählich
stumm gemacht; denn Weltklugheit war seinem redlichen Dichter-
herzen nicht gegeben. Sogar patriotisch, sogar niederösterreichisch
zu dichten machte ihm die Etikette unmöglich. Unmut und durch
Tränen lächelnde Resignation haben sich seiner Seele bemächtigt.
Er schafft, er dichtet im Stillen für sich, läßt aber an den Frost der
Verhältnisse von seinem warmen Busen nichts fort und hofft auf
einen Frühling, den vielleicht nicht mehr er selbst, aber sicher seine Werke erleben.

A. von Ettingshausen, der berühmte Physiker.

Bauernfeld, der gesinnungsvolle Anreger der Petition. In seiner
Stimmung Grillparzer verwandt, aber weniger entsagend. Dieses
feurige Gemüt muß sich austoben. Diesen edlen Wein kann die
Zensur nicht um seine Gährungen bringen. Man fürchtet seine gesellschaftliche Stellung, man duldet seinen Freimut, man läßt ihm
mehr, als den andern, hingehen. Sein großes dramatisches Talent
ist eine zu wesentliche Stütze des Burgtheaters, als daß man es
ganz mit ihm verderben kann. Man hat ihm seinen »deutschen
Krieger« unverstümmelt durchgehen lassen, ein Schauspiel, dessen
polemische Anlage man nur hier, dessen dramatische Wirkung
man nur auf dem Burgtheater versteht. Die Kritik hat sich die
Analyse dieses Stückes etwas leicht gemacht. Zwei Prinzipe stehen

sich gegenüber, *die Feder und das Schwert, die Bürokratie und die frische, freudige Tat, die Unterwürfigkeit unter den knöchernen Buchstaben* und der stolze Mut des sich selbst Gesetze vorschreibenden edlen Willens. Vermittelnd und verknüpfend zwischen beiden waltet das Prinzip der Aventüre, das Abenteuerliche, das Erträumte, Unpraktische, das uns beschleicht, wenn wir in einem unfreien Verhältnisse nicht leben wollen und in einem freien nicht leben können. Eine Aussöhnung dieser Gegensätze versucht die herrliche Gestalt des Kurfürsten, ohne sie freilich befriedigend zu geben. Das Stück blitzt von Spott gegen das veraltete Schubfächer-, Akten- und Repositorienwesen des Regierens und ist in seiner polemisch-lokalen Bedeutung von Österreich wohl verstanden worden ...

Adalbert Stifter, ein Maler mit dem Pinsel und der Feder, ein seltenes Talent für gemütliches Still-Leben ...

7.3.3.1 [Gutzkow über Stifter]

Zu den Dichtern, die mit Anerkennung auf diesem Gebiete genannt werden müssen, ist auch *Adalbert Stifter* zu rechnen. Stifter hat das Auge des Landschaft- und Stillebenmalers. Er weiß eine einsame Palme in der Wüste wie den endlosen Urwald, einen einzigen Lichtstrahl wie den Sonnenaufgang vom Rigi zu schildern. Man muß oft die Kunst bewundern, mit der er einen Vorgang, der einem halben Nichts gleichkommt, zu einer Quelle angeregtester Teilnahme zu erheben weiß. Leider geht es dabei nicht immer ganz mit natürlichen Dingen zu und gestehen wir deshalb, daß die Worte in Bd. I, Nr. 31 dieser »Unterhaltungen«:

Glanz und Duft genug! Die Veilchen duften Patschouli,
Diamantenbesäet ist die Flur von Tropfen des Taues,
Ja die Träne sogar malt en émaille dein Pinsel!

auf das Extrem eines Dichtens gehen, wo das Was wird erzählt? nicht immer mit dem Wie wird erzählt? in gleichem Verhältnis steht.

7.3.3.2 [Eine Stifter-Anekdote]

Wie die Großen rechnen lernen –! Adalbert Stifter erzählte mir,
er hätte in Gegenwart der Fürstin M. ihren Sohn, dessen Lehrer er
war, die Aufgabe machen lassen, zu berechnen, wie viel zwölfka-
ratige silberne Löffel sich aus sechs Dutzend dreizehnkaratigen
herstellen ließen, wenn jene ein Lot schwerer hätten wiegen sollen,
als diese. Der junge Prinz rechnete und rechnete. Endlich unterbrach die durchlauchtigste Frau Mutter seine Anstrengungen mit
den zornigen Worten: »Aber bester Herr von Stifter, wenn dergleichen bei uns vorkommt, so schickt der Ouvrier einfach die
Rechnung, und wir bezahlen sie!«

7.3.4 [George Eliots] *Adam Bede.*

Einem wackern Männerherzen – Adam Bede, erblüht aus der
schmerzlichen Niederlage seiner treuen Liebe zu einer die Erwiderung derselben verschmähenden, nur in unwürdiger Selbstliebe
versunkenen und endlich zu Grunde gehenden eiteln Natur – Het-
ty, der ihm reichlichen Ersatz bietende und in Wahrheit sein Lebensglück sichernde Gewinn einer in reinster Gottes- und Menschenliebe aufgegangenen edeln Weiblichkeit – Dina.
Das der einfache Inhalt der allbekannten Erzählung »Adam
Bede« von *George Eliot,* in Übertragung von Julius Frese (zwei
Bände, Berlin, Fr. Duncker, 1860).
Daß Dina Methodistin ist, wird ihr keine erhöhte Sympathie
beim deutschen Leser erweckt haben, der im Methodismus mit
seinen enthusiastisch schwärmerischen Bibeldeutungen und An-
dachtsübungen, seinen überschwenglichen Erleuchtungen und unmittelbar göttlichen Eingebungen nur einen kopfhängerischen Pietismus zu sehen pflegt, ohne dessen praktischen Nutzen durch seine wohltätige sittliche wie materielle Förderung der ihm vorzugsweise angehörenden niedern und arbeitenden Volksklassen zu bestreiten. Die Verfasserin bedurfte wohl für die ihr eigentümliche
extrem minutiös-realistische Darstellungsweise eines idealen Ge-
gengewichts; sie bedurfte für den eben durch diese minutiöse Manier bedingten engen und beschränkten Rahmen ihres Romans –
ein Dorfleben – eine weitere Anschauungen zulassende kulturge-
schichtliche Perspektive. Für beide Bedürfnisse durfte ihr der Methodismus geeignet erscheinen, da er mit der bescheidenen Stel-

lung der von ihr zu schildernden Personen und Verhältnisse harmonierte.

Die ganze Schwerkraft des Romans, welcher allein sein glänzender Erfolg in England zuzuschreiben ist, liegt in der realistisch-minutiösen Auffassung und Schilderung von Menschen, Dingen und Verhältnissen. Beide Momente werden von der Verfasserin mit so liebevoller, erschöpfender Hingabe und so künstlerischer Virtuosität durchgeführt, daß kaum ein Übertreffen der hierdurch von ihr erzielten Lebenswahrheit und Naturtreue denkbar ist. Sie hat sich begeistert für die ihr von ihr selbst gestellte Aufgabe, Menschen und Dinge *gerade nur so* zu schildern, wie sie *in der Wirklichkeit sind,* und zwar wie sie haarscharf genau bis in die feinsten Subtilitäten sind.

Als Spezialität lassen wir diese bis zur höchsten Potenz getriebene Methode gelten, wünschen aber nicht, daß sie allzu große Nacheiferung fände, weil sie den Dichter offenbar in zu enge Grenzen bannt. Um so ängstlich, pedantisch, gleichsam photographisch Menschen und Dinge abnehmen zu können, dürfte der Dichter sich nicht mehr über seine allernächste Umgebung hinauswagen und nichts anderes als die Misere des Alltagslebens zum Thema nehmen. Er müßte den Höhen des Lebens, die ihm fast nie unmittelbar zugänglich sind, fern bleiben, auf weltgeschichtliche Perspektiven verzichten und so um kleinerer Wirkungen willen größere dichterische Ziele aufgeben. Es wird dem Leser auch hier vor all den Handwerkern, Pächtern, Schulmeistern, Landgeistlichen, Gutsbesitzern, Müttern, Basen zuletzt doch ganz flau zu Mute. Im Dorfe leben wir und im Dorfe sterben wir! Laßt euch doch endlich auch – im Dorfe begraben!

7.3.4.1 [Gutzkow über George Eliots *Die Mühle am Floß*]

»Die Mühle am Floß« heißt ein vielgelesener neuer Roman von *Miß Eliot* (deutsch von Julius Frese, zwei Bände, Berlin, Duncker, 1861). Die Verfasserin, aus einer der nördlichen Grafschaften Englands gebürtig, wählt die kleinen Verhältnisse ihrer speziellen Heimat zum Schauplatz ihrer Erzählungen. In »Adam Bede«, womit sie zuerst mit großem Glück vor das Publikum trat, begegneten wir ihr auf demselben Gebiete. In einem engen Rahmen sind diese Stoffe gefaßt. Was die Welt im großen und ganzen bewegt, liegt diesen Personen fern. Eng ist der Horizont, welchen die Lo-

kalinteressen eines Dorfs begrenzen und dessen Bewohner einen
eigenen Dialekt reden wie bei uns in der Dorfgeschichte.

Die kleine Mühle am Floß – wie man sagt der Geburtsort der
Verfasserin – gehört einem betriebsamen Manne, der nicht schreiben kann. An seinem einzigen Sohne will er gut machen, was seine
Erziehung zu wünschen übrig läßt. Er sendet ihn darum zu einem
Landgeistlichen in die Schule. Damit beginnt die Erzählung.
Maggie, die Tochter, mit schwarzen Glutaugen und Rabenhaar,
des Vaters Liebling, trennt sich ungern von dem lichtblonden Bruder Tom. Das Mädchen hat Geist, der Knabe Charakter. Sie folgt
stets ihrer Neigung, er seinem Begriff vom Rechten. Oftmals erfährt sie daher seinen Tadel. Die Kinder wachsen heran. Indessen
verliert der Müller durch einen Prozeß mit seinem Todfeinde die
Mühle und ist nun ein armer und geschlagener Mann. Tom arbeitet für den Vater und ruht nicht, bis er dessen Schulden gedeckt
und die Mühle zurückgekauft hat. Maggie hat indessen mit dem
Sohne des Todfeindes kleine heimliche Spaziergänge gemacht und
sich mit ihm über Shakespeare unterhalten. Auch sie möchte gern
recht gut und brav handeln; nur kostet es ihr einen schweren
Kampf, wenn ihr Vergnügen dadurch beeinträchtigt wird. Tom
weiß in der ersten Minute, was er zu tun hat; sie braucht Tage
und Wochen, sich zu entschließen, und während sie schwankt, verliert sie sein Vertrauen.

In der Zeichnung der Charaktere dieser beiden Kinder liegt das
Verdienst des Buchs, um dessen ungenügenden Schluß es schade
ist. Kaum ist das Geschwisterpaar ins Leben getreten, so ver-
schlingt es die hohe Flut vor unsern Augen und unsere Hoffnung,
sie noch einmal auftauchen zu sehen, bleibt vergebens.

8. DAS VOLK BEI DER ARBEIT

8.1 *Onkel Toms Hütte.*

Ein Glück, daß die deutsche Flotte verkauft ist; ein Glück, daß wir keine Kolonien haben; ein Glück, daß uns die Frage über die Notwendigkeit oder die Abscheulichkeit der Sklaverei nicht im mindesten persönlich berührt. Wir dürfen somit das Werk der Frau Stowe in Deutschland mit der ganzen Gemütsruhe lesen, die unser Buchhandel voraussetzt, seitdem wir von ihm mit »Onkel-Toms-Hütten« in allen möglichen Formaten und Schriftsorten überschwemmt werden. In Amerika wird dies mit dem ganzen leidenschaftlichen Feuer und der nachdrücklich kaltblütigen Entschiedenheit, deren in solchen polemischen Dingen auch nur Frauenherzen fähig sind, geschriebene Buch mannigfachen Widerspruch gefunden haben; die Engländer und Engländerinnen dagegen fanden hier eine vortreffliche Tröstung, erstens für die enormen Summen Geldes, die ihnen – wie manche gemütlose Nationalökonomen versichern, etwas übereilt und im Ganzen genommen, wie sie sagen, zum Fenster hinausgeworfen – die Emanzipation der Neger kostete, und zweitens Trost für die geringen Wirkungen, welche die gründliche Verachtung Nordamerikas von Seiten aller englischen Ladies und Misses bisher noch immer auf die nordamerikanischen Zustände selbst hervorgebracht hat. Eine Amerikanerin bietet ihnen hier die Waffen des Angriffs gegen ihre eigenen Landsleute dar und wie werden sie geschwungen! Auch die englische Buchhändlerwelt ist außer sich; schon hat sich in London dieses farbigen Stoffes die Bühne bemächtigt, »Punch« wird nächstens Herrn d'Israeli als den Sklavenhändler Haley kenntlich machen.

Für uns Deutsche aber ist es zuvörderst sehr angenehm, dies Buch ohne alle national-ökonomische Kritik lesen zu können. Würde einer bei uns mit gleicher Schonungslosigkeit Proletarierleben, Judenfrage, politische Gefängniszustände darstellen wollen, wir würden von Übertreibung, von raffinierter Absichtlichkeit sprechen oder mindestens geteilter Meinung sein, während die Negerfrage ganz entschieden nur unser Herz, nicht im mindesten unsern Kopf beschäftigt, ja uns die Versicherung, unsere Kattunkleider, Zigarren und Zuckerbäckereien hingen mit dieser schwarzen Frage sehr eng zusammen, auch nicht die mindeste Wahr-

scheinlichkeit hat, einige berühmte Gelehrte und Staatsmänner
vielleicht ausgenommen, die zu der bekannten Schule gehören:
»Dem Reichen ist sein Genuß Arbeit und dem Armen seine Arbeit Genuß.«

Genießen wir also das Werk der Mistreß Stowe mit derselben
ungestörten glücklichen Übereinstimmung wie eine norwegische
Wintergeschichte der Frederike Bremer, bei der unser warmer
Ofen uns alle schrecklichen Schneegestöber behaglich wegtaut,
oder einen Seesturm von Achenbach, bei dem wir nicht nötig haben, in Verzweiflung auf einem scheiternden Schiffe dem überfüll-
ten Rettungsboote nachzurufen: Barmherzigkeit! Nehmt uns auch
noch mit! Wir sehen an dem Buche dieser talentvollen und trefflichen Frau nur das, was menschlich ist und davon ist jede Seite so
vollbeschrieben mit Charakterzügen, daß sie unsere ganze Liebe
und Bewunderung verdient. Wir sagten schon, so leidenschaftlich
streng, so begeistert parteiisch, so unverhohlen und nicht selten
grausam einseitig kann auch nur ein Frauenherz sich äußern,
wenn das einmal ein Übel der Sitte, der Zeit, des Vorurteils, des
Mißbrauchs sich zu bekämpfen vorgenommen hat. Wir Männer
würden dem Hasse hundert kleine Ausnahmen gestatten, wir würden zehnmal wieder unsern Verstand zeigen wollen, wenn wir einmal unser Herz zeigten, wir würden so viel Ja's! und Aber's! Freilich's! und Wenn's! mit in unsern Plan, immerhin streng und polemisch sein zu wollen, mit aufnehmen, daß wir die Frage statt auf-
zuhellen wie immer nur erst recht verwirrten. Jene Frau tut das
nicht. Sie geht dem Gegner ohne Gnade zu Leibe, sie duldet keinen Einwand, sie zieht alle Verschleierungen unbarmherzig von
der Blöße dessen, was ihr als Lüge und Verbrechen erschienen ist,
hinweg, sie ist von einer Unerschrockenheit, die Konsequenzen ihres Themas zu ziehen, daß sie die Übel bis an die Wurzel verfolgt.
Sie kennt die Anwandlungen der Schwäche nicht, die uns Männer
mitten in den mutigsten Entschlüssen überkommen. Gebt den
Frauen Gelegenheit, mehrere solcher Mißbräuche, wie die Sklaverei der »Niggers« auszurotten, sie werden wahrlich und in kür-
zerer Zeit mehr zu Stande bringen als, in allem Ernste gesagt, je
wir sogenannten tatkräftigen Männer.

Neben der Tendenz des »Onkel Tom« ist auch die Charakteri-
stik vortrefflich. Diese Gestalten sind nicht, wie wir deutschen
Autoren leider fast alle schreiben, im Zwielicht einer dämmernden
Studierlampe erfunden oder um Gotteswillen auf Fußwanderun-

gen von der Landstraße, aus den Wirtshäusern und von einigen plauderhaften mitteilsamen Landbewohnern zusammengelesen. Wir wollen darum unsere Stubenfiguren nicht verachten. Sie entsprechen einem Volke, das seine Bildung aus Büchern schöpft und seine Anweisungen zum Handeln meistens nur aus den Instruktionen einer Anstellung nimmt oder aus sonstigen Motiven der europäischen Zivilisation, die uns alle doppellebig macht, Amphibien, halb auf dem Kontinent unserer Pflichten, halb im stillen Ozean der Sehnsucht oder auf den lilienbedeckten Waldseen unserer romantischen Phantasien. Noch mehr, wir haben Augenblicke, wo wir die träumerische Abstraktheit unserer Romangestalten dem Übermaße englischer und nordamerikanischer Realität vorziehen und uns nur verwundern müssen, wie unsere empfindsamen englisierten deutschen Damen Gefallen finden können an Figuren, die wie Mister Wilson, des Mulatten Georg früherer Herr, jede seiner nachdrücklichen Meinungsäußerungen mit einer gespritzten Ladung »Jauche« aus dem im Munde gehaltenen Tabakspfriemen begleitet. Indessen bei so viel Leben und Wirklichkeit geht das Derbste leicht und gefällig mit. Es ist wunderbar, wie diese resolute Verfasserin das Dasein der Menschen in Küche, Keller, Wirtschaft, Frühstückszimmer, bei Mittag- und Abendessen, Toilette, Plätten, Bügeln, Nähen, beobachtet hat. Das übrige Leben, die Kirche und die geistlichen Tees etwa ausgenommen, scheint der Verfasserin etwas verschlossener zu sein. Ihr Mister Shelby tut nicht viel und ihr Mister St.-Clare noch weniger. Man lernt beide nur in ihren Beziehungen zu Gattinnen, Kindern und zum Gesinde kennen. Die Welt des Mannes, der vor seinen Rechnungsbüchern sitzt oder von morgens acht bis vier, auch sieben Uhr abends arbeitet, fehlt in ihrem Buche, wie sie auch das Los der Sklaven immer nur schildert, wenn sie gerade gepeitscht werden oder verkauft oder in der Küche, im Hauswesen ab- und zugehen, aber wenig *in der Plantage*, wo sie eigentlich hingehören, als arbeitende und, wie die südlichen Staaten der Union behaupten, unerläßliche Hilfskraft. Es tut uns leid, von einer so ausgezeichneten, edlen, geistreichen und mutigen Frau, wie Mistreß Stowe ist, wiederum doch auch die alte Erfahrung bestätigt zu sehen, daß wenig Frauen den Mann unter dem Drucke seiner Pflichten, den Mann des Berufs kennen. Auch bei ihr gibt der Mann immer nur aus dem Schreibbüro das Wochengeld heraus: wie es aber hineinkommt, das ist eben die zweite, den Frauen meist verschlossene Hälfte des Männerlebens, die Rückseite der

Medaille, die man wohl auch, ein wenig anderslautend, bei Mistreß Stowes feuriger Advokatenschrift der Humanität und der christlichen Liebe wird gelten lassen müssen.

Mistreß Stowe wird uns fortan schon deshalb ein herzgewonnener Name bleiben, weil ihr Buch so außerordentlich reich ist an den lieblichsten Charakterzügen und den rührendsten Situationen. Wir wagen kein Urteil über sie zu fällen als Dichterin im höhern Sinne des Worts. Es gilt vorläufig von ihr: Pectus erat, quod disertam fecit, der mit Begeisterung erfaßte Gegenstand machte sie zur Dichterin. Die Verknüpfung ihrer Genrebilder ist nicht eben bedeutend. Es strickt sich Szene an Szene etwas lose an. Auch der Sklavenjargon ermüdet und die Versuche, aus dem Bereiche der Camera obscura und des bloßen Auffangens der Wirklichkeit herauszutreten und mehr zu geben, als die mit unglaublicher Treue aufgefaßten Lichtbilder der Erfahrung, scheinen nicht ganz gelungen zu sein. Miß Evangeline wenigstens ist eine etwas haltlose Erfindung, eine Art Mignon des Pietismus, ein altkluges Kind, das in ihrer evangelischen Weise Dinge sagt, die sehr kostbar und jedenfalls unmöglich sind. Es ist glaublich, daß die frommen Misses Englands gerade in Evangelinen, namentlich, da sie so rührend sterben muß, ihre ganze Seele befriedigt finden; indessen geht dies kleine verkörperte Gebetbuch mit Goldschnitt, besonders wenn man die nervenschwache Herzlosigkeit ihrer Mutter und den – beiläufig gesagt meisterhaft geschilderten – Indifferentismus ihres Vaters bedenkt, über die Grenzlinie der Natur hinaus und wirkt schon gerade wieder so, wie nur irgend unsere deutschen Kritiker unsere eigene Dachstuben-Romanenwelt mit Vorliebe willkürlich und gemacht finden können.

Alles in allem genommen hat »Onkel Toms Hütte« die vollsten Ansprüche, von aller Welt, was hier im eigentlichen Sinne zu nehmen ist, verschlungen zu werden. Nur die französischen Autoren werden es wahrscheinlich für Frankreich nicht aufkommen lassen; die Franzosen haben einen merkwürdigen Stolz auf ihre eigene Literatur und würden diesen deutschen Pfennigs- und Silbergroschen-Industrialismus für ein fremdes Buch nicht begreifen, ja geradezu abscheulich finden. Wir Deutsche indessen, bekanntlich die Hansnarren aller Welt, schließen an diese kleinen Randbemerkungen unsers nach guter Kritikerart tadelgemischten, sonst feurigen Lobes nur noch den einen Wunsch, daß sich die vielen höchst zarten und frommen Seelen, die sich an der heldenmütigen Sprache

dieser freien Amerikanerin jetzt erbauen, doch auch bereitwillig
finden möchten, andere, namentlich deutsche Mißbräuche, als verwerflich anzuerkennen, falls sich denken ließe, daß eine Feder
verstünde, sie so lebendig darzustellen, wie in »Onkel Toms Hütte« eine Frau verstanden hat, der ganzen gesitteten Welt die Leiden der Neger ans Herz zu legen.

8.2 [Julian Schmidt über] *Die Ritter vom Geist. Roman in 9 Bü-*
    chern von Karl Gutzkow. Zweite Auflage. Leipzig, Brockhaus.

  Ein Roman, dessen Umfang beinahe die Größe des Konversa-
tionslexikons erreicht, scheint der Kritik unübersteigliche Hindernisse zu bieten. Schon die Kunstform des Romans an sich ist weniger auf bestimmte Gesetze zurückzuführen, als das Drama, weil
die Wirkung des letzteren auf einen bestimmten Moment berechnet sein muß, und daher eine strenge Ökonomie in den Mitteln,
eine sichere Technik, eine energische Konsequenz des Plans, eine
vollkommene Durchsichtigkeit der Charaktere erfordert, während
der für die Lektüre geschriebene Roman, mit dem der Leser nach
seiner Bequemlichkeit umgehen kann, eine größere Mannigfaltigkeit und Freiheit gestattet. Wenn vollends der Umfang so groß
ist, daß man nur mit einiger Mühe die verschiedenen Fäden im
Gedächtnis behalten kann, welche die Handlung miteinander ver-
knüpfen, so sollte man meinen, daß eine Form, für die man kein
Maß finden kann, sich auch dem Urteil entziehen müsse.
  Allein die eigentümliche Art, in der Gutzkow produziert, erleichtert der Kritik das Geschäft. Gutzkow ist ein Reflexions- und
Verstandesdichter, der nicht von den Eindrücken der Tatsachen
überwältigt oder von der Macht des Gefühls fortgerissen wird,
sondern überall mit sehr bewußten Intentionen an seine Arbeit
geht. Diese Intentionen kann man auffinden und an ihnen den
Wert der Ausführung prüfen.
  Wir haben beim Erscheinen des ersten Bandes vorzugsweise auf
die Vorrede aufmerksam gemacht. Der marktschreierische Ton,
den Gutzkow jedesmal anstimmt, sobald er sich auf ein neues
Genre legt, weil er jedesmal die Überzeugung hat, der Erfinder
dieses Genre zu sein, ging in ihr so über alles Maß, daß er für das
Kunstwerk das Schlimmste befürchten ließ. Gutzkow versprach
eine Totalanschauung von dem Ganzen des Menschengeschlechts
zu geben, oder wenigstens von den Fragen und Zerwürfnissen der

Gegenwart in sämtlichen Gebieten des Denkens und des Lebens. Wir hielten eine solche Totalanschauung für einen Widerspruch gegen den Begriff der Kunst, und ihre Ausführung nur unter der Bedingung für möglich, daß man die bestimmten endlichen, konkreten Erscheinungen zu unbestimmten, physiognomielosen Allgemeinheiten verflüchtigt; daß man die Individualitäten nach symbolischen Gesichtspunkten auseinanderreißt, und die Ideen in unvollkommenen Trägern, in schlechten Individualitäten untergehen läßt. Die nachfolgende Exposition möge zeigen, ob wir uns in dieser Voraussetzung geirrt haben.

Um in die fast unübersehbare Masse der Figuren und Ereignisse einige Form und Perspektive zu bringen, hat Gutzkow die Hauptintrigen, auf welche sich die Aufmerksamkeit des Lesers konzentrieren soll, mit übertrieben starken Strichen angedeutet. Er mußte es tun, weil eine durch die verschiedensten Abwege zerstreute Aufmerksamkeit von Zeit zu Zeit einige recht derbe Paukenschläge verlangt, um sich rege zu erhalten; aber er hätte es nicht nötig gehabt, wenn er sich in seinen Absichten beschränkt, oder wenigstens das vollständig Überflüssige ausgemerzt hätte.

Gutzkow hat nicht das anmutig naive, liebenswürdige Talent der gleichzeitigen Romanschreiber, bei denen es auf die Komposition des Ganzen weniger ankommt, weil sie uns für das, was sie unmittelbar bieten, hinlänglich interessieren, ohne daß wir nötig hätten, über die tiefere Bedeutung nachzudenken.

Dickens z. B. erzählt uns in den Pickwickiern eine lange Geschichte ohne alle Gliederung und fast ohne allen Zusammenhang, aber alles Einzelne ist so reizend und schön, daß wir diesen Mangel kaum fühlen, und trotz der großen Länge des Werks betrübt sind, wenn es zu Ende ist. Er hat so viel unbefangene Freude an dem, was er gibt, und so viel Grund zu dieser Freude; eine so wohlwollende Natur, und ein so scharfes Auge für alle komischen und erhebenden Seiten des Menschenlebens, eine solche Fülle des Gemüts und der Phantasie, daß wir mit derselben Aufmerksamkeit lauschen, wie den Plaudereien eines naiven Erzählers, der auch das Unbedeutende durch lebendige Natürlichkeit, warmes Gefühl und gute Laune zu idealisieren versteht. – Eine solche Befriedigung ist bei Gutzkow nicht zu finden. Sein Talent ist durchaus analytisch, nicht synthetisch; seine Gestalten gehen ihm nicht unmittelbar auf, mit jener innern Notwendigkeit, die auch den ungläubigsten Kritiker sofort überzeugt, sondern er erfindet sie, nach bestimmten

Absichten oder nach zufälligen Eindrücken; er hat keine Liebe für
sie, denn sie haben keine Existenz für sich, sie sind nur dazu da,
seinen eigenen Geist zu zwecklosem Sprühfeuer anzuregen, und
noch ehe er sein mechanisches Kunststück zu Ende gemacht hat,
ist er schon beschäftigt, es wieder aufzulösen. Er fängt die Darstellung eines Charakters mit der besten Intention an, aber kaum
hat er ihn einige Worte reden lassen, so reflektiert er schon über
ihn, bringt ihn in Beziehung zu allgemeinen Fragen, hadert mit
ihm, entschuldigt und lobt ihn, noch ehe der Leser einiges Interesse, geschweige ein bestimmtes Bild von ihm gewonnen hat. Jener
Unglaube in Beziehung auf die allgemeinen Fragen des Lebens,
der sich alle Augenblicke durch fliegende Hitze, durch einen
künstlich erzeugten Rausch von sich selber zu befreien sucht, um
dann sofort wieder in trübe, ironische Nüchternheit zu verfallen,
zeigt sich auch in der Schöpfung seiner Gestalten. Eine ganz sonderbare psychologische Gedankenverbindung kann man fast bei
jeder seiner idealen Figuren verfolgen. Zuerst Entzücken über die
werdende Größe des Helden, dann plötzlich halb wider Willen,
aus innerer Verstimmung hervorgehend, einzelne gemeine, rohe
Züge, in Folge dieser ihn selbst überraschenden Einfälle die
Empfindung: es sei doch eigentlich nur ein Lump! und endlich der
halb faunische, halb weltschmerzliche Trost: wir sind ja alle sterb-
liche Menschen! – An solchen Einfällen kann man keine unmittelbare Freude haben, man kann sich weder über sie belustigen, noch
sich für sie begeistern, und der Wert eines Romans, der sich ausschließlich in ähnlichen Figuren bewegt, kann nur in der Beziehung auf eine bestimmte Tendenz, in der Komposition des Ganzen gesucht werden.

Ähnlich verhält es sich mit den Geschichten, die Gutzkow erzählt. Die naiven Romanschreiber, z. B. *Dumas*, sind unermüdlich
in der Erfindung spannender Ereignisse, die uns zwar nicht belehren, aber unterhalten. – Eine solche Naivität des Erzählens ist für
Gutzkow unmöglich, weil er eine wesentlich reflektierende Natur
ist. Ihn interessiert kein Factum, an welches sich nicht allgemeine
Gedanken, psychologisch ausgearbeitete Stimmungen, tiefere Gefühle anknüpfen lassen. Jedes Ereignis muß ihm eine symbolische
Bedeutung haben. Allein bei diesem lobenswerten Bestreben vergißt er fast regelmäßig, daß die Mittel mit den Zwecken in einem
innern Zusammenhang stehen müssen. Er läßt z. B. einen seiner
Helden ausgehen, nachdem dieser sich mit »gentlemanliker« Ent-

schiedenheit angekleidet hat; die Straßen, durch die er kommt, gewinnen eine ganz eigentümliche Physiognomie; er knüpft landschaftliche, vielleicht auch staatsökonomische Betrachtungen daran. Dann geht er weiter, und begegnet einem Freund, den er lange
nicht gesehen hat; dieser Freund ist z. B. ein Maler; sie vertiefen
sich in Gespräche über Kunst und Literatur. Der Maler entfernt
sich, und unser Held, durch irgend etwas angeregt, erhebt sich zu
gewaltigen Plänen über politische Verbesserungen. Im Weiterge-
hen verliert er den Mut, und brütet über weltschmerzlichen Vorstellungen, bis er dieselben zu einem lyrischen Gedicht abklärt.
Dann kommt wieder ein anderer guter Freund, und fordert ihn
auf, etwa in die Reiterbude zu kommen, oder auf den Fortuna-
ball; eigentlich war der Zweck seines Ausgehens irgendein wichtiges Geschäft, und diesem entsprechend die Stimmung, in der wir
ihn zuerst antrafen, aber das hat er über den vielen Abenteuern,
die ihm widerfahren, wieder vergessen, er folgt seinem Freunde in
die Reiterbude, oder tut doch irgend etwas anderes. – Solche Geschichten ohne Pointen, solche Widersprüche gegen die leitende
Stimmung erfüllen fast das ganze Buch. Der Dichter will überall
seine Empfindungen über den Zustand des Menschengeschlechts,
seine politischen und ästhetischen Raisonnements, seine land-
schaftlichen Anschauungen u. dergl. anbringen, und da im gewöhnlichen Leben dergleichen auf einem Spaziergange alles zu-
sammentreffen kann, so glaubt er, es sich auch im Roman so bequem machen zu dürfen. Aber die Kunst hat andere Gesetze; in
ihr muß jede Stimmung, jede Anschauung auch der unbeseelten
Natur, jedes Gefühl und jedes Raisonnement aus dem jedesmali-
gen geistigen Inhalt der Situation hervorgehen. Unnützes Retardie-
ren, auch wenn es zu geistreichen Einfällen Gelegenheit gibt, ermüdet, verstimmt und langweilt. In der Kunst des Retardierens ist
aber Gutzkow wunderbar zu Hause. Nicht bloß im Anfang des
Romans, wo eine langsame und zögernde Abwicklung der Handlung notwendig ist, um die verschiedenen Verhältnisse und Charaktere, die uns beschäftigen sollen, deutlich zu machen, sondern
bis zum Ende hin, wo man schon längst alle Geduld verloren hat.
Dagegen versteht er es ebensogut, da, wo man eine genaue und
gründliche Entwicklung in den Charakteren und in den Situationen, über die wir Aufklärung zu erwarten berechtigt sind, mit
Stillschweigen zu übergehen. – Wir kommen auf alles dieses noch
im einzelnen zurück; zunächst suchen wir uns die Anlage des

Ganzen klar zu machen. –

Bei der Totalanschauung der Gegenwart darf natürlich die *Politik* nicht fehlen. Politische Reflexionen und politische Ereignisse spielen eine große Rolle im Roman. Wir müssen uns, um diese richtig zu würdigen, zuerst nach Ort und Zeit umsehen.

Nach einigen vorläufigen, in Jean Paul'scher Manier gehaltenen Genrebildern von fürstlichen Landschlössern und abgelegenen Hofhaltungen erfahren wir bald, daß der *preußische Hof* der Mittelpunkt der Ereignisse ist. Gutzkow führt eine Reihe von Persönlichkeiten ein, die sich, trotz ihrer leichten Maske, augenblicklich als bekannte historische Größen ankündigen. So tritt der König und die Königin auf, der Prinz von Preußen (als Prinz Ottokar), der General Radowitz (General Voland von der Hahnenfeder), Prokesch-Osten (genannt Rochus vom Westen), der Hofmaler Krüger, Kroll mit seinem Etablissement und viele andere. Das ist eine Manier, die in den letzten Jahren vielfach angewendet ist, die aber die strengste Rüge verdient. Teils will es sich der Dichter bequem machen, indem er seine Unfähigkeit, plastische Gestalten zu zeichnen, hinter alten bekannten Gemälden versteckt, die er mit leichter Mühe auf seine Wand anklebt, teils will er auf die Neugierde des Publikums spekulieren, das, wenn es einmal ein bekanntes Gesicht entdeckt hat, sich nun bei jeder Maske den Kopf zerbricht, wer wohl dahinter stecken möchte. Es erwartet geheime Aufschlüsse über die Skandalgeschichte der Zeit, und wenn z. B. von einem Propst Gelbsattel, der beim preußischen Hofe gut akkreditiert ist, oder von einer Geheimrätin von Harder, die das ganze preußische Ministerium in ihrem Strickbeutel trägt, die skandalösesten Geschichten erzählt werden, so fragt sich das Publikum natürlich: sollte nicht etwas Wahres dahinter sein? sollte nicht dieser oder jener wohlbekannte Präsident, dieser oder jener Konsistorialrat wirklich in seinem Privatleben schwache Stunden gehabt haben? Natürlich täuscht es sich in dieser Vermutung; mit Ausnahme von einigen bekannten Charakterzügen, von Radowitz u.s.w., die man ebensogut bei Laube und anderen nachlesen kann, ist alles Erfindung; aber der Dichter hat seinen Zweck erreicht, er hat durch seine Rebusse die Neugier des Publikums rege gemacht, und diese Zutat gibt seinen Erfindungen jenen pikanten Beigeschmack, ohne den sie sonst ungenießbar sein würden. Gutzkow hat sogar sorgfältig bei seinen historischen Persönlichkeiten einzelne Züge angebracht, die nicht auf sie passen können, um sich nach

allen Seiten hin sicher zu stellen; er hat die hochgestellten Personen, auch wo er auf sie stichelt, mit jener Schonung behandelt, die
heutzutage unvermeidlich ist, die aber auch jede ernste, große
Auffassung unmöglich macht. Durch diese Methode wird einerseits die Geschichte entstellt, andererseits die Kunst, denn aus einzelnen Anekdoten und Charakterzügen geht kein lebendiger Charakter hervor. Wo man historische Persönlichkeiten künstlerisch
nachschaffen will, muß man, wie W. Scott, aus vollem Holze
schneiden dürfen.

Eine Geschichte der Revolution von 1848, mit genauer Berück-
sichtigung der gesellschaftlichen Zustände, zu schreiben, wäre eine
sehr dankbare Aufgabe, wenn auch nicht gerade jetzt; aber an
sehr ernsthafte, tragische und fratzenhafte Kollisionen, an denen
wir noch heute bis in unser innerstes Mark leiden, einen der Wirklichkeit widersprechenden Roman anzuknüpfen, bei dem man vergebens nach Absicht und Zweck fragt, ist doch wohl ein ebenso
frevelhafter als ungeschickter Einfall.

Dieser *politische Inhalt* des Romans ist folgender. Wir finden
uns ungefähr in den Zeiten des Ministeriums Hansemann; wenigstens wird das Ministerium ein bürgerliches, vom Hof, wie von
der Demokratie verachtetes genannt. Freilich wollen manche von
den geschilderten Zuständen nicht in diese Zeit passen. Von der
Existenz einer Straßendemokratie ist nicht die Rede, in allen Gesellschaften und Ständen ist vielmehr der Reubund (Treubund)
übermächtig. Noch steht es aber so, daß eine opponierende Majo-
rität in der Nationalversammlung die Regierung stürzen kann. Das
Ministerium macht die Frage: ob ein Minister das Recht hat, in
der Kammer das Wort zu jeder Zeit zu ergreifen, zu einer Kabi-
nettsfrage, bleibt mit einigen zwanzig Stimmen in der Minorität
und tritt infolgedessen ab. Der König erhebt einen Fürsten *Egon
von Hohenberg,* den Sohn eines berühmten Feldmarschalls, zum
Ministerpräsidenten. Dieser geistreiche junge Mann hat einige
Jahre in Paris als Tischlergeselle gelebt und von diesem Aufenthalt sozialistisch-demokratische Grundsätze, freilich mit stark ari-
stokratisch-monarchischem Beigeschmack, mitgebracht. Er stimm-
te bisher in der Kammer mit der Opposition, und sein nächster
Umgang war ein sozialistischer Gesell aus Paris, *Louis Armand,*
und ein demokratischer Referendarius, *Dankmar Wildungen,* die
späteren Gründer des Ordens vom Geist. Man erwartet anfangs,
daß er diese in sein neues Ministerium berufen wird, welches sich

die Aufgabe stellt, einen neuen Staat auf Grundlage der Arbeit zu
gründen; statt dessen bietet er die Portefeuilles dem General Vo-
land-Radowitz, dem Probst Gelbsattel und – sonderbare Zusammenstellung! – einem starklungigen Heidekrüger (Schenkwirt), namens Justus, an. Diese Kombination scheitert; über die wirklichen
Mitglieder des Ministeriums erhalten wir keinen nähern Aufschluß. Genug, Egon fängt damit an, die Kammer aufzulösen, be-
ruft eine neue, die er augenblicklich wieder nach Hause schickt,
oktroyiert ein neues Wahlgesetz, weist alle verdächtige Individuen
aus Berlin und den preußischen Staaten aus, seine ehemaligen
Freunde voran, führt ein geschärftes Polizeisystem ein, ordnet
Verhaftungen im großartigsten Maßstabe an, übt eine höchst bedenkliche Kabinettsjustiz, läßt bei ganz unpassenden Gelegenheiten unter das Volk schießen usw. usw., bis ihm endlich die Ideen
des Hofs doch zu reaktionär werden. Als der Hof die Majorate
wieder einführen will, nimmt er seinen Abschied, versöhnt sich
mit den »Rittern vom Geist«, erklärt feierlich, wie einem malcon-
tenten Staatsmann, dessen Dienste man verkannt hat, geziemt, er
habe jetzt eingesehen, daß mit der Monarchie nichts mehr anzu-
fangen sei, und reist mit seiner jungen Frau nach Italien, von den
Segenswünschen der jungen Republikaner begleitet.

Was soll diese sonderbare Erfindung? Wir wissen doch sehr
genau, daß nicht ein geistreicher, sozialistisch-aristokratischer junger Prinz, dem die Fülle seiner Ideen über den Kopf wuchs, sondern daß zwei sehr nüchterne, praktische, solide Geschäftsmänner,
denen man alles andere eher vorwerfen kann, als eine Überfülle
von Ideen, in Preußen die Demokratie zu Paaren getrieben haben.
Herr von Manteuffel wird über den wunderlichen Heiligen, der die
Verantwortlichkeit der »rettenden Taten« tragen soll, ein spötti-
sches Lächeln nicht unterdrücken können. Durch diese Einmischung willkürlicher Fiktionen in die Darstellung wirklicher Ereignisse wird der politischen Satire die Spitze abgebrochen. Denn
wenn auch Herr von Manteuffel das meiste von dem wirklich ausgeführt hat, was hier dem Prinzen Egon zugeschrieben wird, so
hat er es doch aus anderen Gründen getan. Wenn er die Demagogen auswies, so hatte er nicht nötig, mit dieser Maßregel seine alten persönlichen Freunde zu treffen, und wenn er für die Interessen des Hofes arbeitete, so opferte er dabei nicht höhere Zwecke
auf. Die Ironie fällt also auf den Dichter und seine Helden zurück.
So wie Egon würden im betreffenden Fall seine sämtlichen »Ritter

vom Geist« gehandelt haben, denn nichts macht so despotisch, als
die Einbildung eines höhern Berufs, verbunden mit Unklarheit
über die Bestimmtheiten dieses Berufs.

Und Gutzkow ist dabei keineswegs ohne Talent für die Satire.
Er hat, und das ist vielleicht das Hauptverdienst dieses Buches, ein
sehr scharfes Auge für die kleinen Niederträchtigkeiten, in die
hohle Charaktere leicht verfallen, wenn sie auf einen unangemessenen Standpunkt gestellt werden. So sind einzelne Bemerkungen
über den Reubund, die innere Mission, die kleinen geistreichen
Zirkel bei Hofe etc. ganz vortrefflich, aber es bleibt auch bei diesen einzelnen Einfällen; dem Schlechten auf den Grund zu gehen
und es in seiner Wurzel aufzuzeigen, hat Gutzkow zu wenig Energie und zu wenig Aufrichtigkeit gegen sich selbst. Daher wider-
fährt es ihm alle Augenblicke, daß er mit seiner Satire gegen
Windmühlen ankämpft, daß er Zustände angreift, die nirgend anders existieren, als in seinem eigenen Kopfe.

Ein eklatantes Beispiel, wie unklar er über die sittlichen Voraussetzungen der Gesellschaft ist, die er in ihrer Totalität darzustellen
unternimmt, möchte folgender Zug sein, der einen der Knoten-
punkte seiner Intrige bildet. Ein gewisser *Hackert,* ein Schreiber,
ist in das Fräulein *Melanie,* die Tochter des Justizrats *Schlurk,*
verliebt, mit der er zusammen erzogen ist. Man hat das Verhältnis
für unpassend gefunden und ihn aus dem Hause entfernt. Eines
Morgens bemerkt ihn Melanie, die eben in Gesellschaft des Stall-
meisters *Lasally* ausreitet, im Garten. »Da ist schon wieder dieser
häßliche Mensch«, ruft sie ihm zu. Augenblicklich springt Lasally
auf ihn los, läßt ihn von seinen Knechten zu Boden werfen, von
den Hunden zerfleischen, stößt ihm mit seinen Sporen in den
Nacken und läßt ihn so lange blutig peitschen, bis er leblos liegen
bleibt. Nach unsren gewöhnlichen Vorstellungen würde das ein
Kriminalfall sein und der Herr Lasally auf einige Jahre ins Zucht-
haus kommen; aber das fällt weder Lasally, noch Melanie, noch
Hackert, noch dem Dichter selbst ein. Melanie ist es zwar unangenehm, daß ihr alter Jugendfreund so mißhandelt wird, und
Hackert sucht sich auf eine merkwürdige Weise zu rächen, indem
er dem Stallmeister ein Paar Pferde verdirbt, aber als dieser ihn
wegen dieser Untat den Gerichten überliefern will, kriecht er de-
mütig zu Kreuz. Was sind das alles für unsinnige Voraussetzungen! Und diese sittlichen Voraussetzungen sind doch wesentlich,
um danach die Handlung zu beurteilen. Eine Gesellschaft, in der

von einem solchen Verbrechen nichts weiter gesagt würde, als:
»Dieser Lasally ist doch ein recht roher Mensch«, widerspricht al-
len demokratischen und ästhetischen Finessen, die bei der spätern
Handlung zum Vorschein kommen.

Wenn die materiellen Voraussetzungen falsch sind, so kann es
mit den Reflexionen darüber auch nicht viel besser bestellt sein.
Gutzkow hat für seine politischen Raisonnements, die etwa ein
Drittel des Werks ausmachen, die Form gewählt, die durch Radowitz in seinen »Unterredungen über Staat und Kirche« der feinen
Welt zugänglich gemacht ist. Es sind Disputationen, in denen die
verschiedenartigsten politischen Standpunkte sich gegeneinander
aussprechen, ohne daß diese Dialektik ein Resultat hätte. Gutzkow hat mehr Mühe darauf verwendet, in den Ansichten der verschiedenen Personen eine gewisse Einheit festzuhalten, als in ihren
Charakteren. Allein bei Radowitz wurde die Aufmerksamkeit des
Publikums nicht sowohl durch den objektiven Wert des politischen Raisonnements gefesselt, als durch die Neugierde, zu erfahren, was für Ansichten eigentlich der in den letzten Jahren so ein-
flußreiche Mann selber habe. Bei Gutzkow fällt dieses Interesse
weg. Ferner hatte sich Radowitz bemüht, so gut es gehen wollte,
von den verschiedenen großen Parteien der Politik die charakteristischen Repräsentanten auszuwählen und in jedem einzelnen ein
Totalbild von den Voraussetzungen Vorurteilen, Hoffnungen und
Kräften seiner Partei zu geben. Bei Gutzkow dagegen haben wir
es eigentlich, so sehr auch die Ansichten auseinander gehen, immer nur mit einer einzelnen Klasse zu tun: junge strebsame Männer, die vor allem darauf ausgehen, ihren eigenen Geist leuchten
zu lassen, einer belletristischen Clique von Dilettanten. Zwar kokettiert der eine mit dem Sozialismus, der andere mit der Republik, der dritte mit dem absoluten Staat etc.; das sind aber alles
nur Masken. Die verschiedenen Klassen der Gesellschaft, die
eigentliche Basis der Parteien, treten nicht in ihrer Reinheit auf.
Ein Prinz von Hohenberg, der nicht bloß in Paris ein Handwerk
treibt, sondern auch in seinem eigenen Schlosse sich mit Tischlergesellen und Referendarien duzt und mit ihnen zu Tische sitzt,
während eine Reihe galonnierter Bedienten dahinterstehen und
aufwarten, ist kein wirklicher Repräsentant der Aristokratie, eben-
sowenig wie der Handwerker, der sich mit dem Fürsten duzt, mit
ihm Champagner trinkt und philosophiert, ein Repräsentant der
Demokratie; es sind das alles jungdeutsche Literaten, die sich der

Abwechslung wegen als Handwerker und Prinzen verkleidet haben, die aber nicht verfehlen, ihr feines Taschentuch aus der Bluse hervorsehn zu lassen, und die hinter dem Ordensband ein Manuskript verstecken, das sie dem Buchhändler überreichen sollen. Bei dieser Durcheinanderwirrung der natürlich geschiedenen Gegensätze können sich auch die politischen Ansichten weder in den Personen, noch in den Ideen zur Totalität gestalten, denn politische Überzeugung ist undenkbar ohne energischen Haß, und in dieser unbeschäftigten Literatengesellschaft neutralisieren sich alle Gegensätze. Am besten sind daher diejenigen politischen Ansichten geschildert, welche als ganz außerhalb des Rittertums vom Geist liegend betrachtet und daher rein satirisch behandelt werden, z. B. die Staatsphilosophie eines Epikureers; am schlechtesten diejenigen Parteien, die in ihrem Streben zu ernst sind, um mit Esprit aufzutreten, so namentlich die Bourgeoisie, die Doctrinairs, das Juste milieu, das konstitutionelle Prinzip überhaupt, auf welche alle landüblichen Schimpfwörter des Kladderadatsch und der Kreuzzeitung zusammengehäuft werden.

Dies ist wahrscheinlich auch der Grund gewesen, daß die *Demokratie* sich eine Zeitlang schmeichelte, das Werk sei zu ihrer eigenen Verherrlichung geschrieben; wenigstens drückte sich einmal die Nationalzeitung so aus. Wir müssen gestehen, daß wir eigentlich doch immer von der Demokratie eine bessere Meinung gehabt haben. Wir schrieben zwar nicht der Demokratie im allgemeinen, aber doch wenigstens dem politischen Teil derselben eine Art von Organisation, eine gewisse Konformität in den Ansichten und Bestrebungen zu; wir glaubten, daß die Demokratie nur wartete, daß ihren Führern das Portefeuille übertragen würde, um dann sofort mit allen ihren Verbesserungen des Staatslebens vorzuschreiten. Von einer solchen geschlossenen Ansicht ist aber bei den Rittern vom Geist keine Rede. Sie haben nur das eine gemeinsam, daß sie alle strebsam sind, geistreich und abgeneigt gegen den Despotismus; im übrigen aber gehen sie in ihren Ansichten so weit auseinander, daß auch der wohlwollendste König oder das wohlwollendste souveräne Volk nicht im Stande wäre, aus ihnen ein Kabinett zusammenzusetzen. Wir glauben nicht, daß sich die Demokratie ein besonders vorteilhaftes Zeugnis ausstellt, wenn sie ihr Prinzip mit dem *Suchen* eines Prinzips identifiziert, denn bloß strebsame Gemüter ohne einen positiven Inhalt haben nicht das Recht, die Regel umzustoßen, die bis auf weiteres die verwickelten

Verhältnisse der Gesellschaft zusammenhalten muß.

Neben diesen politischen Raisonnements gehen Reflexionen über Kunst, über Philosophie, über Landwirtschaft, Finanzsystem, Gewerbe und Handwerk, Handelspolitik, Justiz u. s. w. Gutzkow hat sich die Mühe gegeben, von allen diesen verschiedenen Branchen eine gewisse Anzahl technischer Ausdrücke zu memorieren, die er auf dieselbe Weise bei passenden und unpassenden Gelegenheiten anbringt, wie er es Herrn von Radowitz vorwirft. Diese technischen Ausdrücke machen zuweilen ein Geklapper, daß man darüber den Sinn vollständig überhört; aber in keiner einzigen Branche hat es der Dichter zu jener sichern und vollständigen Kenntnis gebracht, die geeignet wäre, seine Unbefangenheit wieder herzustellen. Er hätte sich an den englischen Romanschreibern ein Muster nehmen sollen, die, wenn sie z. B. einen Prozeß oder eine Krankheitsgeschichte darstellen, sich nicht mit einigen oberflächlichen Kunstausdrücken begnügen, sondern ihren Gegenstand so lange studieren, bis sie seiner völlig Herr sind. So begegnet es ihm aber, daß er z. B. in dem großen Prozeß, dem Mittelpunkt seiner Geschichte, die wunderlichsten Verstöße gegen das preußische Zivilrecht begeht; so begegnet es ihm auch, daß er in schneidende und dreiste Urteile verfällt, die er bei genauerer Kenntnis vermeiden würde.

Jetzt zu dem Knotenpunkt der Geschichte.

Man wird sich erinnern, daß Eugen Sue in seinem Ewigen Juden als Hauptfaden der Handlung den Prozeß um ein unermeßliches Vermögen darstellte, mit welchem einerseits die Jesuiten ihre schändlichen, andererseits die Nachkommen des ewigen Juden ihre menschenfreundlichen Absichten ins Werk setzen wollten. Einen ähnlichen Vorwurf haben die Ritter vom Geist. – Zwischen dem preußischen Staat und der Stadt Berlin schwebt seit vielen Jahrhunderten ein Prozeß um einen Teil der Hinterlassenschaften des alten Templerordens, die den Wert von einigen Millionen betragen. Ein junger Referendarius, *Dankmar Wildungen,* findet nun beim Durchstöbern der Akten, daß keine von beiden Parteien, daß vielmehr er selbst zu dieser Erbschaft berechtigt sei. Er nimmt also den Prozeß auf, und zwar mit der Absicht, dieses Vermögen nicht zu Parteizwecken, sondern zur Gründung eines Ordens zu verwenden, der die alten Ideen der Templer und der Freimaurer in zeitgemäßen Formen durchführen soll. Er verliert den Prozeß in den beiden ersten Instanzen und gewinnt ihn in der drit-

ten. Vorher hat er seinen Orden der »Ritter vom Geist« gestiftet,
der sich gegen das Ende hin schon so weit ausgebreitet hat, daß
die Verfolgungen der reaktionären Regierung an ihm seinen Mittelpunkt finden.

Gutzkow hat nun durch alle möglichen äußerlichen Mittel die
Aufmerksamkeit der Leser, die sonst durch die vielfachen Episoden abgezogen würde, auf diesen Prozeß hingeleitet. Das mystische Symbol des neuen Ordens ist ein *vierblättriges Kleeblatt*; dieses war zugleich das Symbol desjenigen Teils vom Templerorden,
von dem die Erbschaft herrührt. Es ist auf ihren Kirchen, auf den
Häusern, die von ihnen herstammen, und die zugleich den meisten
Figuren des Romans zum Wohnplatz oder doch zum Rendezvous
dienen, und noch an allen möglichen anderen Orten angebracht.
Gleich bei Eröffnung des Romans erregt es die Aufmerksamkeit
eines Malers, und wird dann fortwährend wieder ins Gedächtnis
gerufen. Zuletzt legitimieren sich alle Personen, die uns einigermaßen interessieren, durch vierblättrige Handbewegungen als Ritter
vom Geist; und um den Faden recht deutlich festzuhalten, ist es
ein bestimmter Schrein, mit diesem Symbol bezeichnet, um den
sich die gesamte Intrige dreht. – Abgesehen von diesem sinnlichen
Mittel, wird fortwährend das Gespräch, von welchem Punkt es
auch ausgehen möge, auf geheime Verbindungen übergeleitet, auf
Templer, Johanniter, Freimaurer, Jesuiten etc., und diese zu dem
Bund der Zukunft in eine ahnungsvolle Beziehung gebracht.

Dieses Verfahren ist an sich durchaus verständig, aber zugleich
zeigt sich in der Art und Weise, wie die Intrige durchgeführt wird,
die Unfähigkeit Gutzkows, einen Plan, der über Anspielungen und
Ahnungen hinausgeht, energisch festzuhalten. Um dies nachzuweisen, müssen wir dem *symbolischen Schrein* noch einige Aufmerksamkeit schenken.

Dankmar findet ihn mit den Dokumenten für seine Erbschafts-
berechtigung in einem geheimen Fach der Pfarrwohnung, die seiner Mutter noch zur Benutzung überlassen ist. Er entführt ihn, indem er das Zweifelhafte seiner Berechtigung, sich seiner zu bemächtigen, beiseite setzt, und übergibt ihn einem Fuhrmann, um
ihn nach einem andern Ort zu schaffen. Unterwegs geht er verloren. Dankmar macht sich also schnell auf, seine Spur zu verfolgen. Es wird ihm mitgeteilt, daß man ihn in den Händen eines gewissen Justizrats Schlurk gesehen habe, eines höchst gewissenlosen
Menschen, der nicht bloß der Anwalt seiner Gegenpartei ist, son-

dern auch persönlich das größte Interesse daran hat, daß die Erbschaft der Stadt erhalten bleibe, von dem man daher mit ziemli-
cher Wahrscheinlichkeit voraussetzen kann, er werde die Doku-
mente unterschlagen oder wenigstens verfälschen. Man sollte also
meinen, Dankmar würde durch diese Nachricht zu den schnellsten
und entschiedensten Maßregeln getrieben werden; aber nein! während sonst der Schrein die fixe Idee seines Lebens geworden ist,
läßt er sich nun mehrere Bände hindurch in eine Reihe von Abenteuern und Zerstreuungen ein, die mit seinem Zweck nicht in der
geringsten Verbindung stehen. Freilich benutzt sein Gegner die
Zeit ebenso schlecht. Zwar öffnet er den Schrein, nimmt die wichtigsten Papiere heraus und legt sie beiseite, aber gleichzeitig läßt
er in das Intelligenzblatt setzen, er habe den bewußten Schrein gefunden. Dankmar meldet sich, und Schlurk, nach einigen unge-
schickten Unterhandlungen, verweigert ihm die Rückgabe des
Schreins aus dem gar nicht unhaltbaren Grund, daß jene Papiere
nicht den Parteien, sondern den Gerichten angehören. Dankmar
will scheltend abgehen, da bemerkt er in einer Ecke den Schrein,
stürzt darauf los und entführt ihn, ohne auf die heftigen Protesta-
tionen des Justizrats zu achten. Nun fehlen in dem Schrein gerade
die wichtigsten Papiere; aber noch ehe Dankmar es bemerkt,
schickt ihm die Tochter des Justizrats dieselben zu, ohne daß der
Vater sie daran hindert. Dankmar schreibt ein höfliches Billett,
worin er seine Gewalttat entschuldigt, und der Prozeß nimmt seinen Fortgang, *ohne daß irgend einer von den mit so großer Wichtigkeit ausgeführten Umständen auch nur den geringsten Einfluß
auf den weitern Gang der Handlung ausübte.* Weder daß sich
Dankmar des Schreins zuerst ohne Berechtigung bemächtigt, noch
daß der Justizrat ihn ihm gestohlen, noch daß Dankmar ihn wieder gewaltsam geraubt, noch daß Fräulein Schlurk ihm die Papiere freiwillig ausgeliefert: – keiner von allen diesen Umständen
wird in der Folge wieder aufgenommen. Es ist also vollständig
eine Geschichte ohne Pointe und als solche um so auffallender, da
sich die ganze Geschichte des Schreins in einer zweiten Geschichte
von einem ebenso symbolischen Bilde noch einmal wiederholt. –
Zunächst verfolgen wir den Schrein. Wir haben schon erwähnt,
daß Dankmar in dritter Instanz den Prozeß gewinnt. Infolgedessen wird die Kommune von Berlin verurteilt, ihm eine Million Taler auszuzahlen. Zu diesem Zweck kreiert sie eine Million Käm-
mereischeine. Diese werden aber nicht an Dankmar ausgeliefert,

sondern wiederum in jenen symbolischen Schrein getan. Dankmar
ist nämlich in dem Augenblick politischer Gefangener, und sein
älterer Bruder, der eigentliche Erbe, im Ausland. Dankmar wird
aus seinem Gefängnis durch die verbündeten Ritter vom Geist befreit; er bricht an dem Ort ein, wo jener Schrein steht, und entführt ihn wiederum mit Gewalt, aber er geht auf der Flucht noch
einmal verloren. Endlich ergibt es sich, daß er im Besitz jenes
schon angeführten Hackert ist. Dieser bewahrt ihn getreulich für
die beiden Brüder Wildungen auf, findet es aber nicht unangemes-
sen, etwa 5000 Tlr. daraus einem ehemaligen Feinde aus Großmut
zu übergeben. Endlich hat er das Unglück, gerade als die Ritter
vom Geist ein Ordensfest feiern, mitsamt dem Schrein zu verbrennen. Es fragt sich nun, ob die Kommune gerichtlich gezwungen
werden kann, neue Scheine auszustellen, und mit dieser ungelösten
Frage schließt der Roman, gerade ebenso ohne Pointe, wie in Beziehung auf den politischen Ausgang.

Von dem symbolischen Schrein gehen wir zu der Geschichte des
symbolischen Bildes über. – Prinz Egon von Hohenberg kehrte
aus seiner Pariser Tischlerwerkstatt in seine Heimat zurück, gerade als die Gläubiger seines Vaters im Begriff sind, sich seiner Hab-
seligkeiten zu bemächtigen. Durch Testamentsverfügung sind die
Ahnenbilder der Versteigerung entzogen. In einem derselben sollen, wie Egons Mutter kurz vor ihrem Tode an ihn geschrieben
hat, sich Papiere befinden, in denen die geheimnisvollen Lebensbe-
ziehungen des Fürstenhauses auseinandergesetzt werden. Es liegt
also Egon daran, sich dieser Papiere zu bemächtigen; aber die alte
Feindin seiner Mutter, die Geheimrätin *Pauline von Harder,* ist
gleichfalls von dem Geheimnis unterrichtet, und sucht es durch
ihre Verbindungen dahin zu bringen, daß die Bilder, deren Eigen-
tümer, der Prinz, noch nicht zugegen ist, zuerst nach der Residenz
geschafft werden. Prinz Egon könnte diese Intrige am einfachsten
dadurch vereiteln, daß er sich als der, der er ist, legitimierte und
das Bild ohne weiteres in seinen Besitz nähme. Statt dessen
schleicht er sich in der Verkleidung eines Tischlergesellen in das
Schloß ein und sucht das Bild zu stehlen; er wird dabei ertappt
und als Vagabund und Dieb ins Gefängnis geführt. Dort besucht
ihn Dankmar, dem er sich durch ein Batistschnupftuch und eine
Visitenkarte als Prinz offenbart hatte. Egon forderte ihn auf, an
seiner Statt den Diebstahl auszuführen, und Dankmar ist auch
augenblicklich dazu bereit. Er geht aufs Schloß, und wird für den

verkleideten Prinzen gehalten, unter anderen von Fräulein Melanie, die gern einen Prinzen heiraten möchte, und sich deshalb bereit findet, ihm das Bild zu verschaffen. Das Bild ist bereits auf
einen Güterwagen gepackt, um unter der Aufsicht des Geheimrats
von Harder nach der Residenz geschafft zu werden. Melanie bestellt diesen, einen alten verliebten Herrn, auf ein Rendezvous,
und während er als treuer Schäfer auf sie harrt, stiehlt sie das
Bild, und bringt es Dankmar. Dieser reist damit nach Berlin ab,
legt es zu Hause in eine Kommode, und denkt nicht weiter daran.
Während er sich in einer Nacht auf einem Kroll'schen Ball her-
umtreibt, dringt die Polizei in seine Wohnung, angeblich um nach
demagogischen Papieren zu suchen, und bemächtigt sich bei dieser
Gelegenheit des Bildes, das sie der Frau von Harder überbringt.
Diese nimmt die Papiere heraus und schickt das leere Bild zurück.
Man sollte denken, daß es nun Dankmar, und namentlich seinem
Bruder Siegbert, der das Geheimnis entdeckt, die Papiere gelesen
und gefunden hat, daß sie die wichtigsten Aufschlüsse für Egon
enthielten, daran gelegen sein müsse, den Prinzen, dem sie nun
endlich die Aufwartung machen, von dem Raub der Papiere in
Kenntnis zu setzen. Statt dessen legen sie es darauf an, ihn zu betrügen. Sie legen ein gleichgültiges frommes Buch in das Bild, und
der Prinz wird nur durch einen Zufall von dem wahren Tatbe-
stand unterrichtet. Sofort begibt er sich zu Pauline und fordert die
Papiere zurück. Da diese durch dieselben aufs höchste kompro-
mittiert wird, so sollte man glauben, sie würde sie vernichtet haben; aber sie hat es nicht getan, und sie gesteht sogar dem Prinzen
zu, daß sie noch existieren. Darauf erklärt dieser, er habe von seinen Freunden das Haus umstellen lassen, und werde sämtliche
Schlösser aufbrechen, bis er die Papiere gefunden habe. Eingeschüchtert durch diese Drohung, gibt sie die Papiere heraus. Der
Inhalt derselben ist aber von der Art, daß der Prinz seinen bisherigen Haß gegen sie aufgibt, und in die vollständigste Abhängigkeit
von ihr gerät. Warum sie ihm also die Papiere nicht freiwillig
übergeben, erfährt man nicht, und alle die übrigen Dieb- und
Raubgeschichten, die sich an das Bild knüpfen, *bleiben ebenso
ohne Einfluß auf die weitere Handlung,* wie die Dieb- und Raubgeschichten in Beziehung auf den Schrein.

Als dritter Knotenpunkt der Intrige dient ein altes Försterhaus
im Walde, in welchem eine Art wahnsinnige Hexe wohnt, die
durch ihr gräßliches Geschrei alle Augenblicke die Nachbarn in

Unruhe versetzt. Hier wird die Verwicklung ernsthafter. Die Hexe
ist die Schwester eines blinden Schmiedes, *Zeck*. Ein anderer Bruder ist früher Falschmünzer gewesen, und nachdem er lange Zeit
eine Rolle in der vornehmen Welt gespielt und unter anderm auch
mit jener Pauline von Harder ein Liebesverhältnis unterhalten,
verurteilt worden; er ist aber aus dem Gefängnis entkommen und
nach Amerika gegangen, wo ein wohlhabender und philanthropi-
scher Mann aus ihm geworden ist. Er kehrt zurück, um einen
Sohn zu suchen. Zu diesem Zweck veranlaßt er eine Zusammenkunft zwischen seiner Schwester, der Hexe, und seinem Bruder,
dem blinden Schmied. Diese beiden würdigen Geschöpfe geraten
in heftigen Zank, und der Schmied ist im Begriff, auf seine Schwester mit dem Hammer zu schlagen, da zieht sein Bruder eine Pistole,
und schießt ihn nieder. Im gewöhnlichen Leben gilt Brudermord
für eine unter allen Umständen sehr unangenehme Begebenheit; in
der Sphäre aber, in der sich die Ritter vom Geist bewegen, ist man
über dergleichen Vorurteile hinaus. Nicht bloß das Gericht spricht
ihn frei, weil er den Mord nur zur Abwehr einer Untat begangen,
sondern auch sein eigenes Inneres. Er setzt seine philantropischen
Bestrebungen fort, ohne weitere Gewissensbisse über den Tod seines Bruders.

Dies sind die Schablonen der Intrige; die darin eingeführte Färbung ist düster genug. Fast alle beteiligten Personen haben entweder in vielfachen unsittlichen Liebesverhältnissen gelebt, oder sind
daraus hervorgegangen. Es ist in den genealogischen Verhältnissen
eine Verwirrung, die man nur mit der Verwirrung in Hoffmanns
Teufelselixieren vergleichen kann. So ist z. B. Prinz Egon nicht
der wirkliche Sohn des alten Feldmarschalls, sondern eines gewissen Rodewald. Dieser hat zugleich mit Egons Mutter und mit Pau-
linen im Verhältnis gestanden. Egons Mutter war schon geneigt,
ihrem Gemahl das Verhältnis zu entdecken, sich von ihm scheiden
zu lassen und Rodewald zu heiraten – der Gedanke, was der alte
Feldmarschall dazu für Augen gemacht haben würde, stößt ihr
gar nicht auf –; da macht ihr Mann eine große Erbschaft und
wird in den Fürstenstand erhoben. Sofort gibt sie ihr Vorhaben
auf. Und der Dichter findet das ganz natürlich!

Man sieht schon aus dieser einzelnen Probe, daß hier eine Reihe dunkler Mysterien stattfinden, die Eugen Sue nichts nachgeben;
aber der Dichter ist in seiner Erzählung zu unruhig und zu unstet,
um auch nur jene materielle Spannung hervorzubringen, die den

französischen Mysteriendichtern so leicht wird. Seine verschiedenen Intrigen haben keine innerliche Einheit, sie sind nur äußerlich ineinander verwebt und wirken ermüdend und einschläfernd, obgleich alle bekannten Mittel des Gespenstischen und Unheimlichen aufgeboten werden. – Wir lassen damit den historischen Stoff beiseite und gehen auf die Charaktere über.

Die *Charakterzeichnung* ist von jeher Gutzkows schwächste Seite gewesen. Den vollständigen Mangel an allem Idealismus hat er mit den neueren Franzosen und Engländern, z. B. mit Balzac und Thackeray, gemein, aber es geht ihm auch jene Sauberkeit und Sicherheit der Zeichnung ab, die den düsteren Bildern dieser Dichter wenigstens einiges Interesse verleiht. Schon seit seiner frühesten Zeit hat er theoretisch und praktisch die Ansicht ausgeführt, daß nur gemischte Charaktere, d. h. Charaktere, in denen sich das Gute und Böse gleichmäßig begegnet, in die Poesie wie in das Leben gehören. Diese Ansicht, die in einer Zeit ihren Wert hatte, wo man gegen das einseitige Tugendprinzip der abstrakten Moralisten die Fülle des konkreten Lebens geltend machte, hat nur in dem Fall ihre Berechtigung, wo sich den harten Anforderungen des Gesetzes gegenüber eine kräftige und in sich übereinstimmende Natur regt, die, wenn auch nicht in ihrem Verhältnis zum Allgemeinen zu billigen, doch an sich betrachtet als lebendige Totalität von Interesse ist. So versteht es aber Gutzkow keineswegs. Seine »gemischten Charaktere« gehen nicht aus der Einheit einer kräftigen Natur hervor, sondern sind Aggregate aus den verschiedenartigsten, widerstrebendsten Bestandteilen. Er fühlt die Gewalt der akzidentellen Umstände als eine zwingende, weil sein eigenes Gefühl nicht stark und sicher genug ist, um ihn darüber hinauszuheben. Seine Charaktere sind zwar in der Regel im höchsten Grade von sich selber eingenommen, aber sie haben nicht jenes Selbstvertrauen, das sie frei macht und unabhängig von gemeinen Rücksichten. Niemals ist Gutzkow im Stande gewesen, ein edles, starkes, kräftiges Herz zu schildern, das nicht bloß im Augenblick aufflammender Leidenschaft die Reflexion beiseite wirft, sondern sie überhaupt zu überwinden weiß, wo eine ernsthafte Situation einen bestimmten Entschluß fordert. Alle seine Charaktere sind bis ins innerste Mark hinein »von der Blässe des Gedankens angekränkelt«, alle haben eine abgöttische Verehrung vor diplomatischer Weltklugheit, vor »gentlemanliker« Bildung, alle eine große Abneigung gegen die ehrliche, kräftig handelnde Mittelmäßigkeit. Von gren-

zenloser Willkür und Kaprice verfallen sie regelmäßig in die feig-
sten Rücksichten. Wie es optische Gläser gibt, in denen die Verhältnisse eines Gesichts gewaltsam auseinandergerissen werden, so
geht es Gutzkow mit seinen Charakterbildern, weil er überall nur
endliche Seiten von ihnen ins Auge faßt. Er gibt niemals eine organisch gegliederte Individualität, sondern immer nur Aggregate
aus empirisch aufgenommenen, anekdotischen Portraitzügen und
willkürlichen Einfällen. Die Blasiertheit, der Indifferentismus und
der Unglaube, der mit unsrer deutschen Geistreichigkeit, wenn sie
nicht durch konsequentes Streben geklärt wird, unzertrennbar verbunden sind, breiten über seine Darstellungen eine verdrießliche,
trübe Dämmerung, die keine Freude aufkommen läßt. Jene Freude, die z. B. W. Scott, oder Dickens, oder Jeremias Gotthelf an ihren Gestalten empfinden, weil sie die Fülle ihres eigenen frommen
Seelenlebens darin niederlegen, jener energische Stolz, mit dem
Byron auch die Schwächen seiner Gestalten vertritt, weil er weiß,
daß doch ein edler Fond darin ist, und jene versöhnende Humanität, mit der Goethe auch das Unbedeutende vor dem Auge Gottes
verklärt: – von dem allen ist keinen Augenblick bei Gutzkow die
Rede. Seine Helden sind hochmütig, aber nur solange sie keinen
Widerstand finden, weltklug, aber nur wo es kleine Intrigen gilt,
humoristisch, aber nur wo sie zersetzen, human, aber nur wo sie
sich einbilden, die Welt zu ihren Füßen zu sehen. Und zwar ist es
nicht die Absicht des Dichters, sie so zu schildern, er verhält sich
nicht von vorn herein ironisch zu ihnen, sondern er geht mit dem
besten Willen daran, sie zu Idealen zu machen, aber sie verwandeln sich unter seinen Händen in Fratzen, weil ihm die eigentliche
Kraft des Dichters abgeht: das Auge, das in jedem Augenblick das
Wesentliche vom Unwesentlichen scheidet*. Seine Kunst ist der al-
lertrockenste Pragmatismus, d. h. das Herleiten großer Dinge aus
unangemessenen Ursachen. Sowie er irgendein Ereignis eintreten
läßt, ist er nicht mehr Herr darüber, es verstockt sich gegen ihn

---

* Wir führen hier ein kleines, aber sprechendes Beispiel an. (Bd. V, p. 215.)
Ein Mädchen aus dem Volke will einen Brief schreiben. Sie kauft erst Feder,
Papier, Oblaten ein. »Dann erschrak sie, daß sie die Tinte vergessen hatte.
Es war ein Gefäß dafür da, es stand immer in der Ofenröhre, aber es war
eingetrocknet. ... Sie goß Wasser dazu, und rührte mit einem Span den
schwarzen Brei um; er gab hinlängliche Flüssigkeit, um einen kurzen und
bündigen Brief zu schreiben.« – Bloßer Pragmatismus ohne Zweck.

mit der Macht der Tatsache. Diese pragmatische, ängstliche Gewissenhaftigkeit in der Motivierung gleichgültiger Dinge, verleitet zu Erfindungen, die dem Wesen des Charakters wie dem Wesen der Situation widersprechen. Wenn man sich in wilden Verwirrungen taumeln will, so muß man das Talent und das ungenierte Selbstvertrauen eines Dumas besitzen, dem es nicht darauf ankommt, wo es nötig ist, auch ein Wunder zu tun.

Von diesem pragmatischen Zersetzungsprozeß ist das beste Beispiel derjenige Charakter, der als das eigentliche Ideal des Romans aufgefaßt werden muß, *Dankmar Wildungen*, der Stifter des Ordens vom Geist. Von der Konsequenz in der Ausführung seiner Unternehmungen und von seinem gesetzlichen Sinn haben wir schon gesprochen; hier ein neuer Zug. Er hat mit seinem Bruder eine Zusammenkunft. Zu dieser ist er auf einem gemieteten Pferde geritten. Ein dringendes Geschäft ruft ihn nach einer andern Seite ab; er möchte das Pferd gern los sein. Hackert erbietet sich, es zurückzubringen. Dankmar geht zuerst darauf ein, dann aber besinnt er sich, daß er mit einem Vagabunden zu tun hat. Hackert, beleidigt durch das Mißtrauen in seine Ehrlichkeit, wirft ihm als Pfand ein Päckchen von hundert Talern zu und reitet ab. Dankmar, der zu seiner Weiterreise Geld braucht, nimmt keinen Anstand, zwanzig davon in seine Tasche zu stecken und so bei dem Vagabunden eine unfreiwillige Anleihe zu machen. Hackert kehrt zurück; er hat das Pferd abgeliefert und bittet um Rückgabe seines Geldes. Dankmar aber, der nicht eingestehen will, daß er einen Teil davon in die Tasche gesteckt, weiß ihn durch eine geschickte Manipulation zum Schweigen zu bringen. Nachher fällt ihm alle Augenblicke wieder ein, Hackert könnte mit dem Pferde doch durchgegangen sein, und er überhäuft ihn, wo er ihn nur sieht, mit Vorwürfen und Schimpfwörtern, ohne allen Grund, denn das Pferd ist wirklich abgeliefert. – Was sollen nun diese Geschichten, die auf die Handlung selbst keinen Einfluß ausüben, und die doch auf den Charakter des Helden ein schlechtes Licht werfen müssen? Der geheime Grund ist folgender. Gutzkow möchte seinen Helden gern nicht bloß als bedeutend und geistreich, sondern auch als aristokratisch, als nobel, als gentlemanlike darstellen, und dazu gehört nach seinen Begriffen Rücksichtslosigkeit und hochfahrendes Wesen gegen das gemeine Volk, auch wenn man noch so sehr Demokrat ist. – O gute Demokratie, was hast du für Propheten! – Aber es kommt noch schlimmer. – Dankmar spricht mit dem Stallmei-

ster Lasally über Hackert, von dem der letztere behauptet, er sei
feige, und würde nicht wagen, auf jemand zu schießen. Um einen
theatralischen Effekt hervorzubringen, zieht Dankmar drei Kör-
perchen aus seiner Tasche, die er für Spitzkugeln hält, und sagt:
»Diese hier hat Hackert in meinem Wagen zurückgelassen.« Lasally besieht sie und ruft freudig aus: »Die sind also von Hackert?
Nun habe ich den Spitzbuben. Es sind keine Spitzkugeln, sondern
Uhrgewichte, wie sich deren einige in den Ohren meiner Pferde
gefunden haben, die darüber toll geworden sind. Ich werde ihn
also jetzt als Täter denunzieren, und Sie werden mir als Zeuge dienen.« – Dankmars Erklärung war eine *Lüge*; er hat jene drei Ge-
wichte *nicht* in seinem Wagen gefunden, sondern auf einem Platz
im Walde, und nur *ganz entfernte, zweifelhafte* Indizien haben ihn
zu der Vermutung gebracht, daß es *möglicherweise* Hackert sein
könne, der sie dort verloren habe. Statt nun als Jurist über die un-
vermutete Wichtigkeit seines Einfalls zu erschrecken und ihn sofort zurückzunehmen, schweigt er aus Eitelkeit, und läßt also die
Anklage auf Grund einer falschen Aussage zu. Er findet später,
daß Hackert im Grunde ein interessanter und bemitleidenswürdi-
ger Mensch ist. Er geht also zu Lasally, um ihn zur Zurücknahme
seiner Anklage zu veranlassen; er findet diesen aber in so ver-
drießlicher und gereizter Stimmung, daß er sich gar nicht weiter
darauf einläßt, sondern sofort zu anderen Zerstreuungen übergeht ...

Mit Dankmar zusammengestellt treten die übrigen idealen Charaktere entschieden in den Hintergrund. Sie sind eigentlich nur
Tendenzfiguren, die verschiedenen Nuancen der freisinnigen politischen Ideen auszudrücken. Gutzkow versäumt es zwar nicht, von
jedem von ihnen irgendeinen charakteristischen anekdotenhaften
Zug anzuführen, aber dann läßt er ihn fallen, und der Charakter
fällt ganz mit seinem theoretischen Inhalt zusammen, wie bei Radowitz. Alle diese Ritter sind nur Träger der Konversation, und
eben darum wird der Dialog steif und unnatürlich, weil er sich
nicht in natürlichen individuellen Empfindungen, sondern in allgemeinen Abstraktionen fortbewegt. – Unter diesen idealen Charakteren sind anzuführen: die weichen theoretischen Idealisten Siegbert, Louis Armand und Oleander, die praktisch tugendhaften
Rodewald, Werdeck und Rudhard, und die in Jean Paulischer Manier angelegten Humoristen Leidenfrost und Dystra. Einzelne Einfälle, die den letzteren in den Mund gelegt werden (z. B. die Rede

Leidenfrosts über die Gleichgültigkeit unsrer Zeit gegen den Tod), sind trotz ihrer Paradoxie gar nicht uninteressant und würden eine noch viel größere Wirkung ausüben, wenn sie etwas mehr wären, als bloß theoretische Einfälle.

Aber auf alle diese Figuren kann man ein sehr treffendes Wort anwenden, welches Gutzkow mit einer Art instinktivem Scharfsinn ausspricht, ohne zu merken, daß er sich selber damit trifft: »Was soll uns die wuchernde Überfülle des Geistes, die nur der Form, nicht dem Inhalt der Wahrheit dient! Seht diese Geistreichen! Wie sie sich recken und dehnen, um wunderbare Figuren zustande zu bringen, und der gerade, schlanke Wuchs der Überzeugung fehlt! Diese Menschen sind unser Unglück. All ihr Geist befruchtet nichts, schafft nichts, gestaltet nichts ... Ich lobe mir die Einfältigen, die wissen, was sie wollen.« – Gutzkow hätte keine bessere Selbstkritik geben können. Und wenn er an einer andern Stelle sagt: »Der Witz macht schwach, nur Pedanten haben Kraft«, so ist auch das wahr und auf ihn selber anzuwenden, wenn man der Formel auch eine andere Wendung geben möchte.

Viel besser angelegt, als diese idealen Charaktere, sind die irrationellen Figuren, von denen wenigstens eine Masse interessanter Einzelheiten gegeben werden, z. B. *Egon* und *Melanie*; die letzte übrigens eine Wiederaufnahme früherer Charaktere, Wally, Seraphine, Sidonie u. s. w. Aber die Ausführung entspricht der Anlage nicht. Es genügt nicht, daß der Dichter uns eine Reihe spannender Anomalien vorführt; er hat auch die Pflicht, sie aufzulösen und zu erklären. Das hat Gutzkow nicht einmal versucht. Er oktroyiert uns die ungewöhnlichsten, unerklärlichsten psychologischen Tatsachen, ohne sie zu begründen, ohne uns auch nur einen Leitfaden für den Zusammenhang zu geben. Egon zeichnet sich vor ähnlichen Charakteren Gutzkows dadurch aus, daß in seinem Leben wenigstens ein Wendepunkt eintritt, der Augenblick nämlich, wo er von seiner illegitimen Geburt unterrichtet wird. Dafür ist aber schon in seiner äußersten Erscheinung, in seinem Verhältnis zu Dankmar, zu Louis Armand u.s.w. so viel Affektiertes, Verschrobenes und Unwahres, und seine spätere Rückkehr zum alten Bunde hat so wenig Sinn, daß auch dieser Charakter sich in Effekthascherei verliert. – Bei Melanie kann man ohne Übertreibung sagen, daß man keine einzige ihrer Handlungen, keine einzige ihrer Empfindungen versteht. Sie entwickelt die entgegengesetztesten geistigen Eigenschaften; wie aber diese in einer Person Raum ha-

ben können, darüber erhalten wir keinen Aufschluß. – Ein anderer
weiblicher Charakter, über dessen Wendungen wir gleichfalls im
dunkeln bleiben, *Olga,* ist eine Reminiszenz aus Mignon. Beide
Frauen sind nicht ohne Reiz, aber es ist nur ein sinnlicher Reiz. –
Ganz schlecht dagegen ist eine Lieblingsfigur Gutzkows, der schon
öfters erwähnte *Hackert,* in dem er uns ein Symbol, einen Typus
des Volks geben will. Er ist nicht bloß in allen seinen Phasen unwahr und unnatürlich, sondern, was ebenso schlimm ist, bis zum
Ekel häßlich; ekelhaft, wo er leidet, und ekelhaft, wo er sündigt.
Es ist die bête noire des Romans, die von jedermann mißhandelt
wird, für die wir nicht einmal Mitleid empfinden können, weil
auch dieses ohne lebendiges Interesse an den Inhalt der Persönlichkeit unmöglich ist.

Die besten Figuren des Romans sind die satirisch behandelten,
soweit sie der höhern Gesellschaft und der höhern Literatur angehören. Hier weiß Gutzkow die Schwäche, Schlechtigkeit und
Lächerlichkeit mit großem Scharfsinn aufzuspüren. Dahin rechnen wir den Justizrat *Schlurk,* die Geheimrätin *Pauline von Harder* und den Literaten *Guido Stromer.* Die einzelnen Züge sind
ebenso pikant als treffend, und wenn der Zusammenhang auch viel
zu wünschen übrig läßt, so kommt darauf bei dieser Art Charaktere weniger an. Dagegen haben sie einen andern wesentlichen
Makel. Die poetische Darstellung auch erbärmlicher Charaktere
muß immer dem höchsten Zweck der Poesie, der sittlichen Läute-
rung und Reinigung des Gemüts dienen. Auch dazu ist eine innere
Dialektik der Charaktere nötig, die zu einer Katastrophe und damit zu einer sittlichen Befriedigung führen muß. Dazu aber fehlt
dem Dichter die Sicherheit, Härte und Entschlossenheit des sittlichen Gefühls. Wenn er uns eine ganze Zeit hindurch diese Menschen als die ausgesuchtesten Exemplare menschlicher Hohlheit
und Niederträchtigkeit dargestellt hat, und wenn es dann dazu
kommen soll, daß die Wirkungen ihrer Natur sich gegen sie wenden, so wird er auf einmal weich und gerührt. Er entdeckt plötzlich ungeahnte gute Seiten an ihnen und sucht das Mitleid des Lesers rege zu machen. Das ist eine sehr unzeitige, eine verdamm-
liche Toleranz! Es ist ein sehr verbrauchtes Manöver, daß der
Schurke, der bisher den Kopf hoch getragen hat, wenn er sich ent-
larvt sieht, in Tränen ausbricht, und seine Richter darauf aufmerksam macht, daß er auch manche gute Eigenschaften habe,
daß er seine Kinder und seine Bedienten gut behandle u.s.w.; für

ein gesundes sittliches Urteil ist ein solcher Effekt nur noch ein
Moment mehr des Widerwillens und der Verachtung. Wer sich dadurch rühren läßt, zeigt damit, daß er – und auch in ästhetischen
Dingen – zum Geschwornen nicht taugt, und das ist zugleich das
Kriterium, ob man zum Schaffen wahrer Gestalten fähig ist oder
nicht. Es zeigt sich in diesem Fall, daß die Theorie von den gemischten Charakteren, von den in Rechnung aufzunehmenden Ne-
benumständen auch für die Poesie unhaltbar ist. Allerdings gibt es
keinen Menschen, in dem nicht eine Spur vom Guten, keinen, in
dem nicht eine Spur vom Bösen aufzufinden wäre; aber so wie im
Leben der Richter trotzdem ein bestimmtes Urteil über Schuldig
oder Nichtschuldig auszusprechen hat, so ist es auch in der Poesie.
Man muß sehr genau wissen, wen man mit moralischen Fußtritten
zu entlassen hat, und die weichliche Rücksicht, daß Fußtritte
wehe tun, darf bei diesem Schluß nicht stören.

Die Charaktere und Begebenheiten, die in den niederen Ständen
spielen, sind viel schlechter als bei Eugen Sue. Für diese Sphäre
des Lebens scheint Gutzkow nie ein lebendiges Interesse gehabt zu
haben; auch wo er idealisieren will, bringt er nur Fratzen hervor.
Sein Fränzchen Hennisch, Louise Eisold, Auguste Ludmer u. s. w.
sind unendlich viel widerwärtiger, als Rigolette, Fleur de Marie,
Rose Pompon u. s. w. Grisetten muß der Deutsche überhaupt
nicht schildern wollen; davon hat er keinen Begriff.

Die *Sprache* des Romans, auf die wir jetzt übergehen, entspricht
dem Inhalt. Wir verkennen nicht, daß Gutzkow auch darin einen
Fortschritt gemacht hat. In seinen früheren Schriften, namentlich
in seinen Dramen, stößt man fast auf jeder zehnten Seite auf eine
Sünde gegen die Grammatik oder gegen die Logik. Diese Sünden
fehlen auch hier nicht, aber sie sind seltener geworden. Einige davon führen wir unten an.* Sie gehen meistens aus einer gezierten

---

* 7, p. 35: »Kann es etwas Blasphemischeres geben?« – 4, p. 101: »Ich trenne
noch mehr von der oberen Wand hinweg; da wird die untere ein von Kalk
bespritzter bretterner Widerstand.« – 1, p. 104: »Er kannte ihn nur von seiner
klaren und immer helldenkenden Vernunftseite.« – 9, p. 310: »Dies plötzliche
nun in die Verbannung und in Kerker gerufene Glück hatte etwas Roman-
tisches.« – 6, p. 363: »marmorgelbgraukalt.« – 4, p. 51: »sehr gewählt toilet-
tiert.« – 7, p. 40: »Meine glänzende Situation, in die ich vom Spielen gekommen war.« – 6, p. 8: »Das Wesen des Jesuiten war wie das Schnalzen eines
Fisches.« – 2, p. 225: »Dankmar entging nichts, was nur irgendeiner gefüh-
ligen Stimmung ähnlich sah; er bereute in seinem Herzentakte jetzt die Er-
wähnung so trauriger Erinnerungen.«

Effekthascherei hervor, aus einem Streben nach Bildern, die Gutzkow nicht natürlich zufließen, sondern die er mit großer Mühe zu-
sammensucht, und die daher in der Regel ins Unnatürliche spielen; ferner aus jener Selbstironie, die beständig aus forciertem Pathos und gespreizter Sentimentalität, nicht, wie Jean Paul, ins Komische und Burleske, sondern geradezu ins Gemeine, Triviale und
Häßliche überspringt. Seine Empfindsamkeit verkehrt sich, einzelne Ausnahmen, die allerdings vorhanden sind, abgerechnet, mei-
stenteils in Schwulst; sein Humor ist verdrießlich, süßsauer und
affektiert; sein Streben, auch dem Unbedeutenden durch den Ausdruck einen höhern Sinn beizulegen, führt zu Manier, und sein
Versuch, die Sprache, namentlich im Dialog, zu individualisieren,
zu Rohheiten und Geschmacklosigkeiten.* Einen Dialog zu
schreiben, fällt Gutzkow überhaupt sehr schwer, weil er weder
einen Gedankengang, noch eine organisch sich entwickelnde Leidenschaft ruhig und konsequent zu durchdenken versteht. Er führt
die unwesentlichen, ganz gewöhnlichen Phrasen der Unterhaltung
mit großer Breite aus, während er diejenigen Momente, auf die es
im Gespräch vorzugsweise ankommt, bloß leise andeutet. Er fällt
seinen Personen alle Augenblicke ins Wort und raisonniert über
sie. Bald läßt er sie, um charakteristisch zu sein, eine ganz unge-
bildete Sprache reden, bald legt er den Grisetten oder Eckenste-
hern jungdeutsche Wendungen in den Mund. – Was dieses Buch
aber vorzugsweise charakterisiert, ist das Streben, den Goethe'
schen Geheimratsstil aus seiner letzten Periode nachzuahmen. Das
zeigt sich unter anderm in der Neigung, alle Ereignisse, auch die
unbedeutendsten, zu einer sententiösen Form abzurunden und eine
allgemeine Regel an sie zu knüpfen, die teils durch den verwickelten Ausdruck ihre Trivialität überkleidet, teils auch sich geradezu
durch eine affektierte Einfachheit Geltung zu verschaffen sucht.
Denn man kann mit der Einfachheit ebenso kokettieren, wie mit
dem Pathos, wenn man sie zur Schau trägt, wo es sonst keinem
Menschen einfallen würde, anders als einfach zu sein. Diese Vorstellung, als tiefer denkender und empfindender Geist hoch über
der Welt der Erscheinungen zu schweben und sie aus der Vogelperspektive zu betrachten, zeigt sich auch in einzelnen Stilwendun-
gen, welche den stofflichen Zusammenhang vom höhern Gesichts-

---

* Z. B. »ich mache nach Berlin«, statt »ich reise«, läßt er seine Gebildeten
sprechen; oder »Rand halten« u.s.w.

punkt aus limitieren sollen und die zuletzt in reine Manier ausarten. So hat schon Ranke die Partikel »*doch*«, um den Begebenheiten gegenüber seine skeptische Freiheit anzudeuten, in so überreichem Maß angewendet, daß sie zuletzt ein reines Flickwort geworden ist. Gutzkow macht es ihm nach und fügt ganz in derselben Manier noch eine Reihe von Partikeln hinzu, z. B. fast, nur, ja, etwa, nun, oft, kaum, mehr u. s. w., nicht in der gewöhnlichen Bedeutung, sondern um den höheren Standpunkt des Dichters abzugrenzen. – Neben dieser Ziererei kommen dann aber Augenblicke, wo sich der Dichter gehen läßt und ganz Clauren oder Kotzebue wird. – Wir müssen uns hiermit begnügen, obgleich noch viel zu sagen wäre, und fügen nur hinzu, daß sich einzelne schöne Stellen vorfinden, die leider in dem unangenehmen Eindruck des Ganzen verlorengehen, die aber zeigen, daß Gutzkow wenigstens in diesem Punkte etwas Besseres leisten könnte, wenn er in seinen Arbeiten gewissenhafter wäre und nicht bloß auf den Effekt ausginge.

Wir schließen mit der *moralischen Tendenz* des Romans. Daß Gutzkow ein Porträt der Zeit, wie seine Verehrer behaupten, darin nicht geliefert hat, wird der Unbefangene wohl von selbst erkennen. Die Zeit ist besser, als ihr Ruf. Gutzkow versteht darum seine Zeit nicht, weil er sein ganzes Leben hindurch nur auf die auf der Oberfläche schwimmenden Erscheinungen geachtet hat, die zwar aus der allgemeinen Bewegung des Geistes hervorgehen, aber ihr keinen Ausdruck verschaffen. Die Individualitäten, welche von jeder einzelnen Regung des Geistes irgend einen oberflächlichen Eindruck mitnehmen, sind das Schwächste an der Zeit; in denjenigen Regionen dagegen, wo die Individualität sich an das Werk hingibt und sich selbst verleugnet, um das Ganze zu fördern, blüht das deutsche Leben noch immer so hoffnungsreich fort, daß wir an unsrer Zukunft nicht verzweifeln dürfen. Das Heilmittel, welches Gutzkow vorschlägt, ist das schlechteste von der Welt, weil es gerade die schlechteste Seite unsres öffentlichen Lebens begünstigt, das egoistische, eitle Hervorheben der Individualität über die Sache. Der von ihm vorgeschlagene Bund der Ritter vom Geist ist eine Verbindung interessanter Persönlichkeiten, die, ganz abgesehen von ihren bestimmten Zwecken, sich gegenseitig tragen und fördern sollen. Er hat ganz die Natur einer Coterie, wie wir dergleichen in der elenden romantischen und jungdeutschen Periode unsrer Literatur über Gebühr wirklich er-

lebt haben, nur daß dieser Assekuranzverein für strebsame Gemüter sich durch den Schein einer allgemeinen kosmopolitischen
Richtung in ein leeres symbolisches Getändel verliert. Was Gutzkow über die Organisation des Bundes vorschlägt, ist so kleinlich
und abgeschmackt, daß er heute bei ruhiger Überlegung vielleicht
selbst darüber erstaunen wird.

Daß bei der Zerfahrenheit unsrer Verhältnisse der einzelne das
tiefe Bedürfnis fühlt, sich einem Ganzen anzuschließen, in dem er
sich geltend machen und sich weiter bilden kann, liegt in der Natur der Sache; allein dieses Ganze muß von der Art sein, daß es
durch strenge Zucht die Willkür des einzelnen zügelt, nicht sie begünstigt. Fast in jedem praktischen und gelehrten Berufszweig
finden sich wenigstens schon Anlagen zu dergleichen Organisationen, in denen der einzelne durch Hingebung an den objektiven
Zweck den Egoismus und die Willkür in sich selbst bekämpfen
kann. Abgesehen davon, haben wir die großen politischen Partei-
en. In ihnen kann der einzelne lernen, zuerst einer großen Sache
zu dienen, ehe er in diesem Dienst auch sich selber zur Geltung
bringt. Durch sie kommt in unsre zerfahrenen Wünsche Gestalt
und Maß, und was in ihnen noch von Einseitigkeit vorhanden sein
mag, wird teils durch den gegenseitig befruchtenden Kampf, teils
durch die Macht der Tatsachen korrigiert. Wer nicht imstande ist,
sich einer solchen Partei, die er wenigstens im großen und ganzen
billigt, anzuschließen, zerfällt in die zusammenhanglosesten Einfälle, und ist am abhängigsten von den zufälligen Umständen,
wenn er am meisten auf eigenen Füßen zu stehen glaubt. Der
Glaube, dessen Mangel Gutzkow so lebhaft fühlt, und die damit
verbundene Freude am Leben wird nicht durch trunkene Phantasien, nicht durch künstliche Exaltationen hervorgebracht, wie sie
die alten und die neuen Romantiker in ihren Evangelien anprei-
sen; nicht durch geheime Verbindungen geistreicher, aber konfu-
ser Menschen, die zu den Zeiten der Freimaurer, der unsichtbaren
Loge, allenfalls des Wilhelm Meister denkbar waren, aber nicht
mehr in unsrer Zeit, wo nur der klare, bestimmte und auf einen
erreichbaren Zweck gerichtete Wille Geltung findet: – sondern
durch den entschiedenen Kampf gegen die Verstocktheit des
Egoismus, der nur durch hingebende Arbeit und selbstverleugnen-
de Demut geführt werden kann. Wessen Auge scharf genug ist,
um die Einseitigkeiten der bestimmten Parteien zu durchschauen,
der soll nicht eine neue Partei gründen, die sich doch bald in fades

Cliquenwesen verliert, sondern er soll innerhalb seiner Partei den Geist der Humanität geltend zu machen suchen, der nach dem Vorbild der homerischen Helden auch in den Feinden, die er tödlich bekämpft, das Menschliche ehrt. Nur in dieser Beschränkung kann jeder gebildete und ehrlich strebende Mann, um bei Heines an sich gar nicht schlechtem Einfall zu bleiben, sich als »Ritter vom Geist« bewähren.

8.2.1 *Ein neuer Roman* [Gustav Freytag, Soll und Haben]

Herr Gustav Freytag schmückt, wie er von einem vortrefflichen Fürsten mit Recht sagt, seinen Roman »Soll und Haben« (drei Bände, Leipzig, Hirzel, 1855) mit dem Namen des Herzogs von Koburg, der ihm einst »beim Füttern der Rehe« auf dem Kahlenberge Deutschlands Not und Entzweiung als Quelle des unkünstlerischen Schaffens bezeichnet hätte. Den dieser schönen Widmung folgenden gewaltigen Anlauf zu seinem Werke jedoch, als eines »wahren«, nicht »zufälligen Ereignissen entlehnten« Romans, nicht »unschöne Mischung von plumper Wirklichkeit und erzwungener Empfindung« bringenden, würde man als glücklichen Köhlerglauben an eigenes Vermögen nach jener Art hingehen lassen können, die in den vorzugsweise der ästhetischen Jagd gewidmeten Spalten des Leipziger Journals, an welchem bekanntlich nichts grün ist als sein Umschlag, seit Jahr und Tag ihr Wesen treibt. Allein zu herausfordernd treten die Verheißungen des Herrn Verfassers auf, zu herausfordernd ist die Stellung seines Buchs zu der ästhetisch-kritischen Tätigkeit jenes Journals, zu herausfordernd ist endlich das auf den Titel gesetzte Motto des Herrn Dr. Schmidt: »Der Roman soll das deutsche Volk da suchen, wo es in seiner Tüchtigkeit zu finden ist, nämlich bei seiner Arbeit!« Unsere Leser, die wir mit kritischem Hader sonst verschonen, können verlangen, daß bei einer solchen Gelegenheit die Merkmale dessen, was sich so bewußt als das *im Roman einzig ästhetisch Richtige* angibt, genannt und geprüft werden, und das nicht etwa um unsert- oder um des Herrn Freytag willen, sondern um einer festzustellenden Wahrheit willen.

»Soll und Haben« will das deutsche Volk bei seiner »Arbeit« aufsuchen. Wir sehen uns um, was und woran in diesem Roman das deutsche Volk arbeitet. Wir finden ein Großgeschäft in Talg, Wolle, Zink, Rosinen, Mandeln, Kaffee u.s.w. Zwei Kommis auf

dem Kontor des Herrn T. O. Schröter sind die Helden des Buchs;
der eine eine schüchterne unbedeutende Persönlichkeit, namens
Anton Wohlfart, der andere ein Volontär, Herr von Fink, ein un-
mittelbarer Ableger aus der Familie derer von »Saalfeld«, »Graf
Waldemar«, »Konrad Bolz« und ähnlicher Gestalten der Muse des
Herrn Freytag. Besagter Herr von Fink gibt Anton Wohlfart
Schliff und Routine durch Tanzunterricht, Anleitung zum Punsch-
machen, Bekanntschaften mit Wettrennern und Wettrinkern, er
führt in die Welt der Apfelschimmel, Pistolenhalfter, Dop-
pelbüchsen, Stulpstiefel und Reitpeitschen ein, eine Welt, die bekanntlich in allen Arbeiten des Herrn Freytag vorzuherrschen
pflegt. Jener wendet auch diese aristokratische Bildung dazu an,
die Fässer mit Rosinen und Mandeln bald zu verlassen und eine
heruntergekommene Adelsfamilie vor völligem Ruin ihrer Finan-
zen durch dilettantische Versuche in der Ökonomie und der Lan-
desverteidigungskunst gegen die aufrührerischen Polen zu retten.
Wir hören bei all dieser »Arbeit« allerdings fortwährend Fässer
karren, wir sehen auch Warenballen mit dem Pinsel signieren, wir
leben die mit sehr unerquicklicher Breite geschilderten philister-
haften Zustände einiger fünf bis sechs und sehr gleichgültigen und
formlos durcheinanderschwimmenden Kontoristen mit; allein mit
einer auf jeder Seite bestätigten Befugnis kann man dennoch fragen: Wo ist hier die Arbeit? Individuelle, der Poesie und nicht der
Statistik angehörende Arbeit? Wo ist die Arbeit des Herrn von
Fink? Wo ist die Arbeit, die solide, echte, deutsche Arbeit der
weichlichen Folie jenes merveilleusen Brillantfeuerwerkers, seines
Lehrers im Weltschliff? Wo ist die Arbeit des Herrn Freiherrn von
Rothsattel, dessen Hypotheken- und Pfandbriefwucher den eigentlichen Hebel der Handlung des Romans vorstellt? Wo ist deutsche
Arbeit anders vertreten als in voller charakteristischer Emsigkeit
und produktiver Wertschaffung nur bei einigen Juden, fünf bis
sechs Ablegern des aus den »Journalisten« her bekannten Für-Al-
les-Schreibers »Schmock«, die ihre Masematten mit einer Behaglichkeit vor uns durchführen, daß sie allerdings die Arbeit des
deutschen Volks im Gaunern, Lungern und Betrügen auf das rüh-
rigste darstellen?

Suchen wir den Quellen des so auffallend niederschlagenden
Eindrucks dieses Romans »Soll und Haben« näher zu kommen,
fragen wir: Was läßt alle diese Menschen im ersten Bande so
außerordentlich keck beginnen und im letzten so dürftig ausge-

hen? so muß man, ohne darum wie die »Grenzboten« persönlich werden zu wollen, diese Quelle im Autor selbst und sodann in seiner verkehrten Theorie finden.

Der Autor selbst ist gewiß ein feiner Kopf. Er besitzt Weltschliff, Gewandtheit der Form, Beobachtungsgabe, ja sogar Gemüt genug, um vorkommenden Falls Tränen von Brillanten zu unterscheiden. Seine »Valentine« war eine Reproduktion der Gräfin Hahn-Hahn durch französischen Esprit und etwas Zusatz von Heinrich Heine; es duftete in ihr nach dem Patschuli eines Boudoirs, wo uns die großen Empfindungen gleichsam einer abgesetzten Maitresse mit nicht eben besonders wahrer Sehnsucht auf Lerchengesang und Veilchenduft gerichtet dargestellt wurden; indessen die hübsche Mischung von Esprit und Sentiment, verbunden noch mit einem Zusatz von politischem Freimut, tat damals außerordentlich wohl. »Graf Waldemar« kopierte leider nur die »Valentine« und geriet in französische Outriertheit; doch in den »Journalisten«, wieder einer dritten Auflage immer desselben sozialen Themas, hat das große Publikum sich an die gute Absicht gegen die Ultras mit Teilnahme gehalten, ohne zu untersuchen, ob der Dichter nur auf dem Standpunkte der Doktrinärs stand; es hat über Herrn Piepenbrink und den Juden Schmock gelacht, ohne zu untersuchen, ob der mit Wahrheit, Kunst, Freundschaft, Liebe und jedem Menschen wie mit Mäusen spielende Katzenhumor des übermütigen und süffisanten Dr. Bolz ebenso über die Spannungshöhe eines zarten Gemüts hinausging wie die Schöpfung des Fräuleins von Runeck, die einen auf solcher Kavalierperspektive stehenden bürgerlichen Redakteur einer Zeitung rein aufessen möchte vor Bewunderung, eine der nicht endenden Auflagen war jener Schmeicheleien, die Herr Freytag allzu sichtbar in seinen Produktionen Genien darbringt, die so ziemlich immer auf einen und denselben Modellmenschen hinauskommen.

In dem Herrn von Fink des Romans haben wir nun die pyramidalste Gipfelung dieses Modellmenschen erhalten. Auf dem Piedestal des Fürsten Pückler-Muskau, des Dr. Heinrich Laube und des Freiherrn Eugen von Vaerst, sonderbarerweise dreier Schlesier, erhebt durch den vierten Schlesier sich ein so kaleidoskopisches Humorgebaren und dabei eine solche Philosophie des Sports und der Reitpeitsche, daß man dieser merkwürdigen provinzialen Sphäre selbst angehören müßte, um ihre Selbstzufriedenheit erträglich zu finden. Es ist wahr, die deutsche Literatur mag zu lan-

ge von Kandidaten der Theologie geschrieben worden sein, die
sich nicht nur in Schlesien, sondern überall in Deutschland an der
Tafel eines Grafen, der ihnen die Ehre einer Einladung zukom-
men ließ, zu lächerliche Verstöße gegen den richtigen Gebrauch
der Gabeln beim Austernessen und der Messer beim Pastetenzer-
schneiden erlaubten; es mag ein beachtenswerter Fortschritt sein,
wenn die Literatur ein wenig mehr Zusammenhang mit der großen Welt und sogar mit den Manieren und Denkweisen der exklu-
siven Gesellschaft gewinnt; aber ein häßliches Extrem sind die kolossalen Tausendsappermenter und Petitmaîtres in der Art des
Herrn von Fink. Es gibt gewiß Adlige nicht bloß in Schlesien, sondern aller Orten, die sich zum Dandyismus auch innerlich, d. h. zu
einem gewissen Pelhamismus aufgeschwungen haben. Man kann
sie ohne Zweifel nicht nur zu Breslau in der Goldenen Gans, sondern auch in Berlin, Hamburg und Baden-Baden beobachten. Wir
glauben auch, daß sie nicht bloß den Rock am Knopfe treffen,
wenn sie auf der Mensur stehen, wir glauben sogar, daß sie zuweilen Geist haben, Chopin spielen können und, wenn es gefordert
würde, sogar besser dichten würden, als so gewöhnlich bei uns gedichtet wird. Warum soll es keine Pelhams, Trevelyans, Onägins
geben? Aber Herr Freytag hat sich in diese slawisch-aristokrati-
schen und doch innerlich mit ganz wunderbar latent germanischer
Poesie ausgestattet sein sollenden Dandies so verloren, daß er sein
ganzes Buch in Herrn Dr. Bolzens häßlichem Katzenhumor geschrieben hat. Herr von Fink ist bei ihm der Matador über alles;
er ist zwar nur Kommis bei T. O. Schröter, nur Mitvertreter der
»deutschen Arbeit«, aber er ironisiert und satirisiert die ganze
Welt. Er ist der ewige Egmont, gegen den alles gewöhnliche deutsche Gemüt à la Brackenburg zum ewigen Seitwärtsstehen verurteilt ist. Die Sabine Schröter liebt ihn, die Theone liebt ihn, zuletzt
muß ihn auch sogar Lenore, die Geliebte seines eigenen Freundes,
lieben. Ihm muß alles zufallen, Poesie und Wahrheit, das Praktische und Idealische, und wenn er auch einmal einen Sperling mit
der Reitpeitsche erschlägt, den andere eben liebevoll fütterten, die
ihm eigene Auffassung dieses »Facts« bleibt doch die triumphierende; er hat ja nicht bloß Verstand, sondern auch, wenn auch
nur kurz vor dem Fallen des Vorhangs, unendlich viel Gemüt. Er
ist der ewig Liebenswürdige, der ewig Göttergleiche, selbst wenn
seine Haare schon ein klein wenig Glatze blicken lassen; er hän-
selt und narrt die ganze Welt und doch vergöttert ihn dieselbe

Welt. »Warum nicht, mein Hähnchen?« »Warum nicht, mein Junge?« »O du dummer Tony!« das sind seine stehenden Redensarten, die sonderbarerweise von ihm niemanden beleidigen. Die Zigarre ist für ihn erfunden, das Halten der Hände im Rockschlitz nicht minder. Er versteht sich nicht nur auf die beste Art Ananaspunsch zu machen, sondern ist auch der eigentlich »geistvollste« Geschäftsmann des Herrn Schröter, was nicht hindert, daß er Saadi und Firdusi kennt und Auskunft zu geben weiß über Weltgesetze und philosophische Probleme. Stehende Wendungen seiner Ausdrucksweise sind: »Wenn Itzig nicht ein Hausfreund des Gutsbesitzers war, so mußte er doch wenigstens ein vertrauter Freund seines Pferdejungen sein.« Oder: »Die Gefühle, die das Theater voraussetzt, entlehnt er sich von seinem Reitknecht.« Und in dieser Art – ad infinitum.

Herr Freytag würde gewiß die vollkommenste Berechtigung haben, Charaktere auch dieser in der Tat mehr slawisch-russischen als germanischen Art aufzustellen, wenn er nur nicht verriete, daß sie zu ihm in der innigsten Wahlverwandtschaft stünden. Er schreibt, wie Herr von Fink spricht. Der Volontär in Jockeystiefeln ist seine ganze Sympathie. Und da muß es bedenklich werden, wenn ein solches undeutsches Matadorentum Theorien aufstellt und mustergültig seinwollende Romane schreibt, deren Art hintennach von der kritischen Schule verteidigt werden soll und als Maßstab fremder Beurteilung genommen wird. Erlaubt erscheine es daher, die Wirkungen des Dr. Bolz'schen und des Herrn von Fink'schen Humors an seinen Schöpfungen nachzuweisen. In der nächsten Nummer denken wir von »Soll und Haben« eine ausführlichere Kritik zu geben.

Wir räumen Herrn Dr. Schmidt und seinem produktiven Freunde, dem Verfasser von »Soll und Haben«, sehr gern ein, daß das menschliche Herz ein gar trotziges und verzagtes Ding ist, dem man meist nur Torheiten vorzuwerfen hat. Es ist wahr, die deutsche Literatur ist ein Pandämonium solcher Torheit und der ihr entsprechenden Weltunkenntnis. Ein nur verstandesmäßig gebildeter, kalter, trockener und illusionsloser Kopf wird in dieser Literatur seine wahre Freude höchstens an Lessing und Goethe finden, obgleich auch Herr von Fink, der Heros von »Soll und Haben«, an der »alten Exzellenz von Weimar« mancherlei lächerlich zu finden exklusiv genug ist. Die traurigen Verwüstungen, die ein sol-

cher an Advokaten aber schon nicht an Richtern schätzenswerter
Sinn in unserer einmal eigengearteten Literaturgeschichte anrich-
ten muß, die Inkonsequenzen und Geschmacksüberraschungen,
die allein uns der ewig kluge Vernünftling auf diesem Gebiete zutage fördern kann, liegen in dem von der Furcht und der Apathie
unsers Literatenwesens bisher noch so ziemlich ohne Antwort
gebliebenen Wirken jener beiden Herren und ihres Anhangs offen
zutage. Nachweisen aber kann man bei alledem die Unzulänglichkeit jenes erbitterten Kampfes gegen übliche deutsche Phantasie-
und Herzenstorheit, wenn seine Teilhaber schöpferisch dafür
selbst uns schadlos halten wollen. Nachweisen kann man, wozu
die stolze Verständigkeit führt, wenn sie an die Stelle des Eingeris-
senen selbst bauen will. Die Probe läßt sich wenigstens an »Soll
und Haben« machen.

Der Mangel an Vertiefung ist in diesem Roman so auffallend,
wie er sich bei einem Verstande, der sich nicht auf sein Gemüt
verläßt, von selbst versteht. Wie ein französischer Fechter hüpft
der Verfasser im Kreise seiner Erfindung hin und her, ermüdet
sich und den Leser durch ewiges Springen von einer Person zur
andern und versinkt schon am Schluß des ersten Bandes in eine
Erschöpfung, die sich nur hier und da durch eine der vielen einge-
streuten (übrigens widerlichen) Judenjargonepisoden erholen kann.
Das Interesse ist, wie billig nach der Natur des Matadors, nur auf
die stachelnde und agacierende Partie verteilt – wir können nicht
handelnde Partie sagen, da die Handlung des Romans nur die im
engsten Sinne des Worts kaufmännische eines Handlungshauses
und des betrügerischen Schachers der Juden ist –, während doch
gerade das Interesse jedes poetischen Werks nur in den *leidenden*
Personen liegt. Alles, was der Verfasser in den Vordergrund seiner
Erzählung drängt, ist das, was die Faiseurs entweder tun oder rä-
sonnieren; das eigentliche Interesse aber ist wie zwischen Tür und
Angel geklemmt. Nicht eine einzige der aufgeführten Frauen wird
entwickelt, in ihrer Seele aufgedeckt, in ihrem Herzen mit auf-
merksamer Liebe belauscht. Sie kommen und gehen nur, um den
Matadoren – Wohlfahrt lernt nämlich die Manieren Finks allmählich wie eigene in Szene setzen – gerade dann zu Paß zu sein,
wenn sie sich genug entweder mit Redensarten ausgeteufelt oder
mit langweiligen Unternehmungen ermüdet haben und plötzlich
dann wieder bei den Frauen ankommen, deren innere Entwicklung
der Verfasser dem Leser zur eigenen Ergänzung überläßt. Der

sonst so strenge Kunstrichter würde die Ökonomie sicher umgekehrt haben, wenn ihn nicht sein Naturell immer zum Barocken triebe. Welcher Überfluß von Karikaturepisoden der langweiligsten Art! ... Wir wollen den Ballast der Langeweile aufzählen: Ein Verzeichnis von uns völlig gleichgültigen Kommis, nur um jeden zu einer Nippfigur des Spotts zu machen! Münchhauseniaden von Fink über amerikanische Fahrten zu Wasser und zu Lande, die nicht im mindesten unser Interesse berühren! Bis zum Grenzbotenbeliebten »Blödsinn« uninteressante Verhandlungen über die Frage: Ob Wohlfahrt nach zwei Jahren Kommis werden könne?!! Lange Erzählungen von allerlei episodischem Kommisjux, der überhaupt das Unwahre hat, daß er die Art der Studenten auf eine Sphäre überträgt, die einen ganz andern aparten Nonsens zu verarbeiten pflegt! Episoden von Bällen und Tanzstunden, die an kleinen Beobachtungen aus der Mütter- und »Backfisch«-Sphäre an sich nicht arm sind, nichts aber in die Handlung Eingreifendes damit vorbereiten oder durchführen helfen! Eine Reise nach Polen, um einige mit Materialwaren befrachtete Wägen einzuholen! Briefe aus Amerika über völlig in der Luft schwebende hinterwäldlerische Zustände! Eine »Kürbisepisode« aus dem Leben jener uns durchaus wesenlosen Kommis! Die ödeste Revision des Gutes Rosmin in seinen Baulichkeiten und ökonomischen Beständen! Später eine wahre Lüneburger Heide der Interesselosigkeit, die Versuche, des Gutes Ertrag zu verbessern! Letztlich – die langen Raufereien mit aufständischen Polen, die in ganzer Breite mit einer Freude an jedem gefallenen Schuß, an jedem neuaufgesetzten Zündhütchen erzählt werden, daß man zuletzt Seite für Seite überschlägt und dem Autor, der bei den Rehen des Herzogs von Koburg so herausfordernd und agacierend begonnen hatte, auch in nichts mehr mit Teilnahme folgen kann.

Das schöpferische Unvermögen des Witzes ist uns lange nicht so auffallend entgegengetreten. Der Witz bricht ewig ab, er kann keine Situation erschöpfen. Was wird? Was kommt? frägt man ungeduldig über das ewige Hin- und Herspringen einer Koboldphantasie, die nur necken kann. Die Exposition ist endlos. Sie beginnt überall von vorn und bringt es nicht zu einer einzigen schwebenden Situation; denn Längen sind keine Situationen. In einem Roman von über tausend engen Druckseiten finden sich nicht vier oder fünf wirklich dramatische, d. h. aus innerer Notwendigkeit der Prämissen hervorgegangene Szenen.

Das realistische Prinzip der Herren Grenzboten ist bekannt.
Fritz Fink in diesem Roman ist der eingefleischte Realismus. Er
schlägt allem die Volte, was wie eine Schwärmerei aussieht. Er bekommt einen Korb von einem Mädchen, das er liebt, und statt seinem Freunde zu sagen: Ich bin unglücklich oder wenigstens nicht
gut aufgelegt! sagt er: »Erst eine Zigarre!« Man lacht vielleicht
über diese Selbstironie, man kann auch versichert sein, daß Jean
Pauls Vult, der noch keine Zigarren rauchte, nach einem empfan-
genen Korbe etwas Ähnliches gesagt hat; aber diese Einfälle stehen nicht isoliert, sie sind die durchgehende Lebensauffassung des
in seinem Geiste und Herzen schwer ermüdet scheinenden und
sich deshalb ewig prickelnd aufstachelnden Verfassers. Wer in dieser Form des Humors sein Alles findet, kann vom Dichterhimmel
nur Sternschnuppen fallen lassen, Sternschnuppen, die kommen
und gehen. Es fehlt hier jede Kraft der Einwurzelung, der aufrichtigen Parteinahme, der hingebenden Leidenschaft. Wo sich einmal
etwas wie eine Leidenschaft findet, hat sie sich im Gegenstande
vergriffen. Wer kann sich für das erwärmen, was die Herren
Wohlfahrt und Fink endlich in Atem bringt? Sie arbeiten sich ab
in einer »realistischen« Tendenz; wir sehen nur zu und fühlen uns
unberührt von ihrer Liebe und von ihrem Haß. Das Buch ist so
realistisch, daß es sich zuletzt in eine reine *Privatangelegenheit
eines verschuldeten Gutsbesitzers* auflöst.

Realistisch soll Euch gegen andere so gestrenge Herren doch
wohl heißen: Ohne Tendenz? Hier heißt es aber noch mehr: Ohne
Idee. Was ist denn die Idee dieses Romans? Daß ein Rittergutsbe-
sitzer keine Runkelrübenfabriken anlegen soll? Diese Lehre mag
sehr praktisch sein; es mag auch lehrreich sein, daß ein Kapitalist
sich in acht nehmen möge vor Juden und Judengenossen – der Judenhaß des Verfassers, genährt durch das Lachen, das dem »Literaten« Schmock in den »Journalisten« zuteil wurde, wird durch
die höchst unwahre und durch und durch unmögliche Gestalt
eines Bernhard Ehrenthal nicht gutgemacht –; ist eine solche Idee
poetisch? Oder soll die Poesie dieses Romans darin bestehen: Ehrlich währt am längsten? Ich forsche nach allen Seiten, welches die
Idee sein könnte, die die Schnurrpfeifereien Finks und Itzigs und
die Gelehrigkeit Wohlfahrts umrahmen? Es ist wirklich keine andere da, als daß ein Gutsbesitzer nicht Runkelrüben, sondern
Roggen und Weizen bauen soll.

Der blasierte aristokratische Sinn des Verfassers hat sich eingebildet, man könnte diesen landwirtschaftlich gewiß beachtenswerten Gegenstand poetisch auch mit feudaler Romantik umkleiden. Er stellt die sonderbare psychologische Zumutung, daß er uns einen durch Judeneinfluß zum Selbstmörder und Schurken herabsinkenden Adeligen in stufenweiser Entwicklung vom Gemeinsten zum *Edelsten* zurückkonstruiert – als wenn nicht Rothsattel alle die Keime seiner spätern Schlechtigkeiten schon primitiv in der ersten Anlage haben und der Dichter gleich von vornherein *über* ihm schweben müßte –; er macht in der Tat die gewiß heilige Erdscholle in dem Sinne zum Helden seines Buchs, daß wir die Schauer der erschreckenden und unglücklichen Natur mitempfinden sollen, wenn unter Roggen und Weizen künftig auch Runkelrüben stehen werden! Wolken ziehen sich zusammen, Donner rollen; die Oreaden, Najaden und Dryaden klagen, wenn Herr von Rothsattel Pfandbriefe und Hypotheken nimmt! Lieber Himmel, diese Romantik der Zeiten Arnims und Brentanos ist – vergl. Julian Schmidt – gewiß sehr veraltet; wir haben in Deutschland eine vortreffliche Rübenproduktion, die uns in diesem Zweige von England und den Kolonien frei gemacht hat. Was soll eine dreibändige – und also doch romantische! – Philippika gegen die Verbesserung der Landwirtschaft! Der höchste Adel Schlesiens hat sich an der blühenden Industrie der Provinz beteiligt. Warum läßt sich Freiherr von Rothsattel mit Schurken ein, die doch nicht etwa normal sein sollen für sämtliche Israeliten, Makler und Güterhändler Breslaus?

Im Grunde denkt der Verfasser jetzt vielleicht ebenso über seine Verirrung zu einem alten romantischen Zopf zurück wie wir. Aber zu der Poesie der weinenden Ahnfrauen kommt man eben, wenn man im Interesse seines horriblen Verstandes, seiner nüchternen realistischen Doktrin und seiner admirablen Illusionslosigkeit à tout prix einen Roman *ohne idealen Hintergrund* schreiben zu können glaubt. Diese von Herrn Freytag erfundenen »modernen« Menschen sollen alle nur real sein, d. h. das, was sie sind. Sie sollen nicht etwa Extra-Glaubensbekenntnisse haben, sie sollen nur im Handel und Wandel, im Fässerkarren, Schachern, Wettrennen und Pistolenschießen leben. Die Folge dieser glänzenden Vernünftigkeit und Tendenzlosigkeit ist die unendliche Nüchternheit, die alle diese Erfindungen durchzieht, die trostloseste Leere des Gemüts, die dürftigste Befruchtung des Herzens, die dürftigste Befruchtung der Phantasie. Kein Roman kann fesseln ohne einen be-

deutenden Hintergrund. Dieser fehlt in dem Grade, daß man nur
ein ganz blasierter Verächter der Zeit sein kann, um ihn nicht
schmerzlichst zu vermissen; und vielleicht würde selbst ein Aristokrat nicht abgeneigt sein, von »Soll und Haben« das zu verlangen,
was man am Landschaftsgemälde die Stimmung nennt. Wie kahl
und kümmerlich stehen die Hälmchen dieser »realen« Erfindung
im Winde und frösteln! Wie irrt das Herz des Lesers durch diese
Szenen und sehnt sich nach einem starken Wollen und hochherzi-
gen Denken des Verfassers! Wie grausam sind die Wunden, die
der Witz schlägt, und wie ungeheilt bleiben sie! Man denke sich z.
B. folgende echte Grenzboten-Herzlosigkeit –

Das Terrain der Handlung zweigt nach dem preußischen Polen
ab. Dort brechen Unruhen aus, die Deutschen müssen sich ihrer
Haut wehren und die handelnden Personen kommen ins Gedränge
der Truppen und der Aufständischen. Sie schnallen sich selbst den
Säbel um, verbarrikadieren sich und beginnen Privatfeldzüge, die
der Verfasser mit einer Umständlichkeit schildert, als handelte es
sich um die Kämpfe Homers. Welche Zeit kann hier gemeint sein?
Ohne Zweifel keine andere als die von 1848. Wir sind nun an sich
keineswegs abgeneigt, eine Berechtigung des germanischen Blutes
gegen das slawische anzuerkennen und fühlen vollkommen den
Bewohnern von Posen und Oberschlesien nach, daß ihnen Koś-
ciuszko und die weißrote Kokarde dummes Zeug ist. Was jedoch
die von Herrn Freytag, trotzdem, daß er selbst so durch und
durch polnisch verbildet ist, angenommene allgemeine Canaillerie
der Polen von oben bis unten so verletzend macht, ist nicht etwa
die Abwesenheit jedes patriotischen Gedankens bei denen, die er
mit Recht als Feinde Deutschlands schildert, sondern die Abwesenheit *jedes ideellen Bezugs der Deutschen selbst, die er ihnen ge-
genüberstellt!* Es ist das Jahr 1848, und dieser Fink, dieser Schröter, dieser Wohlfahrt, dieser Karl Sturm und wie die edeln realistischen Naturen heißen mögen, kämpfen nur – für ihre Wolle, ihren
Talg, ihre Rosinen, ihre Mandeln, höchstens für ihre alten Säbel
und Herrn von Finks Doppelpistolen und Doppelflinten! Nicht
eine dieser Personen ist tingiert von der Zeit wie sie war; nicht
eine fühlt der Geschichte der Polen gegenüber das, was in jenen
Tagen die Geschichte der Deutschen war vom Fürsten bis hinun-
ter zum Bauer und Arbeiter. Herr von Fink und sein um ihn grup-
pierter Kreis von Bewunderern schießt geradezu unter diese Polen
wie ein Weinbauer auf einen Haufen Spatzen. Wahrlich, bis zu

diesem Realismus erhob sich 1848 nicht ein einziger Landwehr-
leutnant, der gegen Mieroslawski kommandiert wurde. Jeder Refe-
rendar, der eintreten mußte, war von seiner Zeit idealisch gehoben
und verteidigte gegen den Slawismus mehr als nur Wolle und
Talg. Imponieren soll uns diese sichere und nüchterne loyale Haltung der deutschen »Arbeitsmenschen«? Zur Ehre der Deutschen
können wir versichern, daß *diese* Poesie der besonnenen Nüchternheit auf unwahren Voraussetzungen beruht und daß solche
1848 mit derselben Kälte des praktischen Egoismus den Polen ge-
genübergestandene Deutsche, wie etwa ein Förster im Wald sich
zufälliges Diebsgesindel vom Leibe hält, nur Hirngespinste aus
dem Büro der »Grenzboten« sind. Gab es Menschen, die 1848 nur
allein an Wolle und Talg dachten, so sollte sich ein Dichter schä-
men, sie als verehrungswürdig hinzustellen.

Wir sagten vorhin: »Einen Haufen Spatzen.« Wir haben uns damit einen recht kandidatenhaften Fehler zuschulden kommen lassen aus dem Bereiche jener unweltmännischen Literatur, der wir
anzugehören leider auch das Unglück haben. Wir mußten wohl,
nach Analogie des Rebhühnerkollektivs, sagen: »Ein *Volk* Spatzen.« Kommt bei Herrn Freytag auch ein halb Dutzend mal vor
und ebenso: »Ein *Volk* Schwäne.« Man würde bei diesem Übergang Veranlassung haben, von den stilistischen Vorzügen und der
Darstellungsweise des Buchs zu sprechen. Hier fehlt allerdings
nichts, was unserer oft so wunderlich blöden Literatur, der alles
Wesen in Schnurrock und Sporenstiefeln so außerordentlich zu
imponieren pflegt, ungemein gefallen muß. Sie hat hier immer
einen ganzen Mann, der jeden Besuch sogleich mit Darreichung
einer Zigarre empfängt, einen Gentleman, der das Gefühl einer gewissen Sicherheit verbreitet, eines Gefühls, das unsern vulgären
Lyrikern, Dramatikern, Feuilletonisten und was so in Deutschland
die Feder führt, mehr oder weniger abgeht – Frankreich, England,
Spanien, Italien haben keinen *Begriff* von einer solchen *patenten*
Schriftstellerart, wo das Korps sich geschmeichelt fühlt durch den
Effekt eines stattlichen Haupthahns. Kurz, das patente Gebaren
des Stils, der Anschauungen, der kleinen Charakteristiken wird
mehr als einen von unsern Herren Kollegen blenden, und wir sind
auch weit entfernt, einzelne hübsche Schilderungen, z. B. Bd. I, S.
232, die Apotheose des Cotillon in ihrem Werte zu verkennen.
Sonst ist der Stil des in einem angreifenden Dreiachteltakt geschriebenen Buchs – eine kurzatmige Hast, die dem Leser auf die

Länge wahrhaft Brustschmerzen verursachen muß – zweckmäßig
kurz, immer treffend und bündig. Es kommen wohl Bilder vor,
wie: »Theone verwandelte ihre Locken durch Ströme von Tränen
in *träufelnden Bindfaden*« (I, 256), allein die Zahl solcher ernst ge-
meinten Absurditäten ist nicht eben groß. Reichere Sammlung
könnte man von den vielen sogenannten »schlechten Witzen« machen, von denen es nach dem Schema: »Nicht schön, aber
dumm!« bis zum Unglaublichen wimmelt. Wendungen wie z. B. (I,
104): »Er stand unter persönlicher Abhängigkeit vom Kümmel«,
sind eigentlich die durchgehende Sprechweise des ganzen Buchs.

Wir hätten noch mannigfachen Reiz, auf eine große Anzahl von
Einzelzügen in »Soll und Haben« aus der Sphäre der Lebensbeob-
achtung selbst einzugehen, und zwar deshalb, *weil* der Verfasser
eben so großen Wert auf seine Weltkenntnis legt. Wir möchten
ihn z. B. fragen, ob anzunehmen ist, daß ein reicher jüdischer
Handelsherr *mit der Flasche* in der Hand über die Straße gehen
wird, um seiner Familie zum Tee Rum zu holen! Wir möchten
fragen, ob in irgendeinem Kochbuche der Welt die Rede sein
kann von »Schinken mit Burgunder*sauce*«? Doch brechen wir bis
auf weiteres die Kritik des Details ab. Die allgemeine Absicht, die
wir hatten, war nur die, zu zeigen, daß erstens der Realismus nicht
glauben darf, er könne uns uninteressante Alltäglichkeiten, Menschen, wie aus dem ersten besten Wohnungsanzeiger genommen,
als Gegenstände der Poesie aufdrängen; zweitens, daß Witz und
Humor in den höchsten Tasten eines Klavier vergebens Capriccios
über Capriccios zusammentollen, wenn nicht unten im Baß der
Grundton einer edeln Absicht und eines begeisterten schönen Wollens, gemeiniglich als Tendenz von Euch Herren in Leipzig verspottet, dazu den harmonischen Wohllaut gibt; und daß drittens
die Überlegenheit, welche die kalte Malice immer hat, nach wie
vor zwar fortfahren kann, ein fremdes Schaffen und Wirken mit
allen möglichen Kunstgriffen, die dem ewig Angreifenden zugebo-
te stehen, zu verkleinern, ohne daß darum schon gesagt ist, die
Malice könnte nun auch ihrerseits irgend etwas selbst hervorbringen, was, abgesehen von einer gewissen äußern, allenfalls zur
Theaterwirkung ausreichenden Routine in seinem innern Kern
über eine Mittelmäßigkeit hinausgeht, die originell scheint, weil sie
sich mit dem von uns, wie wir hoffen, hinlänglich geschilderten
Air zu *spreizen* versteht.

8.2.2 *Der Roman und die Arbeit.*

Es ist Pflicht, gleich im Beginn ihrer Verbreitung falschen Begriffen entgegenzutreten; denn nur zu bald stehen sie fest und richten Verwirrungen an.

Ein solcher falscher Begriff ist die neuerdings so ausdrücklich hervorgehobene Verweisung des Romans auf die *Arbeit.* Nur da sollte der Roman verweilen, wo das Volk arbeite! Läßt man diese Lehre aufkommen, so würde sie uns die Romanliteratur zum unerquicklichsten Genusse verwandeln.

Gewiß ist es wahr, daß der alte deutsche Roman und die beiden von Goethe gegebenen klassischen Muster den Roman von der Arbeit zu sehr entfernt hatten. Man schilderte nur zu oft Menschen, die, ihren Träumen und Hirngespinsten nachgehend, ihren Gelüsten und Empfindungen lebend, kaum der wirklichen Welt angehörten. Die erste Bedingung dieser Welt ist der Kampf des einzelnen mit dem Allgemeinen, die Stellung des Geistes zur Materie. Jene Goethe'schen Gestalten aber und die meisten von Jacobi, Jean Paul und andern, die bis auf den heutigen Tag die von jenen aufgestellten Persönlichkeiten variierten, scheinen allerdings nur von der Luft zu leben. Sie sind nichts, tun nichts, sie reflektieren nur und folgen den Eingebungen, die ihnen der Dichter gibt, um irgendeine seiner allgemeinen Wahrheiten zu beweisen. Man hat schon oft gesagt und konnte es bis auf die neueste Zeit, z. B. bei den Romanen der Hahn-Hahn, wiederholen, hätten alle die von diesen Autoren aufgestellten Persönlichkeiten, so wie wir, ihre uralt hergebrachte Lebenssorge gehabt, sie würden nicht den Wirrwarr erlebt haben, in welchen sie als verwickelt dargestellt werden.

Von diesen idealen Flaneurs zur Anempfehlung der Arbeit als ausschließlichen Hebels der Romanenwelt ist aber ein gewaltiger Sprung.

Der Roman soll uns Menschen schildern, die dem Leben angehören, und da das Leben zum überwiegenden Teile nicht ohne Arbeit besteht, so soll man auch den Menschen des Romans ansehen, daß sie den allgemeinen Gesetzen unserer Lebensordnung nicht entrückt sind. Sie müssen in den Bedingungen unserer bürgerlichen Ordnung wurzeln; und haben sie nicht nötig, sonst noch etwas anderes zu tun, als wozu sie der Dichter im Interesse seines Themas verbraucht, so muß von ihnen diese Berechtigung bewiesen werden. Ungesagt aber darum bleibt, daß ihr Erwerb selbst

der Gegenstand des Romans zu sein braucht; ungesagt, daß der
Roman nur noch Berechtigung haben dürfe bei den Werkstätten
des Schaffens, der Mühe und der Sorge.

Den Roman an die Welt der Arbeit verweisen heißt ihn in seiner ganzen Natur aufheben; denn es ist gerade das Wesen des Romans, die Wochentagexistenz des Menschen gleichsam beiseite liegen zu lassen und seinen Sonntag zu erörtern. Wir verstehen unter
Sonntag die Offenbarung seiner poetischen Natur, sei es nun im
Leiden oder im Handeln. Der ewige Sonntag jedes Menschen ist
sein Lieben, sein Gefühl für Freundschaft, seine Religion, sein Geschick. Es kann ihm dieser Sonntag, und wär' es ein ihn nur ver-
klärender Kummer oder die Märtyrerschaft der Not manchmal
aus und mit der Arbeit entstehen, aber die Arbeit kann ebenso
auch nur ganz äußerlich neben seinem Empfinden, Wünschen und
Hoffen herlaufen. Der Sonntag des Menschen, der dem Romandichter gehört, ist ein drittes, das über dem allgemeinen Leben und
der besondern Existenz schwebt; der Sonntag sind die *Bezüge* des Lebens. Schon daß das so wenig an der Arbeit unmittelbar beteiligte
Weib die das Romangetriebe in Bewegung setzende Unruhe ist,
beweist, daß der Romandichter vom praktischen Menschen nur
ein *Stück* in Anspruch zu nehmen braucht.

Daß man in neuerer Zeit bei arbeitenden Menschen viel Poesie
gefunden hat, kann nicht die Lehre aufstellen lassen, der Roman
hätte nicht mehr den Menschen in seiner träumenden und idealen
Neigung zu schildern. Wir würden das Feld der Poesie auf unverantwortliche Art begrenzen, wenn wir jeden Roman, der sich noch
mit Glaube, Liebe, Hoffnung, mit dem Herzen und der Phantasie
beschäftigt, jeden Roman, der die ideale Natur des Menschen vorzugsweise erörtert, diskreditieren wollten mit dem Motto: »Der
neue Roman soll den Menschen bei der Arbeit aufsuchen.« Im
Gegenteil, er soll zwar immer den arbeitenden Menschen im allgemeinen schildern, d. h. den an die Bedingungen äußerer Existenz
gebundenen, aber er soll an ihm das hervorheben und zur Sprache
bringen, was mit der Arbeit nichts oder nur sehr wenig zu tun hat.

Man ist auf diese Empfehlung der Arbeit nicht bloß durch die
Unwahrheit der idealen Wilhelm-Meister-Sphäre gekommen, sondern auch wahrscheinlich durch das, was in neuerer Zeit vorzugsweise die »Dorfgeschichten« für eine tiefere Anlage der Charakterzeichnung getan haben. Aber gerade die »Dorfgeschichten« beweisen die Gefahr des neuen Satzes. Solange sie genrebildliche

Züge aus dem Leben der Bauern hervorhoben, solange sie den ewigen Sonntag aller Menschen, ob nun des Menschen im besternten Hofkleide oder im Bauernkittel, zum Gegenstande des Romans wählten, konnten sie fesseln, nicht aber, als sie den Roman der *wirklichen Bauernarbeit* anbahnen wollten. Solange die Dorfgeschichte eine allgemeinmenschliche Wahrheit ausdrückte, war ihr der Genius der Poesie nahe. Die Poesie aber würde verschwinden, wenn wir die höchstens episodisch zu verbrauchenden Zustände des Bauernlebens mit Selbstzweck geschildert sehen sollten z. B. da, wo es sich um Erbschaftsteilungen bei Bauerngütern, um Brandversicherungen, um ihre Folgen und Ähnliches ganz und gar dem Bauernhofe und der Wirtshauschronik Zugehöriges handelte.

Nehmen wir den Kaufmannsstand. Auch er hat seine Poesie. Er hat eine negative Seite des Träumens, die Freiligrath einst unter Kolonialwaren zum Sänger von Länder- und Völkerkunde machte; er hat eine positive Seite des Ringens und des Erwerbs. Aber dies Gebiet ist für die Poesie sehr eng. Will man es erschöpfen, so wird man bald monoton werden. Glaubt man gar die Poesie des Kaufmannsstandes im großen Stile fassen zu können, so wird man in die Nähe Ifflands kommen. Die Poesie des *Handwerkers* ist weiter; eine Spitzenklöpplerin, ein Steinschneider, eine Näherin, ein Meister und Gesell in jedem Gewerbe bieten, da sie in freier Arbeit Werte schaffen, mannigfache Abwechslung; ein Kaufmann aber, dessen Wirken Spekulation ist, wird uns wohl Mitleid abgewinnen können, wenn sich die ihm notwendigen 20 Prozent nicht ergeben wollen, aber dies Mitleid kann nie ein erhebendes werden. Der Kaufmann beutet die Verlegenheiten des Bedarfs aus und es liegt auch eine ganz hergebrachte Ehrlichkeit in seinem Gewerbe; man kann aber nicht ergriffen sein von seiner Rührigkeit, noch weniger, wenn ihm etwas mißlingt, mehr empfinden als ein allgemeines Bedauern.

Die Arbeit in Ehren, aber zur Poesie dränge sie sich nicht ungestüm! Sie stoße nicht, Lastträgern des Packhofs gleich, den sinnenden Träumer an den Kopf. Der *deutsche* Roman vollends hat die erwiesenste Berechtigung, noch immer in seiner alten Sphäre der Idealität zu bleiben. Unser Volk wird sich seinen innersten Trieb zu einem höhern Kulturleben nicht nehmen lassen, und mag auch die Materie sich mit Dampf, Elektrizität und Börsenschwindel noch so geltend machen, Romane, die sich mit Gegenständen des Glaubens, der Liebe, des Hoffens beschäftigen, werden uns

und allen Nationen immer berechtigt bleiben, vorausgesetzt, daß
sich in ihnen die Schicksale solcher Menschen kreuzen, die wenn
auch keineswegs ganz real sind, doch die Elemente der Realität in
sich tragen. Denn auch diese Freiheit bleibe dem Dichter unbe-
nommen, sich wie Prometheus Menschen zu schaffen nach seinem
Bilde; d. h. Menschen, die nur aus den allgemeinen Grundstoffen
der ewigen Menschennatur gewoben und keineswegs Daguerreoty-
pen einer alltäglichen Wirklichkeit sind.

8.2.3 [Über Riehls] »*Die deutsche Arbeit*«.

Die Schriften W. H. Riehls, Professor der Volkswirtschaft in München, genießen, zumal seit sie die Cotta'sche Buchhandlung in
einer Klassikerausgabe herausgibt, einer großen Verbreitung und
Gunst.

Nicht nur denen sind sie willkommen, die den Ansichten des
Verfassers, seinen halb und halb verhüllten Bestrebungen zum
Mittelalter zurück anhängen, auch andere, die für den Kampf
politischer und sozialer Meinungen keine Teilnahme besitzen, füh-
len sich von dieser novellistischen Weise, die Volkswirtschaft und
Volkskunde darzustellen, in hohem Grade angezogen. In der Tat,
eine Wissenschaft, die man sich immer nur im Panzer statistischer
Tabellen denkt, tritt uns hier mit leichtem Fuß, im Gewand einer
griechischen Muse entgegen – Kornblumen, Kirchengesang,
Abendsonnenschein sind ihre unwandelbaren Begleiterinnen.

Ein so dorniges Ding die Arbeit ist, Riehl macht sie in seinem
neuesten Buche: »Die deutsche Arbeit« (Stuttgart, Cotta, 1861),
wieder zu einer blauen Wunderblume, nach der die Völker, etwa
in der Gesinnung Heinrich Ofterdingens in Novalis' Roman, wall-
fahrten sollten. Auf Riehls Anschauungsweise hat die Natur Süd-
deutschlands, der Charakter seiner Bewohner ebenso mächtig ein-
gewirkt wie seine eigentümliche Begabung und früheste, dem
Feuilleton gewidmete Beschäftigung. Riehls Talent dringt nicht
unter Bücherstaub in die Tiefe der Dinge und Begriffe, mit denen
es die soziale Wissenschaft zu tun hat, er haftet durchaus an der
einzelnen, ihm begegnenden Erscheinung; er sagt selbst, daß er
die Hälfte seiner Bemerkungen im Spazierengehen, von der Straße
aufgelesen.

Glückliche Natur, möchte man ausrufen, die im Anblick uner-
bittlicher Gesetze, einer starren und erschreckenden Notwendig-

keit, die ganze Geschlechter im Dienst der Maschinen aufopfert,
gräßlicher als auf einem Schlachtfelde, sich an dem harmlos gefälligen Spiel der äußern Erscheinung ergötzt! Ein geborener »Mitar-
beiter gelesener Journale«, bemüht sich Riehl wenig um die eigentlich wissenschaftliche Seite seines Gegenstandes, er verarbeitet nur
die künstlerische zu kleinen Bildern und Skizzen. Diese Behandlung gefällt sich in Gegensätzen, welche den Leser reizen, seine
Phantasie beschäftigen, aber selten den Gegenstand erschöpfen. In
der »Deutschen Arbeit« werden so der Bauer und der »Geistesarbeiter« gegenübergestellt, die Mitglieder werden kaum berührt; die
»Fabrikarbeiter« haben eine »Zwitterstellung«, die »große soziale
Gefahren« in sich birgt. Daß der Wert und das Wesen der modernen Arbeit in den Produkten der Maschine besteht, daß man nicht
Ähren und Hopfen, sondern Lokomotiven, Spinn- und Sämaschi-
nen auf die Ausstellungen sendet, scheint Riehl nicht bemerkt zu
haben – oder vielleicht, seiner romantischen Denkweise nach,
nicht bemerken zu können. Hierzu ist freilich trockenes Buchwis-
sen und Studieren nötig. Von den Tatsachen, welche die Fabrik-
welt regieren, findet sich keine »auf einem fröhlichen Reiterzug«
durch das bayrische Gebirge, noch dazu im Gefolge eines kunstsinnigen Königs. Riehls Weise kommt ebenso dem Geschmack der
Frauen für ländliche Abgeschiedenheit, Waldeinsamkeit entgegen
wie denen, die im guten oder bösen Sinn die »Einkehr in das
Volksleben« predigen. Daß hier für die Volkskunde der reichste
und ergiebigste Boden, leugnet keiner, aber die Gefahr, in dem
Stehengebliebenen, in den »uralten Bauernsitten« das Wahre und
einzig Schöne zu sehen, liegt zu nahe; man glaubt noch der Wissenschaft zu huldigen und erzählt schon Spinnstubenmärchen.

Es ist richtig, wie Riehl behauptet, daß nicht all diese Gebräuche und Gewohnheiten Folgen des mittelalterlichen Drucks und
der Knechtschaft der Bauern sind. Wie indessen auch ihr Ursprung sei, in ihren Folgen haben sie nur der Unterdrückung, der
Ausschließlichkeit gedient. Dies ist in seinen Augen ein Vorzug!
Er bedauert, daß Bauernsöhne studieren; er möchte am liebsten,
der Sohn träte nicht nur in die Fußtapfen, sondern auch in das
Gewerbe des Vaters. Wenn Riehl ein Mann der Konsequenz ist
und seinen vorzüglichsten Lesern, den Mitgliedern unserer Ersten
Kammern, rechte Freude machen will, so kommt er auf die indi-
sche Kasteneinteilung und das Gesetz des Menu zurück, das die
Gebundenheit des Sudra für eine Notwendigkeit und göttliche

Einsetzung erklärt.

Freilich, in Riehls Anschauungen ist ein Bruch. Er vermag oder wagt sich nicht ganz den Einflüssen des Tags zu entziehen; hier wird sich zwischen den Zeilen eine Verteidigung des Zunftwesens finden – eine Seite weiter muß er denn doch die Gewerbefreiheit anerkennen – alles in jener gebildeten, sprung- und zitatenreichen Form, von der man sich, selbst im Widerspruch der Ansicht, gefesselt sieht. Als einzelne Skizzen betrachtet, ohne Frage nach ihrem innern Zusammenhang, machen die verschiedenen Aufsätze über die Arbeit einen so erfreulichen wie anregenden Eindruck; es ist eine Sommerfahrt durch ein lachendes Land. Neben weisen Lehren ist auch die Dekoration nicht gespart; durch das Ganze zieht ein musikalischer Zug, allerlei Volksmelodien – selbst die »Spitzbubenarbeit« hat hier ihren Platz. Aber eine philosophische Ergründung seines Themas ist nicht gegeben. Riehl schafft sich die Lehrsätze aus Beobachtungen, aus zufälligen Entdeckungen, kleinen Details, witzigen Vergleichen, und muß bei solcher Denk- und Arbeitsmethode oft nicht nur aus der Mücke einen Elefanten machen, sondern auch in Widersprüche mit sich selbst geraten; denn zuweilen kehrt das, was er theoretisch als Denker bekämpft, plötzlich eine dem – Dichter imponierende Seite heraus. Dieser an Riehl latente Dichter wäre gewiß eine sehr anziehende Empfehlung dieses Autors, wäre nur das Leben und sein ernstes Gesetz allein für die Dichtung gemacht.

9. SPÄTE ÜBERLEGUNGEN UND APHORISMEN

9.1

Im achtzehnten Jahrhundert hatten die Menschen eine Leidenschaft, sich gegenseitig groß und bedeutend zu finden. Im neunzehnten kann man sich nicht genug bis ins Armseligste anatomieren.

9.2

Es zieht sich jetzt durch die ganze, auch die deutsche Welt ein eigentümlicher, blasiert genußsüchtiger, witzelnd ironischer, selbstgenügsam frivoler Ton, der dem Ernsten, Gesinnungsvollen und Schwunghaften um so mehr aus dem Wege geht, als leider auch genug aus dem Schoß der Wissenschaft und Kunst heraus selbst geschieht, um eine nüchterne, ja dummdreiste Verachtung des Ernsten und Gesinnungsvollen auf den Thron zu setzen. Eine altkluge Zweckmäßigkeit, eine zigarrenrauchende gesunde Menschenverstandslogik hat sich mit der »Respektabilität« der materiellen Interessen und den faits accomplis der politischen Reaktion so eng verschwistert, daß sie einen Geist zur herrschenden Tonangabe machten, der ungefähr die Anschauungen von Rittergutsbesitzern beim ersten Glase Champagner nach verkaufter Wolle als die mittlere Durchschnittsintelligenz unsres Zeitalters hinstellt. England zeigt ein Heilmittel gegen diesen »Snobismus« – politisches Ehrgefühl.

9.3

Über einen gescheiterten Idealisten lacht ihr –! Um Phaethon, der den Donnerwagen lenken wollte und zu schwach war, die Zügel zu führen (er stürzte, wie Prudhomme, Louis Blanc, wie die bessere »Linke« der Paulskirche) weinten die Heliaden so lange, bis sie in zitternde Erlen verwandelt waren. Ihre Tränen flossen so reichlich, daß sie sich zum Bernstein verdichteten.

9.4

Das natürliche Gleichgewicht im Leben stellt sich immer wieder
her – Söhne von Bedienten sind in der Regel anspruchsvoll, wenn
nicht stolz.

9.5

Eine der schmerzlichsten Erfahrungen, die der Menschenfreund
täglich machen kann, ist die ruhige Gewöhnung des Dienenden an
den Mißbrauch der Macht.

9.6

Die Lebenshumoristen werden immer seltener. Je mehr sich
Parteiung, Heuchelei, Bigotterie in der Welt ausbreitet, je mehr die
erschwerten Umstände des Daseins, Konkurrenz, Bildungsanforde-
rung die Menschen in die Enge treiben, desto ernster werden sie
und desto humorloser. Wie in der Kunst durch Schulen, Systeme,
Theorien, Kritiken die absolute Objektivität gelehrt wird und auf
dem ästhetischen Gebiet den Humor einengt, so findet man auch
im praktischen Leben weit mehr Menschen nach der Schnur, ma-
thematische Pflichtmenschen, als gefällige Lebenskünstler. An älteren Herren und Frauen wissen wir oft nicht, was uns an ihnen so
gefällig erscheint. Es ist noch der Besitz jenes Wohlwollens, jener
Beweglichkeit, jenes Lebens und Lebenlassens, jenes Eingehens
auf andere, jener Freude an der Natur, an den Ereignissen, den
Charakteren, kurz aller jener Auffassungen des Daseins, die eben
zum Humor gehören. Humor besitzen heißt, einen Thron errungen haben und diesen zum Spielplatz verwandeln können.

9.7

Vergleicht man das weite Gebiet alles Wissenswürdigen mit der
Musik, so heißt Bildung nicht, jedes Instrument behandeln können, nicht einmal auf dem einen, das man vielleicht kann, jedes
Tonstück vom Blatt spielen, sondern Bildung ist die Fähigkeit, den
Schlüssel, die Tonart, die Zeichen zu nennen, die von einem Tonstück den näheren musikalischen Charakter angeben. Bildung besitzt derjenige, der sich einen wissenschaftlichen und sittlichen

Maßstab erworben hat, jedes Wissenswerte nach seiner ureigenen, im Gegenstand selbst liegenden Berechtigung desselben fassen und würdigen zu können.

9.8

Ich habe Ahornbäume so gestutzt und zersägt gefunden, daß sie hölzernen Kandelabern glichen. Jahrelang trieben sie kaum noch einige Blätter, bis sie sich doch zuletzt wieder mit ihrem vollen grünen Schmuck bekleideten. Sie glichen Völkern, die man für überlebt erklären will.

9.9

Systemveränderungen, Glaubensmetamorphosen und ähnliche Revolutionen unseres Innern, zu denen man im Alter Jahre braucht, machen wir in der Jugend oft in wenigen Stunden durch.

9.10

Um in Deutschland mit einem guten Werk durchzudringen, muß man hintennach ein mißlungenes schreiben. Dann erst wird das vorangegangene erkannt.

9.11

Das Reiferwerden des Schriftstellers mit den Jahren liegt nicht immer in der Entfaltung neuer Fähigkeiten, sondern in seiner zunehmenden Selbstkritik, besonders aber in der Ausbildung eines feinen Vorahnungsgefühls für Mißdeutungen, denen er mit größerer Besonnenheit vorzubauen lernt.

9.12

Die Romantik der Phantasie lassen wir uns gefallen, die Romantik des Herzens nicht minder. Gefährlich ist die Romantik des Verstandes. An ihr ist die ganze deutsche Philosophie und Wissenschaft krank.

NACHWEISE UND ERLÄUTERUNGEN

Notiz des Herausgebers

Die vorliegende Anthologie aus den kritischen Schriften Karl Gutzkows ist als Lesehilfe für jene Literaturfreunde entworfen, die eine von der konservativen Germanistik der Vergangenheit ebenso wie von der radikalen Theorie der Gegenwart mißachtete Gedankenwelt genauer zu kennen wünschen. Ich bekenne mich, auch diesmal, zu polemischen Absichten, aber ich weiß auch, daß das Ergebnis leider noch lange nicht den Anforderungen einer strengen wissenschaftlichen Ausgabe entspricht; ich hoffe nur, daß die Unzulänglichkeiten meines Unternehmens auf die Notwendigkeit einer historisch-kritischen Edition hinweisen, die allerdings die Arbeitsmöglichkeiten eines Einzelnen weit übersteigen dürfte (ganz abgesehen von der Frage, ob im Falle Gutzkows lückenlose Vollständigkeit erwünscht wäre). Ich habe mir jedenfalls das Ziel gesetzt, das Produktive, Energische und Urteilskräftige aus Gutzkows Rezensionen und Essays neuerlich zu publizieren, und ich habe mich dabei von dem Gedanken leiten lassen, daß es wichtiger ist, Gutzkows Urteile und Gedanken über Goethe, Balzac und Mme. de Staël zu kennen als seine Bemerkungen über Heinrich Stieglitz (deshalb eine Anordnung, die von Band X [Aufsätze zur Literaturgeschichte] der von Reinhold Gensel im Jahre 1912 besorgten Auswahl aus Gutzkows Werken gründlich abweicht). Ich habe mich bemüht, die Texte, wenn möglich, in einer frühen Version zu finden (wo nicht im Erstdruck, so doch in der ersten Publikation in Buchform), die Hinweise und Erläuterungen auf jenes Mindestmaß zu beschränken, das zum unmittelbaren Verständnis einer spezifischen Textstelle beiträgt, und die bibliographischen Hinweise auf den Kritiker Gutzkow zu konzentrieren, der den Romancier und Dramatiker überleben wird. Der *American Council of Learned Societies* und der *Whitney Griswold Fund* der Universität Yale haben mein Unternehmen mit Stipendien gefördert, die mir ermöglichten, einige Bibliotheksreisen zu unternehmen und die Kosten der Manuskriptherstellung zu decken; und Freunde und Kollegen haben mit Hilfe und Zuspruch nicht gespart. Frau Christl Jaschek hat mir mit den technischen Arbeiten in der Wiener Universitätsbibliothek geholfen; Chris Angermann hat ihre Arbeit in New Haven fortgesetzt, und Jutta Fitz hat die Orthographie behutsam dem modernen Standard angeglichen, denn es war mir darum zu tun, Gutzkows Gedanken in ihrer »Präsenz« vorzulegen. Ihnen allen gilt mein herzlicher und aufrichtiger Dank.

Abkürzungen:

DV = Druckvorlage
ED = Erstdruck
EPB = Erste Publikation in Buchform
[ ] = vom Verfasser ergänzte Titel

Nachweise und Erläuterungen

1./S. 37: *Epigramme und Xenien*
DV = *Telegraph für Deutschland* (1839) [ED]

1.1/S. 37: *Die Tendenzpoeten.* S. 861

1.2/S. 37: *Ein Student fragt nach der Vorlesung beim Hinausgehen.* S. 862

S. 37: die Reisebilder von Heine = erschienen 1826–1831, 4 Bände

S. 37: Heyne = der berühmte Altphilologe Christian Gottlob Heyne (1729–1812)

1.3/S. 37: *Der Deutsche Buchhandel.* S. 863

1.4/S. 37: *Die Deutsche Literatur.* S. 862

S. 37: Soulié = Frédéric Soulié (1800–1847), frz. Schriftsteller

S. 37: Paul de Kock = frz. Unterhaltungsschriftsteller (1794–1871); auch Karl Marx las ihn gerne

S. 37: Bozens Fuselhumor = [Boz = Charles Dickens]

1.5/S. 38: *Ein Professor der Ästhetik im Jahre 1839 sein Kollegium schließend.* S. 862

S. 38: [Ludwig] Tiecks *Aufruhr in den Cevennen* = erschien 1826; die Leser warteten vergebens auf eine Fortsetzung.

1.6/S. 38: *Das Endresultat des »jungen Europa« von H. Laube.* S. 847

S. 38: »junges Europa« = Roman von Heinrich Laube (1833–1837), 3 Bände. Valerius, der Held des Romans, wird zuletzt Ackerbürger und Ehemann.

S. 38: die Parkanlagen von Muskau = Auf Grund eines seit Dezember 1832 gegen ihn schwebenden Verfahrens wurde Laube, der sich im Dezember 1835 rasch von allen jungdeutschen Tendenzen distanziert hatte, am 25. Januar 1837 zu sieben Jahren Festungshaft verurteilt (Teilnahme an der Burschenschaft und »freches Tadeln« der preußischen Regierung). Am 27. Mai wurde das Urteil auf 1¹/₂ Jahre reduziert. »Da bewährte sich die Freundschaft der Fürstin Pückler; durch ihren Vater war einst Tzschoppe [Gustav Adolf T.,

1794–1842, Direktor des geheimen Staats- und Kabinettsarchivs] emporgestiegen; bei der Überfüllung der preußischen Festungen mit Demagogen war eine Überweisung des Verurteilten in ein Landstädtchen sicher zu erwarten, und in einer dankbaren Wallung wußte nun Tzschoppe es durchzusetzen, daß der Kammergerichtspräsident ... [dem Verurteilten] Muskau [in Schlesien] als Aufenthaltsort zuwies. Hier wurde dem Ehepaar [Laube] im Polizeihause, dem alten Schloß, eine idyllische Wohnung eingeräumt und Anfang Juli [1837] bezog die vorerst noch dreiköpfige Familie das aufgezwungene Exil.« H. H. Houben, in *Allgemeine Deutsche Biographie* (Berlin, 1906), 51, S. 775

1.7/S. 38: *H. Heine.* S. 858

1.8/S. 38: *Heines Produktivität.* S. 858

S. 38: Heine's *Salon* = *Der Salon* (1834–1840), 4 Bände

S. 38: die Gellert'schen Fabeln = *Fabeln und Erzählungen* (1746/48), 2 Bände

S. 38: Anekdoten von Müchler = das beliebte *Anekdotenlexikon für Leser von Geschmack* (1783–84; 1795), 2 Bände, und Nachträge, von Karl Müchler (1763–1857)

S. 38: aus Bröders latein'scher Grammatik = populäres Lehrbuch von Christian Gottlieb Bröder (geb. 1745), seit 1787 in vielen Auflagen im Schulgebrauch

S. 38: mensa (lat.) = der Tisch; traditionelles Deklinations-Beispiel

1.9/S. 39: *An F. D. Strauss.* S. 859

S. 39: F. D. Strauss = Friedrich David St., (1808–1874), Bibelkritiker, der in seinem *Leben Jesu, kritisch betrachtet* (1835) die christliche Heilsgeschichte als Mythos erklärte; seit 1836 als Privatmann in Zürich lebend

1.10/S. 39: *Guter Rat.* S. 859

S. 39: Kühne's Klosternovellen = Gustav Kühnes (1806 bis 1896) *Klosternovellen* (1838), 2 Bände

S. 39: Lazzaroni Neapels = **Lazzaroni; neapolitanische**
        Straßenjungen
S. 39: Gamins de Berlin = Berliner Straßenjungen
S. 40: Parnaß = Musenberg; Dichtersitz
1.11/S. 40: *Frage an die Zukunft.* S. 865
1.12/S. 40: *Besinnung.* S. 863
2./S. 41: *Orientierungen: Menzel, Börne, Lessing*
2.1/S. 41: [Aus Gutzkows Antwort auf die Angriffe Wolf-
        gang Menzels].
        DV = *Verteidigung gegen Menzel und Berichti-*
        gung einiger Urteile im Publikum (C. Löwen-
        thal: Mannheim, 1835), S. 16–24; 25–30 [ED].
        Gekürzt
S. 42: an Kunst und Altertum = »Über Kunst und Alter-
        tum«, bei Cotta in Stuttgart, von 1816 bis 1832
        (18 Hefte)
        Hekate = Göttin der Hexen und der Wege
        aus der Bengel'schen Apokalypse = Johann Al-
        brech Bengel (1687–1752) legte in seiner *Erklär-*
        ten Offenbarung Johannis (1740) den Grund zu
        einer pietistisch-apokalyptischen Theologie
S. 43: Die deutsche Literatur = erschienen 1828, Stutt-
        gart, 4 Bände
        die Anrede an den Strassburger Münster = vgl.
        Ludwig Uhlands Gedicht »Münstersage«, über
        Goethes Besteigung des Strassburger Münsters
        (Estermann)
2.2/S. 47: [Gutzkow als Biograph Börnes: Zu seinem Selbst-
        verständnis].
        DV = *Börnes Leben* (Hoffmann und Campe:
        Hamburg, 1840), S. IX–XI [ED]
2.2.1/S. 47: [Über Börnes Herkunft]. DV = *Börnes Leben*
        (Hoffmann und Campe: Hamburg, 1840), S. 19–
        22, 25–27; 89–92 [ED]
S. 48: der Waage = Börnes *Die Waage: Eine Zeitschrift*
        für Bürgerleben, Wissenschaft und Kunst (1818
        bis 1821)
S. 50: »den trauernden Juden vor Babylon« = vgl. z. B.
        Joël Jacobys *Klage eines Juden* (1837)
S. 52: die berühmten Reaktionskongresse = z. B. in

Karlsbad (1819), Troppau/Leibach (1820/21), Verona (1822)

2.2.2/S. 52: [Der Schriftsteller Börne]. DV = *Börnes Leben* (Hoffmann und Campe: Hamburg, 1840), S. 13 bis 16; 106–110; 110–112; 112–115 / Gekürzt; 131–132 [ED]

S. 54: »Gesammelte Schriften« = I–VIII (Hamburg, 1828–1832), IX–X (Hamburg, 1832); XI–XII (Offenbach, 1832), XIII–XIV (Paris, 1834)

S. 54: die Herrn Heigel, etc. = ja, sie sind's

S. 55: der Gall'schen Schädellehre = Franz Joseph Galls Grundlegung der Phrenologie (Lokalisierung menschlicher Fähigkeiten in bestimmten Gehirnbezirken) in *Anatomie et physiologie du système nerveux et du cerveau en particulier* (1810–1820)

S. 56: die Kritik der Goetheschen Tag- und Jahreshefte = im 51. Brief aus Paris (datiert vom 8. Oktober 1831), in: *Ludwig Börnes Sämtliche Schriften*, hrsg. von Inge und Peter Rippmann (Düsseldorf, 1964), 3, S. 286–301

S. 56: des von Goethe erzählten Knabenmärchens = vgl. *Dichtung und Wahrheit*, Zweites Buch, »Der neue Paris«

S. 56: den aus Berlin . . . ankommenden Weihrauchopfern = Polemik gegen die submissen Geburtstagswünsche der Berliner Goethe-Gemeinde

S. 57: [Das] »Trauerspiel in Tyrol« = vgl. die Kritik an Karl Leberecht Immermanns Theaterstück in *Ludwig Börnes Sämtliche Schriften*, 1, S. 342 bis 364 (1828)

S. 58: den . . . Schillerschen Tell = vgl. *Sämtliche Schriften* 1, S. 397–403. »Tell hätte nicht schießen dürfen, und wäre darüber aus der ganzen schweizerischen Freiheit nichts geworden«.

2.2.3/S. 59: [Über Börnes politische Ideen]. DV = *Börnes Leben* (Hoffmann und Campe, Hamburg, 1840), S. 115–119 [ED]

S. 60: Areopag = attischer Hügel; in der Überlieferung Sitz der Gerechtigkeit

S. 60: epuriert = vgl. épurer (frz.) reinigen, »säubern«

S. 60: Aachen, Karlsbad, Verona = politische Kongresse
der heiligen Allianz; vgl. 2. 4. 1

2.2.4/S. 61: [Über Börne und Jean Paul]. DV = *Börnes Leben*
(Hoffmann und Campe. Hamburg, 1840), S. 159
bis 161; 162–164 [ED]

S. 61: seine Denkrede = vorgetragen im Museum zu
Frankfurt am 2. Dezember 1825. Vgl. Börnes
Sämtliche Schriften, 1, S. 789 bis 798

S. 62: Goethes Briefe . . . an die Gräfin Stolberg = *Goethes Briefe an die Gräfin Auguste zu Stolberg,*
erschienen 1839, bei Brockhaus in Leipzig

2.2.5/S. 63: [Gutzkows Rückblick auf seine Börne-Charakte-
ristik]. DV = *Rückblicke auf mein Leben* (A.
Hofmann und Co: Berlin, 1875), S. 48 [ED]

S. 63: »Gesammelte Schriften« = vgl. 2. 2. 2

S. 63: Denkrede = vgl. 2. 2. 4

S. 63: »Der Narr im Weißen Schwan« (oder: die deutschen Zeitgenossen) = *Sämtliche Schriften,* 1,
S. 931–980 (1827)

S. 63: »die Postschnecke« = Monographie der deutschen
Postschnecke«, in: *Sämtliche Schriften,* 1, S. 639
bis 668 (1821)

2.3/S. 64: [Lessing als Religionsphilosoph]. DV = *Zur Philosophie der Geschichte* (Hoffmann und Campe:
Hamburg, 1836), S. 27–32 [ED]

S. 64: mit dem spanischen Erbfolgekriege = 1701–1714;
der Krieg offenbarte die Schwäche des Reiches
im Konflikt zwischen England und Frankreich

S. 65: Monadologie = Lehre von den letzten, in sich ge-
fügten Existenzeinheiten

S. 65: Theodizee = Lehre von der Rechtfertigung Gottes
im Hinblick auf das Böse in der Welt

S. 65: [der] Erziehung des Menschengeschlechts = Lessings Essay, 1780

S. 65: Moses Mendelssohns Morgenstunden = *Morgenstunden, oder Vorlesungen über das Dasein Gottes* (1785)

S. 66: Laokoon/Griechenwelt = vgl. Erster Teil II (1766)

S. 66: Solözismen = grobe Sprachfehler, vor allem syn-
taktischer Art

2.3.1/S. 66: [Nathan der Weise: Das Problem der Darstellung].
DV = *Öffentliches Leben in Deutschland:* 1838
bis 1842 (J. J. Weber: Leipzig, 1842) S. 173–176
[EPB = *Vermischte Schriften]*

S. 67: Shylock = der jüdische Handelsherr in Shakespeares *The Merchant of Venice*

S. 67: Tartüffe = der Typus des falschen Frömmlers in Molières gleichnamiger Komödie *Tartuffe ou l'imposteur*

S. 68: bei der Stelle: Kurz und gut = die Stelle lautet: »Kurz und gut? und gut? – Wo steckt/das Gute?« (V, 5, v. 79–80)

2.3.2/S. 68: *Lessing und Nathan* [und die bürgerliche Gleichstellung der Glaubensbekenntnisse]. DV = *Unterhaltungen am häuslichen Herd* I (1852–1853), S. 112 b [ED]

2.3.3/S. 69: Gutzkow über *Lessing und Emilia Galotti.* DV = *Die schöneren Stunden* (E. Hallberger: Stuttgart, 1869), S. 222–232 [EPB]

S. 69: Tochter des Appius Claudius = vgl. Titus Livius, 3, 44, 47ff, 51ff. Hier irrt Gutzkow: Virginia ist die Tochter des Plebejers Lucius Verginius, und es ist der Decemvir Appius Claudius, der ihr nachstellt

S. 69: in der Tyrannei des Tarquinius = Lucius Tarquinius Superbus; in der Überlieferung als Tyrann dargestellt

S. 70: »eine Rose lieber ...« = kein wörtliches Zitat; »Eine Rose gebrochen, ehe der Sturm sie entblättert!« (V, 7)

S. 71: Gift in die Hand gegeben = ungenau; Orsina will ihm ihren Dolch aufdringen, nicht aber ihr Gift (». . . Aber Gift ist nur für uns Weiber«) IV, 7

S. 71: Goethe teilte bereits die Meinung = »Emilia ist auch nur gedacht, und nicht einmal Zufall oder Caprice spinnen irgend drein. Mit halbweg Menschenverstand kann man das Warum jeder Scene, von jedem Wort mögt' ich sagen, auffinden. Drum bin ich dem Stück nicht gut, so ein Meisterstück es sonst ist . . .« Goethe an Herder,

[etwa] am 10. Juli 1772 [Zürcher] *Gedenkausgabe*, 18, S. 175

S. 71: »das Haus der Grimaldi« = V, 7 (»Ich kenne das
Haus der Grimaldi. Es ist das Haus der Freude.«)

S. 71: Stahr = Adolf Stahr, *Lessing, Sein Leben und seine Werke* (Berlin, 1859), Zehntes Buch, Kap. 2

S. 72: »Wo bleibt nur der Graf« = »Wo blieb der Graf?«
(III, 4)

S. 73: »aufs Innigste zu wünschen« = Shakespeares
Hamlet III, 1, v. 64 (... a consummation ...
Devoutly to be wish'd)

S. 74: Appius erstach = Gutzkow meint natürlich: Verginius erstach

S. 74: der deutsche Philolog von Stendal = J. J. Winckelmann. Geb. 1717 zu Stendal

3./*S. 75:* *Im Wendepunkt der Epoche: Goethe, Hegel, Heine*

3.1/*S. 75:* *Goethe, Uhland und Prometheus.* DV = *Phönix*
(1835), S. 117a – 119a [ED]

S. 75: Goethe–Zelterscher Briefwechsel = *Briefwechsel
zwischen Goethe und Zelter in den Jahren 1796
bis 1832*, hrsg. von F. W. Riemer (Berlin, 1833
bis 1834), 6 Bände

S. 75: Merlin = Zauberer und Sänger des Artuskreises
(= Goethe)

S. 75: am 4. Oktober 1831 = »... aus der Region worin
dieser Uhland waltet möchte wohl nichts Aufregendes, Tüchtiges, das Menschengeschick Bezwingendes hervorgehen ... Wundersam ist es,
wie sich diese Herrlein einen gewissen sittig-religiös-poetischen Bettlermantel so geschickt umzuschlagen wissen, daß wenn auch der Ellenbogen herausguckt man diesen Mangel für eine
poetische Intuition halten muß«. In: *Briefwechsel zwischen Goethe und Zelter in den Jahren
1796 bis 1832*, 6, S. 303–306

S. 75: bei'm alten Reinbeck in Stuttgart = Gutzkow
kannte die Orte der schwäbisch-poetischen
Geselligkeit von seinem eigenen Aufenhalt in
Stuttgart her

S. 76: Schiller Album = erschienen bei Cotta in Stuttgart, mit Stahlstich und Facsimile

S. 76: Wolfgang II. = der Kritiker Wolfgang Menzel
(Widersacher Goethes, = Wolfgang I.)

S. 77: er bepfuite = vgl. *Faust* I, Auerbachs Keller, v.
2092–2093. Brander (nicht Goethe): »Ein gar-
stig Lied! Pfui! ein politisch Lied! / Ein leidig
Lied!«

S. 78: Prometheus = Räuber des göttlichen Feuers; Re-
bell und Kämpfer für den Kulturfortschritt

S. 78: im sechsten Bande der Zelter'schen Briefe =
s. oben

3.1.1/*S. 79:* *Görres über Goethe.* DV = *Phönix* (1835), S. 333a
bis 334b [ED]

S. 79: einen bis heute unvollendeten Artikel = vgl. *Morgenblatt für gebildete Leser* (Stuttgart), Nro. 78
bis 87 (komplettiert)

S. 79: in seiner ... Maurischen Manier = d. h. als Freimaurer

S. 79/80: als Heidelberger Mithrasdiener = Görres war der
Autor der *Mythengeschichte der asiatischen Welt*
(1810) und des *Heldenbuches von Iran* (1820)

S. 80: der Rheinische Merkur[ius] = 1814–1816; ein-
flußreiches Organ der Epoche

S. 80: Pater Cochem's Legende der Heiligen = *Die Le-
genden der Heiligen* (Augsburg, 1705)

S. 80: ein Gott zu einer Bajadere = vgl. Goethes »Indi-
sche Legende« *Der Gott und die Bajadere* (entstanden im Juni 1797)

S. 80: Edmund in Lear = Gloucesters illegitimer Sohn,
von verbrecherischem Ehrgeiz, in Shakespeares
Tragödie *King Lear* (1605)

S. 81: Albert, Lotte, Jarno = die ersten beiden Charaktere in *Werther;* der letztere in den Wilhelm
Meister-Romanen

S. 81: Wagner = der pedantische Gelehrte im *Faust*

3.1.2/*S. 81:* [Über Goethes Faust]. DV = *Faust von Nikolaus
Lenau,* in: Phönix (1835), S. 573a–574b [ED].
Auszug

Über Gutzkows frühe Faustlektüre, vgl. die Aus-
führungen in *Aus der Knabenzeit* (Literarische

Anstalt J. Rütten: Frankfurt a. Main, 1852),
S. 179–184.

S. 82: dies . . . Gorgonenhaupt = die »Schrecklichen«, deren Blick versteinert

3.1.3/*S. 83:* *Über Goethe im Wendepunkt zweier Jahrhunderte.*
DV = die gleichnamige Schrift (Plahn'sche Buchhandlung: Berlin, 1836) [ED]. Auszüge

3.1.3.1/*S. 83:* Über Gutzkows Selbstverständnis als Goethe-Kritiker (S. II–III)

3.1.3.2/*S. 83:* Literatur und Gesellschaft in der Epoche vor Goethe (S. 9–17)

S. 84: wenn ein adeliger Offizier den Frühling besang = vgl. Ewald Christian von Kleists *Der Frühling* (Berlin, 1749)

S. 84: in den poetischen Tornister des Grenadiers = vgl. J. W. L. Gleims »Kriegslieder von einem preußischen Grenadier« *(Preußische Kriegslieder,* 1758)

S. 84: jene russische Kanonenkugel = vgl. K. W. Ramlers »Auf ein Geschütz: Als von den Russen vor Berlin eine Kugel aus einer ungewöhnlichen Ferne bis mitten in die Stadt geschossen ward. Den 3. Oktober, 1760«. Dritte Strophe: ». . . Schon wär' ich diesen immer neuen Szenen, / womit das Jahr den Erdkreis ziert, / Entrissen, um den Arm der Freundschaft, und den schönen / Entwürfen, halb vollführet«. Fünfte Strophe: »Allein Mercur stand neben mir, und wandte / Durch seinen wundervollen Stab / den Ball, der mich ins Reich der Nacht zu schleudern brannte, / Von meinen Schläfen ab«. K. W. Ramler, *Poetische Werke* (Berlin, 1800), S. 46–48

S. 84: die tapferen Brennen = Gefolgsleute des mutigen gallischen Kriegshelden, der im Jahre 387 v. Chr. in Italien einbrach. Hier: die Preußen

S. 84: die Paramythie = Zuspruch, Ermunterung; im späteren 18. Jahrhundert Gattung der moralisch-didaktischen Dichtung

S. 84: das Triolet(t) = einstrophige Gedichtform, mit komplizierten Wiederholungsmustern (aus dem Frz.)

S. 84: der Amtmann von Altengleichen = der Dichter
G. A. Bürger

S. 85: der Schulmeister von Eutin = J. H. Voss war seit
1782 Rektor in Eutin

3.1.3.3/*S. 86:* Die Bedeutung Goethes in der historischen Entwicklung der deutschen Literatur (S. 18–22)

S. 86: Dietrich, der Ostgote = Theoderich (b. 454–526);
in der Sage als Dietrich von Bern

S. 87: die Karlsbader Beschlüsse = nach den Beratungen
vom 6. bis 31. August 1819, Gesetze gegen die
Opposition

S. 87: jenen religiös-sittlich-poetischen Bettlermantel =
vgl. 3. 1. (mit genauem Wortlaut des Goethe-
Zitats)

3.1.3.4/*S. 88:* Goethe als Dichter der Häuslichkeit (S. 57–67)
Götz, Faust, Egmont = Werke der Epoche von
1773–1788

S. 88: Sined = Johann Nepomuk Cosmas Michael Denis
(1729–1800)

S. 89: Empyreum = der oberste Himmel; Ort des Lichtes

S. 91: nach Erwins Grabe = vgl. *Von Deutscher Bau-
kunst/D. M. Ervini a Steinbach* (1772)

3.1.3.5/*S. 91:* Über Goethes Sprache (S. 76–87)

S. 91: bei seinem Puppenspiel = vgl. Goethes »Neuer-
öffnetes moralisch-politisches Puppenspiel«
(1774), enthält u. a. das »Jahrmarktsfest zu
Plundersweilen«, und das »Fastnachtsspiel von
Peter Brey«. Goethes Hans-Sachs-Lektüre im
Winter 1772 in Darmstadt (Gensel)

S. 92: Crusca = die italienische *Accademia della Crusca*
(seit 1582), berühmt durch ihr normatives »Vo-
cabolario« (1612–)

S. 92: zum Andenken Erwin von Steinbachs = vgl. Abschnitt 3.1.3.4

S. 93: die fleischigsten Hexameter = vgl. *Römische Elegien,* Erstes Buch, V, v. 15–17. »Oftmals hab'
ich auch schon in ihren Armen gedichtet / Und
des Hexameters Maß leise mit fingernder Hand
/ Ihr auf den Rücken gezählt«.

S. 93: Reineke Fuchs = Hexameterepos, 1794

S. 93: Achilleis = Bruchstück eines epischen Gedichts in homerischer Art (entstanden Frühling 1799)

3.1.3.6/*S. 95:* Über Goethe und Schiller (S. 112–118)

S. 95: »Es macht viel aus . . .« = Gutzkow zitiert ein wenig ungenau. Vgl. *Maximen und Reflexionen,* [Zürcher] *Gedenkausgabe,* 9, S. 529

S. 96: Pflanzenmetamorphose = *Die Metamorphose der Pflanzen* (1790)

3.1.3.7/*S. 97:* Goethe und die Weltliteratur (S. 226–239)

S. 97: Nordlandsreckenromantik = vgl. de la Motte-Fouqué *Der Held des Nordens* (1810); *Die Fahrten Thiodulfs, des Isländers* (1815)

S. 97: Hardenberg[s] = Friedrich von Hardenberg/Novalis

S. 97: der Indomanie der Schlegels = vgl. Friedrich Schlegels *Über die Sprache und Weisheit der Inder* (1808); oder A. W. Schlegels *Bhagavad-Gita* (1823)

S. 98: Reverberen = Reflexe, Widerschein

S. 100: der Faust von Nikolaus Lenau = vgl. 3.1.2

3.1.3.8/*S. 101:* Goethes Nachwirkungen (S. 249–250)

3.1.4/*S. 102:* *Ein Besuch bei Goethe.* DV = Telegraph für Deutschland (1838), S. 9–14 [ED]. Eine andere, gekürzte Fassung in *Rückblicke auf mein Leben* (Berlin, 1875), S. 168–170

S. 102: Belvedere = Rokokoschlößchen im Park südlich Weimar

S. 102: Belriguardo = Lustschloß des Herzogs Alfonso d'Este bei Florenz

S. 103: Tomi = heute Konstanza am Schwarzen Meer. Verbannungsort des Dichters Ovid

S. 104: Herr Kreuter = Friedrich Theodor David Kräuter (s. Personenverzeichnis); seit 1818 Goethes Privatsekretär; seit 1841 Bibliothekar in Weimar

S. 104: der Farnesische Stier = Marmorgruppe, aufgefunden im Jahre 1547 in Rom, lange im Besitz der Farnese. Tod der Dirke, von Amphion und Zethos an einen wilden Stier gebunden

S. 104: ein schlichtes Gartentor = ? 226 (Inv. Nro. 295), *Corpus der Goethe-Zeichnungen* (Leipzig, 1960), II: 2, S. 75

S. 104: eine Zeichnung = ? 284 (Inv. Nro. 2004), *Corpus der Goethe-Zeichnungen* (Leipzig, 1966), IVa, S. 86

S. 105: Laura = von der älteren Schillerforschung mit seiner Wirtin, der Hauptmannswitwe Luise Dorothea Vischer (1751–1816) identifiziert; die neuere Forschung begnügt sich mit dem gedanklichen Prinzip (Petrarca/Laura)

3.1.5/*S. 106:* [Über Schiller und Goethe]. DV = *Schiller und Goethe: Ein psychologisches Fragment* (Hoffmann und Campe: Hamburg, 1841), S. 6–12 gekürzt; 27–29; 31–34; 39–42; [ED] Auszüge

S. 109: Mignon = in *Wilhelm Meisters Lehrjahre* (1795/6)

S. 109: »ein leidig Lied« = vgl. 3.1

S. 113: Eduard/Ottilie = in *Die Wahlverwandtschaften* (1809)

S. 113: Philine = in *Wilhelm Meisters Lehrjahre*

S. 115: in den Versen der Hexenküche = vgl. *Faust* I, v. 2540–2576

S. 115: Wahrheit und Dichtung = *Aus meinem Leben. Dichtung und Wahrheit* (entstanden 1814–1819; 1824–1831)

3.1.6/*S. 115:* [Über die Franzosen und Goethe]. DV = »Pariser Eindrücke«, in *Gesammelte Werke* (Literarische Anstalt J. Rütten: Frankfurt a. M., 1845 bis 1852), 12, 438–440 [= ED 1846]

S. 116: in der Hexenküche des Faust = vgl. 3.1.5

S. 116: Callot – Hoffmann = E. Th. A. Hoffmann als Dichter in der Art des französischen Graphikers Jacques Callot (1592–1635), *Capricci die varie figure* (1617), *Misère de la guerre* (1632)

S. 116: ein Herr Martin = wahrscheinlich Nicolas Martin (geb. 1814 in Bonn); Sohn eines Franzosen und einer Schwester Karl Simrocks; *Poètes Contemporaines d'Allemagne* (1847), *France et Allemagne* (1852)

3.1.7/*S. 117:* *Nur Schiller und Goethe?* DV = *Unterhaltungen*
am häuslichen Herd, Neue Folge V (1859–60),
S. 621a–624b; 638a–639b. [ED]. Gekürzt

Vgl. *Ein Dritter neben Goethe und Schiller,* in:
Unterhaltungen am häuslichen Herd, Neue Folge I (1855–56), S. 175a–176b (unter Berufung
auf Rudolf Gottschall)

S. 117: der Freude »schöner Götterfunken« = *An die*
Freude, v. 1

S. 117: Crédit mobiliers = berühmte französische [Pfand-
leih-]Finanzgesellschaft, gegründet im Jahre
1852 (Société générale du crédit mobilier)

S. 117: »Ehret die Frauen . . .« = berühmter Eingangs-
vers des Schillerschen Gedichtes »Würde der
Frauen«. »Ehret die Frauen! sie flechten und
weben himmlische Rosen ins irdische Leben . . .«

S. 118: das Doppelstandbild = Goethes und Schillers in
Weimar, enthüllt 1857, von Ernst Rietschel
(1804–1861)

S. 120: Werther, Götz, Clavigo = repräsentative Gruppe
von Goethes Werken aus den Jahren Epoche
1773–1774

S. 123: nach Gottschall's Literaturgeschichte = vgl. *Die*
deutsche Nationalliteratur der ersten Hälfte des
neunzehnten Jahrhunderts (Breslau, 1855)

S. 123: »Mustersammlungen« = z. B. *Das Schönste . . aus*
. . seinen Schriften (Leipzig, 1826–1837), 12
Bände

S. 125: Schillers »Geisterseher« = »Eine Geschichte aus
den Memoiren des Grafen O**« (1787–1789)

S. 125: Pempelfort = in der Nähe Düsseldorfs; das Landgut Friedrich Heinrich Jacobis (1743–1819)

3.2/*S. 126:* [Über Hegels Ankunft in Berlin]. DV = *Forum*
der Journal-Literatur (1831), S. 160–162. [ED].
Gekürzt

Lutter und Wegener = die berühmte Weinstube

3.2.1/*S. 126:* [Über F. G. Kühne und Hegel, anläßlich Kühnes
Eine Quarantaine im Irrenhause]. DV=*Beiträge*
zur Geschichte der neuesten Literatur (P. Balz:

Stuttgart, 1836), 1. S. 355–359 [EPB]. Gekürzt

S. 127: Pallas Athene = Tochter des Zeus, Göttin des Intellekts

3.2.2/*S. 128:* [Über Hegel und die Traditionen des Christentums]. DV = *Beiträge zur Geschichte der neuesten Literatur* (P. Balz; Stuttgart, 1836), 2, S. 241–243 [EPB]

3.2.3/*S. 128:* [Über Hegel, Schelling und die jungen Hegelianer]. DV = *Beiträge zur Geschichte der neuesten Literatur* (P. Balz; Stuttgart, 1836), 2, S. 212–214 [EPB]

S. 128: in den Berliner Jahrbüchern = Organ der Rechtshegelianer

3.2.4/*S. 129:* [Hegels Geschichtsstupor]. DV = *Beiträge zur Geschichte der neuesten Literatur* (P. Balz; Stuttgart, 1836), 1, S. 75–76 [EPB]

Der Gedanke, Hegel predige einen »Geschichtsstupor« erscheint in Gutzkows frühesten Überlegungen, z. B. in *Briefe eines Narren an eine Närrin* (Hoffmann und Campe: Hamburg, 1832), S. 83

3.2.5/*S. 130:* [Über Hegels Geschichtsphilosophie]. DV = *Zur Philosophie der Geschichte* (Hoffmann und Campe: Hamburg, 1836), S. 14–16, 43–51; 51–54 [ED]

die Göttin Tyche = Inkarnation aller Mächte, die das menschliche Schicksal bestimmen

Anakoluthe = »abgebrochene« Satzkonstruktionen

S. 131: Demiurgos = der Weltbaumeister, der den Kosmos aus dem Urstoff formt

S. 132: wie Äneas es bei Virgil tun konnte = Hier irrt Gutzkow wieder. Er meint die Prophezeiungen des Anchises (Vater des Äneas) im sechsten Buch der *Aeneis*. Vgl. VI, v. 851–853: tu regere imperio populus, Romane, memento / (hae tibi erunt artes) pacique imponere morem, / parcere subiectis et debellare superbos.« / VI, v. 855 bis 856: »aspice, ut insignis spoliis Marcellus opimis / ingreditur victorque viros supereminet omnis.«

S. 132: in kassandrischem Sinne = Cassandra (Tochter des
Priamos und der Hekabe), weissagte den Untergang Trojas

S. 132: wo er die philosophische Methode persifliert =
Vgl. Faust II, 2, 6566–6818

S. 132: mit jenem Horazischen Satze schließt = Horaz,
Epistel I, 1. v. 106–108. »Ad summam: sapiens
uno minor est Jove, dives / liber, honoratus,
pulcher, rex denique regum, / praecipue sanus,
nisi cum pituita molesta est.«

S. 133: die Weltgeschichte ist das Weltgericht = in Friedrich Schillers Gedicht »Resignation: Eine Phantasie«, Strophe 9, Zeile 5 (zuerst in der *Thalia,*
1786)

S. 133: des *non dolet* der Arria = eigtl. *Paete, non dolet*
(»P., es schmerzt nicht«) rief Arria ihrem zum
Tode verurteilten Gatten zu, ihm den Dolch
reichend, den sie sich selbst in die Brust ge-
stoßen hatte (Martial)

S. 133: sancta simplicitas Hussens = O heilige Einfalt!
soll der tschechische Reformator Jan Hus gerufen haben, als er sah, wie ein alter Bauer
noch sein Scheit auf den Scheiterhaufen legte

S. 133: Caesar, Moriturus te salutat = durch Sueton
überliefert (im Plural). »Kaiser, der dem Tod
Geweihte grüßt Dich!« (der Gladiator in der
Arena)

S. 134: ein . . Socinianer = Anhänger einer anti-trinita-
rischen Religionsgemeinschaft

S. 134: in meiner Skizze über das Leben des jetzigen
Sultans = Mahmud II, in: *Öffentliche Charaktere* (Hamburg, 1835), 1, S. 305–328 [EPB]

S. 134: Korrollarium (lat.) = Geschenk, Zuwendung

3.2.6/*S. 135:* [Hegels Vortragsweise]. DV = *Nero: Tragödie*
J. G. Cotta: Stuttgart/Tübingen, 1835), S. 66–68
[ED]

»Die Weise, wie in einem meiner Jugendversuche
›Nero‹ der dritte unter den daselbst auftreten-
den Sophisten seinen Schülern Sein und Denken
parallelisiert, ist wörtlich eine Kopie der Hegel-

schen Vortragsweise mit ihren mehrmaligen Wie-
derholungen des eben Gesprochenen und einem
stereotypen ›also‹ nach jedem dritten Wort.«
Das Kastanienwäldchen in Berlin, in: *Lebenserinnerungen,* hrsg. von H. H. Houben (Leipzig,
o. D.), S. 40 [ED 1870]

3.2.7/*S. 136:* [Über Hegel und Fourier]. DV = *Briefe aus Paris*
(F. A. Brockhaus: Leipzig, 1842), 1, S. 238–239
[ED]

S. 137: eine moralische Erziehung des Menschengeschlechts = vgl. Lessings *Erziehung des Menschengeschlechts* (entstanden 1777)

3.2.8/*S. 137:* [Erinnerungen an Hegel]. DV = *Das Kastanienwäldchen in Berlin,* in: *Lebenserinnerungen,* hrsg.
von H. H. Houben (Leipzig, o. D.), S. 42–45
[ED 1870]

S. 137: jenes Webmeisterstück = ». . . mit der Gedanken-
fabrik [ist's] / wie mit einem Weber-Meister-
stück«, *Faust* I, v. 1922–1923

S. 138: die Wälle von Spandau = Festungs- und Kerker-
wälle

S. 139: eine Pikesche = modische Pelzjacke mit Schnüren

S. 139: generatio aequivoca (lat.) = Urzeugung

S. 139: die Virchowschen Eier = Virchow lehrte in seiner
Zellularpathologie, daß die »Eizelle« den Le-
bensursprung des Einzelwesens konstituiere

3.3/*S. 140:* *Der Salon von H. Heine. Zweiter Teil.* DV =
Phönix (1835), S. 237a–239a [ED]

S. 140: an diesem Buche = erschienen 1835 (Hamburg);
enthielt *Zur Geschichte der Religion und Philosophie in Deutschland* (1–3), *Frühlingslieder*
(I–XXXVII)

S. 140: Schweizersehnsucht = jenes Heimweh, das die
Schweizer Soldaten des frz. Königs fühlten

S. 140: durch Dragomane = durch Vermittler, Übersetzer

S. 141: Hotel de Brühbach in Göttingen = der Göttinger
Karzer (im Studentenidiom); vgl. *Reisebilder*
I, Kapitel 1

S. 141: den Berliner Jungfernkranz = vgl. *Briefe aus*

Berlin I [1822], in: *Heinrich Heines Sämtliche Werke,* hrsg. von Oskar Walzel (Insel Verlag: Leipzig, 1907), 5, S. 226–228

S. 141: die ... Ringelhäubchen = gestickte Bänderhauben (bayr.)

S. 141: die Phantasien von Neuberghausen = vgl. *Reisebilder* III. *Italien: Reise von München nach Genua,* in: Insel-Ausgabe, 4, S. 233:
»Ich saß dort oft vorigen Winter und betrachtete die schneebedeckten Berge, die, glänzend in der Sonnenbeleuchtung, aus eitel Silber gegossen zu sein schienen.«

S. 141: Franscheska/Gumpelino = Figuren in Heines *Die Bäder von Lucca*

S. 141: der fremde Feuilletonist = Jules Janin (1804 bis 1874) in seinem Artikel »Reisebilder. Tableaux de voyages, par Henri Heine; 2 vol. in 8« im *Journal des Débats* vom 3. Oktober 1834 (nach einer frdl. Mitteilung von Madame Lucienne Netter/Paris) Gutzkow übersetzt Janin mit einiger Freiheit: »... Pourquoi a-t-il donné à son livre cette double odeur de jasmin et d'ences de poix résine? Pourquoi a-t-il habillé son imagination, la folle sautillante et scintillante de ce logis allemand, mi-partie de gaze et mi-partie de bure, mi-partie en capucin et mi-partie en danseuse de grand théâtre?«

S. 142: Sebastiani = General und Minister, der lange dahinsiechte (vgl. Personenverzeichnis)

S. 142: eine ... tombackne Uhrkette = d. h. aus Goldimitation (Kupfer/Zinn-Legierung)

S. 143: [ein] Tirailleur = Scharfschütze, vor der Linie der Infanteristen postiert

S. 144: dem Bergdorfer Boten = emblematisch für die kleinstädtische Zeitung; Bergdorf/Hamburg

S. 144: quand même = nichtsdestoweniger

3.3.1/*S. 144: Börne gegen Heine.* DV = *Phönix* (1835), S. 597a bis 598a [ED]

S. 144: im Feuilleton des Reformateur = »De l'Allemagne, par Henri Heine«, in: *Réformateur,* 30. Mai

1835. Vgl. *Ludwig Börnes Sämtliche Schriften,*
hrsg. v. Inge und Peter Rippmann (Düsseldorf,
1964), 2, S. 885–903.

S. 146: die Tiersparti = die politische Partei, die den dritten Stand repräsentiert

3.3.2/*S. 146:* [Über Heines Diktion]. DV = *Beiträge zur Geschichte der neuesten Literatur* (P. Balz: Stuttgart, 1836), 1, S. 41–42 [EPB]

3.3.3/*S. 147:* [Über Heines politische Natur]. DV = *Beiträge
zur Geschichte der neuesten Literatur* (P. Balz:
Stuttgart, 1836), 1, S. 101–102 [EPB]

3.3.4/*S. 147:* [Der schwache, nicht charakterlose Heine]. DV =
Götter, Helden, Don-Quichote (Hoffmann und
Campe: Hamburg, 1839), S. 203–214 [EPB]

S. 147: seinen Denunzianten zufolge = vgl. *»Über den
Denunzianten«. Eine Vorrede zum dritten Teil
des Salons von H. Heine* (Hamburg, 1837). Geschrieben zu Paris, den 24. Januar 1837

S. 147: sein Oheim = Salomon Heine (1767–1844), vgl.
3.3

S. 147: »der schwarze Ungehenkte« = *Reisebilder* I / *Die
Harzreise.* Der Reisende schildert die Frühlings-
freuden des ersten Mai: ». . . der Bettler an der
Brücke schaut so vergnügt, als hätte er das große
Los gewonnen, sogar den schwarzen, noch unge-
henkten Makler, der dort mit einem spitzbübi-
schen Manufakturen-Gesicht einherläuft, be-
scheint die Sonne mit ihren toleranten Strahlen.« *Insel-Ausgabe,* 4, S. 81

S. 147: Failliten = Einstellung der Zahlungen

S. 147: vor einem . . . Zensor = Hofrath John, ehemaliger
Sekretär Goethes (s. Personenverzeichnis)

S. 147: seiner Mutter = Betty, geb. van Geldern (1771 bis
1859)

S. 148: Buch der Lieder = Hamburg, 1827

S. 149: Briefe aus Paris = I–II (Hamburg, 1832), III–VI
(Paris, 1832–34)

S. 149: Jean Pauls »Dämmerungen« = *Dämmerungen für
Deutschland* (Tübingen, 1809)

S. 150: Heines Broschüre = »Über den Denunzianten«, s. oben

3.3.5/*S. 151:* *Herr Heine und sein Schwabenspiegel.* DV = *Telegraph für Deutschland* (1839), S. 593–597; 601–607 [ED]. Über Gutzkows Konflikt mit Heine vgl. Eberhard Galley, »Heine im literarischen Streit mit Gutzkow«, *Heine-Jahrbuch* (1966), S. 3–40

S. 151: »Jahrbuch der Literatur« / Der Schwabenspiegel = Erster Jahrgang. 1839. Mit H. Heines Bildnis (Hamburg, 1839), S. 335–362

S. 151: die schwäbischen Dichter = vgl. Gutzkows eigene Bemerkungen über die schwäbische Schule, 3.1

S. 152: das Lesekabinett = vgl. Ludwig Börne, »Schilderungen aus Paris« (X. Die Lesekabinette), *Sämtliche Schriften,* hrsg. v. Rippmann, 2, S. 47–51

S. 152: in den neuesten Nummern der *Zeitung für die elegante Welt* = Nrs. 75–77; den 18.–20. April 1839

S. 152: eine lange Geschichte = in den gestrichenen Stellen des Manuskripts

S. 153: eine verzwickte Erklärung = *Zeitung für die elegante Welt,* Nr. 28 (8. Februar 1839). Vgl. Galley, S. 15

S. 153: eine . . . Erklärung im Telegraphen = *Telegraph für Deutschland,* Nro. 34 (1839); vgl. Galley, S. 15

S. 153: Dr. Wihl = Ludwig Wihl, liberaler Publizist, im Geheimdienste der Wiener Hof- und Staatskanzlei (s. Personenverzeichnis)

S. 153: in seiner erwarteten Kleinen Schrift = *Heinrich Heine über Ludwig Börne* (Hamburg, 1840)

S. 154: die Rolle der Düpes = die Rolle der Gefoppten

S. 154: Europa = die Zeitschrift *Europa* publizierte das *Album der Boudoirs,* in welchem Heines Verse erschienen (vgl. Friedrich Mayer, *Verzeichnis einer Heinrich-Heine-Bibliothek,* Leipzig, 1905, S. 54) als eine Art Jahresgabe für ihre Leser und Leserinnen (nach einer frdl. Mitteilung von Herrn

Dr. E. Galley, Heinrich-Heine-Institut, Düsseldorf).

S. 154: »Madame, wünschen Sie . . .« = vgl. Text in den *Neuen Gedichten* / »Katherina«: »Wollen Sie ihr nicht vorgestellt sein?« / Flüsterte mir die Herzogin. – / »Beileibe nicht, ich müßt ein Held sein, / Ihr Anblick schon wirrt mir den Sinn.« *Insel-Ausgabe,* 2, S. 74. Gutzkow zitiert, wie so oft, aus dem Gedächtnis.

S. 154: E. Beurmann = vgl. seine Pariser Berichte im *Telegraphen für Deutschland* (1847), auch in *Brüssel und Paris* (1837), 2, S. 31–41. Vgl. Galley, S. 18

S. 154: Ipecacuanha (ind./port.) = Brechwurz

S. 156: Ihre Nachrede zu dem Supplement des Buches der Lieder = »Der Schwabenspiegel«; vgl. Galley, S. 10

S. 156: Pfizers Kritik = vgl. Gustav Pfizer, »Heines Schriften und Tendenz«, *Deutsche Vierteljahresschrift* (1838), S. 167 bis 247. Galley, S. 6

S. 157: »den ungezogenen Liebling der Grazien« = Goethe über Aristophanes im Epilog zu seiner Bearbeitung des Lustspiels *Die Vögel* (1780), erschienen 1787

S. 157: Angelika = »Angélique« / . . . »Wenn ich, beseligt von schönen Küssen, / in deinen Armen mich wohlbefinde, / Dann mußt Du mir nie von Deutschland reden; – / Ich kanns nicht vertragen – es hat seine Gründe.« *Insel-Ausgabe,* 2, S. 43

S. 157: zum Jocus der Commis = zur (rüden) Unterhaltung der Handelsgehilfen

S. 157: »ich habe mich wohlbefunden« = s. oben (Angelika)

S. 158: Ratcliff = *William Ratcliff,* in: *Tragödien, nebst einem bairischen Intermezzo* (Berlin, 1823)

S. 159: Herr Heine dankte mir = vgl. Heines Brief an Gutzkow vom 23. 8. 1838. Vgl. *Heinrich Heine: Briefe,* hrsg. von Friedrich Hirth (Mainz, 1950), 2, S. 277–279. »Ich habe, wertester Freund, Ih-

nen für Ihren Brief vom 6. dieses meinen auf-
richtigsten Dank zu sagen. Ich habe gleich nach
Empfang desselben an Campe geschrieben und
ihn ersucht, den zweiten Band des Buches der
Lieder, nämlich den Nachtrag, noch nicht in die
Presse zu geben. Ich werde ihn erst späterhin
erscheinen lassen, wenn ich ihn nochmals gesich-
tet und mit einer zweckmäßigen Zugabe ausgestattet habe. Sie mögen gewiß recht haben, daß
einige Gedichte darin von Gegnern benutzt werden können: diese Hypokriten sind aber so heuch-
lerisch wie feige. Soviel ich weiß, ist aber unter
den anstößigen Gedichten kein einziges, das noch
nicht im ersten Teile des Salons gedruckt wäre;
die neue Zugabe ist, wie ich mich zu erinnern
glaube, ganz harmloser Natur. Ich glaube überhaupt, bei späterer Herausgabe, kein einziges
dieser Gedichte verwerfen zu müssen, und ich
werde sie mit gutem Gewissen drucken, wie ich
auch den Satirikon des Petron und die römischen
Elegien des Goethe drucken würde, wenn ich
diese Meisterwerke geschrieben hätte. Wie letztere sind auch meine angefochtenen Gedichte
kein Futter für die rohe Menge. Sie sind in dieser
Beziehung auf dem Holzwege. Nur vornehme
Geister, denen die künstlerische Behandlung eines frevelhaften oder allzu natürlichen Stoffes
ein geistreiches Vergnügen gewährt, können an
jenen Gedichten Gefallen finden. Ein eigentliches
Urteil können nur wenige Deutsche über diese
Gedichte aussprechen, da ihnen der Stoff selbst,
die abnormen Amouren in einem Welttollhaus,
wie Paris ist, unbekannt sind. Nicht die Moral-
bedürfnisse irgend eines verheirateten Bürgers in
einem Winkel Deutschlands, sondern die Auto-
nomie der Kunst kommt hier in Frage. Mein
Wahlspruch bleibt: Kunst ist der Zweck der
Kunst, wie Liebe der Zweck der Liebe, und gar
das Leben der Zweck des Lebens ist.
Was Sie mir in Betreff des jüngeren Nachwuch-

ses unserer Literatur schreiben, ist sehr interessant. Indessen ich fürchte nicht die Kritik dieser Leute. Sind sie intelligent, so wissen sie, daß ich ihre beste Stütze bin und sie mich als den ihrigen emporrühmen müssen, in ihrem Ankampf gegen die Alten. Sind sie nicht intelligent – dann sind sie gewiß nicht gefährlich! Ich bin übrigens gar nicht so sorglos, wie Sie glauben – Ich suche meinen Geist für die Zukunft zu befruchten, unlängst las ich den ganzen Shakespeare, und jetzt, hier am Meere, lese ich die Bibel – was die öffentliche Meinung über meine früheren Schriften betrifft, so ist diese sehr abhängig von einem Lauf und Umschwung der Dinge, wobei ich selbst wenig selbsttätig sein kann. Ehrlich gestanden, die großen Interessen des europäischen Lebens interessieren mich noch immer weit mehr als meine Bücher – – – que Dieu les prenne en sa sainte et digne garde!

Leben Sie wohl. Ich danke Ihnen nochmals für das Wohlwollen, mit welchem Sie mich auf den Splitter, den Sie in meinem Auge bemerkt haben, aufmerksam machten. Ich wünsche herzlich, Sie kämen mal nach Paris. Über Ihre projektierten Jahrbücher der Literatur schreibe ich nächstens an Campe. Ich hoffe, Sie gewinnen dazu auch Laube, mit welchem Sie es noch nicht so ganz verdorben haben wie mit Mundt usw. Daß Sie es auch mit mir noch nicht ganz verdorben haben, ist wahrhaftig nicht Ihre Schuld!

Ich habe sehr viel an Ihnen auszusetzen, weit weniger an Ihrer »Seraphine«, die zu den oben erwähnten vornehmen Kunstwerken gehört.

Ihr Freund H. Heine«

S. 159: »... um eine vornehme Literatur« = vgl. der obige Brief die von Herrn Heine mitgeteilten Auszüge aus den Briefen des Herrn Campe = vgl. *Schriftstellernöten*, datiert 3ter April 1839. Insel-Ausgabe, 8, S. 325–340.

3.3.6/S. 160: [Wider Heine, den Widersacher Börnes]. DV =

Börnes Leben (Hoffmann und Campe: Hamburg,
1840), S. XVII–XXXV [ED]

S. 160: die Schrift des Herrn Heine = *Heinrich Heine über
Ludwig Börne* (Hamburg, 1840)

S. 161: »Meine Leistungen sind Monumente . . .« = vgl.
»[Der] Blick [der Zwerge] reicht nicht bis zur
Spitze, und sie stoßen sich nur die Nasen an dem
Piedestal jener Monumente, die ich in der Literatur aufgepflanzt habe, zum ewigen Ruhme des
deutschen Geistes. Sind diese Monumente ma-
kellos, sind sie ganz ohne Fehl und Sünde?
Wahrlich, ich will auch hierüber nichts Bestimmtes behaupten.« *Insel-Ausgabe,* 8, S. 513

S. 162: Coupe tête = Halsabschneider

S. 163: des konfusen Polyhistors von Bayreuth = Hinweis
auf Jean Paul. *Insel-Ausgabe,* 8, S. 358

S. 164: in Herrn Heines »Französischen Zuständen« =
Französische Zustände, von H. Heine (Hamburg,
1833)

S. 164: Ça ira = »Es wird schon gehen«; berühmter Kehr-
reim für frz. Revolutionslieder. »Die Aristokraten an die Laterne . . .!«

S. 165: das Hambacher Fest = am 27. Mai 1832, auf dem
Hambacher Berg, bei Neustadt (Pfalz); dreißig-
tausend Teilnehmer, Demonstration für deutsche
Einheit und bürgerliche Freiheit

S. 165: die Vorfälle in Rheinbayern = Hinweis auf die Ra-
dikalisierung der liberalen Oppositionsbewegung,
geführt durch G. A. Wirth und Ph. J. Sieben-
pfeiffer. Gründung des Preß- und Vaterlands-
vereins in Zweibrücken (bayer. Rheinpfalz), und
die amtlichen Maßnahmen gegen die Initiatoren
der Opposition.

S. 164: Madame W. = Jeanette Wohl-Strauss, Freundin
Börnes

S. 165: »Ich werde dick und fühle eine sonderbare Müdigkeit des Geistes« = vgl. bei Heine: »Ich fühle
eine sonderbare Müdigkeit des Geistes; wenn er
auch in der letzten Zeit nicht viel geschaffen, so

war er doch immer auf den Beinen. Ob das, was
ich schuf in diesem Leben, gut oder schlecht,
darüber wollen wir nicht streiten. Genug, es war
groß; ich merkte es an der schmerzlichen Erwei-
terung der Seele, woraus diese Schöpfungen
hervorgingen.« *Insel Ausgabe,* 8, S. 513

3.3.7/S. 166: [Notiz über] *Heinrich Heine.* DV = *Unterhaltun-*
gen am häuslichen Herd I (1852–1853), S. 464b
[ED]

S. 166: in der neuesten »Revue des Deux Mondes« =
1. April 1853, S. 5–38; »Les Dieux en exil«

3.3.8/S. 166: [Ein Dîner bei Salomon Heine]. DV = *Rückblick*
auf mein Leben (A. Hofmann und Co.: Berlin,
1875), S. 115–117 [ED]

S. 166: [Heines] Schwester = Charlotte, verh. Embden
(1800–1899)

S. 167: die Mutter = vgl. 3.3.4

S. 167: des bekannten Dichters = vgl. 3.3 (1835!)

S. 168: in seiner »Matratzengruft« = ». . . kein grünes
Blatt rauscht herein in meine Matratzengruft zu
Paris, wo ich früh und spät nur Wagengerassel,
Gehämmer, Gekeife und Klaviergeklimper ver-
nehme. Ein Grab ohne Ruhe . . .« Heine im
Nachwort zum *Romanzero,* datiert den 30. Sep-
tember 1851. *Insel-Ausgabe,* 3, S. 199–200

3.3.9/S. 168: [Die Konflikte mit Heine: Eine Erinnerung]. DV =
Rückblicke auf mein Leben (A. Hofmann und
Co., Berlin, 1875), S. 267–270 [ED]. Gutzkow
spricht hier von seinem Pariser Aufenthalt im
Jahre 1842.

S. 169: »Mich hat das unglückselige Weib . . .« = *im Buch*
der Lieder / »Die Heimkehr« (XIV): »Das Meer
erglänzte weithinaus«, Strophe 4: »Seit jener
Stunde verzehrt sich mein Leib, / Die Seele stirbt
vor Sehnen; / – Mich hat das unglückselige Weib /
Vergiftet mit ihren Tränen.« *Insel-Ausgabe,* 1,
S. 115

S. 169: Kladderadatsch = politisch-satirisches Berliner Wochenblatt, gegründet 1848 von Albert Hofmann

S. 169: *Romanzero* = Hamburg, 1851

S. 169: »Deutschland« – *Deutschland. Ein Wintermärchen,*
in: *Neue Gedichte von H. Heine* (Hamburg,
1844)

S. 169: »Heine über Börne« = vgl. 3.3.6

S. 170: eine Vorrede = vgl. 3.3.6

S. 171: Frau Strauss = Jeanette [Wohl]-Strauss, Freundin
Börnes

4./*S. 172:* *Polemiken und Entdeckungen: Tieck, Büchner,*
Nestroy

4.1/*S. 172:* *Der Hofrat Tieck.* DV = *Phönix* (1835), S. 69a bis
71b [ED]

S. 172: den gestiefelten Kater = *Der gestiefelte Kater,*
»Kindermärchen in drei Akten«, 1797

S. 173: aus den Entremets des Phantasus = Emilie ist eine
der Teilnehmerinnen an den Zwischengesprächen,
welche die Märchen, Schauspiele und Erzählungen des *Phantasus* (1812–1816), 3 Bände, durch
ästhetisch-kritische Überlegungen zusammenhalten

S. 173: Fähnrich Pistol = liebt es bombastisch zu sprechen, wie man es auf dem Theater tut (in
Shakespeares *Heinrich IV/2; Die lustigen Weiber*
von Windsor; Heinrich V.

S. 173: die beiden Novellen = wahrscheinlich *Das alte*
Buch (1835) und *Der Wassermensch* (1835); auch
Der Mondsüchtige (1832) oder *Die Ahnenprobe*
(1833) kämen in Betracht

S. 175: die armen Töplizer Durchreisenden = unklar;
wahrscheinlich auf jene Anhänger des *ancien*
régime gemünzt, die ihre Audienz beim exilierten
Karl X. von Frankreich abstatteten (er lebte
einige Zeit lang in Teplitz)

S. 175: de haut en bas (frz.) = von oben nach unten; »von
Kopf bis Fuß«

S. 176: im Nonpareil = Schriftgrad von 6 Punkt Kegel-
stärke

S. 177: mit dem Tiersparti = mit der Partei des dritten
Standes

4.2/*S. 177:* [Anzeige]: *Danton's Tod. Von Georg Büchner.*

DV = *Phönix* (1835), S. 645a–646b [ED]. Leicht
geändert in *Beiträge zur Geschichte der neuesten
Literatur* (1836), 1, S. 181–189; hier fehlen die
Vergleiche mit Immermann und Grabbe

S. 178: die Gironde = frz. Partei der Revolutionszeit; repräsentiert das liberale Bürgertum der Provinz;
im Konflikt mit dem Jakobinismus

S. 178: Saturn = Saturnus; italische Gottheit; früh mit
(gr.) Kronos identifiziert, der seine eigenen Söhne
verzehrt

S. 178: Blut des Septembers = Massaker der politischen
Häftlinge nach summarischem Verfahren; in
Paris, Versailles, u.a.a.O., vom 2.–7. September
1792

S. 178: Ilissus = attischer Fluß, nördl. von Athen

S. 178: Palaisroyal = Palais Royal; erbaut 1629–1639 für
Kardinal Richelieu; später elegante Geschäfte
und Restaurants. Zentrum der Prostitution und
des Verlagswesens (vgl. Balzac)

S. 178: Ceramicus = Begräbnisort der berühmten Bürger
Athens

S. 180: Haydns Schöpfung = *Die Schöpfung,* Oratorium
von Joseph Haydn. (Erstaufführung 1798)
Gutzkow publizierte *Dantons Tod* in einer von ihm
redigierten Fassung, vom 26. März bis zum
7. April 1835 im *Phönix* (1835). Von den Szenen
des ersten Aktes (in der Zählung der historisch-
kritischen Ausgabe von Werner R. Lehmann)
veröffentlichte Gutzkow nur I, 1 und I, 6; vom
zweiten Akt allein II, 1; Kürzungen und ge-
legentliche Umstellungen in der Publikation des
dritten, vierten und fünften Aktes. I, 1 (es fehlen
I, 2 bis I, 5) am 26. März 1835, S. 289a–290b;
I, 6: 27. März, S. 293a–295a; II, 1: 28. März,
S. 297a–298a; III, 1 (es fehlen II, 2 bis II, 7):
30. März, S. 301a–302b; III, 3, III, 4: 31. März,
S. 305a–306b; III, 5, 6: 2. April, S. 313a–315b;
III, 7, 8, 9: 3. April, S. 317a–318a; III, 9, 10;
IV, 2; IV, 1, IV, 3 (gekürzt): 4. April, S. 321a bis

322b; IV, 4, 5: 6. April, S. 326a–327a; IV, 6, 7,
8, 9: 7. April, S. 330ab.

Anschließend an I, 1 die folgende Überleitung
(26. März 1835, S. 290b):

(Versetzt euch jetzt aus den Präludien unsrer Katastrophe unter das revolutionäre Volk von Paris.
Es ist in Aufruhr begriffen gegen seine eignen
Fürsten. Es will zu dem Blute der Aristokraten
auch Weißbrot; denn der Hunger ist die Ordnung des Tages. Da erscheint Robespierre mit
den zitternden Fingern, der weißen Wäsche und
den Holzschuhen, Robespierre, der in der Demokratie selbst eine aristokratische Fraktion entdeckt hat; er zieht das Volk in den Jakobinerklub
und spricht gegen die Aristokratie der Sitten, des
guten Geschmacks und der Genialität. Der
Schlag auf Danton ist vorbereitet, das Volk
jauchzt. Aber Danton wälzt sich mit offner Brust
in seinen Orgien. Seine Freunde warnen ihn – er
lacht. Sie nennen die Jakobiner – er lacht. Sie
nennen Robespierre – da erhebt er sich und sagt
mit ernstem Blick: Sie werden's nicht wagen.

Werden sie es wagen? – Der erste Akt ist beendet.)

Anschließend an II, 1 die folgende Überleitung
(30. März 1835, S. 301a):

(Sollte nicht auch die Liebe ihre Rosen noch
zwischen die blutigen Schrecken dieser Zeit flechten können? O des Weibes Herz liebt am Manne
nicht die Gesetze seines Charakters oder Geistes,
die er verteidigen möge dort oder hier, sondern
es liebt an ihm, daß er Mann ist, Mann im Glück,
im Unglück, Mann in der Tugend, Mann im
Laster. Lucile ist ein solcher Frühlingsgedanke,
der Camille Desmoulins von weltstürmenden Gedanken gerunzelte Stirn umfächelt: Lucile, eine
Ophelia der Revolution, welche Gelbveigelin und
Rosmarin auf die Gräber ihrer Zeit, die sie nicht
versteht, streuen muß aus Liebe und rechter
Liebe, aus Wahnsinn. Und auch Danton liebt! Er

liebt sogar die, die seine Gattin ist, er liebt Julien.
Aber Julie ist sein gutes Gewissen – o welch ein
kalter Ausdruck! – Julie ist seine Vergangenheit,
sein alter guter frommer Regime, ja ist selbst die
Erinnerung noch, welche bis zum September
reicht, zu dem fürchterlichen September, in welchem sich Danton zum Helden der Revolution
schuf. Danton zittert deshalb vor Julien und liebt
sie doch, er ist wahnsinnig, wo er sie erblickt,
doch sie spricht so lind und mild, ihr Atem um-
weht ihn hold und Friede kommt in die zerrissene
Brust. Er rekapituliert die Zeit, die alten Umstände, wie Alles war, und was der Augenblick
gebot, und erschrickt nicht mehr vor dem September. Wer rein ist vor seiner Vergangenheit,
fürchtet auch die Zukunft nicht. Hätt' er sie
gefürchtet, so wär' er gerettet gewesen.)

4.2.1/S. 180: [Nachruf auf] *Georg Büchner.* DV = *Götter. Hel-*
den. Don Quichote (Hoffmann und Campe:
Hamburg, 1839), S. 21–50 [EPB] [ED *Frankfur-*
ter Telegraph 1837, Nro. 42–44, Neue Folge,
»Ein Kind der neuen Zeit«. Vgl. Reinhold Gen-
sels Ausgabe von *Gutzkows Werken,* 11, S. 80
bis 90]

S. 182: einen Autor feiern = Joël Jacoby aus Königsberg

S. 182: Evangelische Kirchenzeitung = Organ der kirchlichen Orthodoxie

S. 182: der Brief lautete = vom 21. Februar 1835, Darm-
stadt (Historisch-kritische Ausgabe, hrsg. von
Werner R. Lehmann (Darmstadt: 1971, 2,
S. 434). Wortlaut vgl. Lehmann, 2, S. 434–435

S. 183: Herrn S . . . = Johann David Sauerländer (1789 bis
1866), Verleger und Buchhändler

S. 183: la bourse ou la vie = die Börse oder das Leben!

S. 185: im Sommer 1835 = nach Fritz Bergemann schon
im März 1835 geschrieben. Gutzkows Angabe
wäre also in »Frühling 1835« zu korrigieren.
Wortlaut bei Lehmann, 2, S. 436–437

S. 185: femme libre = die emanzipierte Frau, in der Soziallehre der St. Simonisten

S. 186: Samson = hier: (der frz.) Henker

S. 186: »die ganze Revolution . . .« = Zitat aus einem Brief
von 1835 (Straßburg). Wortlaut vgl. Lehmann, 2,
S. 441

S. 186: jeune Allemagne = aus den Kreisen der jungen
deutschen Opposition

S. 186/7: Neid eines Schulkameraden = Hermann Trapp,
ehemaliger Kommilitone Büchners in Gießen;
Mitglied der »Gesellschaft der Menschenrechte«
(Fritz Bergemann)

S. 187: »Was Sie mir . . .« = Zitat aus einem Brief vom
September 1835 (Straßburg). Vgl. Lehmann, 2,
S. 447

S. 188: Hugo/Musset = Zitate aus verlorenen Briefen

S. 188: »Lieber Freund . . .« = der erste Teil des Briefes
datiert 1836 (Straßburg); vgl. Lehmann, 2, S. 454;
der zweite Teil aus dem Jahre 1835 (Straßburg);
vgl. Lehmann, 2, S. 449. Wortlaut (1) Lehmann,
2, S. 454–455 (2) S. 449–450

S. 189: Ponce de Leon von Brentano = erschienen 1804 in
Göttingen

S. 189: Musenalmanach = *Der Deutsche Musenalmanach,*
hrsg. von Adalbert von Chamisso und Franz von
Gaudy (1834–1838)

4.2.2/S. 191: [Über] *Leonce und Lena. Ein Lustspiel von Georg
Büchner.* DV = *Mosaik. Novellen und Skizzen*
(J. J. Weber: Leipzig, 1842), S. 97–126 [EPB =
Vermischte Schriften 3]. Auszug.
[ED im *Telegraphen für Deutschland* 1838, Nro.
76–80] Gutzkow zitiert im Folgenden die Vorrede Büchners, das Personenverzeichnis, und gibt
die erste Szene des ersten Aktes wieder. Dann
folgen, in der Zählung der historisch-kritischen
Ausgabe von Werner R. Lehmann, die folgenden,
z. T. stark gekürzten, Textteile: I, 2; I, 3 (gekürzt); I, 4 (stark gekürzt); II 1–4; III 1–2
(Kürzungen), III, 3.

S. 192: Mise en Scène = Aufführung

S. 192: die klassische Höhe eines Angely, eines Nestroy =
Ironie Gutzkows, denn er betrachtete Angely und
Nestroy als Possenautoren niederster Art

4.2.3/S. 192: [Über] *Lenz. Eine Reliquie von Georg Büchner.*
DV = *Mosaik. Novellen und Skizzen* (J. J. We-
ber, 1842), S. 57–96.

[EPB = Vermischte Schriften 3]. Auszug [ED im
Telegraphen für Deutschland 1839 Nro. 5–7,
9–11, 13–14, mit später gekürztem Schluß, siehe
unten]. Text ohne die »Auffüllungen aus der
Stoffquelle« (vgl. Lehmann); Textlücken z. T.
von Gutzkow angedeutet (vgl. Lehmann, 1, S. 92,
Zeile 25), nicht (Lehmann, 1, S. 100, Zeile 36 ff.).

S. 192: im »Konversationslexikon der Gegenwart« = vgl.
Conversations-Lexikon der Gegenwart (F. A.
Brockhaus: Leipzig, 1838) 1, S. 653–654

S. 192: die »Revolution« = *Die Revolution,* Erzählung in
3 Bänden, 1837

S. 192: bis hierher reicht — der folgende Absatz nur im
ED im *Telegraphen für Deutschland* (1839)
S. 110–111

S. 192: die Tiecksche Einleitung zu Lenzens Schriften = in
Gesammelte Schriften von J. M. R. Lenz, hrsg.
von L. Tieck (Berlin, 1828), 3 Bände

4.2.4/S. 193: [Späte Erinnerung an Georg Büchner]. DV =
Rückblicke auf mein Leben (A. Hofmann u. Co.:
Berlin, 1875), S. 142–143 [ED]

S. 193: Kabinett Rochow = 1844 – 11. September 1847
(Vorsitz: Gustav Adolf Rochus von Rochow –
Reckahn)

4.3/S. 193: [Über Johann Nestroy]. DV = »Wiener Eindrücke«, in *Gesammelte Werke* (Frankfurt a.
Main, 1845), 3, S. 280–281; 282–283; 286–290;
294–295 [ED]. Vgl. Otto Rommel, *Johann
Nestroy* (Wien, 1930), S. 198–201; 204; 364–398;
446–447. Gutzkows *Telegraph* polemisiert seit den
späten Dreißigerjahren gegen Nestroy, der sich
der Abneigung des *Telegraphen* und Gutzkows
gegen ihn sehr wohl bewußt war. Vgl. Nestroys
Brief vom 31. Juli 1841; Rommel, S. 204

S. 194: »Bürgerlich und Romantisch« = Lustspiel (1835)
          von Eduard Bauernfeld

S. 194: An der Wieden = das Theater an der Wieden

S. 195: Vaudeville(s) = Singspiele mit burlesken Einlagen;
          Vorform der Operette

S. 196: »Millykerzen« = Qualitätsbezeichnung, nach dem
          Fabrikanten

S. 197: Saphir = über die Konflikte des Kritikers Saphir
          mit Nestroy, vgl. Rommel, S. 589–592

S. 197: Rancüne = Groll, Rachsucht

S. 198: die Gestalt des Sans-Quartier, etc. = in Louis
          Angelys Posse *Zwölf Mädchen in Uniform* (Erst-
          aufführung April 1835 im Königstädter Theater
          in Berlin). Glanzrolle Nestroys schon in seiner
          Grazer Zeit. Die Posse wurde, wie Gutzkows
          ironische Titelvariation bestätigt, je nach dem
          Personalstand des Theaters in Szene gesetzt. Vgl.
          Rommel, S. 446–447.

5./S. 199: *Weltliterarische Perspektiven:*
          Shelley, Balzac, Madame de Staël, George Sand

5.1/S. 199: *Percy Bysshe Shelley.* DV = *Götter, Helden, Don
          Quichote* (Hoffmann und Campe: Hamburg,
          1838), S. 5–17 [EPB] [ED *Telegraph für
          Deutschland* 1837, Nro. 6].

S. 199: diese Anekdote = berichtet von Thomas Medwin,
          A Memoir of Percy Bysshe Shelley (London,
          1833), S. 58–59; Gutzkow (und den anderen
          Jungdeutschen) bekannt durch Felix Adolphis
          (= Adolf Friedrich Graf von Schacks) Shelley
          Portrait, das auf Medwin zurückgeht. Vgl. Solo-
          mon Liptzin, *Shelley in Germany* (New York,
          1924), S. 12–45, über das Shelley Interesse der
          Jungdeutschen

S. 201: an der Pyramide des Cästius = Cestius (Prätor der
          augustäischen Epoche, + 12 v. Ch. G. in Rom);
          an der Porta Ostiensis in Rom (Protestantischer
          Friedhof). Vgl. Gutzkows Gedicht über die Grab-
          stätte Shelleys »Fern und Nah«, im *Telegraphen
          für Deutschland* [1838, Nro. 32]

S. 201: Ariel = Shelley liebte es, sich mit der zaubrischen

Figur aus Shakespeares *The Tempest / Der Sturm* zu identifizieren. Vgl. sein Gedicht »With a Guitar: To Jane« (Ariel to Miranda: – Take / This slave of music, for the sake / Of him who is the slave to thee ...) ED 1832/33.

S. 202: *The Cenci* = Trauerspiel (1820), ins Deutsche übersetzt von Felix Adolphi (1837)

Gutzkows Essay war den zeitgenössischen Verehrern in England nicht unbekannt; vgl. Medwins Übersetzung ins Englische in *The Life of Percy Bysshe Shelley* (London, 1847), II, 328–329. Thomas Merwin gab den englischen Shelley-Lesern im Jahre 1847 folgenden Hinweis: »He [Shelley] used to say, that he looked to Germany and America for his appreciation after his death, and he judged rightly. Gutzkow, the first dramatist, and one of the most spiritual writers in the first of these countries, in a treatise entitled, ›Gods, Demigods, and Don Quichote‹, places Shelley at the head of this category.« (zitiert nach Thomas Merwin, *The Life of Percy Bysshe Shelley: A new edition printed from a copy copiously amended and extended by the author and left unpublished at his death,* hrsg. von H. Buxton Forman (London, 1913), S. 347

5.2/S. 203: [Rezension von Balzac] *Vater Goriot. Familiengemälde aus der höheren Pariser Welt. Nach dem Französischen des Balzac. Zwei Bände. Stuttgart, Hallberger, 1835.* DV = Phönix (1835), S. 623b bis 624a [ED]. Gekürzt

5.2.1/S. 205: [Notiz über Balzac] DV = *Beiträge zur Geschichte der neuesten Literatur* (P. Balz: Stuttgart, 1836), 2, 32–39 [EPB]. Gutzkow schildert den Entwicklungsgang Balzacs; der Rest dieses Balzac-Textes identisch mit 5.2

S. 205: perdu (frz.) = verloren

5.2.2/S. 206: [Über die Persönlichkeit Balzacs] DV = *Briefe aus Paris* F. A. Brockhaus: Leipzig, 1842), 1, S. 108 bis 111. Datiert vom 24. März 1842. [ED]

S. 207: Vautrin = hier: Titel des Dramas, Erstaufführung
am 14. März 1840 im Theater Porte Saint-Martin

S. 207: Hilfsquellen Quinolas = *Les resources de Quinola,*
Drama, Erstaufführung am 19. März 1842 im
Theater Odéon

S. 208: Agiotage = Ausnutzung der Kursschwankungen an
der Börse

S. 208: die *Stalles* = die elegantesten der numerierten Sitze

S. 208: Eugénie Grandet / Père Goriot = Romane Balzacs,
erschienen 1833

5.3/S. 208: Ein Besuch in Coppet. DV = *Die schöneren Stun-*
den: Rückblicke (E. Hallberger: Stuttgart, 1869),
S. 259–260; 273–286 [EPB]. Auszüge

S. 208: Ihr Buch = *De l'Allemagne,* beendet 1800, erschienen London 1813

S. 209: in der gemischten Gesellschaft = Hinweise auf die
erzählenden Partien in *De l'Allemagne;* die sin-
gende Knabenschar z. B. I, 46 (hrsg. von J. de
Pange, Paris, 1960)

S. 209: »Überschuß an Stimmung« = »cette émotion
pleine de trouble et de pureté tout ensemble, c'est
le sentiment de l'infini qui excite« (I, 12); ». . . il
y a en nous un superflu d'âme« (I, 189)

S. 209: Eglise libre = die Genfer Kirche

S. 210: Natural, Fils = Natural, Sohn (Junior). Wortspiel

S. 210: entre cour et jardin = öffentlich und privat

S. 211: Bibliothèque Universelle de Genève = berühmte
Buchreihe, 60 Bände (1845–1863); Fortsetzung
der *Bibliothèque universelle des Sciences, Belles-*
Lettres et Arts (Littérature, 60 Bände, 1816 bis
1836); ursprünglich die *Bibliothèque britannique*
(Littérature, 58 Bände, 1796–1815)

S. 211: das Platen-besungene Grab im Busento = Vgl.
August Graf von Platens berühmtes Gedicht
über die Grablegung des Gotenkönigs Alarich,
»Das Grab im Busento«. V. 15–18: »Und es
sang ein Chor von Männern: ›Schlaf in deinen
Heldenehren! / Keines Römers schnöde Habsucht
soll dir je dein Grab versehren!‹ / Sangen's, und
die Lobgesänge tönten fort im Gotenheere; /

Wälze sie, Busentowelle, wälze sie von Meer zu
Meere!« / In: *August Graf von Platens Sämtliche
Werke.* Hrsg. von Max Koch und Erich Petzet
(Leipzig, o. D.), 2, S. 28

S. 212: der Salève = La Salève, langgezogener Bergrücken
bei Annemasse (Haute-Savoie)

S. 212: der große Molé = Le Môle, isolierter Bergrücken
bei St. Jeoire-Faucigny (Haute-Savoie)

S. 212: Via Appia = die vom alten Rom nach Süden
führende Heerstraße

S. 212: die Harfe Ossians = des legendären gaelischen
Dichters der Mythenzeit

5.4/S. 213: [Ein Gespräch mit George Sand]. DV = *Briefe
aus Paris* (F. A. Brockhaus. Leipzig, 1842), 2,
S. 39–48 [ED]. Datiert vom 12. April 1842

S. 213: mit meinem Verleger = François Buloz, Herausgeber der *Revue de Deux Mondes*

S. 213: ihre Tochter = Solange, geb. am 13. September
1828

S. 215: Cosima = Schauspiel in sechs Akten, 1840

S. 216: Aurora Dudevant = George Sands bürgerlicher
Name vor ihrer Scheidung von Casimir Dudevant

6./S. 219: *Epik der Großstadt: Der Roman des Nebeneinander*

6.1/S. 219: [Die Weltgeschichte als Nebeneinander] DV =
Briefe eines Narren an eine Närrin (Hoffmann
und Campe: Hamburg, 1832), S. 182 bis 183
[ED]

S. 219: mit dem Geiste in Hamlet vergleicht = »well said,
old mole! canst work i' the earth so fast?«,
Hamlet, I. 5, v. 162

6.2/S. 219: [Rezension der] *Tafeln der Geschichte. Von
E[duard Karl] Vehse. 1.–8. Lieferung. Dresden.
Grimmer. 1834–1835.* DV = *Phönix* (1835),
S. 311 b–312 a [ED]

S. 220: Penchants = Neigung, Vorliebe

6.3/S. 221: *Vorwort* [zur ersten Auflage der »Ritter vom
Geiste«] DV = *Die Ritter vom Geiste,* hrsg. von
Reinhard Gensel (Deutsches Verlagshaus Bong:
Berlin, o. D.), I, 39–43 [ED 1850]

S. 221: »Der ewige Jude« / »Die Geheimnisse von Paris« =
Le Juif errant (1844–) Les Mystères de Paris
(1842–); die vielbändigen Sensationsromane von
Eugène Sue

S. 222: tausend und eine Nacht = vgl. die anonyme arabische Erzählsammlung (Alf laila wa-laila), 8. bis
16. Jhdt.

6.3.1/S. 225: [Julian Schmidts Verdammungsurteil über die
Theorie des epischen Nebeneinander]. Aus:
Deutsche Romane. DV = Die Grenzboten 9
(1850/4), S. 602–604. [ED]. Gekürzt

S. 225: Suffisance = Eigendünkel

S. 226: des seligen ... Bundestags = vgl. das Edikt des
Bundestages vom 10. Dezember 1835

S. 227: Successivität = Folge

S. 227: in medias res (lat.) = mitten in die Dinge hinein
(Horaz, Ars poetica, v. 148, über Homer)

S. 227: Flachsenfingen = emblematisch für die deutsche
Kleinstadt; in Jean Pauls Hesperus (1795); oder
Leben des Quintus Fixlein (1796)

S. 228: radotiren = (veraltet) schwätzen, faseln

6.3.2/S. 228: [Über den Roman des Nebeneinander]. Aus: Vom
deutschen Parnass III. DV = Unterhaltung am
häuslichen Herd II (1853–1854), S. 288 a. [ED].
Gekürzt

6.3.3/S. 229: Zur dritten Auflage der [»Ritter vom Geiste«].
DV = Die Ritter vom Geiste, hrsg. von R. Gen-
sel, I, 43–50 [ED 1854]

S. 235: aristarchische Falten = Aristarchus (c. 217–145
v. Chr.); Typus des pedantischen Kritikers

S. 236: die alte Komödie / Wolkenkuckucksheim = vgl.
Aristophanes' Die Vögel / Ornithes (414 v. Chr.)
Utopisches Reich der Vögel zwischen Himmel
und Erde

S. 236: die neuen Templer = die Ritter vom Geiste, geführt von Dankmar Wildungen

6.3.4/S. 237: [Selbstanzeige] Die Ritter vom Geiste. Dritte Auflage. DV = Unterhaltungen am häuslichen Herd
III (1854–1855), S. 63b–64a [ED]

6.3.5/S. 238: [Vorwort] *Zur fünften Auflage.* DV = *Die Ritter vom Geiste,* hrsg. von R. Gensel, I, 50–51 [ED 1869]

S. 238: eines neuen Verlegers = O. Janke, Berlin

S. 239: von Manteuffel = Otto Theodor Freiherr von Manteuffel (1805–1882). Im November 1848 preussischer Innenminister, im Dezember 1850 Präsident des Staatsministeriums und Außenminister

S. 239: eines . . . anderen Staatsmannes = Bismarck

S. 239: Pasquill (ital.) = anonyme Spott- und Schmähschrift

6.3.6/S. 239: [Vorwort] *Zur sechsten Auflage.* DV = *Die Ritter vom Geiste,* hrsg. von R. Gensel, I. 52 [ED 1878]

S. 240: Treubund / Reubund = der Treubund, gegr. 1848 als antidemokratische Organisation. Vgl. die Erklärung des kurhessischen Treubundes (1850), der sich zum Ziele setzt, »die . . . monarchischen Elemente wieder kräftig zur Geltung zu bringen und allen der verderblichen Lehre der Volkssouveränität entspringenden Folgen und Bestrebungen . . . entschieden entgegenzutreten. Gutzkow erzählt von ähnlichen Interessenkreisen am preußischen Hof.

7./S. 241: *Der Realismus und die Idee. Mit Beispielen: Scott, Dickens, Keller, Stifter, Eliot*

7.1/S. 241: *Wahrheit und Wirklichkeit.* DV = *Phönix* (1835), S. 693a–695a [ED]

S. 242: in Wallhallen = Gutzkow dachte wahrscheinlich schon an den »deutschen Ehrentempel«, den Leo von Klenze im Auftrage Ludwig des I. von Bayern im Jahre 1830 zu bauen begann

S. 244: auf den Ararat = mythischer Ort der Landung Noahs nach der Sintflut

7.1.1/S. 244: [Über die Idee in der Literatur]. DV = *Deutsche Revue,* von Karl Gutzkow und Ludolf Wienbarg. Hrsg. von J. Dresch (Berlin, 1904), S. 31–33 = *Deutsche Literaturdenkmale des 18. und 19. Jahrhunderts.* Nr. 132 (Dritte Folge, Nr. 12).

7.1.2/S. 246:   Unveränderter Nachdruck des ED 1835.
[Über die politischen Interessen des modernen Schriftstellers]. DV = *Säkularbilder* (Literarische Anstalt J. Rütten: Frankfurt a. M., 1846), 2, 279–282 [ED 1837 unter dem Titel *Die Zeitgenossen, ihre Schicksale, ihre Tendenzen, ihre großen Charaktere*. Aus dem Englischen]

S. 248:   die Danaiden = die 50 Töchter des Danaos von Ägypten. Sie widersetzten sich einer Eheverbindung und mußten in der Unterwelt Wasser in Sieben in ein durchlöchertes Faß schöpfen

S. 248:   mit Ballisten = mit Wurfgeschützen

S. 248:   die Hesperiden = die Töchter des Atlas, welche Heras goldene Äpfel bewachten

S. 249:   [zu viel] Arkadien = Arkadia, zentrale Landschaft des Peloponnes. In der dichterischen Überlieferung, Landschaft des Friedens und ungestörten Glücks

S. 250:   Perruquier (frz.) = Perückenmacher

S. 251:   St. Pélagie = berüchtigtes Pariser Schuldgefängnis, in dem auch die politischen Häftlinge konzentriert waren

S. 251:   Lustre = Glanz, glänzende Oberfläche; hier: Glanz des frühzeitig ergrauten Haares

S. 251:   Medulla (lat.) = das Mark

S. 252:   Comte-prolétaire = der gräfliche Prolet

7.1.3/S. 252:   [Über] *Realismus und Idealismus.* DV = *Unterhaltungen am häuslichen Herd* Neue Folge II (1856–1857), S. 319a–320b [ED]

S. 252:   Seite 272 = vgl. 7.2.5

S. 253:   Hebel's »Alemannische Lieder« = J. P. Hebels *Alemannische Gedichte: Für Freunde ländlicher Natur und Sitten* (Karlsruhe, 1803)

S. 253:   »Münchhausen« = Eine Geschichte in Arabesken (Düsseldorf, 1838/39), von Karl Leberecht Immermann

S. 253:   Hackländer's Soldatenerinnerungen = *Das Soldatenleben im Frieden* (Stuttgart, 1844); und *Bilder aus dem Soldatenleben im Kriege* (Stuttgart, 1849)

S. 253: hin bis zu den »Räubern« = Friedrich Schillers Schauspiel, uraufgeführt 1782

S. 253: »beinahe ein einziger großer Irrtum« = Hinweise auf Julian Schmidts Urteil über Schillers Jugendlyrik, vgl. auch Gutzkows Artikelserie »Julian Schmidt als Kulturhistoriker«, *Unterhaltungen am häuslichen Herd* (1861). Zitat nicht nachweisbar.

S. 254: »Uli der Knecht« = Jeremias Gotthelf *Wie Uli der Knecht glücklich wird. Eine Gabe für Dienstboten und Meisterleute* (Zürich/Frauenfeld, 1841)

7. 1.4/*S. 256:* [Über Idealismus und Realismus in der Literatur]. DV = *In bunter Reihe* (S. Schottländer: Breslau, 1878), S. 41–42 [EPB]

S. 257: »Schön ist häßlich, häßlich schön« = »Fair is foul, and foul is fair«, in Shakespeare's *Macbeth,* I, 2, v. 10

7.1.5/*S. 257:* [Späte Verteidigung des jungdeutschen Romans]. Aus: *Romane und Erzählungen. II* DV = *Unterhaltungen am häuslichen Herd* Neue Folge IV (1858–1859), S. 447a [ED]. Gekürzt

7. 2/*S. 258: Der deutsche Roman.* DV = *Phönix* (1835), S. 285a–286b [ED]. Gekürzt

S. 258: Haller's *Usong* = erschienen im Jahre 1771

S. 258: Meyerns *Dya-Na-Sore* = Roman in 3 Bänden, erschienen im Jahre 1787

S. 258: Ottilie[n] = in Goethes *Wahlverwandtschaften* (1809)

S. 259: Haspar a Spada = »Eine Sage aus dem dreizehnten Jahrhunderte vom Verfasser des Erasmus Schleichers«, 1792/93. Ritterroman von Carl Gottlob Cramer (1758–1817)

S. 259: Siegwart = »Eine Klostergeschichte (1776)«, 2 Bände, von Johann Martin Miller (1750–1814)

S. 259: was Klopstock von seiner Idee ... sprach = vgl. Klopstocks Gedicht »Der Zürichsee«, Strophe 13, Zeile 50–52; »... und die Unsterblichkeit / ist ein großer Gedanke, / Ist des Schweißes der Edlen wert!«

7.2.1/S. 261: [Typen des Romans: historischer Roman; Charakterbild; spekulativer Roman] DV = *Säkular-
bilder* (Literarische Anstalt J. Rütten: Frankfurt
a. M., 1846), 2. S. 277–282 [ED 1837 unter dem
Titel *Die Zeitgenossen, ihre Schicksale, ihre
Tendenzen, ihre großen Charaktere.* Aus dem
Englischen]

S. 261: Basreliefs (frz.) = Flachbildwerke

S. 261: die Geschichte war das Weltgericht = Vgl. 3.2.5

S. 262: Richard Löwenherz = Richard Coeur de Lion;
Figur in Walter Scotts *The Betrothed* (1825),
The Talisman (1825), *Ivanhoe* (1819)

S. 262: der schwarze Prinz = Eduard, Prinz von Wales
(1330–1376)

S. 262: Falkonier = Falkenmeister

S. 262: Karl der Kühne = Figur in Walter Scotts *Quentin
Durward* (1823) und *Anne of Geierstein* (1829)

S. 262: Semiramis = griechischer Name für die assyrische
Königin Sammuramat (c. 800 v. Chr.)

S. 262: Sesostris = ägyptische Königin der dritten Dynastie (1878–1841 v. Ch.)

S. 262: Savoyarden = hier: fahrende Leute, die trainierte
Murmeltiere mit sich führten

S. 262: Grisetten = die »süßen Pariser Mädel«; beliebte
literarische Figuren der romantischen Epoche

S. 263: Boz = Pseudonym für Charles Dickens

S. 264: Theodizee = Lehre von der Rechtfertigung Gottes

7.2.2/S. 264: *Vom deutschen Parnass:* Auszüge aus Teil I und
III. DV = *Unterhaltungen am häuslichen Herd,*
II (1853–1854), S. 174b–175b, S. 286a–287b
[ED] Gekürzt

S. 266: Schillers Geisterseher = erschienen 1789

S. 266: Jacobi's *Woldemar* = erschienen 1779, veränderte
Fassung in 2 Bänden, 1794–1796

S. 267: *Albrecht Holm* = mit dem Untertitel »Geschichte
aus der Reformationszeit (1852–), 7 Bände, von
Friedrich von Uechtritz

S. 268: »Aus Nacht zum Licht« = Roman von Henriette
von Paalzow (1788–1847)

S. 268: ihre bekannte Satire = *Diogena,* von Iduna Gräfin
Hahn-Hahn (Leipzig, 1847)

S. 268: Wandlungen = erschienen Berlin, 1853

S. 269: der Hofschulze / die blonde Lisbeth = im »Ober-
hof« – Teil des *Münchhausen* (1838/39)

S. 269: Auerbach zaubert uns . . . = vgl. seine *Schwarz-
wälder Dorfgeschichten,* 1843–1854, 5 Bände

S. 269: »Verfasser des Lorle« = Lorle, Inkarnation der
Volkskraft, Tochter des Lindenwirts in Auerbachs
Die Frau Professorin (1846)

7.2.3/S. 270: *Unsere gegenwärtige Literatur.* DV = *Unterhaltungen am häuslichen Herd* I (1852–1853), S.
399a–400b ED

S. 272: West-Östlicher Divan = 1814, gedruckt 1819

S. 272: Soldatenlieder von Zedlitz = *Soldatenbüchlein*
(Wien, 1849, 1850), 2 Bände

S. 272: Schlachtenbilder von Scherenberg = *Waterloo*
(Berlin, 1849), *Ligny* (Berlin, 1849), *Leuthen*
(Berlin, 1852)

S. 272: Gedichte von Geibel = *Gedichte,* erschienen 1840
(132. Auflage, 1908)

S. 272: Märchen von Putlitz = *Was sich der Wald erzählt*
(Berlin, 1850, 1857)

S. 272: Amaranth = von Oskar von Redwitz (1823–1891),
erschienen Mainz, 1849. Vgl. Fontanes scharfe
Kritik an dieser Verserzählung, in *Schriften zur
Literatur,* hrsg. von H. H. Reuter (Berlin, 1960),
S. 384–386

S. 272: Demiurgos = Leipzig, 1854, 3 Bände

S. 272: Agnes Bernauer = Augsburger Baderstochter († 12.
Oktober 1435), heimliche Gemahlin Herzog
Albrechts III. von Bayern. In den Dreißiger- und
Vierzigerjahren des 19. Jahrhunderts oft als Dra-
men- und Erzählstoff aufgenommen (z. B. von
A. Werg, A. Böttger, Franz Horncamp.) Hebbel
und Otto Ludwig haben sich lange mit diesem
Stoff beschäftigt.

7.2.4/S. 273: *Verirrungen der Dorfgeschichte.* DV = *Unterhal-*

tungen am häuslichen Herd Neue Folge III (1857
bis 1858), S, 93a–95b [ED]

S. 274: »Schönes Annerl« = *Geschichte vom braven Kas-
perl und dem schönen Annerl* (Berlin, 1817), von
Clemens Brentano

S. 276: »sittlich-ästhetischer Bettlermantel« = vgl. 3.1, mit
genauem Wortlaut des Goethe-Zitates aus dem
Briefwechsel mit Zelter

S. 277: Rousseaus *Contrat social* = erschienen 1762

S. 277: Decandolle's Lehre = die Theorien des Botanikers
Augustin Pyrame de Candolle (1778–1841), in
Théorie élémentaire de la botanique (Paris,
1813)

S. 277: Krypto- / Phanerogamen = »blütenlose« Pflanzen
(Sporenpflanzen), im Gegensatz zu »offen hei-
ratenden« Blütenpflanzen

S. 277: »seit er im Jüngling steckengeblieben« = vgl. *Otto
Ludwigs Sämtliche Werke,* hrsg. von Paul Mer-
ker (Georg Müller: Leipzig, 1912), 2. S. 89.

S. 277: »Ich hab anders . . .« = *Ibid.*

S. 278: »und nun war nichts anders mehr zu vernehmen«=
Ibid., S. 147

S. 278: »Ein leiseres Lüftchen . . .« = *Ibid.,* S. 150–151.

S. 278: selbst bei dem Rockkragen faßt . . .« = genauer:
»Er packt sich selber mit der nervigen Faust
vorn beim Hemd-Kragen«, *Ibid.,* S. 107

S. 278: Timon von Athen = Shakespeares Tragödie *Timon
of Athens* (London, 1623 / Folio)

S. 278: spricht / spinnen = »es klang, als spänne sie an
einem unsichtbaren Spinnrade«, *Ibid.* S. 44

S. 278: »Du dummer Junge« – vgl. *Ibid.,* S. 248

S. 279: mit unseren neuen Gurli-Spielerinnen = den ju-
gendlichen Naiven im Bühnenfach. Gurli, eine
Glanzrolle dieser Art, in August von Kotzebues
Die Indianer in England (1789)

S. 279: Silbertrab = vgl. *Berthold Auerbachs gesammelte
Schriften,* 9, S. 216–225

S. 279: »sich schämt . . .« = vgl. *Otto Ludwigs Sämtliche
Werke,* 2, S. 91

7.2.5/S. 279: Die »realistischen« Erzähler. DV = Unterhaltungen am häuslichen Herd Neue Folge II (1856 bis 1857), S. 270a–272b [ED]

S. 279: »Tristan und Isolde« = der mhd. Versroman von Gottfried von Straßburg (c. 1210)

S. 279: Clariss[a] Harlowe = vgl. Samuel Richardsons Clarissa: or the History of a Young Lady (London, 1747/48)

S. 279: Titan = Jean Pauls Titan (Berlin, 1800/03)

S. 279: Hesperus = Jean Pauls Hesperus, oder die 45 Hundsposttage (Berlin, 1798)

S. 280: Boz = Charles Dickens

S. 280: aus den Papieren des Pickwick-Clubs = The Posthumous Papers of the Pickwick Club (1837)

S. 281: in »schönem Wahnsinn rollendem Auge« = »Des Dichters Aug', in schönem Wahnsinn rollend« / »The poet's eye, in a fine frenzy rolling«, Shakespeares A Midsummer Night's Dream, V, 1, Vers 14.

S. 281: des Richters von Zalamea = El Alcade de Zalamea (1642). Don Crespo ist moralisch, wenn auch nicht juristisch im Recht.

S. 281: Don Gutierre = in Der Arzt seiner Ehre / El medico de su honra (1635). Don Gutierre läßt um des konventionellen Ehrbegriffs wegen seiner Gattin die Adern öffnen

S. 281: Lélia = berühmter Roman George Sands (1833), von Gutzkow besonders geschätzt (vgl. seine Wally die Zweiflerin)

S. 281: Appolonius = der Schieferdecker Appolonius Nettenmair, selbstkritisch und von hoher ethischer Entschlußkraft; zentraler Charakter in Otto Ludwigs Zwischen Himmel und Erde (1856)

S. 281: [die] »Makkabäer« = Otto Ludwigs biblisches Trauerspiel (1854)

S. 283: Julia, Hamlet, Desdemona = Shakespearsche Figuren

S. 283: Julie Lespinasse = frz. Autorin (s. Personenverzeichnis, berühmt durch ihre Korrespondenz)

S. 285: Titelüberschriften / »es klopft an« = »Die Kinder
klopfen an« (Kap. 1). Leichte Änderungen in
verschiedenen Ausgaben

S. 285: die »Silbertrab« – Episode = vgl. 7.2.4 Barfüßele
und Johannes reiten singend auf dem Schimmel
Silbertrab

S. 286: Dragée = überzuckerte Früchte; Arzneipille

7.3/*S. 286:* [Walter Scott und] *Der historische Roman.* DV =
Phönix (1835), S. 336a–b [ED]. Später [gekürzt]
in: *Beiträge zur Geschichte der neuesten Literatur* (P. Balz: Stuttgart, 1836), S. 340–348.

S. 286: Napoleons Bienenmantel = die Biene war das
Emblem des napoleonischen Kaisertums (Krö-
nungsmantel)

S. 287: Torysmus = Scotts konservative Orientierung

S. 287: ein Chouan, ein Vendeer = ein royalistischer Kon-
terrevolutionär (1793 in der Normandie, Bre-
tagne und Vendée/Poitou). Die Insurrektion geführt von Jean Chouan.

S. 287: Brunnemann = über Gutzkows Schulzeit, vgl. *Aus
der Knabenzeit,* Kap. »Lehrer-Originale« [N. N.
= C. H. Brunnemann]

S. 287: Tauchnitz = Christian Bernhard, Freiherr von T.
(1816–1895) Verlagsbuchhändler, berühmt durch
die *Collection of British and American Authors*
(gegründet 1841)

S. 287: Meg Merilies = Meg Merrilies, die von Zauber-
kräften umwitterte Königin der Zigeuner, in
Guy Mannering (1816)

S. 287: die Beckersche Weltgeschichte = K. F. Beckers
(1777–1806) populäre *Weltgeschichte für Kinder
und Kinderlehrer,* (Berlin, 1801–1805), 9 Bände

7.3.1/*S. 288:* [Levin Schücking über Charles Dickens, und Gutzkows redaktioneller Kommentar]. Aus *Neu-
Englischer Humor* I. II. DV = *Telegraph für
Deutschland* (1839), S. 18–20; 25–28 [ED]. Gekürzt

S. 288: Oliver Twist, der Pariser [!] Lehrjunge = Über-
setzungsfehler? Der Originaltitel lautet *Oliver*

Twist: or, the Parish Boy's Progress (1838). Parish Boy = Waisenjunge, für den die Pfarre [parish] verantwortlich ist

S. 288: Bentley's Miscellany = Zeitschrift, verlegt von Richard Bentley, London

S. 288: die nachgelassenen Papiere des Pickwick-Clubs = *The Posthumous Papers of the Pickwick Club* (1837)

S. 288: Streets, Morning, etc = hier ist eine Anzahl von einzelnen Publikationen kombiniert, z. B. »The Streets-Morning« (21. Juli 1835, in *Evening Chronicle);* »The Streets at Night« (17. Januar 1836, in *Bell's Life in London); Sketches of Young Gentlemen. Dedicated to the Young Ladies (London, 1838)*

S. 289: Squers = eigentlich Mr. Wackford Squeers, in *Nicholas Nickleby* (1839), der einäugige Lehrer und Schuldirektor

S. 289: Ariadne = Tochter des Minos, die Theseus den rettenden Faden gab (Rettung aus dem Labyrinth)

S. 289: die Totenbuschallee (Erziehungsanstalt) = Dotheboys Hall *[Nicholas Nickleby]*

S. 290: Pelham = Roman (1828) von Edward George Lord Bulwer-Lytton

S. 290: Mates = Maate (pl.)

S. 290: bratswain[s] = Vgl. boatspain (Offizier, der die Matrosen durch Pfeifsignale z. Arbeit kommandiert)

S. 290: heave-ho-yeo = die Anker gelichtet!

S. 291: die fünf Schwestern von York = »the Five Sisters of York«; interpolierte Geschichte von menschlicher Beständigkeit, in *Nicholas Nickleby* (1839)

S. 291: dem deutschen Baron = Baron von Koeldwethout, of Grogzwig, Germany. Held einer interpolierten Geschichte in *Nikolas Nickleby* (1839)

S. 291: Sam Weller = Samuel W., der treue Inbegriff der dienenden Klassen, in *Pickwick Papers* (1837)

S. 291: Mr. Bumble = ein kleiner Beamter, der sich viel auf sein Amt einbildet, in *Oliver Twist* (1838)

S. 291: Kenheylan (arab.) = eigentlich Koheilan [Kuhailî],
das edle Araberpferd

7.3.2/S. 292: [Kellers] *Die Leute von Seldwyla.* DV = *Unter-*
haltungen am häuslichen Herd Neue Folge, I
1855–1856), S. 59a–b [ED]

S. 293: in der ersten Geschichte = »Pankraz, der Schmol-
ler«

S. 293: Mutter Regula = »Frau Regel Amrain und ihr
Jüngster«

S. 293: Montecchi und Capuleti = die Montagues und
Capulets in Shakespeares *Romeo und Juliet;*
feindliche Familien; vgl. Kellers »Romeo und
Julia auf dem Dorfe«

S. 293: die beiden letzten Erzählungen = »Dietegen« und
»Das verlorene Lachen«

S. 294: »Kammacher« = »Die drei gerechten Kammacher«

7.3.3/S. 294: [Gutzkow über Stifter als Unterzeichner einer liberalen Presse-Petition] DV – »Wiener Eindrücke«,
in: *Gesammelte Werke* (Literarische Anstalt
J. Rütten: Frankfurt a. M., 1845–1852), 3, S. 312
bis 313; 316 [= ED, 1845]

7.3.3.1/S. 295: [Gutzkow über Stifter]. Aus: *Vom deutschen Par-*
nass III. in: *Unterhaltungen am häuslichen Herd*
II (1853–1854), S. 287b–288a [ED] Auszug

S. 295: »Glanz und Duft . . .« = vgl. *Unterhaltungen am*
häuslichen Herd I (1852–1853), S. 496b, unter
dem Titel »An einen Wiener Modedichter«

7.3.3.2/S. 296: [Eine Stifter-Anekdote]. DV = *Vom Baum der*
Erkenntnis (J. G. Cotta: Stuttgart, 1868), S. 131
[EPB]

S. 296: Fürstin M. = Metternich, in deren Familie der
junge Stifter als Hauslehrer tätig war

S. 296: der Ouvrier = hier: der Handwerker, Silber-
schmied

7.3.4/S. 296: [George Eliots] *Adam Bede.* DV = *Unterhaltun-*
gen am häuslichen Herd Neue Folge V (1859-60),
S. 863a–863b [ED]

7.3.4.1/S. 298: [Gutzkow über George Eliots *Die Mühle am Floß*]
Aus: *Neue Romane und Novellen. XVI.* DV =

Unterhaltungen am häuslichen Herd, Dritte Folge I (1860–1861), S. 636a-b [ED]

S. 297: Die Mühle am Floß = *The Mill on the Floss* (London, 1859), 3 Bde.

S. 298: der Geburtsort der Verfasserin = Arbury Farm, Warwickshire (* 22. 11. 1819)

8./*S. 299: Das Volk bei der Arbeit?*

8.1/*S. 299: Onkel Tom's Hütte.* DV = *Unterhaltungen am häuslichen Herd* I (1852–1853), S. 97–99 [ED]

S. 299: die deutsche Flotte verkauft = nach 1848 vermochten sich Preußen und Österreich nicht über die Zahlpflicht zu einigen, und die eben organisierte »deutsche« Flotte wurde an den Meistbietenden verkauft (2 Schiffe an Preußen, die übrigen an England und private Reedereien)

S. 299: das Werk der Frau Stowe = amerikanischer ED, *Uncle Tom's Cabin, or, Life among the Lowly.* By Harriet Beecher Stowe. Boston: John P. Jewett & Co., 1852

S. 299: in allen möglichen Formaten = z. B. *Onkel Tom's Hütte. Eine Negergeschichte,* von H. B. Stowe, Berlin, 1852 (Verlagshandlung des allgemeinen deutschen Volksschriften-Vereins, Julius Springer)

S. 299: die Bühne bemächtigt = vgl. das Verzeichnis der vielen Bearbeitungen und Aufführungen auf Londoner Bühnen, in: Allardyce Nicoll, *A History of English Drama* (Cambridge, 1967[2]), 5, S. 761–762

S. 299: »Punch« = die bekannte englische satirische Zeitschrift

S. 299: Herr d'Israeli = Benjamin Disraeli, Earl of Beaconsfield, konservativer Politiker und Autor

S. 299: Sklavenhändler Haley = dem Leser aus der Eingangsszene des Buches bekannt

S. 300: der bekannten Schule = wahrscheinlich ein ironischer Hinweis auf Wilhelm Heinrich Riehls *Die bürgerliche Gesellschaft* (Stuttgart, 1851)

S. 301: Mister Shelby = Pflanzer in Kentucky, in finanzieller Bedrängnis und deshalb gezwungen, Onkel Tom zu verkaufen (Kap. I)

S. 301: Mister St.-Clare = Augustine St.-Clare, reicher und verwöhnter Pflanzer in Louisiana (New Orleans); Käufer Onkel Toms (Kap. XIV); Vater Evangelinens

S. 301: wenn sie gerade gepeitscht werden = vgl. Kap. XXIX (die Institution der Whipping-Houses)

S. 302: Pectus eram, quod disertam fecit = eigtl. Pectus est quod disertos fecit. Quintilian, *Institutio Oratoria*, X,7,15. »Es ist das Herz, das uns Beredsamkeit schenkt«.

S. 302: Camera obscura = Lochkamera; optische Vorrichtung, die bloße Abbilder der Wirklichkeit liefert

S. 302: Miss Evangeline = frühreife Tochter St. Clares. Sie stirbt an Tuberkulose (Kap. XXVI)

S. 302: eine Art Mignon = ähnlich wie die kindliche Gestalt in Goethes *Wilhelm Meisters Lehrjahre* (1795/96)

8.2/S. 303: [Julian Schmidt über] *Die Ritter vom Geist. Roman in neun Büchern von Karl Gutzkow. Zweite Auflage. Leipzig, Brockhaus.* DV = *Die Grenzboten* 11 (1852/2), S. 41–63 [ED]. Gekürzt

S. 303: auf die Vorrede aufmerksam gemacht = vgl. 6.3.1

S. 304: in den Pickwickiern = *The Posthumous Papers of the Pickwick Club* (1836/37)

S. 305: einen seiner Helden ... = z. B. Buch I, Kap 2

S. 307: der König und die Königin = Friedrich Wilhelm IV (1840–61) und seine Gattin, Elisabeth von Bayern

S. 307: der Prinz von Preußen = der Bruder des Königs, Wilhelm

S. 307: der General Radowitz = Joseph Maria von Radowitz (1797–1853)

S. 307: Kroll mit seinem Etablissement = der berühmte Cafétier K.

S. 307: bei Laube nachlesen = in Heinrich Laubes *Das erste deutsche Parlament* (Leipzig, 1849)

S. 308: Ministerium Hansemann = David Hansemann

(1790–1864), vom 29. März bis zum 7. September 1848

S. 308: Reubund/Treubund = vgl. 6.3.5

S. 309: oktroyiert = angeordnet, aufgezwungen

S. 309: Herr von Manteuffel = vgl. 6.3.5

S. 310: die Innere Mission = die von einzelnen Vereinen innerhalb der deutschen evang. Kirche ausgehenden Bestrebungen um das soziale und geistliche Wohl der Kirchenmitglieder. Seit 1848 Zusammenschluß im *Zentralausschuß für die Innere Mission*

S. 310: »da ist schon wieder ..« = vgl. Buch I, Kap. 12 (das Zitat ist an dieser Stelle nicht nachweisbar)

S. 310: von den Hunden zerfleischen = Band I, Kap. 12

S. 311: »Unterredungen über Staat und Kirche« = eigtl. *Gespräche aus der Gegenwart über Staat und Kirche* (1846,1851²)

S. 312: Kladderadatsch = Humoristisch-satirisches Wochenblatt [Organ für und von Bummlern], seit 1848

S. 312: Kreuzzeitung = »Neue Preußische Zeitung«; nach dem Eisernen Kreuz im Titelkopf *Kreuzzeitung* genannt. Seit 1848, Organ der konservativen Rechten

S. 312: Nationalzeitung =[Berliner] liberales Organ, seit 1848

S. 313: in seinem ewigen Juden = *Le Juif Errant,* im *Constitutionnel* (1844/45)

S. 314: das vierblättrige Kleeblatt = vgl. z. B. Bd. I, Kap. 4

S. 314: Templer = Templerorden (Fratres Militiae Templi/, geistl. Ritterorden, gegründet 1119 von Hugo von Payens zum Schutz der Jerusalempilger, aufgelöst im Jahre 1312)

S. 314: Johanniter = urspr. Ordo militiae S. Johannis Baptistae, der älteste der Ritterorden (seit 1070/1113)

S. 315: die Commune = hier: die Gemeinde

S. 318: Brudermord = vgl. Band VII, Kap 10

S. 318: Teufelselixiere = Die *Elixiere des Teufels* (1815/16)

S. 319: »von der Blässe des Gedankens angekränkelt« =
»[is] sicklied o'er with the pale cast of thought.«
Hamlet, III, 1, v. 85

S. 321: .. der Geld braucht = Band 1, Kap. 2

S. 322: Spitzkugeln = »Hier sind noch drei Kugeln, die
Herr Hackert im Wagen zurückließ«. Band II,
Kap. 8

S. 322/3: die Rede Leidenfrosts = Band VIII, Kap. 13

S. 323: Wally = *Wally, die Zweiflerin* (Mannheim, 1835)

S. 323: Seraphine = im gleichnamigen Roman (Hamburg,
1837)

S. 324: bête noire = »das schwarze Schaf«

S. 325: Rigolette, Fleur de Marie, etc. = Figuren aus
Eugène Sues Romanen

S. 325: Grisetten = Pariser Modistinnen und Verkäuferin-
nen; beliebte Figuren der romantischen Literatur

S. 328: Unsichtbare Loge = Jean Pauls *Die unsichtbare
Loge* (1793)

S. 329: Heine's Einfall = vgl. »Tausend Ritter / wohl ge-
wappnet, / Hat der Heilige Geist erwählt, / Seinen Willen zu erfüllen, / Und er hat sie mutbe-
seelt / .. Denn ich selber / bin ein solcher /
Ritter von dem heilgen Geist«. »Bergidyll« (2),
Strophe 14 und 16 (vgl. *Harzreise*). Zitiert nach
der *Inselausgabe* I, 177–178

8.2.1/S. 329: *Ein neuer Roman I–II* [Gustav Freytags »Soll und
Haben«]. DV = *Unterhaltungen am häuslichen
Herd* III (1854–1855), S. 558a–560b; 572a–
576a [ED]

S. 329: Herzog von Koburg = Ernst II, Herzog von Sach-
sen-Koburg-Gotha (1818–1893)

S. 329: »beim Füttern der Rehe« = »Unten im Dunkeln
des Tals sprangen die zahmen Rehe aus dem Ge-
hölz und schauten begehrlich nach der hehren
Gestalt der Herrin, welche den holden Segen des
Gastrechts jedem erteilt, der in den Bannkreis
des Schlosses tritt, den Menschen, wie dem Vogel und dem Wild« *(Soll und Haben, Vorwort)*

S. 329: »auf dem Kalenberge« = »es war ein lachender

Maiabend auf dem Kallenberg« *(Soll und Haben,* Vorwort)

S. 329: »eines wahren, nicht . . .« = »glücklich werde ich sein, wenn Eurer Hoheit dieser Roman den Eindruck macht, daß er wahr nach den Gesetzen des Lebens und der Dichtkunst erfunden und noch niemals zufälligen Ereignissen der Wirklichkeit nachgeschrieben ist« *(Soll und Haben,* Vorwort)

S. 329: »unschöne Mischung« = ».. leicht tritt an Stelle einer dichterischen Idee die praktische Tendenz, und statt freier Laune findet der Leser vielleicht eine unschöne Mischung von plumper Wirklichkeit und gekünstelter Empfindung« *(Soll und Haben,* Vorwort)

S. 329: des Leipziger Journals = *Die Grenzboten,* zu jener Zeit redigiert von Gustav Freytag und Julian Schmidt

S. 329: das Motto = auf dem Titelblatt des Buches

S. 330: »Saalfeld«, etc. = Graf Saalfeld (komische Figur in Freytags *Die Valentine* (1847); *Graf Waldemar* (1850); Konrad Bolz, Redakteur in Freytags *Die Journalisten* (1854)

S. 330: merveilleusen = wunderbaren

S. 330: »Schmock« = berühmte jüdische Journalistenfigur in Freytags *Die Journalisten* (1854)

S. 330: Masematten (Jarg.) = Finten

S. 331: »Valentine« = *Die Valentine,* Lustspiel (Leipzig, 1847)

S. 331: Patschouli = Parfum aus asiat. Lippenblütlern

S. 331: »Graf Waldemar« = Leipzig, 1850

S. 331: Outrirtheit = Übertreibung

S. 331: »Die Journalisten« = Leipzig, 1854

S. 331: Herr Piepenbrink = Weinhändler und Wahlmann, in *Die Journalisten*

S. 331: Dr. Bolz = [Dr.] Konrad Bolz, Redakteur in *Die Journalisten*

S. 331: Fräulein von Runeck = Adelheid von R., Figur in *Die Journalisten*

S. 332: Petitmaîtres = Stutzer, Gecken

S. 332: Pelhamismus = Lebensart des Dandy; vgl. Lord
Bulwer-Lyttons Roman *Pelham* (1828)

S. 332: Trevelyan [s] = vgl. die Dandyfiguren des soge-
nannten *fashionablen* Romans (Silver Fork
School), in den Zwanzigerjahren des vorigen
Jahrhunderts in England

S. 332: Onägin [s] = Eugen Onegin, Held des gleichnamigen Versromans (1833) von Alexander Puschkin

S. 332: Brackenburg = der treu und hoffnungslos Liebende
in Goethes *Egmont*

S. 333: stehende Wendungen = die erste, allerdings nicht,
wie Gutzkow sagt, von Fink, sondern vom Erzähler selbst gesprochen, *Soll und Haben* (Leipzig, 1925), 1, S. 19; Fink über die Kunst, vgl.
Soll und Haben, 2, S. 170–171

S. 333: ad infinitum (lat.) = und so weiter und so fort

S. 334: agacirend = provozierend, auf die Nerven gehend

S. 334: die Faiseurs = die »Macher«

S. 335: »Blödsinn« = vgl. Julian Schmidts Bemerkungen
über Gutzkows Vorrede zu den *Rittern vom
Geiste,* 6.3.1

S. 335: Kommisjux = Scherze der Verkäufer und Ange-
stellten

S. 335: »Kürbisepisode« = vgl. *Soll und Haben,* Buch 3,
Abschnitt 5

S. 336: »Erst eine Zigarre!« = Gutzkow stellt die Szene
vereinfacht dar. Fink sagt: »Vor allem gib mir
eine Zigarre!« (1, S. 35), aber er ist schwer getroffen und will Anton Wohlfahrt seine Gefühls-
kälte ›vorspielen‹

S. 336: Vult = in Jean Pauls *Flegeljahre* (1804/5)

S. 336: Bernhard Ehrenthal = der edle jüdische Intellektuelle

S. 337: Oreaden, Najaden, Dryaden = Nymphen der
Berge, Gewässer und des Waldes (im altgriechi-
schen Volksglauben)

S. 337: Phillippika = Strafrede

S. 337: à tout prix = um jeden Preis

S. 338: Kosciuszko = Tadeusz Kósciuszko (1746–1817),

Adjudant Washingtons und polnischer Revolutionär

S. 338: Canaillerie = Schlechtigkeit

S. 339: Mieroslawski = Ludwig Mieroslawski (1814–1878), polnischer Revolutionär und Freischarführer

S. 339: »ein Volk Spatzen« = *Soll und Haben,* 1, S. 297

S. 339: »ein Volk Schwäne« = *Soll und Haben,* 1, S. 17

S. 340: mit der Flasche in der Hand = der alte Ehrenthal geht mit der Flasche in der Hand zum Spirituosenhändler Goldstein, um Rum für eine Bowle zu holen und sich gastfreundlich zu zeigen. *Soll und Haben,* 1, S. 248

S. 340: Capriccio (ital.) = scherzhafte Tonstücke; eigenwillig

8.2.2/*S. 341:* *Der Roman und die Arbeit.* DV = *Unterhaltungen am häuslichen Herd* III (1854–1855), S. 702a bis 703b [ED]

S. 342: mit dem Motto = vergl. 8.2.1

S. 344: »wie Prometheus ... nach seinem Bilde« vgl. Goethes »Prometheus«: »... Hier sitz' ich, forme Menschen / Nach meinem Bilde« (v. 52–53)

S. 344: Daguerrotypen = Photographien (nach dem Erfinder des Verfahrens, Louis Jacques Mandé Daguerre)

8.2.3/*S. 344:* Über Riehls »*Die deutsche Arbeit*«. DV = *Unterhaltungen am häuslichen Herd* Dritte Folge I (1860–1861) S. 655a–656a [ED]

S. 344: Heinrich von Ofterdingen in Novalis' Roman = erschienen 1802 (Berlin)

S. 345: die eigentlich wissenschaftliche Seite = Riehl verteidigt seine Doppelbegabung gegen die Wissenschaft der Fachexperten (*Die deutsche Arbeit,* S. 49–50; 88–99)

S. 345: Bauer / »Geistesarbeiter« = Riehl zählt auch die Unternehmer zu den Geistesarbeitern (S. 33 ff.) und beschäftigt sich nur in Kap. X (S. 257–278) mit den Arbeitern

S. 345: »Fabrikarbeiter ...« = »so bereitwillig man das moderne Fabrikwesen als notwendig erkennen muß, so wenig darf man darum sein Auge den

großen sittlichen und sozialen Gefahren verschließen, die zur Zeit noch immer aus der
zwitterhaften Stellung der Fabrikarbeiter auf-
wachsen« (S. 106) »Der Arbeiter steht ganz außerhalb des eben gezeichneten Rahmens der
nationalen Arbeit« (S. 105–106); »er ist nicht
Fleisch noch Fisch« (S. 106)

S. 345: »auf einem fröhlichen Reiterzug« = »nicht im
engen Zimmer, sondern auf dem fröhlichen Reiterzug durch's Hochgebirge im Sommer 1858 war
es, wo Euere Majestät zwischen Fels und Wald
mich für das Thema der deutschen Arbeit begeisterten« (Vorwort, S. 2). Vgl. G. Freytags
Vorwort zu *Soll und Haben* (1855), 8.2.1

S. 345: eines kunstsinnigen Königs = König Maximilian II
von Bayern (1848–1864)

S. 345: »Einkehr in das Volksleben« = Riehl verteidigt
den »beschaulichen Einblick in die ökonomischen
Kulturaltertümer unseres Volks« (S. 11)

S. 345: »uralte[n] Bauernsitten« = Riehl spricht von den
drei »Hauptquellen der echtesten Bauernsitten:
Religion, Familie, und Arbeit« (S. 78) und den
»uralten Bräuchen« der deutschen Bauernschaft
(S. 79)

S. 345: Menu = (Sanskrit) Manu, das Fundament der
Hindu-Gesetze (Übersetzt von Sir W. Jones)

S. 345: Sudra (Sanskrit) = Klasse oder Kaste (das Gesetz
des Manu unterscheidet vier Kasten)

S. 346: »Spitzbubenarbeit« = Kapitel IX (S. 243–256) über
die Gauner und die Arbeit in den Zuchthäusern

9./S. 347: *Späte Überlegungen und Aphorismen* DV = *Vom
Baum der Erkenntnis* (J. G. Cotta: Stuttgart,
1868) [EPB]

9.1/S. 347: S. 110

9.2/S. 347: S. 122

S. 347: faits accomplis (frz.) = »vollendete Tatsachen«

9.3/S. 347: S. 125. Unverkennbar der autobiographische Ton
dieser Überlegung die Paulskirche = Revolu-
tionsparlament 1848 (Nationalversammlung)

S. 347: Phaëton = der allzu kühne Sohn des Sonnengottes,
von Zeus aus dem Sonnenwagen geschleudert

S. 347: die Heliaden = die Schwestern Phaëtons, die
seinen Untergang betrauern

9.4/*S. 348:* S. 128. Vgl. Einleitung

9.5/*S. 348:* S. 129

9.6/*S. 348:* S. 99–100

9.7/*S. 348:* S. 98–99

9.8/*S. 349:* S. 110–111

S. 349: Kandelaber = Laternenträger

9.9/*S. 349:* S. 115

9.10/*S. 349:* S. 206

9.11/*S. 349:* S. 208

9.12/*S. 349:* S. 195

BIBLIOGRAPHISCHE HINWEISE

A. Quellen

1. Werkausgaben
   [A] *Gesammelte Werke.* Vollständig umgearbeitete Ausgabe.
   Frankfurt a. M., 1845–1852. 13 Bände
   [B] *Gesammelte Werke.* Zweite wohlfeile Ausgabe. Erste
   Serie. Jena, 1872–1876. 12 Bände
   [C] *Gutzkows Werke.* Auswahl in zwölf Teilen, hrsg. mit
   Einleitungen und Anmerkungen versehen von Reinhold
   Gensel. Berlin, 1912. 12 Teile in 7 Bänden

2. Von Gutzkow redigierte Zeitschriften, bzw. Beiblätter
   Forum der Journal-Literatur. Berlin, Januar bis 26. September
   1831 [Gutzkows Beiträge in Wolfgang Menzels »Morgen-«
   und »Literaturblatt« (1831–1835), vgl. H. H. Houben, *Gutz-
   kowfunde,* S. 518–524]
   Der Phönix/Literaturblatt. Frankfurt. Redigiert von Gutzkow
   von Januar bis August 1835
   Deutsche Revue. Frankfurt, 1835. Erste Nummer gedruckt,
   aber noch vor ihrem Erscheinen vom Bundestag verboten.
   Neudruck in: *Deutsche Literaturdenkmale des 18. und 19.
   Jahrhunderts,* Nro. 132 (Dritte Folge, Nr. 12) hrsg. von J. E.
   Dresch (Berlin 1904)
   Telegraph für Deutschland. Hamburg, 1838–1843
   Unterhaltungen am häuslichen Herd. Leipzig, 1852/53–1862

   Zeitschriften des Jungen Deutschland, Veröffentlichungen der
   Deutschen Bibliographischen Gesellschaft, *Bibliographisches
   Repertorium,* Vols 3–4. Hrsg. von H. H. Houben. Berlin
   1906/1909. [Neudruck 1970]
   Schneider Franz. »Gutzkow's Contributions to the ›Kölnische
   Zeitung‹ 1843–1848«. *Germanic Review* 18 (1943) S. 44–57

3. Ausgewählte Einzelpublikationen, vorwiegend oder z. T. litera-
   turgeschichtlichen oder literaturtheoretischen Inhalts
   *Verteidigung gegen Menzel und Berichtigung einiger Urteile im
   Publikum.* Mannheim, 1835
   Appellation an den gesunden Menschenverstand. Frankfurt
   a. M., 1835

Zur Philosophie der Geschichte. Hamburg, 1835

Über Goethe im Wendepunkt zweier Jahrhunderte. Berlin, 1836

Beiträge zur Geschichte der neuesten Literatur. Stuttgart, 1836,
2 Bände

*Die Zeitgenossen. Ihre Schicksale, ihre Tendenzen, ihre großen
Charaktere.* Aus dem Englischen des E. L. Bulwer [= K. G.]
Stuttgart, 1837. Später unter dem Titel *Säkularbilder,* A. 9.10

*Götter, Helden, Don-Quichote. Abstimmungen zur Beurteilung
der literarischen Epoche.* Hamburg, 1838

Skizzenbuch. Kassel u. Leipzig, 1839

Börnes Leben. Hamburg, 1840

Vermischte Schriften. Leipzig, 1842. 3 Bände [2: *Vermittlun-
gen.* Kritiken und Charakteristiken; 3: *Mosaik,* Novellen
und Skizzen]

Briefe aus Paris. Leipzig, 1842. 2 Bände

Aus der Zeit und dem Leben. Leipzig, 1844

Aus der Knabenzeit. Frankfurt a. M., 1852

Die kleine Narrenwelt. Frankfurt a. M., 1856, 3 Bände

Eine Shakespeare-Feier an der Ilm. Leipzig, 1864

Vom Baum der Erkenntnis: Denksprüche. Stuttgart, 1868

Die schöneren Stunden: Rückblicke, Stuttgart, 1869

Lebensbilder. Stuttgart, 1869–1872. 3 Bände [In Band 2: »Das
Kastanienwäldchen bei Berlin«]

Rückblicke auf mein Leben. Berlin, 1875

*Dionysius Longinus, oder: Über den ästhetischen Schwulst in
der neueren deutschen Literatur.* Stuttgart, 1878

In bunter Reihe: Briefe, Skizzen, Novellen. Breslau, 1878

4. Neuere Briefeditionen

Werner Vortriede (Hrsg.), *Therese von Bacheracht und Karl
Gutzkow: Unveröffentlichte Briefe.* München, 1971

William H. McClain u. Liselotte E. Kurth-Voigt (Hrsg.), *Karl
Gutzkows Briefe an Hermann Costenoble,* in: *Archiv für
Geschichte des Buchwesens,* Band 13, Lieferung 1–2. Frank-
furt a. M., 1972

B. Nützliche Literatur

1. Allgemeines, Epochendarstellungen, Panoramatisches
   Dobert, Eitel Wolf. *Karl Gutzkow und seine Zeit*. Bern, 1968
   Alfred Estermann (Hrsg.), *Politische Avantgarde: 1830–1840. Eine Dokumentation zum Jungen Deutschland*. Frankfurt a. M., 1972, 2 Bände
   Geiger, Ludwig. *Das junge Deutschland*. Berlin, 1908
   Greiner, Martin. *Zwischen Biedermeier und Bourgeoisie: Ein Kapitel deutscher Literaturgeschichte*. Göttingen, 1953
   Houben, H. H. *Verbotene Literatur von der klassischen Zeit bis zur Gegenwart. Ein kritisch-historisches Lexikon über verbotene Bücher*. Berlin, 1924 [Neudruck 1965]
   Houben, H. H. *Jungdeutscher Sturm und Drang: Ergebnisse und Studien*. Leipzig, 1911
   Koopmann, Helmut. *Das junge Deutschland. Analyse eines Selbstverständnisses*. Stuttgart, 1970
   Markwardt, Bruno. *Geschichte der deutschen Poetik*. Berlin 1959 [4, S. 146–335]
   Martini, Fritz. *Deutsche Literatur im bürgerlichen Realismus: 1848–1898*. Stuttgart, 1962
   Proelss, Johannes. *Das junge Deutschland*. Stuttgart, 1892
   Sagarra, Eda. *Tradition and Revolution. German Literature and Society 1830–1890*. New York, 1971
   Sell, Friedrich. *Die Tragödie des deutschen Liberalismus*. Stuttgart, 1953
   Sengle, Friedrich. *Biedermeierzeit. Deutsche Literatur im Spannungsfeld zwischen Restauration und Revolution 1815 bis 1848*. Stuttgart, 1971. Band 1
   Wehl, Fedor. *Das junge Deutschland. Ein kleiner Beitrag zur Literaturgeschichte unserer Zeit*. Hamburg, 1886
   Wellek, René. *A History of Modern Criticism*. New Haven, 1965 [3, S. 201–204; 4, S. 291–319]

2. Monographisches, Analysen, Einzelprobleme
   Freiburg-Rüter, Klemens. *Der literarische Kritiker Karl Gutzkow: Eine Studie über Form, Gehalt und Wirkung seiner Kritik*. Leipzig, 1930
   Iben, Harry. *Gutzkow als literarischer Kritiker*. Diss. Greifswald, 1928

McConkey, E. *Karl Gutzkow as Literary Critic; With Special Emphasis on the Period 1852–1862*. Diss. Chicago, 1941

Bloesch, Hans. *Das junge Deutschland in seinen Beziehungen zu Frankreich*. Bern 1903 (= Untersuchungen zur neueren Sprache und Literaturgeschichte 1)

Butler, E. M. »The Persecution of the Young Germans«. *Modern Language Review* 19 (1924), S. 63–83

Butler, E. M. *The Saint-Simonian Religion in Germany. A Study of the Young German Movement*. Cambridge, 1926

Capelle, Magdalene. *Der junge Gutzkow*. Diss. Berlin, 1950

Caselmann, August. *Karl Gutzkows Stellung zu den religiös-ethischen Problemen seiner Zeit*. Augsburg, 1900

Colditz, Carl Otto. *Wolfgang Menzel als Literaturkritiker*. Diss. Chicago, 1934

Demetz, Peter. *Marx, Engels und die Dichter*. Stuttgart, 1959

Demetz, Peter. »Karl Gutzkows ›Ritter vom Geiste‹: Notizen über Struktur und Ideologie«. *Monatshefte* 61 (1969), 225 bis 231

Dietze, Walter. *Junges Deutschland und deutsche Klassik*. Berlin, 1958 (= Neue Beiträge zur Literaturwissenschaft 6)

Dietze, Walter. *Erbe und Gegenwart*. Berlin, 1972

Dresch, Joseph-Emile. *Gutzkow et la Jeune Allemagne*. Paris, 1904

Eck, Else von. *Die Literaturkritik in den Hallischen und Deutschen Jahrbüchern: 1838–1842*. Berlin, 1926

Fester, Richard. »Eine vergessene Geschichtsphilosophie. Zur Geschichte des Jungen Deutschlands«. *Sammlung gemeinverständlicher wissenschaftlicher Vorträge*. Neue Folge, 5. Serie, Heft 98 Hamburg, 1891. S. 33–70

Friesen, Gerhard. *The German Panoramic Novel of the 19th Century*. Bern, 1972

Galley, Eberhard. *Der religiöse Liberalismus in der deutschen Literatur von 1830–1850*. Diss. Rostock, 1934

Galley, Eberhard. »Heine im literarischen Streit mit Gutzkow. Mit unbekannten Manuskripten aus Heines Nachlaß«. *Heine-Jahrbuch* 1966, S. 1–40

Geiger, Ludwig. »Das junge Deutschland und Österreich«. *Deutsche Rundschau* 27 (1906), S. 301–304

Gerig, Hermann. *Karl Gutzkow. Der Roman des Nebenein-*

ander. Winterthur, 1954

Grupe, Walter. *Mundts und Kühnes Verhältnis zu Hegel und seinen Gegnern*. Halle, 1928 (= Hermaea 20)

Gummer, Ellis N. *Dickens' Work in Germany: 1837–1937*. Oxford, 1940

Hasubek, Peter. »Geschichtsphilosophie und Erzählkunst: Bemerkungen zu Karl Gutzkow und Hermann Broch« *Etudes Germaniques* 22 (1967), S. 517–537

Hasubek, Peter. »Karl Gutzkow und seine Zeit«. *Etudes Germaniques* 25 (1970), S. 75–80

Hefke, George W. »Gerard de Nerval and Karl Gutzkow in March 1842« *Littérature Comparée* 34 (1960), S. 451–455

Hermand, Jost. »Das Junge Deutschland«, in: *Von Mainz nach Weimar: 1793–1919*. Stuttgart, 1969, S. 152–173

Hohendahl, P. U. »Literarische und politische Öffentlichkeit: Die neue Kritik des Jungen Deutschland«, in: *Literaturkritik und Öffentlichkeit*. München, 1974

Houben, H. H. *Gutzkow-Funde. Beiträge zur Literatur- und Kulturgeschichte des neunzehnten Jahrhunderts*. Berlin, 1901

Jenal, Emil. *Wolfgang Menzel als Dichter, Literarhistoriker und Kritiker*. Berlin, 1937

Jung, Alexander. *Briefe über Gutzkows ›Ritter vom Geiste‹*. Leipzig, 1856

Kiel, Hanna. *Tieck und das junge Deutschland*. Diss. München, 1922

Kinder, Hermann. *Poesie als Synthese. Ausbreitung eines deutschen Realismus-Verständnisses in der Mitte des 19. Jahrhunderts*. Frankfurt a. M., 1973

Köster, Alex. *Julian Schmidt als literarischer Kritiker*. Diss. Münster, 1933

Köster, Udo. *Literarischer Radikalismus. Zeitbewußtsein und Geschichtsphilosophie in der Entwicklung vom Jungen Deutschland zur Hegelschen Linken*. Frankfurt a. M., 1972

Lukácz, Georg. *Beiträge zur Geschichte der Ästhetik*. Berlin, 1954

Lukácz, Georg. *Probleme des Realismus*. Berlin, 1954

Maenner, Ludwig. *Karl Gutzkow und der demokratische Gedanke*. München, 1921 (= Historische Bibliothek 46)

Magill, C. P. »Young Germany: A Re-evaluation«. *German*

Studies Presented to L. A. Willoughby. Oxford, 1952

Mayer, Gustav. *Friedrich Engels in seiner Frühzeit.* Berlin, 1920

Mayer, Hans. *Georg Büchner und seine Zeit.* Berlin, 1960^2

Mayrhofer, Otto. *Gustav Freytag und das Junge Deutschland.* Marburg, 1907

McInnes, Edward. »Zwischen ›Wilhelm Meister‹ und den ›Rittern vom Geiste‹: Zur Auseinandersetzung zwischen Bildungsroman und Sozialroman im 19. Jahrhundert«. *Deutsche Vierteljahresschrift für Literaturwissenschaft und Geistesgeschichte* 43 (1969), S. 487–514

Mehring, Franz. »Karl Gutzkow«, *Die Neue Zeit* 29 (1910/1), S. 889–895

Morse, J. Mitchell. »Karl Gutzkow and the Novel of Simultaneity«. *James Joyce Quarterly* 2 (1964), S. 13–17

Morse, J. Mitchell. »Karl Gutzkow and the Modern Novel«. *Journal of General Education* 15 (1963–64), S. 175–189

Peschken, Bernd. *Versuch einer germanistischen Ideologiekritik: Goethe, Lessing, Novalis, Tieck, Hölderlin, Heine in Wilhelm Diltheys und Julian Schmidts Vorstellungen.* Stuttgart, 1972

Price, Lawrence M. »Karl Gutzkow and Bulwer-Lytton«. *Journal of English and Germanic Philology* 16 (1917), S. 397–415

Price, Lawrence M. *The Attitudes of Gustav Freytag and Julian Schmidt toward English Literature: 1848–1862.* Göttingen, 1915

Rathie, C. C. »Gutzkow's Debt to George Sand«. *Journal of English and Germanic Philology* 41 (1942), S. 291–302

Sammons, L. Jeffrey. »The Evaluation of Freytag's Soll und Haben«. *German Life and Letters* N. S. 22 (1968/69), S. 315 bis 324

Sammons, L. Jeffrey. *Six Essays on the Young German Novel.* Chapel Hill, 1972

Schenkel, Joseph. *Das Verhältnis des jungen Freytag zum Jungen Deutschland.* Diss. Bonn, 1920

Schinnerer, Paul Otto. *Women in the Life and Work of Karl Gutzkow.* New York, 1920

Schweizer, Victor. *Ludolf Wienbarg. Beiträge zu einer jungdeutschen Ästhetik.* Leipzig, 1897

Sonderegger, Victor. *Theorie und Technik der beiden großen*

Zeitromane Karl Gutzkows. Diss. Bern, 1918

Whyte, John. *Young Germany in its Relations to Britain.* New York, 1917 (= Ottgendorfer Memorial Series of Germanic Monographs 8)

Widhammer, Helmuth. *Realismus und klassizistische Tradition: Zur Theorie der Literatur in Deutschland* 1848–1860. Tübingen, 1972

Wülfing, Wulf. »Schlagworte des Jungen Deutschland«. *Zeitschrift für deutsche Sprache* 21 (1965), S. 42–59; S. 160 bis 174; 22 (1966) S. 36–56; S. 154–178; 23 (1967) S. 48–82; S. 166–177; 24 (1968) S. 60–71; S. 161–183; 25 (1969) S. 96 bis 115; S. 175–179; 26 (1970) S. 60–83; S. 162–175.

REGISTER

**Bitte beachten Sie
die folgenden Seiten:**

Hermann Baumgarten

Der deutsche Liberalismus

Eine Selbstkritik
Herausgegeben und
eingeleitet von
Adolf M. Birke

Ullstein Buch 3034

Diese gewichtige publi-
zistische Leistung des
politischen Historikers
Baumgarten hat über Gene-
rationen hinweg die Ent-
wicklung des nationalen
Liberalismus in Deutschland
beeinflußt.
Hier wird das nur schwer
greifbare Werk, mit einer
Einleitung des Historikers
A. M. Birke von der Freien
Universität Berlin, wieder
zugänglich gemacht.

ein Ullstein Buch

Johann
Gottlieb Fichte

Schriften zur
Revolution

Herausgegeben und
eingeleitet von
Bernard Willms

Ullstein Buch 3001

In seinen politischen
Frühschriften zeigt sich
Fichte nicht als der
nationalistische Agitator,
für den er später gehalten
werden konnte, sondern als
radikaler Verfechter des
Naturrechtsdenkens der
Aufklärung und als
bürgerlich-revolutionärer
politischer Theoretiker.

ein Ullstein Buch

Geschichte
der Philosophie

Herausgegeben von
François Châtelet

ein Ullstein Buch

Geschichte des Sozialismus

Herausgegeben von
Jacques Droz

ein Ullstein Buch

Jean Jaurès

Die Ursprünge des Sozialismus in Deutschland

Mit einem Vorwort von
Lucien Goldmann

Ullstein Buch 3049

Jean Jaurès, französischer
Sozialist, schrieb 1891
seine Dissertation, die
hiermit erstmals in deutscher
Sprache vorgelegt wird.
Jaurès greift ein Problem
auf, das zu den bedeutendsten
philosophischen Themen des
sozialistischen Denkens gehört: »Kant, Fichte, Lassalle
oder Hegel und Marx; Moral
oder dialektische Philosophie
der Geschichte; distributive
Gerechtigkeit *oder* Gemeinschaft« wie es Lucien Goldmann formuliert.

ein Ullstein Buch